신상현
영단어

머리말

영어 시험을 준비할 때 가장 중요한 부분을 꼽으라면 당연히 영어 단어가 첫 번째라는 것은 누구나 알 것이다. 이렇게 영어 단어에 대한 중요성은 모두가 알고 있지만 정작 이것을 체계적으로 공부할 수 있는 방법을 설명하는 책은 거의 보기 드물다. 설령 있다 할지라도 시험을 준비하는 학생들의 필요와는 전혀 동떨어져 어학을 연구하는 사람들한테나 도움이 될 만한 책들뿐이다. 문법이나 독해와 관련해서는 기초(기본)부터 고급까지 체계적으로 설명하는 책들이 수없이 많이 나와 있는 반면, 단어의 기본을 다뤘다고 하는 책들조차 막상 펼쳐보면 단어에 대한 설명이 아니라 단지 단어의 나열에 불과하다는 것을 쉽게 알 수 있다.

이렇듯 단어는 처음부터 끝까지 무조건 암기하는 것밖에는 다른 방법이 없다는 고정관념이 확고히 자리 잡혀 있어 암기에 능한 학생들은 시험에서 좋은 성적을 받는 반면 암기력이 부족한 학생들은 노력을 안 한 학생으로 인식되어 왔다. 물론 영어 단어를 공부할 때 암기는 꼭 필요한 부분 중 하나겠지만 단순 암기나 장난스럽게 단어를 연상하여 익히는 방법은 요즘 시대의 학습자들에게는 그다지 잘 맞지 않는다.

필자는 10여 년의 시간을 오직 어휘 연구와 강의에 몰두해왔다. 이 긴 시간 동안 정말 많은 학생들과 쉬지 않고 면담을 하면서 그들에게 가장 필요한 어휘 학습 방법이 무엇인지 찾으려고 노력했다. 내가 잘 알고 있는 방법이나 내가 학습해온 방법이 옳다고 주장하기보다는 학생들이 진정으로 무엇을 필요로 하는지에 집중하려고 애썼다. 따라서 가장 효과적으로 빠르게 어휘를 익힐 수 있고, 또 이렇게 익히고 난 후에는 언제든지 시험에 적용해가며 공부할 수 있는 방법을 내가 가진 학습법과 접목하려고 노력했다. 특히 서강대에 합격했던 수정이가 한 말이 매우 인상 깊었다. "단어를 암기할 때 가장 힘든 것 중 하나가 정리가 되지 않는 것인데 선생님의 교재는 다른 책과는 비교가 되지 않을 정도로 맵 형태가 잘 정리되어 있어서 일단 머릿속에 들어오면 한참 뒤에도 계속해서 그 맵의 단어들이 연결되어 생각이 나요"라고 했다. 이 얘기를 들은 후에는 기본 실력이 부족한 수험생들이라도 쉽게 공부할 수 있도록 각 단어를 품사별로 하나하나 따로 정리하는 데 집중했다. 이렇게 정리한 단어들을 마인드맵 형태로 정리했고, 수십 번의 수정을 거쳐 가장 눈에 잘 들어오고 공부하기 편한 형태인 지금의 마인드맵으로 완성하게 되었다.

텝스 성적이 단숨에 300점이 올라 거의 900점에 가까운 점수를 얻은 성국이는 "단어의 변화 과정을 이해했더니 독해를 하다가 모르는 단어가 나와도 의미를 유추할 수 있어서 어렵지 않게 정답을 찾을 수 있게 되었어요"라고 말했다.

내 강의의 핵심은 과거 라틴어에서 유래된 단어가 어떠한 변화 과정을 거쳐 현재의 영어 단어가 되었는지를 체계적으로 설명하는 것이다. 이 변화 과정을 알려주는 선생님이나 책이 없으니 많은 수험생들이 단어를 무작정 암기하느라 어려움을 겪는 것이다. 어원을 통해 영어 단어를 학습하는 방법이 수험생들에게 어려운 이유는 라틴어에서 파생된 단어들은 현재 쓰이는 영어 단어와 철자가 다른 경우가 많고, 또 현대 영어로 넘어오는 과정에서 형태가 변하면서 전혀 다른 의미로 쓰이게 되었기 때문이다. 이러한 이유로 수험생들 입장에서는 어원으로 학습하는 방법과 기존의 단순 암기 방법의 차이를 크게 느끼지 못하기 때문에 다시 단순 암기 방법을 찾게 된다.

이 책《신상현 영단어》에서는 단어가 변형되면서 어떻게 의미가 확장되었는지 더욱더 쉽고 자세하게 설명했고, 그러한 단어들만을 따로 정리해서 수험생들이 빠르게 이해하고 암기할 수 있도록 했다. 이렇게 영어 단어가 변형되는 과정을 이해하게 되면 단어 공부에 재미가 붙어 실력이 빠르게 상승하고, 독해를 하다가 모르는 단어가 나와도 그냥 사전을 찾아서 무작정 외우기보다는 스스로 단어를 분석하는 힘을 기를 수 있다.

《신상현 영단어》는 각종 영어 시험 준비에 앞서 기본적이고 필수적인 단어들을 가장 완벽하게 미리 익혀둘 수 있는 책이다. 이 책으로 미리 꾸준히 어휘 학습을 하면서 영어 시험에 대비한다면 그전과는 비교할 수 없을 정도로 어휘 실력이 늘고 영어를 보다 깊이 있게 공부하는 즐거움을 느낄 수 있게 될 것이다. 영어 시험에서 하루아침에 빠른 점수를 얻는 경우는 거의 없다. 어떠한 방법으로 잘 준비했는지에 따라 성적이 좌우된다. 오랜 시간을 공부했다고 해도 결과가 좋지 못한 것은 그 방법에 문제가 있는 것이고, 잘못된 방법을 계속 고수한다면 아까운 시간과 에너지를 낭비할 뿐이다.
 거듭 강조하지만 영어 학습에서 단어가 가장 중요한 부분인 만큼 단순히 암기하는 데 힘쓰는 것보다 체계적이고 능률적으로 이해하는 데 중점을 두고 공부해나가자. 그러면 결과는 저절로 자신의 것이 될 것이다.

신상현

《신상현 영단어》의 특징

01 / 영어 단어는 암기보다 단어가 만들어진 과정에 대한 이해가 중요하다

각종 시험에 나오는 기본적인 영어 단어 4,500개 이상을 암기한다는 것은 거의 고역에 가까울 정도로 힘든 일이다. 대한민국의 취업 준비생이나 직장인이라면 필수적으로 치러야 하는 여러 영어 시험들이 있고, 이 시험에서 좋은 성적을 거두려면 많은 양의 고급 어휘들을 암기해야 한다. 하지만 많은 수험생들이 어휘 암기라는 벽에 부딪혀 절망에 빠지는 것을 자주 목격하게 된다. 영어 단어 학습을 위해서는 기본적인 암기력이 필요한 것은 맞지만 현재의 단어가 만들어진 배경을 아는 것이 무엇보다 중요하다. 특히 과거에 사용되던 단어가 어떤 변화를 거쳐 오늘날의 형태를 갖추게 되었는지 조금만 이해해도 암기하는 단어의 양과 수준이 눈에 띄게 향상될 것이다.

현대 영어에서는 과거분사로 -ed 형태를 많이 사용하지만 과거에는 -t 형태의 과거분사를 사용했다. 과거분사는 동사가 변화된 형태이기에 -t 형태의 동사는 현대 영어에 많이 남아 있고, 뒤에 -ion이 결합되어 명사를, -or이 결합되어 사람 명사를, -ive가 결합되어 형용사가 되었다. 그래서 '행동하다, 연기하다'라는 뜻을 지닌 act라는 단어에서 action, actor, active 등의 단어들이 나온 것이다.

조금 더 깊이 들어가 보면, 나라에 따라 단어의 철자를 다르게 사용한 경우가 많았는데, 예를 들어 act는 원래 ag라는 단어에서 파생된 단어다. 이 ag가 ac로 바뀌고 여기에 과거분사를 만드는 -t가 붙어서 현대 영어에서는 동사 act가 되었다. 시험에 자주 출제되는 고급 어휘인 agile도 ag에서 파생된 것으로 빠르게 행동한다고 하여 '민첩한'이라는 뜻이 되었고, agent라는 단어도 남을 위해 대신 행동을 해주는 사람이기에 '대리인'으로 쓰이게 된 것이다.
 이와 마찬가지로 frag는 '부수다'라는 뜻의 단어였기에 fragile은 쉽게 잘 부서지는 '연약한'을 뜻하고, fract에 -ion이 결합된 fraction은 숫자가 부서진 형태인 '분수'를 의미한다. 이 frag가 현대 영어에서 변형되어 생긴 단어가 '부수다'라는 뜻의 break이다. 이렇듯 영어 단어는 변화 과정을 알면 알수록 재미를 느끼게 되며, 더불어 빠른 시간에 많은 단어들로 확장해갈 수 있다.

02 / 《신상현 영단어》는 가장 빠르고 확실하게 영단어를 암기하는 방법이다

단어 공부가 아무리 재미있다고 해도 제대로 암기하지 않으면 그 효과를 느끼지 못하고 금방 지치게 된다. 《신상현 영단어》는 지도를 보면 쉽게 길을 찾을 수 있는 것처럼 단어 맵을 통해서 같은 어근에서 파생된 단어를 정리된 형태로 한 눈에 보아 익히는 학습법을 제시한다.
 각 단어마다 역사적으로 같은 형태(접미사)로 파생된 단어들을 하나하나 찾은 후 그중 영어 시험에서 가장 기본적이고 필수적인 단어만 따로 뽑아 체계적으로 정리했다. 단어의 생성 과정에 대한 기본적인 설명을 통해서 단어의 배경을 이해하고, 파생된 단어를 마인드맵을 통해 확실히 정리하며 익히면 그 효과는 어떠한 어휘 책과도 비교할 수 없을 것이다.

● 마인드맵의 예

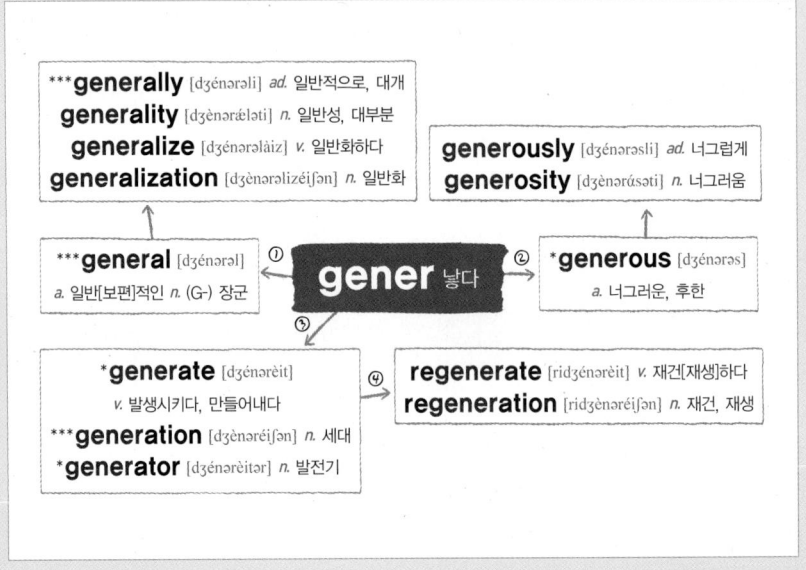

03 / 읽기만 해도 어휘가 자연스럽게 늘고 실력이 상승한다

이 책은 30일 동안 많은 영어 단어를 빠르게 익힐 수 있도록 각각의 접미사를 기준으로 분류하여 단어들을 연결시켜 놓았다. 형용사(10일), 동사(10일), 명사(10일), 총 3개의 PART로 구성하여 수험생들이 편하게 날짜 순서대로 학습하거나 또는 필요한 부분만 쉽게 찾아 따로 공부할 수 있게 했다. 많은 수험생들이 영어 단어를 공부할 때 가장 힘들어하는 것 중 하나가 앞쪽에 있는 단어들을 암기하다 지쳐서 뒷부분은 아예 들춰보지도 않게 되어 결국에는 중도에 포기하고 마는 것이다. 나중에 마음을 다잡고 다시 공부를 시작해도 앞부분만 학습하다가 중도에 멈추기를 반복하기 때문에 실력은 제자리걸음을 하게 되고, 결국 영어 공부 자체에 흥미가 떨어진다.

  이 책은 설사 앞부분을 다 끝내지 못하더라도 쭉 읽어나가기만 하면 또는 원하는 단어들이 어떻게 만들어졌는지를 확인하기만 하면 어휘 실력이 급속히 늘게 된다. 그 이유는 이 책은 단지 영어 단어를 빨리 외우게 하는 것을 목적으로 한 것이 아니라 지금의 단어가 어떠한 과정을 거쳐 만들어졌는지 이해하기 쉽게 설명했고 체계적으로 정리했기 때문이다. 예를 들어 DAY 11의 과거분사에 대한 내용이나 마지막인 DAY 30에 나온 명사 접미사를 이해한 후 앞서 배운 단어들을 다시 복습하면 단어 변화의 참 재미를 느끼게 되고, 영어 단어가 막 만들어진 것이 아니라 각 나라마다 패턴이 정해져 그 순서를 최대한 지키면서 현대 영어로 넘어와 쓰이게 되었음을 이해할 수 있다.

04 / 문법과 독해가 함께 쉬워진다

많은 수험생들이 처음 영어를 공부할 때 무작정 단어를 암기하다 보니 얼핏 뜻은 기억하더라도 문장 안에서의 단어의 역할을 정확히 몰라 문장을 제대로 분석하지 못하는 경우가 많다.

  영어 수업을 잘 따라가기 위해서는 문법에서 가장 중요한 주어, 동사, 목적어, 목적보어 등을 정확히 찾아야 하는데 무엇이 명사고 형용사인지를 제대로 찾지 못하는 학생들이 태반이다. 영어 단어의 품사는 초기 단어들을 제외하고 접미사에 의해서 대부분 결정된다. 그러한 접미사를 무시한 채 그냥 단순 암기만을 반복하는 식으로 공부하니 영어 성적이 쉽게 오르지 않는 것은 당연하다.

이 책은 각 단어의 역할이 쉽게 이해되도록 각종 접미사를 맵의 순서에 맞게 정리하였고, 현대 영어에서 사용되지 않는 접미사들까지 따로 분류하여 설명했기 때문에 자신도 모르는 사이에 영어 공부의 기틀이 잡힌다. 또 변화가 심한 접두사들을 매일 조금씩 학습할 수 있도록 각 DAY의 끝에 예문과 함께 배치해 놓았기에 매일 정해진 분량만큼 관련 단어를 익히다보면 어휘 실력이 늚과 동시에 단어의 의미를 유추하는 감각도 향상될 것이다.

뿐만 아니라 이 책으로 꾸준히 학습하다 보면 문장을 읽는 속도가 빨라지면서 문법뿐만이 아닌 독해 실력도 향상되고 있음을 쉽게 느낄 수 있을 것이다.

05 / 영어 시험 대비에 가장 필수적인 기본 어휘로만 구성했다

《신상현 영단어》는 토익, 토플, 텝스, 공무원 시험, 수능 등 각종 영어 시험에서 현재 사용되고 있는 가장 기본적인 단어들을 뽑아서 구성하였다. 이중 95% 이상은 시험에서 아주 쉽게 볼 수 있는 필수적인 기초/기본 어휘들이고, 나머지 단어들은 현재 시험에 출제되는 고급 어휘들이다. 그렇기에 수험생의 실력에 따라 몇몇 단어들의 수준은 높게 느껴질 수도 있다.

이렇게 정리된 단어들은 포털 사이트(네이버와 다음)의 데이터를 바탕으로 예문에 많이 사용되는 단어 순서대로 정리해 별표로 표시했다. 아무리 쉬운 단어라 할지라도 많이 쓰이지 않았다면 따로 표시를 하지 않았고 반드시 익혀야 하는 단어에는 아래와 같은 기준으로 별표를 삽입했으니 참고하기 바란다.

*** 25,000회 이상
** 15,000회 이상
* 5,000회 이상

이 책의 구성과 학습법

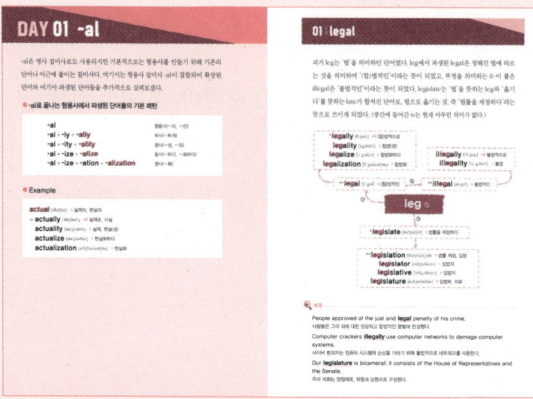

PART 01 / 형용사 접미사

다양한 형용사 접미사에 대해 살펴봅니다. 각 접미사별로 형용사가 파생되는 기본 패턴을 학습하고, 형용사에서 다른 품사의 단어로 확장되는 과정을 마인드맵으로 한눈에 익힐 수 있습니다.

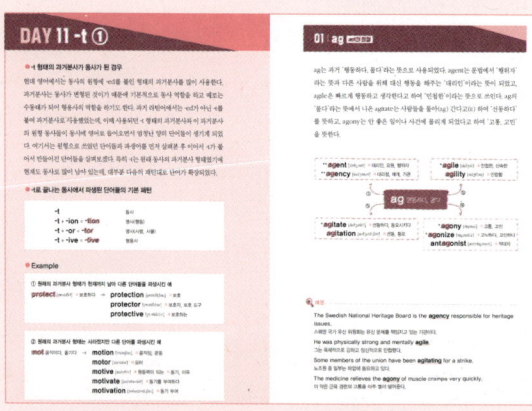

PART 02 / 동사 접미사와 과거분사의 변형

과거 라틴어에서는 -t를 붙여 과거분사로 사용했었는데, 이 -t 형태의 과거분사가 현대 영어에 동사로 많이 남아 있습니다. 이처럼 과거분사가 변형된 형태의 동사 접미사를 비롯한 여러 동사 접미사를 학습하고, 각 어근에서 그와 같은 동사를 비롯한 다른 단어들로 확장되는 원리를 살펴봅니다.

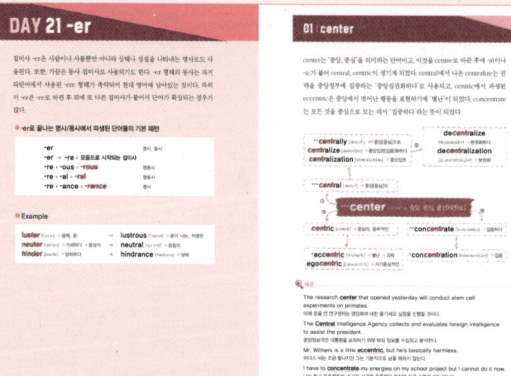

PART 03 / 명사 접미사

핵심이 되는 어근이나 단어에 명사 접미사가 결합되어 명사 어휘가 파생되는 패턴을 학습합니다. 마인드맵을 통해 하나의 단어나 어근에서 파생된 여러 어휘들을 한꺼번에 익힐 수 있습니다. 특히 번호 순서대로 확장 과정을 익히면 암기가 수월해집니다.

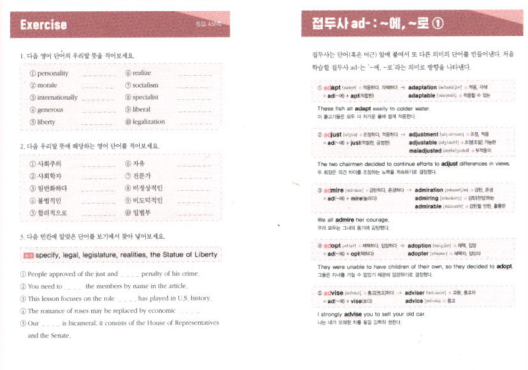

Exercise & 접두사

Exercise를 통해 각 DAY에서 학습한 단어들을 최종 점검해볼 수 있습니다. 앞에서 학습한 마인드맵의 어휘와 예문을 참고하여 빈칸을 채워보세요. 또한 DAY의 마지막에는 접두사도 익힐 수 있도록 접두사 중심으로 정리한 단어들을 예문과 함께 배치해 놓았습니다.

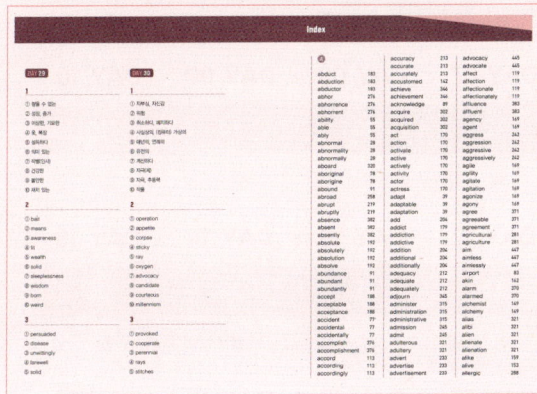

Index

이 책에 있는 단어를 모아 알파벳 순으로 정리했습니다. 각 단어별 해당 페이지를 명시하여 그 의미와 쓰임을 찾아보기 쉽도록 만들었습니다.

학습 계획표

참고용으로 제시된 다음 학습 계획표를 보고 자신에게 맞는 단어 학습을 시작해보세요.
학습한 단어들을 잘 암기했는지 그날그날 직접 테스트해보세요.

● 30일 완성 과정

순서	1	2	3	4	5
학습일	월 일	월 일	월 일	월 일	월 일
학습할 부분	DAY 01	DAY 02	DAY 03	DAY 04	DAY 05
순서	6	7	8	9	10
학습일	월 일	월 일	월 일	월 일	월 일
학습할 부분	DAY 06	DAY 07	DAY 08	DAY 09	DAY 10
순서	11	12	13	14	15
학습일	월 일	월 일	월 일	월 일	월 일
학습할 부분	DAY 11	DAY 12	DAY 13	DAY 14	DAY 15
순서	16	17	18	19	20
학습일	월 일	월 일	월 일	월 일	월 일
학습할 부분	DAY 16	DAY 17	DAY 18	DAY 19	DAY 20
순서	21	22	23	24	25
학습일	월 일	월 일	월 일	월 일	월 일
학습할 부분	DAY 21	DAY 22	DAY 23	DAY 24	DAY 25
순서	26	27	28	29	30
학습일	월 일	월 일	월 일	월 일	월 일
학습할 부분	DAY 26	DAY 27	DAY 28	DAY 29	DAY 30

● 15일 완성 과정

순서	1	2	3	4	5
학습일	월 일	월 일	월 일	월 일	월 일
학습할 부분	DAY 01/02	DAY 03/04	DAY 05/06	DAY 07/08	DAY 09/10
순서	6	7	8	9	10
학습일	월 일	월 일	월 일	월 일	월 일
학습할 부분	DAY 11/12	DAY 13/14	DAY 15/16	DAY 17/18	DAY 19/20
순서	11	12	13	14	15
학습일	월 일	월 일	월 일	월 일	월 일
학습할 부분	DAY 21/22	DAY 23/24	DAY 25/26	DAY 27/28	DAY 29/30

차례

머리말 4
《신상현 영단어》의 특징 8
이 책의 구성과 학습법 14
학습계획표 16

PART 01 / 형용사 접미사

| DAY 01 | **-al** | 26 |
Exercise 38
접두사 ad- : ~에, ~로 ① 39

| DAY 02 | **-ic** | 40 |
Exercise 52
접두사 ad- : ~에, ~로 ② 53

| DAY 03 | **-able** | 54 |
Exercise 66
접두사 con- : 함께 ① 67

| DAY 04 | **-ent** | 68 |
Exercise 80
접두사 con- : 함께 ② 81

DAY 05 -ant	82
Exercise	94
접두사 in- : 부정, 반대 ①	95
DAY 06 -ful	96
Exercise	108
접두사 in- : 부정, 반대 ②	109
DAY 07 -ous	110
Exercise	122
접두사 in- : 안	123
DAY 08 -ar	124
Exercise	136
접두사 en- : 만들다, 안 ①	137
DAY 09 -ary	138
Exercise	150
접두사 en- : 만들다, 안 ②	151
DAY 10 -ly	152
Exercise	164
접두사 un- : 부정, 반대	165

PART 02 / 동사 접미사와 과거분사의 변형

DAY 11 -t ① 168
Exercise 180
접두사 ex- : 밖 181

DAY 12 -t ② 182
Exercise 194
접두사 e- : 밖 195

DAY 13 -ate, -it(e), -ute 196
Exercise 208
접두사 pro- : 앞의, 전의 209

DAY 14 -ate/-t 형태의 형용사 210
Exercise 222
접두사 pre- : 미리, 전의 223

DAY 15 -se 224
Exercise 236
접두사 per- : 통과, 완전히 237

| DAY 16 | -ss | 238 |

Exercise — 250
접두사 de- : 아래, 완전히 — 251

| DAY 17 | -en | 252 |

Exercise — 264
접두사 de- : 이탈, 반대 — 265

| DAY 18 | -ify | 266 |

Exercise — 278
접두사 dis- : 이탈, 부정 — 279

| DAY 19 | -ize | 280 |

Exercise — 292
접두사 sub- : 아래 — 293

| DAY 20 | -e | 294 |

Exercise — 306
접두사 sur- : 위, 초과 — 307

PART 03 / 명사 접미사

DAY 21 -er	310
Exercise	322
접두사 re- : 다시, 뒤 ①	323

DAY 22 -or	324
Exercise	336
접두사 re- : 다시, 뒤 ②	337

DAY 23 -ist	338
Exercise	350
접두사 ob- : 방향, 저항	351

DAY 24 -ure	352
Exercise	364
접두사 ab- : 이탈	365

DAY 25 -ment	366
Exercise	378
접두사 trans- : 가로질러	379

| DAY 26 | -ence, -ance | 380 |

Exercise ... 392
접두사 inter- : 사이의 ... 393

| DAY 27 | -al, -y | 394 |

Exercise ... 406
접두사 syn- : 같이, 함께 ... 407

| DAY 28 | -ity, -ety, -ty | 408 |

Exercise ... 420
접두사 contra-, counter- : 반대하여 ... 421

| DAY 29 | -ness, -th | 422 |

Exercise ... 434
접두사 fore-, ant- : 앞의 ... 435

| DAY 30 | -us | 436 |

Exercise ... 448
접두사 mono- : 하나 / bi- : 둘 ... 449

Exercise 정답 ... 450
Index ... 465
이 책을 미리 체험한 독자들의 생생한 후기! ... 493

PART 01

형용사 접미사

DAY 01	-al	DAY 06	-ful
DAY 02	-ic	DAY 07	-ous
DAY 03	-able	DAY 08	-ar
DAY 04	-ent	DAY 09	-ary
DAY 05	-ant	DAY 10	-ly

DAY 01 -al

-al은 명사 접미사로도 사용되지만 기본적으로는 형용사를 만들기 위해 기존의 단어나 어근에 붙이는 접미사다. 여기서는 형용사 접미사 -al이 결합되어 확장된 단어와 여기서 파생된 단어들을 추가적으로 살펴보겠다.

● -al로 끝나는 형용사에서 파생된 단어들의 기본 패턴

-al	형용사(~의, ~인)
-al + **-ly** = **-ally**	부사(~하게)
-al + **-ity** = **-ality**	명사(~성, ~임)
-al + **-ize** = **-alize**	동사(~하다, ~화하다)
-al + **-ize** + **-ation** = **-alization**	명사(~화)

● Example

actual [ǽktʃuəl] *a.* 실제의, 현실의
→ **actually** [ǽktʃuəli] *ad.* 실제로, 사실
　actuality [æ̀ktʃuǽləti] *n.* 실제, 현실(성)
　actualize [ǽktʃuəlàiz] *v.* 현실화하다
　actualization [æ̀ktʃuəlizéiʃən] *n.* 현실화

01 | legal

과거 leg는 '법'을 의미하던 단어였다. leg에서 파생된 legal은 정해진 법에 따르는 것을 의미하여 '(합)법적인'이라는 뜻이 되었고, 부정을 의미하는 il-이 붙은 illegal은 '불법적인'이라는 뜻이 되었다. legislate는 '법'을 뜻하는 leg와 '옮기다'를 뜻하는 late가 합쳐진 단어로, 법으로 옮기는 것, 즉 '법률을 제정하다'라는 뜻으로 쓰이게 되었다. (중간에 들어간 is는 현재 아무런 의미가 없다.)

예문

People approved of the just and **legal** penalty of his crime.
사람들은 그의 죄에 대한 정당하고 합법적인 형벌에 찬성했다.

Computer crackers **illegally** use computer networks to damage computer systems.
사이버 범죄자는 컴퓨터 시스템에 손상을 가하기 위해 불법적으로 네트워크를 사용한다.

Our **legislature** is bicameral; it consists of the House of Representatives and the Senate.
우리 의회는 양원제로, 하원과 상원으로 구성된다.

02 | normal

'표준'을 의미하는 norm에서 파생된 normal은 정해진 표준 안에 있는 것을 표현하여 '보통의, 정상의'라는 뜻이 되었고, '이탈'을 의미하는 ab-와 합쳐진 abnormal은 정상에서 벗어난 '비정상적인'이라는 뜻이 되었다. enormous는 표준에서 점점 밖(e)으로 커진다는 의미에서 '거대한, 막대한'이라는 뜻이 된 단어다.

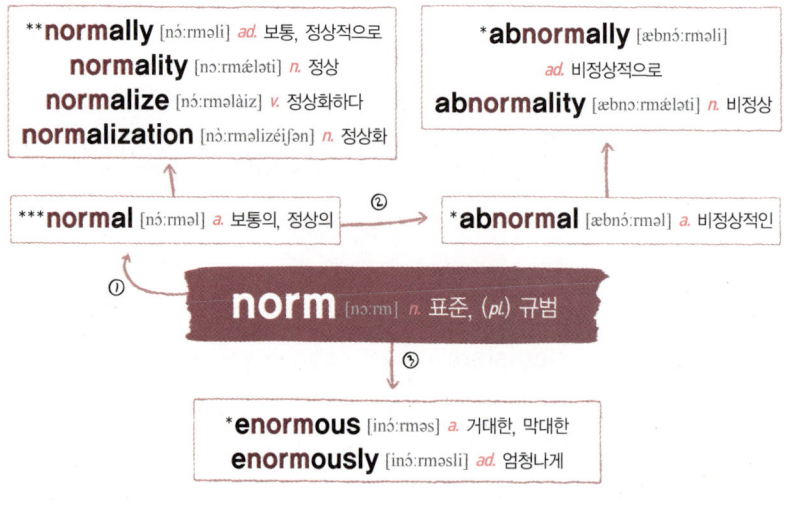

 예문

These patients show that even severe physical handicap is no bar to **normal** occupation.
이 환자들은 중증 신체장애조차도 보통의 직업을 갖는 데에 장애가 아니라는 것을 보여준다.

Normally we feel it difficult to pedal bicycles uphill.
보통 우리는 오르막길에서 자전거의 페달을 밟기가 어렵다고 느낀다.

The Healthcare Department banned the drug since it proved to create **abnormal** behaviors.
그 약이 이상 행동을 야기하는 것으로 밝혀짐에 따라 보건부는 그 약을 금지했다.

03 | personal

'사람'을 의미하는 person에서 파생된 personal은 '개인의'라는 뜻이고, personality는 개인이 가진 성질을 의미하여 '개성, 성격'이라는 뜻이 되었다. 여기에 부정을 의미하는 im-이 붙어서 만들어진 impersonal은 사람을 안 좋게 대하는 '비인격적인'이 되었고, '사이'를 의미하는 inter가 붙은 interpersonal은 사람들과의 사이를 연결한다고 하여 '대인관계의'라는 뜻이 되었다.

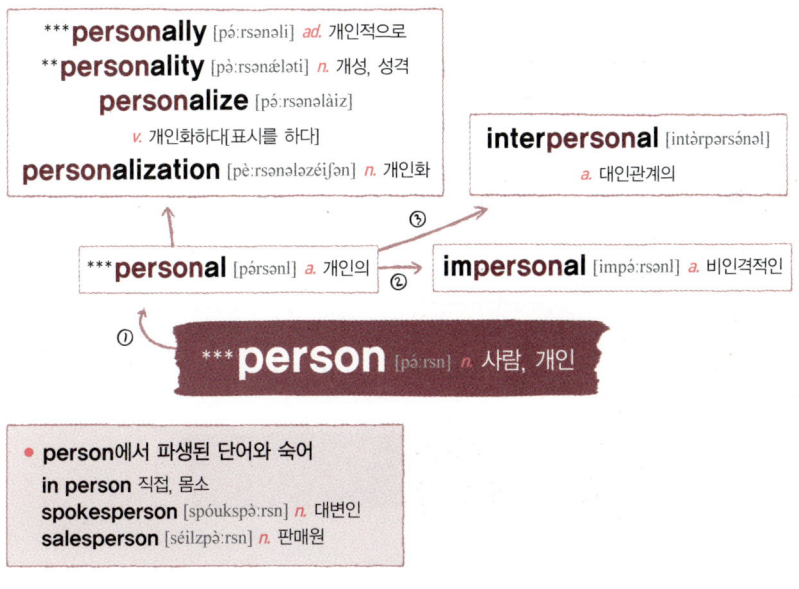

- person에서 파생된 단어와 숙어
  in person 직접, 몸소
  spokesperson [spóukspə̀ːrsn] *n.* 대변인
  salesperson [séilzpə̀ːrsn] *n.* 판매원

예문

They achieved success at great **personal** sacrifice.
그들은 엄청난 개인적 희생을 치르고 성공을 거두었다.

Despite his selfish **personality**, he somehow makes friends easily.
그는 이기적인 성격에도 불구하고 어떻게 친구를 쉽게 사귄다.

Workers used to accept employers' **impersonal** treatment in order to earn money.
근로자들은 돈을 벌기 위해 고용주의 비인격적 대우를 받아들이곤 했었다.

The prince was renowned for his bravery, and chose to lead his troops **in person**.
왕자는 그 용맹함으로 잘 알려져 있었고, 군대를 직접 이끌기로 결정했다.

04 | national

'국가', '국민'이라는 뜻을 지닌 nation에서 파생된 national은 '국가의'라는 뜻이다. national에서 확장된 nationalize는 나라에서 경영한다는 의미에서 '국영화하다'라는 뜻이 되었고, international은 국가와 국가가 연결되는 '국제적인'이라는 뜻이 되었다. nationalism은 자신의 국가만 가장 뛰어나다고 믿는 '국수[민족]주의'를 뜻하고, 그러한 사람을 nationalist(국수주의자)라고 한다.

예문

As long as some **nations** retain nuclear weapons, other countries will want them as well.
몇몇 국가가 핵무기를 보유하고 있는 한, 다른 국가들 또한 그것을 원할 것이다.

We are responsible for protecting the UK against threats to **national** security.
우리는 국가안보에 대한 위협으로부터 영국을 보호할 책임이 있다.

The organization is scheduled to hold an **international** symposium on safety issues.
그 단체는 안전문제에 대한 국제 심포지엄을 개최할 예정이다.

The only thing this **multinational** corp seems to care about is the almighty dollar.
이 다국적 기업이 관심 있는 것은 그저 위대한 돈인 것 같다.

05 | rational

ration은 '비율'을 의미하는 rate에서 파생되어 비율에 맞게 나누어주는 '배급량'이라는 뜻이 된 단어다. 이 ration에서 파생된 rational은 사람들에게 가장 알맞고 바르게 나누어주는 것을 의미하여 '합리적인'이라는 뜻으로 사용하게 되었고, 이 단어에 부정을 의미하는 ir-이 붙어서 생긴 irrational은 '비합리적인'이라는 뜻이 되었다.

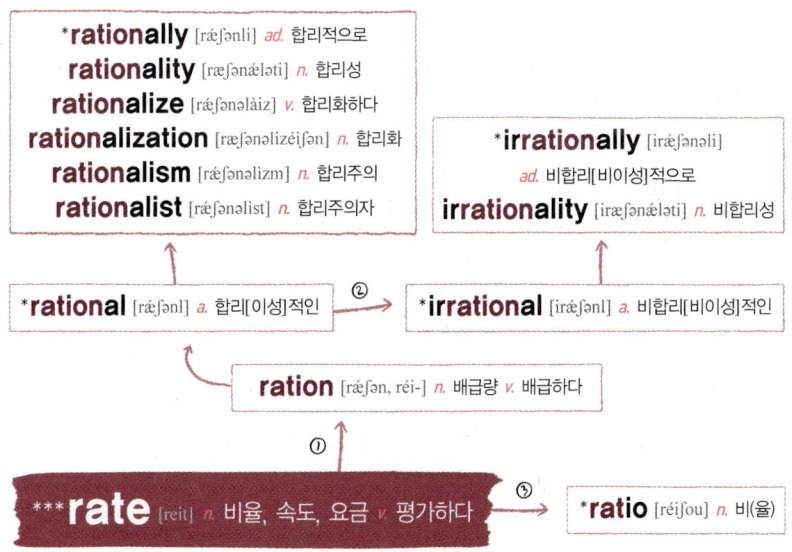

예문

During the war, the government **rationed** gasoline.
전쟁 중 정부는 휘발유를 배급했다.

From an objective viewpoint, his argument was far from being **rational**.
객관적으로 볼 때 그의 주장은 전혀 합리적이지 않았다.

If a child is abandoned in the wild, he/she is not different from **irrational** beast.
아이가 숲속에 버려진다면 그 아이는 비이성적인 동물과 다를 바 없게 된다.

06 | moral

mores는 예전부터 지켜왔던 '관습'을 의미하는 단어다. 이 단어에서 끝의 -es가 빠지고 -al이 붙어 생긴 단어인 moral은 바르게 지켜야 하는 행동이라는 의미에서 '도덕의'라는 뜻이 되었다. 역시 mores에서 파생된 morale은 특히 군대에서 강하게 지켜야 하는 마음을 가리켜 '의욕, 사기'라는 뜻이 되었고, demoralize는 그러한 사기를 없애는 '사기를 꺾다'라는 의미로 쓰인다.

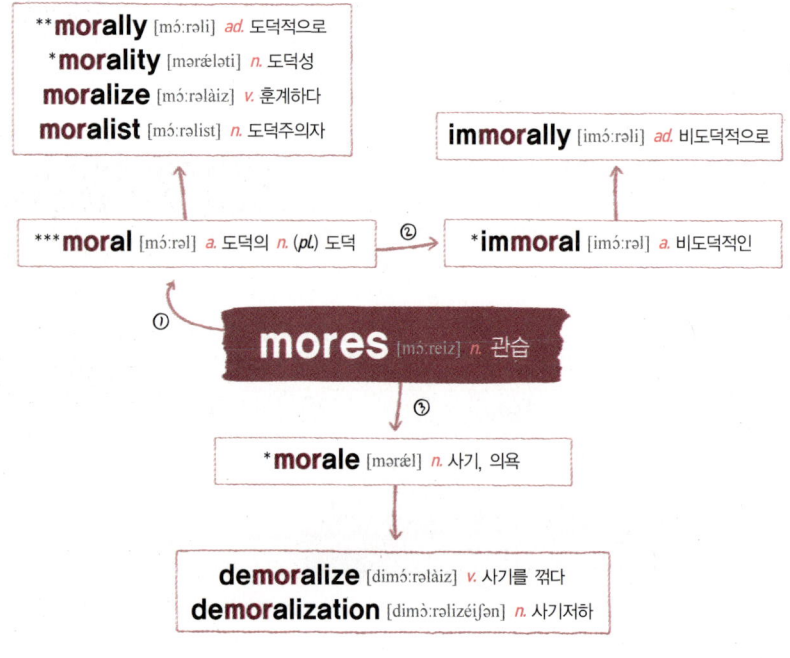

예문

Any **moral** violations can lead to the banishment of the offender from society.
어떤 도덕적 위반을 하면, 그 위반자는 사회에서 추방될 수도 있다.

This article discusses how children adapt **morality** and social convention.
이 글은 아이들이 어떻게 도덕성과 사회적 관습을 받아들이는지 논의하고 있다.

He will not steal, lie, overcharge customers or do anything else **immoral** and unethical.
그는 훔치고, 거짓말하고, 손님에게 바가지를 씌우거나 그 외의 비도덕적이고 비윤리적인 짓은 하지 않을 것이다.

07 | real

real은 실제로 있는 것을 나타내는 형용사로 '현실의, 진짜의'라는 뜻이고, realize는 실제 현실을 알게 되는 '깨닫다'라는 동사다. 역시 real에서 파생된 realism은 특히 예술에서 있는 그대로를 묘사하는 '현실주의'를 뜻하며, 그러한 현실주의를 따르는 사람을 realist(현실주의자)라고 한다.

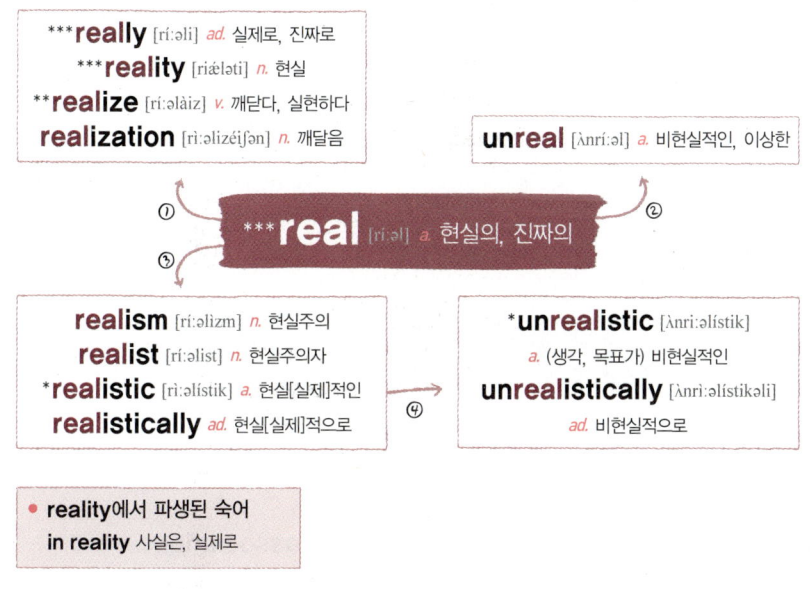

- reality에서 파생된 숙어
  in reality 사실은, 실제로

🔍 예문

Because the broken pipes **really** do hurt our environment, we require oil pipeline shutdown.
파손된 배관들이 실제로 우리의 환경을 손상시키기 때문에 우리는 송유관 폐쇄를 요구한다.

The romance of roses may be replaced by economic **realities**.
장미의 낭만적인 분위기는 경제적 현실에 의해 대체된다.

Rulers should **realize** that the undue use of power gives rise to powerful resistant movements.
통치자들은 권력의 부당한 행사가 강력한 저항 운동을 일으킨다는 점을 깨달아야 한다.

We have to be **realistic** and accept the fact that these problems cannot be solved easily.
우리는 현실적이어야 하며 이러한 문제가 쉽게 해결될 수 없다는 사실을 받아들여야 한다.

08 | social

soci는 현대 영어에서 사용되지 않는 단어로 과거에 '사회'나 '동료'를 의미했다. 이 단어에서 파생된 social은 '사회적인'이라는 뜻이 되었다. 현재 society가 예전 soci의 의미를 그대로 받아 '사회'라는 뜻이 되었고, sociology는 사회에 대해 배우는 학문(ology)이라고 하여 '사회학'을 의미하게 되었다. associate는 어떤 쪽에 있는 사람이나 사물과 연결된다고 하여 '연관 짓다'라는 뜻이 된 단어다.

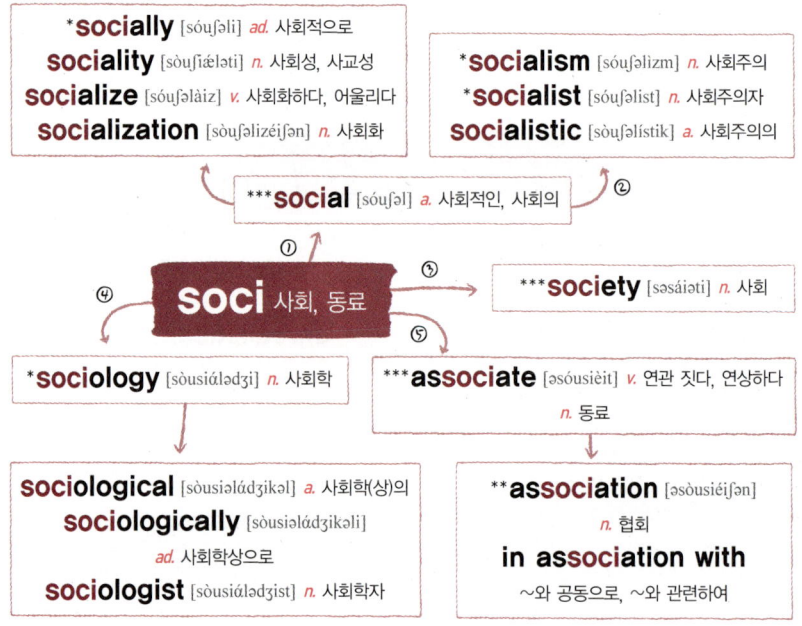

예문

Absence of absolute boundaries leads to **social** chaos which calls for social controls.
절대적인 경계선이 없다면 사회적 혼란을 가져오기 때문에 사회적 통제를 필요로 한다.

Socially maladjusted students view rule breaking as normal and acceptable.
사회 부적응 학생들은 규율을 어기는 것을 정상적이며 용인되는 것으로 생각한다.

This article is about the current and future rise in sea level **associated** with global warming.
이 글은 지구 온난화와 연관이 있는 현재와 미래의 해수면 상승에 관한 것이다.

09 | special

special은 '보다'라는 뜻의 어근 speci에서 파생된 단어로, 눈에 띄게 보이는 것을 가리켜 '특별한, 특수한'이라는 뜻이 되었다. 여기에서 파생한 speciality [specialty]는 각 지방마다 특별하게 만든 '특산물'이나 특별히 잘하는 '전문'을 의미하고, specialist는 전문적으로 잘하는 사람인 '전문가'를 뜻한다. specify는 자세히 보이게 한다는 의미에서 현재는 '명시하다'라는 뜻이 되었다.

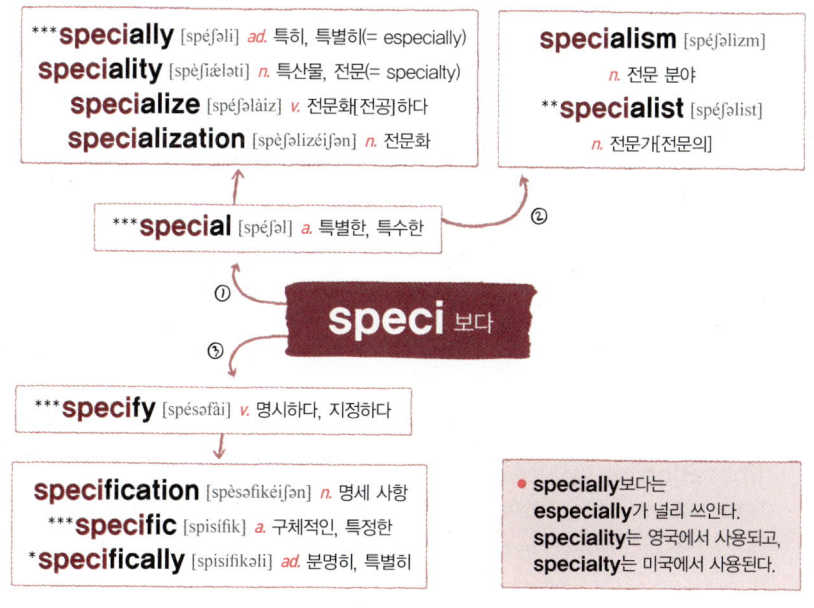

예문

I **specialize** in sports psychology for peak performance and mental toughness for athletes.
나는 육상 선수들의 최상의 경기력과 정신적 강인함에 관한 스포츠 심리학을 전공한다.

You need to **specify** the members by name in the article.
당신은 그 기사에 회원 이름을 명시할 필요가 있다.

The recipient of the award is not required to reside in any **specific** area.
수상자가 어떠한 특정 지역에 살아야 하는 것은 아니다.

10 | liberal

liber는 과거에 '자유로운'이라는 뜻으로 사용되던 단어였고, 여기서 파생된 liberal이 '자유로운'이라는 뜻과 자유롭게 나누어주고, 자유롭게 나아가는 '후한, 진보적인'이라는 뜻이 되었다. liberty는 '자유'라는 뜻으로 '동상'을 의미하는 statue와 합쳐진 the Statue of Liberty는 미국에 있는 '자유의 여신상'을 말한다.

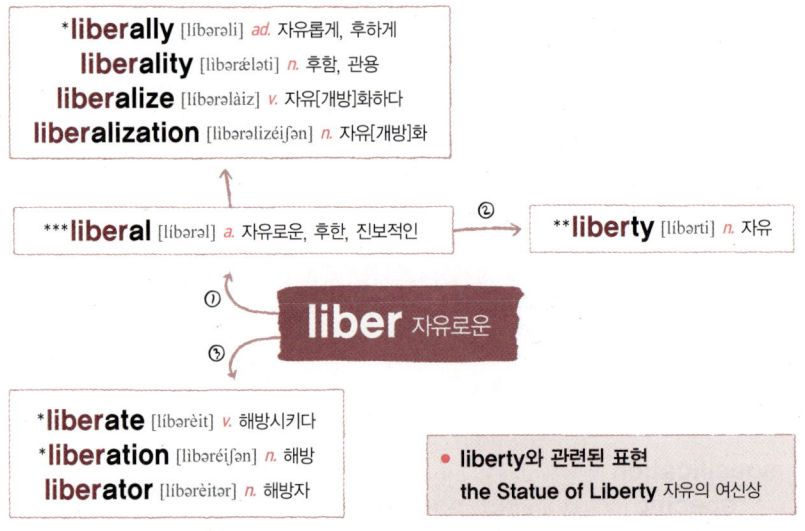

- liberty와 관련된 표현
  the Statue of Liberty 자유의 여신상

🔍 예문

He has quite **liberal** views for people of his generation.
그는 자신 세대의 사람들에 대해 상당히 자유로운 시각을 가지고 있다.

Even after we were **liberated**, we did everything to win a glorious victory over the enemy.
우리가 해방된 이후조차 우리는 적에 대항하여 영광스러운 승리를 쟁취하기 위해 모든 것을 했다.

This lesson focuses on the role **the Statue of Liberty** has played in U.S. history.
이 수업은 자유의 여신상이 미국 역사에서 한 역할에 초점을 맞추고 있다.

11 | general

현대 영어에서는 쓰지 않는 gener는 원래 '낳다'라는 뜻이었고, 여기서 파생한 general은 태어난 모든 사람이 속해 있다고 하여 '일반적인'이라는 뜻이 되었다. generous는 귀족처럼 부유하게 태어난 사람을 표현하여 남에게 베풀 줄 아는 '너그러운'이라는 뜻이 되었고, generate는 처음 탄생시킨다는 의미가 확장되어 현재는 '발생시키다, 만들어내다'라는 뜻이 되었다.

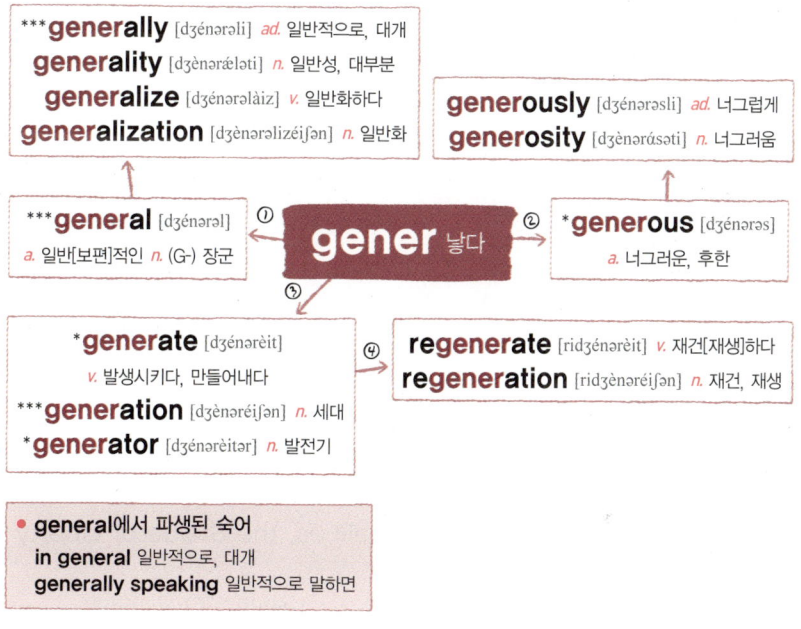

- general에서 파생된 숙어
  in general 일반적으로, 대개
  generally speaking 일반적으로 말하면

예문

Most of political movements tend to reflect the thoughts of the **general** public.
정치적 운동의 대부분은 일반 대중의 의사를 반영하는 경향이 있다.

Wisdom is **generally** thought of as keen insight that helps in navigating life.
지혜는 일반적으로 인생을 살아가는 데 도움을 주는 예리한 통찰력이라고 생각된다.

In a fit of anger have you ever found yourself **generalizing** the other gender negatively?
여러분은 홧김에 이성을 부정적으로 일반화하는 자신의 모습을 발견한 적이 있습니까?

Money is **generated** as a result of skillful planning and well-timed actions.
돈은 전문적인 계획과 시기가 잘 맞는 행동의 결과로 만들어진다.

Exercise

정답: 450쪽

1. 다음 영어 단어의 우리말 뜻을 적어보세요.

   ① personality _____   ⑥ realize _____
   ② morale _____   ⑦ socialism _____
   ③ internationally _____   ⑧ specialist _____
   ④ generous _____   ⑨ liberal _____
   ⑤ liberty _____   ⑩ legalization _____

2. 다음 우리말 뜻에 해당하는 영어 단어를 적어보세요.

   ① 사회주의 _____   ⑥ 자유 _____
   ② 사회학자 _____   ⑦ 전문가 _____
   ③ 일반화하다 _____   ⑧ 비정상적인 _____
   ④ 불법적인 _____   ⑨ 비도덕적인 _____
   ⑤ 합리적으로 _____   ⑩ 입법부 _____

3. 다음 빈칸에 알맞은 단어를 보기에서 찾아 넣어보세요.

   보기 specify, legal, legislature, realities, the Statue of Liberty

   ① People approved of the just and _____ penalty of his crime.
   ② You need to _____ the members by name in the article.
   ③ This lesson focuses on the role _____ has played in U.S. history.
   ④ The romance of roses may be replaced by economic _____.
   ⑤ Our _____ is bicameral; it consists of the House of Representatives and the Senate.

접두사 ad- : ~에, ~로 ①

접두사는 단어(혹은 어근) 앞에 붙여서 또 다른 의미의 단어를 만들어낸다. 처음 학습할 접두사 ad-는 '~에, ~로'라는 의미로 방향을 나타낸다.

① **ad**apt [ədǽpt] *v.* 적응하다, 각색하다 → **adaptation** [ædəptéiʃən] *n.* 적응, 각색
= **ad**(~에) + **apt**(적합한)   **adaptable** [ədǽptəbl] *a.* 적응할 수 있는

These fish all **adapt** easily to colder water.
이 물고기들은 모두 더 차가운 물에 쉽게 적응한다.

② **ad**just [ədʒʌ́st] *v.* 조정하다, 적응하다 → **adjustment** [ədʒʌ́stmənt] *n.* 조정, 적응
= **ad**(~에) + **just**(적절한, 공정한)   **adjustable** [ədʒʌ́stəbl] *a.* 조정[조절] 가능한
   maladjusted [mæ̀lədʒʌ́stid] *a.* 부적응의

The two chairmen decided to continue efforts to **adjust** differences in views.
두 회장은 의견 차이를 조정하는 노력을 계속하기로 결정했다.

③ **ad**mire [ædmáiər] *v.* 감탄하다, 존경하다 → **admiration** [ædməréiʃən] *n.* 감탄, 존경
= **ad**(~에) + **mire**(놀라다)   **admiring** [ædmáiəriŋ] *a.* 감탄[찬양]하는
   admirable [ǽdmərəbl] *a.* 감탄할 만한, 훌륭한

We all **admire** her courage.
우리 모두는 그녀의 용기에 감탄했다.

④ **ad**opt [ədápt] *v.* 채택하다, 입양하다 → **adoption** [ədápʃən] *n.* 채택, 입양
= **ad**(~에) + **opt**(택하다)   **adopter** [ədáptər] *n.* 채택자, 입양자

They were unable to have children of their own, so they decided to **adopt**.
그들은 자녀를 가질 수 없었기 때문에 입양하기로 결정했다.

⑤ **ad**vise [ædváiz] *v.* 충고[권고]하다 → **adviser** [ædváizər] *n.* 고문, 충고자
= **ad**(~에) + **vise**(보다)   **advice** [ædváis] *n.* 충고

I strongly **advise** you to sell your old car.
나는 네가 오래된 차를 팔길 강력히 권한다.

DAY 02 -ic

-ic는 과거에는 주로 형용사형 접미사로 쓰였지만 현재는 형용사뿐만이 아니라 명사형 접미사로도 사용된다. -ic가 명사형 접미사일 때는 뒤에 -al을 붙여 -ical 형태의 형용사로 확장되고, 여기에 다시 -ly를 붙인 -ically 형태의 부사가 된다.

● -ic로 끝나는 명사에서 파생된 단어들의 기본 패턴

-ic	명사
-ic + -al = -ical	형용사(~의, ~인)
-ic + -al + -ly = -ically	부사(~하게)

● Example

magic [mǽdʒik] n. 마술 → magical [mǽdʒikəl] a. 마술의
magically [mǽdʒikəli] ad. 마술적으로

-ic 형 형용사에서 파생된 부사는 -ically의 형태이고, 종종 한 단어에서 -ic과 -ical 형태의 형용사가 모두 파생되기도 하는데 이때는 두 형용사의 의미가 조금 다른 경우가 많다. 또 단어에 -ical이나 -tic가 붙어서 형용사가 되기도 한다.

● -ic로 끝나는 형용사에서 파생된 단어들의 기본 패턴

-ic	형용사(~의, ~인)
-ic + -al = -ical	형용사(~의, ~인)
-ic + -ally = -ically	부사(~하게)

● Example

history [hístəri] n. 역사 → historic [histɔ́ːrik] a. 역사적으로 중요한
historical [histɔ́ːrikəl] a. 역사적인(일반적인 과거역사)
historically [histɔ́ːrikəli] ad. 역사적으로

01 | logic 명사

과거 log[logue]는 '말'을 의미하던 단어였고, 이 단어에 -ic가 붙어 명사가 된 logic은 이치에 맞게 하는 말을 뜻하여 '논리'라는 뜻이 되었다. apology는 '이탈'을 의미하는 apo-가 붙어서 생긴 단어로 지금의 상황을 벗어나려고 한다는 의미에서 '사과'라는 뜻이 되었다. prologue는 앞(pro)에 하는 말을 의미하여 '서두'라는 뜻이 되었고, epilogue는 마지막에 덧붙이(epi)는 말이라고 하여 '끝맺는 말'이라는 뜻으로 쓰인다. '하나'를 의미하는 mono와 합쳐진 monologue는 공연에서 혼자 하는 말인 '독백'을 뜻한다.

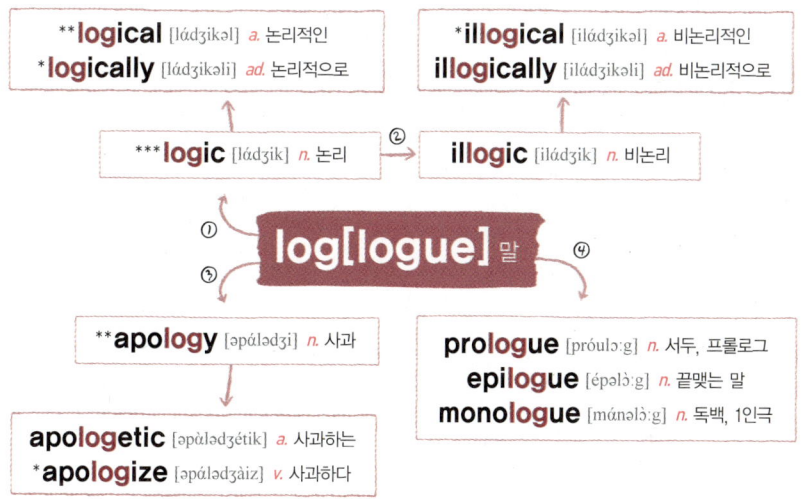

예문

You are very unreasonable with your black-or-white **logic**.
너의 흑백논리는 아주 타당하지 못하다.

I will accept your **apology** if you give me a compensation for my dress.
당신이 내 드레스를 보상해준다면 당신의 사과를 받아들이겠습니다.

These **monologues** were recorded by famous movie stars.
이 독백들은 유명한 영화배우들이 녹음했다.

02 | critic 명사

crite는 현재 사용하지 않는 단어로 '판단[결정]하다'라는 뜻이었다. 이 단어에서 파생된 critic은 판단하는 사람을 가리켜 '비평가'라는 뜻으로 쓰이게 되었고, criterion은 판단할 수 있게 정한 '기준'을 의미한다. 또 crisis는 반드시 결정해야 하는 상황을 표현하여 '위기'라는 뜻이 되었고, hypocrite는 '아래'를 의미하는 hypo-가 붙어 만들어진 단어로 겉모습과는 달리 속으로는 다른 사람을 낮추어 판단한다는 의미로 '위선자'가 되었다.

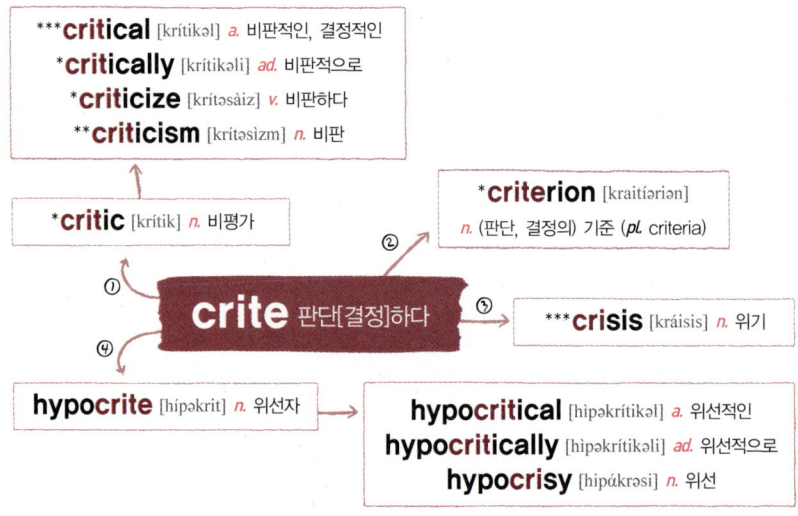

 예문

Opposition party **critics** are responsible for commenting on policies of the government.
야당의 비평가들은 정부의 정책을 평가하는 책임이 있다.

Hilton was heavily **criticized** for her reckless lifestyle and irresponsible behaviors.
힐튼은 그녀의 부주의한 삶의 방식과 무책임한 행동으로 크게 비난받았다.

We will not only observe laws and regulations, but also respect social **criteria**.
우리는 법과 규범을 준수할 뿐만 아니라 사회적 판단 기준을 존중할 것이다.

It is sheer **hypocrisy** to say that we have the right to kill a terror suspect.
우리가 테러 용의자를 죽일 권리가 있다고 말하는 것은 완전한 위선이다.

03 | medic 명사

med는 과거에 '치료하다'라는 뜻으로 사용되었고, 여기에서 나온 medic은 치료하는 사람인 '위생병'을 뜻하게 되었다. 이 단어에서 치료하는 학문을 가리키는 medical(의학의)이 파생되었고, medicine은 병을 치료하는 '약'을 의미하게 되었다. meditate는 자신의 내면을 스스로 치료한다고 하여 '명상하다'라는 뜻이고, remedy는 건강해질 수 있게 하는 '치료약'을 뜻한다.

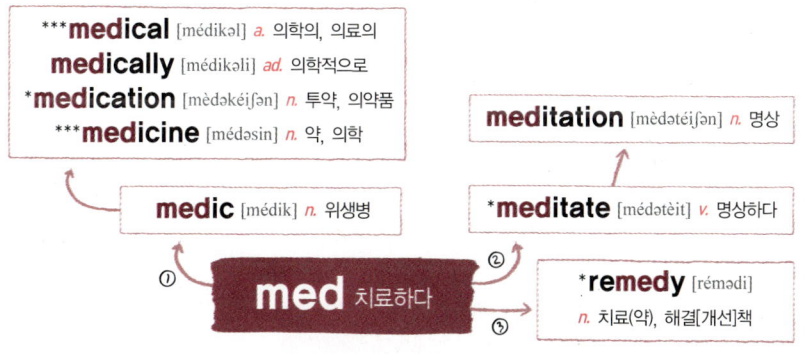

- '중간'을 의미하는 medi와 혼동하지 말 것
  medium [míːdiəm] a. 중간의 n. 매체, 수단
  media [míːdiə] n. (방송) 매스미디어
  medieval [mìːdíːvəl] n. 중세
  immediate [imíːdiət] a. 즉각적인
  immediately [imíːdiətli] ad. 즉시

예문

It is more dangerous to inject **medicine** than to take it orally.
약물을 삼켜서 복용하는 것보다 주사하는 것이 더 위험하다.

He taught others how to seek peace through **meditation**.
그는 명상을 통해 평화를 구하는 방법을 다른 사람들에게 가르쳤다.

Ginger tea that is made from a ginger root is an effective **remedy** for the flu.
생강 뿌리로 만든 생강차는 독감에 잘 듣는 치료약이다.

04 | statistic 명사

state는 '세우다, 서다'라는 뜻에서 현재는 세워진 '국가[주]'와 서 있는 현상인 '상태'라는 뜻이 되었다. 또 똑바로 서서 말하는 '진술하다'라는 뜻도 있다. statist는 과거 국가를 운영하는 '정치가'를 뜻했지만 같은 뜻으로 statesman을 사용하면서 현재는 쓰이지 않는다. 이 statist에서 파생된 statistic은 국가를 운영하기 위해 전체 인구를 나타내는 '통계량, 통계자료'를 뜻한다. station은 세워진 '역', status는 사회적으로 세우게 된 '지위'나 현재 서서 진행되고 있는 '상황'을 뜻한다.

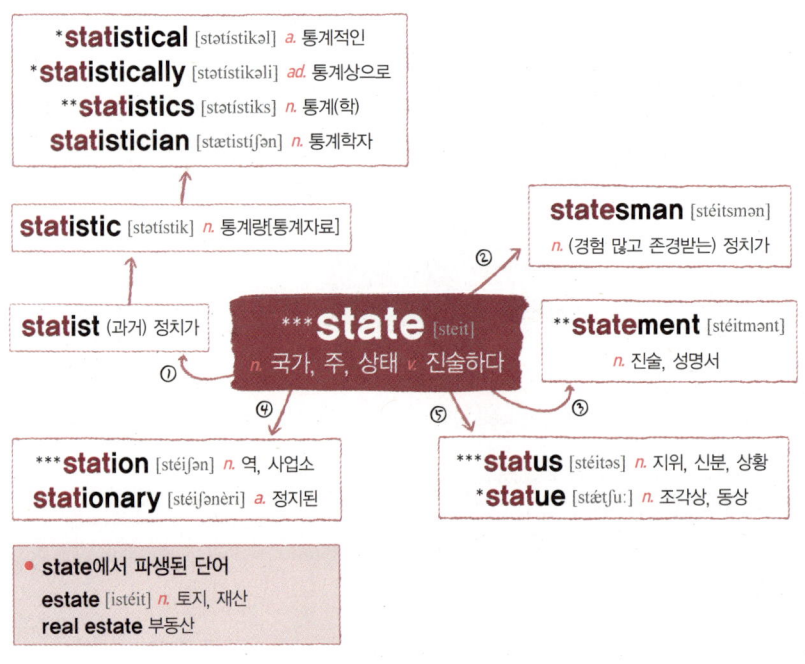

- state에서 파생된 단어
  estate [istéit] n. 토지, 재산
  real estate 부동산

🔍 예문

Some **states** require one credible witness while others require two.
어떤 주에서는 두 명의 믿을 만한 증인을 요구하는 데 비해 어떠한 주에서는 한 명만 요구한다.

How do helicopters remain **stationary** in mid air?
헬리콥터들은 어떻게 공중에서 가만히 있을 수 있을까?

The mayor visited the villages to observe the current **status** of sanitation.
시장은 현재의 위생 상태를 확인하기 위해 마을들을 방문하였다.

05 | technique 변형된 -ic 형 명사

과거 techn은 '기술'을 의미하던 단어였고, 이 단어에서 파생된 technique가 현재 '기술, 기법'으로 사용된다. technique 뒤에 붙은 -iq(ue)는 -ic와 같은 역할로 여기서 파생된 technical이 형용사 '기술적인'이라는 뜻이 되었다. 어근인 techn에 -ology(학문)가 붙은 technology는 '(과학) 기술'을 뜻하고, 어근이 변형된 형태인 tect에서 파생된 architect는 가장 높고 뛰어난(arch) 기술자를 의미하는 '건축가'를 말한다.

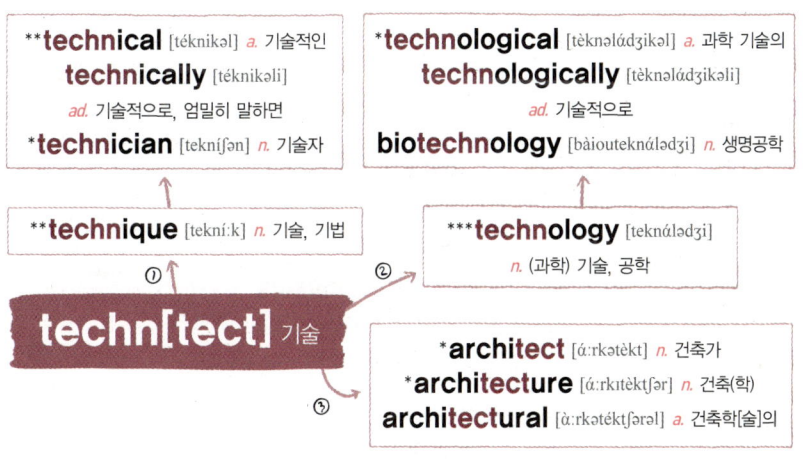

예문

There are three basic **techniques** for measuring dampness in building materials.
건축 자재의 습도를 측정하는 방법에는 기본적인 세 가지 기술이 있다.

After all the trials and errors, we finally decided to ask a **technical** expert to handle this.
많은 시행착오 끝에, 우리는 결국 기술 전문가가 이것을 처리하도록 맡기기로 결정했다.

Human ingenuity has led to **technological** developments through science.
인간의 재주는 과학을 통해 기술적인 발전을 이루었다.

I recommend two contemporary **architects** to design modern and unique homes in Sydney.
나는 시드니에 현대적이며 독특한 집을 설계하도록 두 명의 현대 건축가들을 추천한다.

06 | physique 변형된 -ic 형 명사

현재 사용되지 않는 phys는 '자연'을 의미하던 단어였고, 여기서 파생된 physique는 자연적으로 성장하는 사람의 몸을 가리키면서 '체격'이라는 뜻이 되었다. 그래서 physical은 '신체적인'이라는 뜻이 되었고, physician은 사람의 몸을 치료하는 '내과의사'라는 뜻으로 쓰인다. physics는 자연적으로 발생하게 되는 현상이나 그러한 현상이 다른 물체들과 어떠한 관련이 있는지를 연구하는 '물리학'을 뜻하게 되었다.

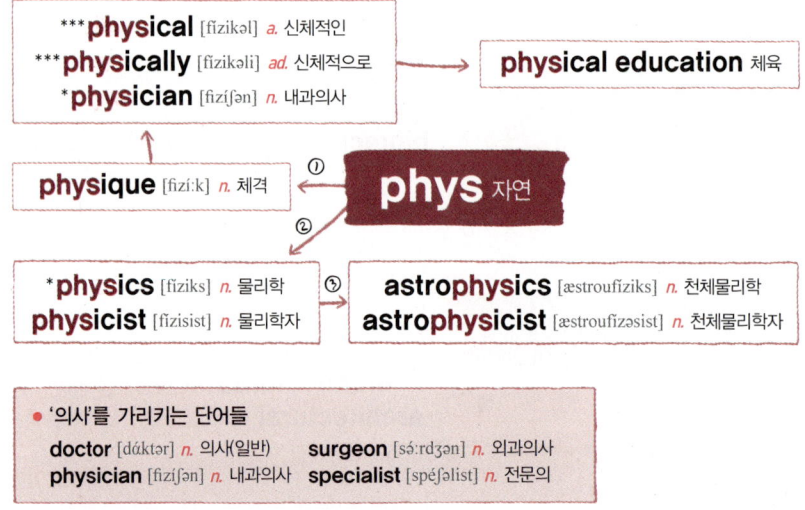

예문

A contagious disease is easily transmitted by **physical** contact.
전염병은 신체적인 접촉에 의해 쉽게 전염된다.

Can you **physically** separate a compound substance?
합성물을 물리적으로 분리할 수 있습니까?

You can discharge from the hospital if your **physician** agrees since you got severely injured.
당신은 중상을 입었기 때문에 의사가 동의를 해야 퇴원할 수 있다.

These monstrous beasts defy the laws of gravity and other laws of **physics**.
이 괴물 같은 짐승들은 중력의 법칙과 다른 물리학의 법칙들에 도전한다.

07 | politic 비교 political

polit[polis]은 과거에는 '도시'를 의미했고, politic은 도시를 올바르게 이끈다고 하여 '현명한'이라는 뜻이 되었다. 그 후 politic에서 파생된 political은 도시를 바르게 다스리고 운영하는 '정치적인'이라는 뜻이 되었다. 과거 어머니를 의미했던 metro[mother]와 합쳐진 metropolis는 아이를 품은 어머니처럼 여러 도시 중 가장 중심이 되는 도시라고 하여 '대도시'를 뜻하게 되었다. 여기서 변형된 police는 도시를 안전하게 운영하기 위한 '경찰'을 뜻하고, policy는 도시를 바로 운영하기 위해 공식적으로 정한 '정책'을 뜻한다.

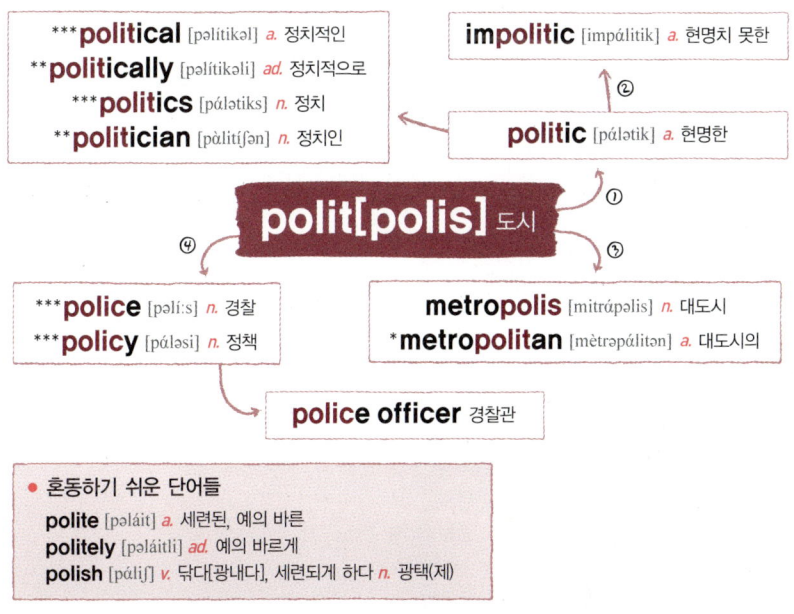

- **혼동하기 쉬운 단어들**
  polite [pəláit] *a.* 세련된, 예의 바른
  politely [pəláitli] *ad.* 예의 바르게
  polish [páliʃ] *v.* 닦다[광내다], 세련되게 하다 *n.* 광택(제)

예문

Police have concluded there was no **political** motive behind the missing of the leader. 경찰은 그 지도자의 실종에 정치적 동기는 없다고 결론지었다.

It is **impolitic** to raise this issue at the present time because the public is too angry. 국민들이 매우 화나 있기 때문에 지금 이 문제를 거론하는 것은 현명치 못하다.

The fifth largest city in the world, the Seoul **metropolis** has a population of about 10.3 million. 세계에서 다섯 번째로 큰 도시인 서울특별시는 인구가 1,030만 명이다.

08 | economic 비교 economical

eco는 과거 '집'을 의미하던 단어였다. 그래서 economy는 집이 풍요로워지도록 아껴서 잘 관리하는 '절약'이라는 뜻이 먼저 생겼고, 그 후 나라를 부유하게 이끌기 위해 필요한 활동을 의미해 '경제'라는 의미로 확장되었다. 이 economy의 '경제'라는 뜻에서 economic(경제의)이 파생되었고, '절약'이라는 뜻에서 economical(절약하는)이 파생되었다.

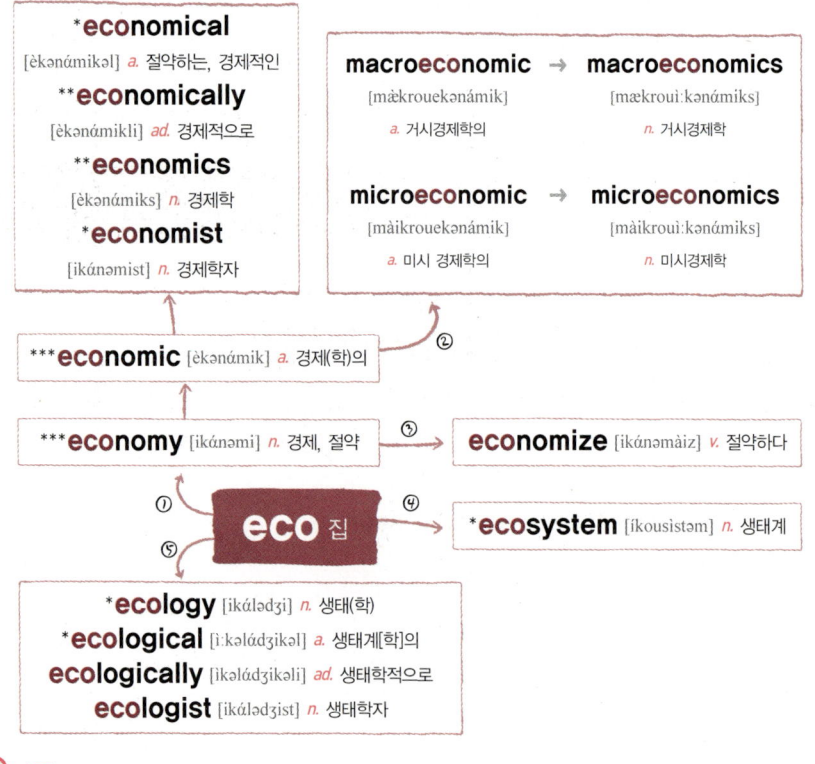

예문

It has been suggested that the environmental costs outweigh its **economic** benefits. 환경 관련 비용이 경제적 이득보다 더 중요하다는 의견이 제시되었다.

The **economical** housewife carefully inspects the contents of the refrigerator every morning. 알뜰한 그 주부는 매일 아침 냉장고의 내용물을 꼼꼼히 살핀다.

The students didn't really want to study **ecology** at college.
그 학생들은 대학에서 정말 생태학을 공부하고 싶지 않았다.

09 | electric 비교 electrical

elektron은 그리스어로 '호박'을 의미했고, 호박을 천으로 문지를 때 정전기가 발생한 데서 '전기의'라는 뜻을 지닌 electric이 생겨났다. electric이 전기난로 (electric heater)나 전기면도기(electric razor)처럼 구체적으로 전기를 이용한 것을 표현하는 단어라면 electrical은 일반적으로 사용하는 전기제품(electrical goods)이나 전기신호(electrical signal) 등에 사용된다. electron은 '전자'를 의미하기에 '전자의'라는 뜻의 electronic이 생겼다.

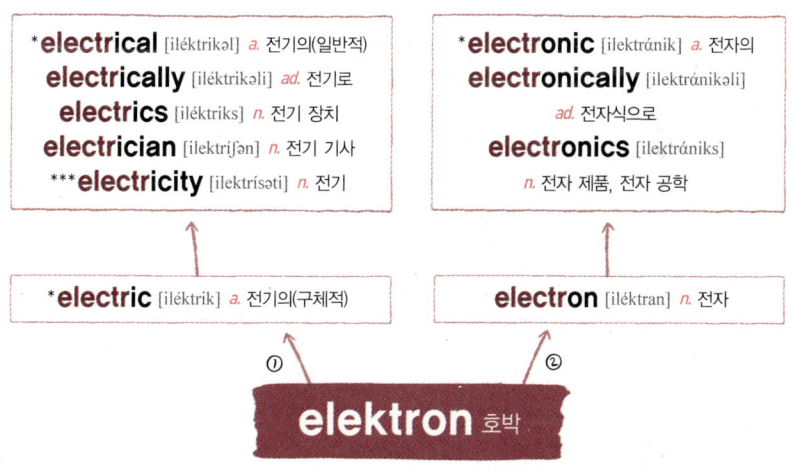

예문

This charging station is capable of charging three **electric** cars at a time.
이 충전소는 한 번에 석 대의 전기차를 충전할 수 있다.

We have five children, two cars and an enormous **electricity** bill.
우리는 아이가 다섯 명이고 차는 두 대이며 전기요금은 엄청나다.

Electronics and home appliance markets are less busy at the end of the year than expected.
연말에는 전자제품과 가전제품 시장은 예상보다 덜 분주하다.

10 | basic

base는 가장 밑바닥을 의미하던 단어였기에 가장 밑바닥에 놓여있는 '기초'나 '근거'를 뜻한다. 이 단어에서 나온 basic은 가장 기초를 이루는 '기본적인'이라는 뜻이 되었고, basement는 건물의 가장 바닥인 '지하(층)'을 의미하게 되었다. basis는 어떠한 이유의 기반이 되는 '기준, 근거'라는 뜻으로 쓰이게 되었고, bass는 음악에서 낮은 음을 가리키는 '저음'을 뜻한다.

- basis에서 파생된 숙어
  on a regular basis 정기적으로

 예문

The report, released today, was **based** on 50 jailhouse interviews with political prisoners.
오늘 공개된 그 보고서는 정치범들과의 50차례에 걸친 감옥 면담을 근거로 했다.

One of the **basic** responsibilities of a leader is to assign work properly to team members.
지도자의 기본적인 책임 중 하나는 팀원들에게 일을 적절히 할당하는 것이다.

National identity cards should be issued on the **basis** of one's permanent address.
국내 신분증은 본적을 기준으로 발급되어야 한다.

11 | organic

organ은 현재 쓰이지 않는 '일하다'라는 뜻의 org에서 나와 사람 몸에서 각각 특정한 기능을 하기 위해 연결되어 있는 '장기, 기관'을 의미한다. 이 단어에서 파생된 organic은 장기가 활동하는 것처럼 생명력을 가지고 있다고 하여 '유기의'라는 뜻과 서로 연결되어 있어 떼어낼 수 없는 장기와 같아 '유기적인'이라는 뜻이 되었다. organize는 서로 연결지어 하나로 구성한다고 하여 '조직하다'라는 의미로 쓰이게 되었다.

 예문

Organic farming has become one of the fastest growing segments of U.S. agriculture.
유기 농업은 미국 농업 중 가장 빨리 성장하는 분야 중 하나가 되었다.

Freud believed that love was instinctive and every life **organism** needs love and attention.
프로이드는 사랑이 본능적이며 모든 생명체는 사랑과 관심을 필요로 한다고 믿었다.

The millionaire has launched a disaster relief **organization** to help people affected by disasters.
그 백만장자는 재해의 영향을 입은 사람들을 돕기 위한 재해 구호 기구를 출범시켰다.

Exercise

정답: 450쪽

1. 다음 영어 단어의 우리말 뜻을 적어보세요.

① metropolitan _____	⑥ statistics _____
② criterion _____	⑦ physically _____
③ medical _____	⑧ economical _____
④ illogical _____	⑨ organization _____
⑤ electrician _____	⑩ technological _____

2. 다음 우리말 뜻에 해당하는 영어 단어를 적어보세요.

① 지하(층) _____	⑥ 정책 _____
② 사과하는 _____	⑦ 명상 _____
③ 기술자 _____	⑧ 물리학 _____
④ 생태(학) _____	⑨ 정지된 _____
⑤ 건축가 _____	⑩ 위선 _____

3. 다음 빈칸에 알맞은 단어를 보기에서 찾아 넣어보세요.

보기 criticized, monologues, stationary, metropolis, physical

① A contagious disease is easily transmitted by _____ contact.

② How do helicopters remain _____ in mid air?

③ Hilton was heavily _____ for her reckless lifestyle and irresponsible behaviors.

④ The fifth largest city in the world, the Seoul _____ has a population of about 10.3 million.

⑤ These _____ were recorded by famous movie stars.

접두사 ad- : ~에, ~로 ②

접두사 ad-는 ac-, al-, af- 등으로 변형되어서 사용되는데, 이때 뒤에 따라오는 단어의 앞 철자에 따라서 달라진다. 예를 들면 '회사'나 '동료'를 의미하는 company에 ad-가 ac-로 변형되어 붙어서 <u>ac</u>company(동행하다, 수반하다)가 된 것이다.

---

① **ac**cuse [əkjúːz] *v.* 비난하다, 고발[기소]하다 → **accused** [əkjúːzd] *n.* (the) 피고인
= **ac**(~에) + **cuse**(원인, 이유(= cause))   *a.* 비난받은, 고발된
         accusation [ækjuzéiʃən] *n.* 비난, 혐의

She was **accused** of murder of her roommate.
그녀는 룸메이트를 살해한 혐의로 기소되었다.

---

② **af**firm [əfə́ːrm] *v.* 단언[긍정]하다 → **affirmation** [æfərméiʃən] *n.* 단언
= **af**(~에) + **firm**(확고한, 단단한, 회사)   **affirmative** [əfə́ːrmətiv] *a.* 긍정하는
         affirmatively [əfə́ːrmətivli] *ad.* 긍정적으로

My boss **affirmed** that workers must persevere in working to resolve the present situation.
우리 사장은 근로자들이 현재의 상황을 해결하기 위해 꾸준히 일해야 한다고 단언했다.

---

③ **al**ly [əlái] *n.* 동맹국 *v.* 동맹시키다 → **alliance** [əláiəns] *n.* 동맹
= **al**(~에) + **ly**(묶다)

Stress is not an enemy but an **ally** that can help you improve on your performance.
스트레스는 적이 아니라, 당신의 실적을 향상시킬 수 있는 동맹군이다.

---

④ **ap**point [əpɔ́int] *v.* 임명하다, 지정하다 → **appointment** [əpɔ́intmənt] *n.* 임명, 약속
= **ap**(~에) + **point**(가리키다, 요점)   **appointee** [əpɔintíː] *n.* 지명된 사람

Allah has **appointed** the observance of fasting during Ramadan as an obligatory duty.
알라는 라마단 동안에 단식을 준수하도록 필수의무로 지정했다.

---

⑤ **ar**rogant [ǽrəgənt] *a.* 거만한 → **arrogantly** [ǽrəgəntli] *ad.* 거만하게
= **ar**(~에) + **rog**(요구하다) + **ant**   **arrogance** [ǽrəgəns] *n.* 거만

He is a rude and **arrogant** young man.
그는 무례하고 거만한 청년이다.

DAY 03 -able

able은 그 자체로 하나의 단어이지만 다른 단어나 어근 뒤에서 접미사로도 사용된다. 이 able에 -ly를 붙여 부사를 만들고 -ity를 붙여 명사를 만드는데, 이때 단순히 그냥 붙이는 것이 아니라 약간의 변형을 거친다. 부사 형태는 able의 ab만 남긴 후 -ly를 붙여 ably가 되고, 명사 형태는 able을 abile로 만든 후 뒤에 -ity를 붙여 ability가 된다.

● -able로 끝나는 형용사에서 파생된 단어들의 기본 패턴

-able	형용사(~할 수 있는)
-able + -ly = -ably	부사(~하게, ~로)
-able + -ity = -ability	명사(~성, ~함)

● Example

durable [djúərəbl] a. 내구성이 있는 → durably [djúərəbli] ad. 내구성 있게
　　　　　　　　　　　　　　　　　　durability [djùərəbíləti] n. 내구성

-ible도 -able과 같은 접미사로, 예전부터 사용된 것이 현재도 남아서 쓰이고 있다. 단어의 변형 과정도 -able과 똑같아서 부사는 -ibly, 명사는 -ibility이다.

● -ible로 끝나는 단에서 파생된 단어들의 기본 패턴

-ible	형용사(~할 수 있는)
-ible + -ly = -ibly	부사(~하게, ~로)
-ible + -ity = -ibility	명사(~성, 함)

● Example

flexible [fléksəbl] a. 유연한 → flexibly [fléksəbli] ad. 유연하게
　　　　　　　　　　　　　　　　flexibility [flèksəbíləti] n. 유연성

01 | able

able은 그 자체로 '할 수 있는'이라는 뜻의 단어다. 특히 이 단어에서 파생된 단어들은 굉장히 헷갈리기 때문에 잘 정리해두어야 한다. able의 부정은 unable (할 수 없는)이지만 able에서 파생된 명사의 부정형은 in-을 붙인 inability(무능)이다. enable은 동사로 사용되기 때문에 '할 수 있게 하다'라는 뜻이 되었고, disable은 할 수 없게 만든다고 하여 '장애를 입히다'라는 뜻이 되었다.

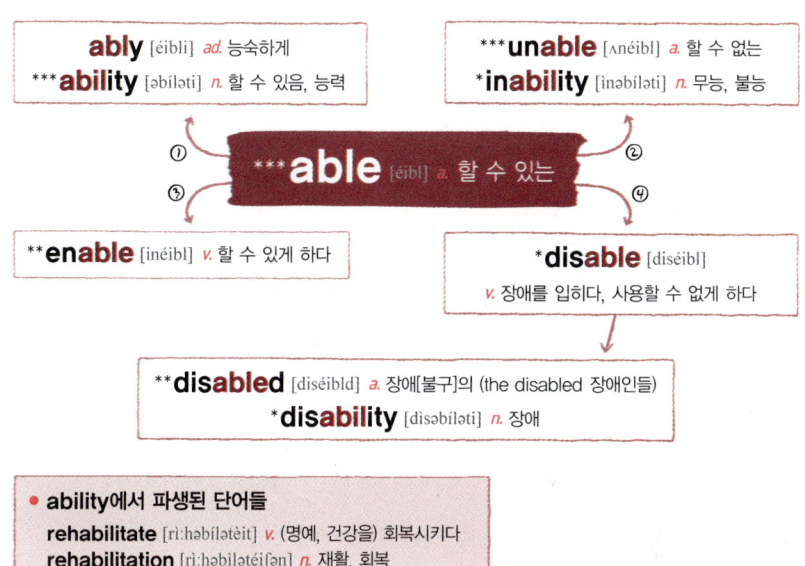

- **ability에서 파생된 단어들**
  rehabilitate [riːhəbíləteit] v. (명예, 건강을) 회복시키다
  rehabilitation [riːhəbiləteiʃən] n. 재활, 회복

예문

This plant has the **ability** to repulse pests and attract beneficial insects.
이 식물은 해충을 쫓아버리고 유익한 곤충을 끌어모으는 능력이 있다.

His literary talent and profound knowledge **enabled** him to work quickly.
그는 문학적 재능과 심오한 지식을 바탕으로 일을 빨리 처리할 수 있었다.

The sign in front of the zoo said, "Admission free for children under six and the **disabled**."
동물원 앞의 표지판에는 '6세 미만 아동과 장애인은 입장 무료'라고 쓰여 있었다.

02 | stable

stable은 '서다, 세우다'라는 뜻의 st와 able이 합쳐져 생긴 단어로 제대로 설 수 있다는 의미에서 '안정된'이라는 뜻이 되었다. 여기서 파생된 형용사는 unstable(불안정한)이고, 명사는 instability(불안정)이다. 동사로 사용되는 stabilize(안정시키다)는 able이 abile로 바뀐 후 -ize가 붙은 것이고, establish는 밖에 세울 수 있다는 의미에서 '설립하다'라는 뜻이 되었다.

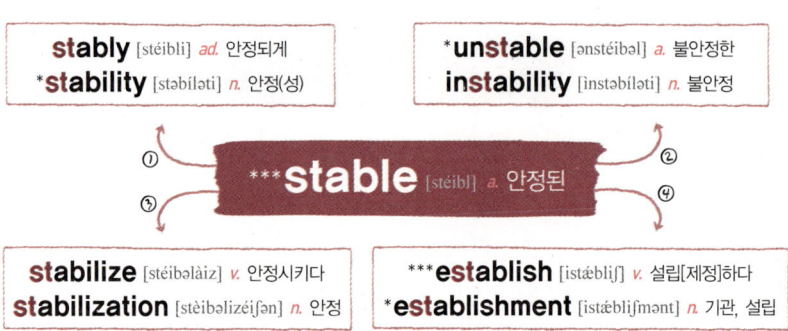

 예문

We should have low, **stable** housing prices for the good of us all.
우리 모두의 이익을 위해 주택 가격이 낮고 안정되어야 한다.

Our military forces should focus on promoting peace and **stability** on the Korean peninsula.
우리 군대는 한반도 평화와 안정을 증진하는 데 초점을 맞춰야 한다.

The patient has remained **unstable** for three days.
그 환자는 3일간 불안정한 상태를 유지해왔다.

Each person and city has the power to **establish** a law proper to itself.
모든 사람과 도시는 그 자신에게 적합한 법을 제정할 권리가 있다.

03 | capable

cap[capt]는 '잡다'라는 뜻으로 사용되었고, 이 단어에서 파생된 capable은 누군가가 일을 주면 언제든지 잡아서 할 수 있다고 하여 '할 수 있는, 유능한'이라는 뜻이 되었다. capacity는 잡아 채워놓을 수 있는 '수용(량)'과 capability와 같은 뜻인 '능력'으로 사용된다. cap이 변형된 capt에서 파생된 captive는 잡힌 '포로'나 '사로잡힌'을 뜻하고, capture는 사람이나 사물을 잡는 '포획하다'와 장면을 잡아내는 '포착하다'를 뜻한다.

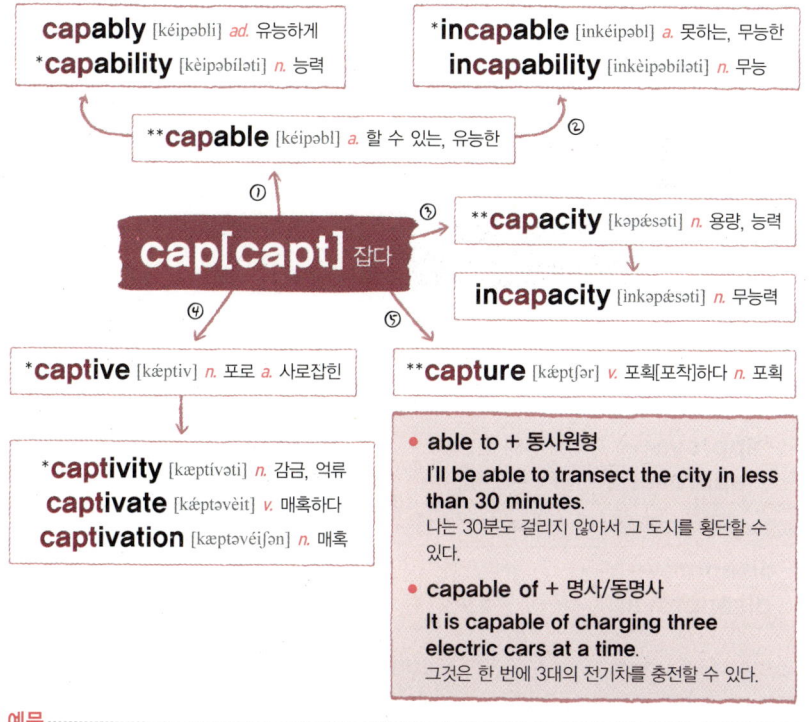

- **able to + 동사원형**
  I'll be able to transect the city in less than 30 minutes.
  나는 30분도 걸리지 않아서 그 도시를 횡단할 수 있다.

- **capable of + 명사/동명사**
  It is capable of charging three electric cars at a time.
  그것은 한 번에 3대의 전기차를 충전할 수 있다.

🔍 예문

We've been spending a fair amount of time improving our video **capacity** and quality. 우리는 비디오 용량과 품질을 개선하는 데 상당한 시간을 쏟아 붓고 있다.

Many men have been **captivated** by her beauty and intelligence.
많은 남성들은 그녀의 아름다움과 지성에 매혹되었다.

If you **capture** an unfolding event on camera, please send it to BBC News.
어떠한 사건이 전개되는 것을 카메라로 포착한다면, 그것을 BBC 뉴스로 보내주십시오.

04 | probable

probe는 원래 '앞(pro)에 있다(be)'라는 뜻이었고, 그 후 앞에 있는지 확인해보는 '조사하다'라는 뜻이 되었다. probe의 원래 뜻에서 파생된 probable은 '있을 것 같은'이라는 뜻의 형용사이며, 부사인 probably는 '아마'라는 뜻이다. probe가 변형되어 파생된 prove는 앞에 있음을 확인시켜주는 '증명하다'라는 뜻이 되었고, approve은 증명을 했기에 통과시키는 '찬성[승인]하다'를 뜻한다. 또 improve는 안에서 점점 좋은 점을 증명해낸다고 하여 '향상시키다'라는 뜻이 되었다.

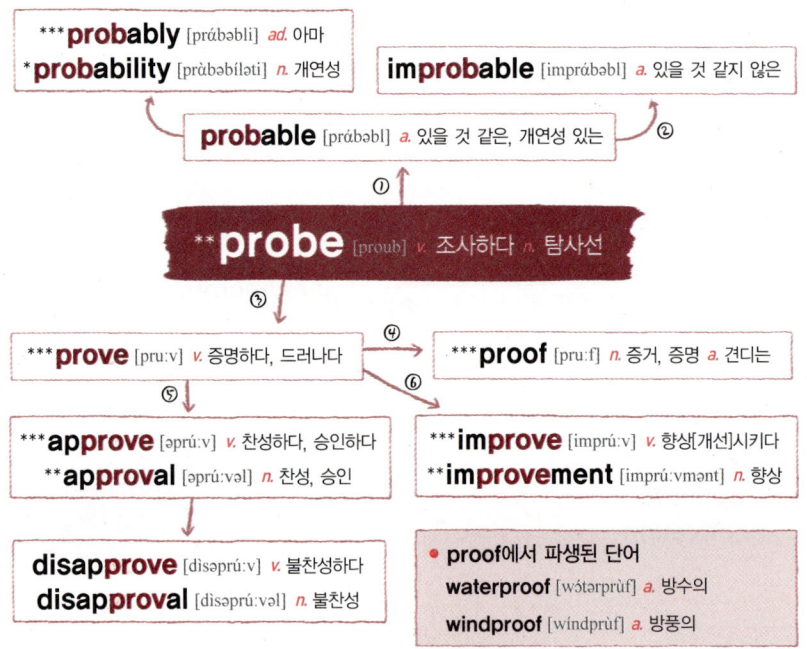

예문

This type of person will **probably** pretend to be ill to get attention.
이런 부류의 사람이 아마도 관심을 끌기 위해 꾀병을 부릴 수 있다.

All the oil paintings in the art gallery **proved** to be fakes.
그 미술 갤러리의 모든 유화는 가짜로 판명이 났다.

The majority of votes **disapproved** of my proposal without any other solution.
대다수는 다른 해결책도 없이 나의 제안에 반대표를 던졌다.

05 | reasonable

reason은 원래 '생각하다'라는 뜻이었고, 이 뜻에서 파생되어 현재는 어떠한 결론으로 이르게 되는 생각이라고 하여 '이유, 까닭'이라는 뜻이 되었다. 여기서 결론을 이끌어내는 '추론하다'라는 동사의 의미가 생겨 reasoning은 '추론'을 의미한다. reasonable은 판단이나 가격 등이 이유가 있어 알맞은 것을 표현하여 '합리적인, 적당한'이라는 뜻이 되었다.

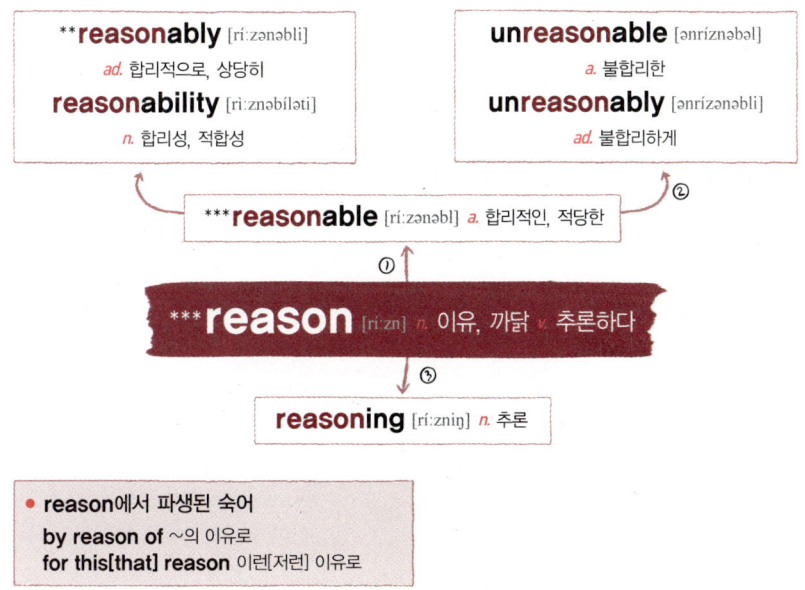

- reason에서 파생된 숙어
  by reason of ~의 이유로
  for this[that] reason 이런[저런] 이유로

🔍 예문

The masses of the unemployed have every **reason** to rebel against the social order. 수많은 실직자들이 사회질서에 반항할 만한 모든 이유가 있다.

His manner of speaking was not pleasing. His **reasoning**, however, was well conducted. 그의 말투는 듣기에 좋지 않았지만 그의 추론은 탄탄했다.

Your employer must take **reasonable** care to prevent sexual harassment. 당신의 고용주는 성희롱을 예방하기 위해 적절한 조치를 취해야만 한다.

It is **unreasonable** for her to rely on such a vague, implicit promise. 그녀가 그러한 애매하고 암시적인 약속에 의지하는 것은 합리적이지 않다.

06 | suitable

sue의 원래 뜻은 '따라가다'였고, 이 뜻에서 확장되어 현재는 누군가의 잘못된 행위 후 뒤이어 따르는 것을 의미하여 '고소[소송]하다'라는 뜻이다. 여기서 파생된 suit는 '소송'이라는 뜻도 있지만 위에서부터 아래까지 따라 맞추어 입는 옷을 의미하여 '정장'과 '어울리다'의 뜻도 지니게 되었다. suitable은 suit의 '어울리다'라는 뜻에서 파생되어 '적합한'이라는 뜻이 되었다. pursue도 앞(pur)에 있는 것을 따라간다고 하여 '쫓다, 추구하다'라는 뜻이 된 단어다.

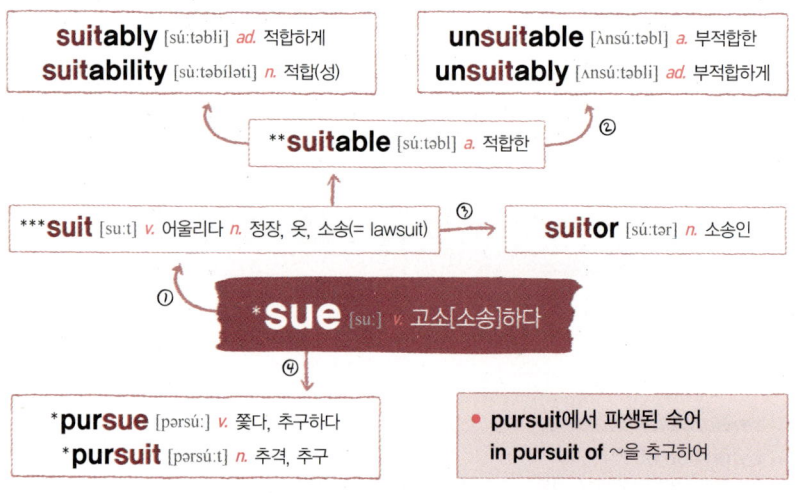

예문

Brian had four years to file his **suit** against his boss.
브라이언은 사장을 상대로 소송을 제기하는 데 4년이 걸렸다.

We've searched the length and breadth of the country for a **suitable** candidate.
우리는 적당한 후보자를 찾기 위해 나라 구석구석을 탐색했다.

His joking manner was **unsuitable** for such a solemn occasion.
그의 익살맞은 태도는 그 엄숙한 행사에는 부적합했다.

It is becoming clear that our rights to the **pursuit** of happiness are being seriously curtailed.
우리의 행복 추구권이 심각하게 축소되고 있는 것이 자명하다.

07 | comfortable

fort는 원래 '힘'을 의미했고, 여기서 파생된 comfort는 힘을 함께(com) 지니고 있어 걱정 없는 '편안'과 힘든 사람을 힘으로 편안하게 해주는 '위로'를 뜻하게 되었다. effort는 밖으로 있는 힘을 다 쓴다고 하여 '노력', fortify는 힘이 있게 만든다고 하여 '강화하다'라는 뜻이 되었다. fort가 변형된 force가 현대 영어에서 '힘'을 뜻하게 되었고, 이 단어에서 파생된 enforce는 힘으로 무언가를 하게 하는 '시행하다', reinforce는 다시 힘을 더하는 '보강하다, 강화하다'를 뜻한다.

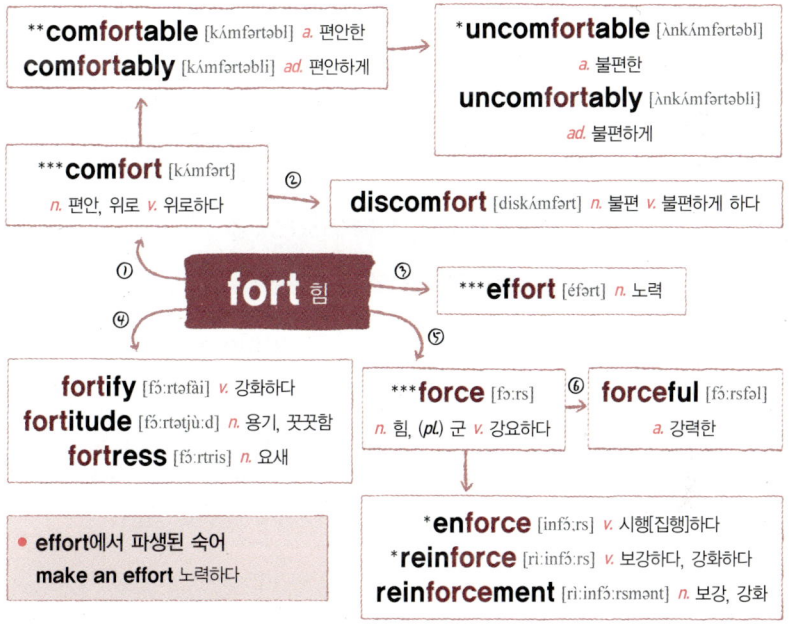

- effort에서 파생된 숙어
  make an effort 노력하다

예문

Her only **comfort** was the exquisite rose garden her mother left behind.
그녀의 유일한 위안은 어머니께서 남겨주신 아름다운 장미 정원이었다.

To make your parents happy, you should intensify your **efforts** at school.
부모님을 즐겁게 해드리려면 학교에서 노력을 더 하라.

Police announced they would **enforce** the law courteously and appropriately.
경찰은 정중하고 적절하게 법을 집행하겠다고 발표했다.

08 | possible

현재 쓰이지 않는 poss[pot]도 '힘이 있다'를 의미했던 단어였다. 이 단어에서 나온 possible은 힘이 있기에 무언가를 할 수 있는 것을 표현하여 '가능한'이라는 뜻이 되었고, possess는 힘을 통해 가지게 된다고 하여 '소유하다'라는 뜻이 되었다. pot에서 파생된 potent는 힘이 있는 '강한'이라는 뜻이고, potential은 강한 힘을 지니고 있는 것을 표현하여 '잠재적인'이라는 뜻으로 쓰이게 되었다.

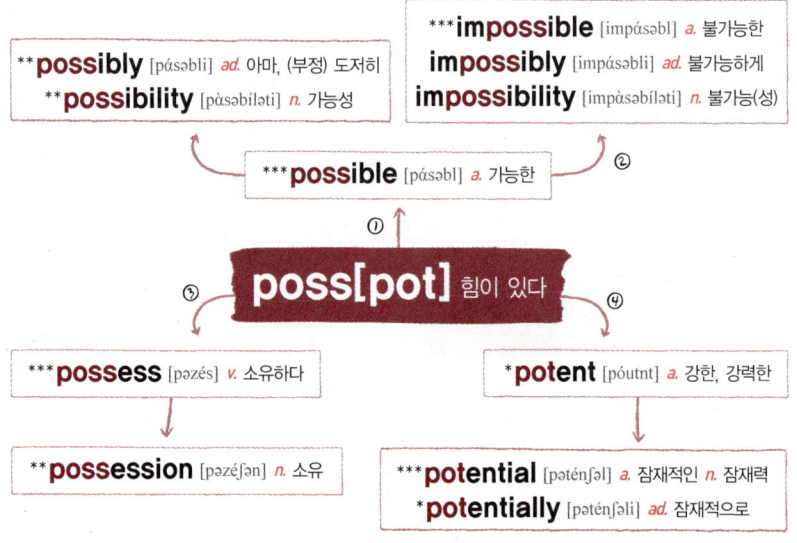

예문

Possibly the best thing for shop owners would be the conversion of goods into money.
아마 가게 주인들에게 가장 좋은 것은 상품의 현금화일 것이다.

It is **impossible** to accurately determine which employees deserve the reward.
종업원들 어느 누가 포상을 받을 자격이 있는지 정확히 결정하기란 불가능하다.

Most homes with carpeted floors **possess** a vacuum cleaner for cleaning.
마루에 카펫을 깔아놓은 가정에서는 대부분 청소를 위해 진공청소기를 소유하고 있다.

To prevent **potential** risk to others, notify the police of the incident.
다른 사람들에게 미칠 잠재적인 위험을 방지하기 위해서 경찰에 그 사건을 알리시오.

09 | credible

과거에 '믿다'라는 뜻이었던 cred에서 파생된 credible은 '믿을 수 있는'이라는 뜻이 되었고, credulous는 진실이 아닐지라도 쉽게 믿는 '잘 믿는'이라는 뜻으로 사용된다. credit이 현대 영어에서 cred의 의미를 받아 '믿다'라는 뜻과 의심 없이 믿을 수 있는 '신용'이라는 뜻이 되었다. creditor는 믿음을 통해 빌려준 돈을 받을 권리가 있는 사람인 '채권자'를 뜻한다. 반대로 돈을 갚아야 하는 사람은 빚을 의미하는 debt에서 파생된 debtor(채무자)라고 한다.

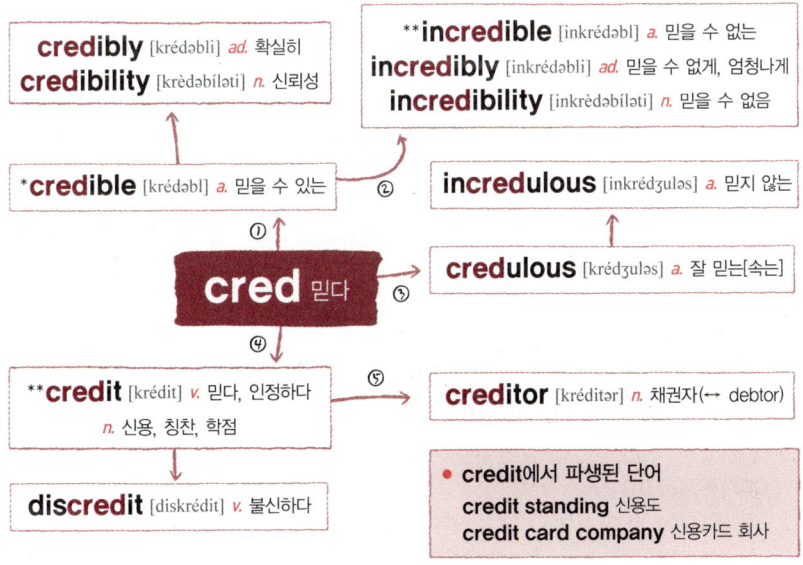

예문

I like to tell my grandchildren my **incredible** story of survival during the war.
나는 손자들에게 내가 전쟁에서 살아남은 놀라운 이야기를 들려주기를 좋아한다.

A **credulous** person is apt to believe nearly anything even with little evidence.
잘 속는 사람은 증거가 거의 없어도 무엇이든 믿는 경향이 있다.

Credit card debt is often the result of costly food and grocery purchasing habits.
신용카드 빚은 종종 값비싼 음식과 식료품 구매 습관이 초래하는 결과다.

10 | responsible

respond는 re(다시)와 spond(약속하다)가 합쳐진 단어로 교회 세례에서 믿을 것을 약속하겠냐고 묻는 말에 약속하겠다고 다시 대답한 데서 '응답하다'라는 뜻이 되었다. 여기서 명사 response(응답)가 파생되었고, responsible은 자신이 응답한 것을 지킨다는 의미에서 '책임이 있는'이라는 뜻이 되었다. correspond는 cor(함께)와 respond가 합쳐진 단어로 함께 응답한다는 의미에서 '일치하다'라는 뜻과 함께 연락을 주고받는 '서신을 교환하다'라는 뜻이 되었다.

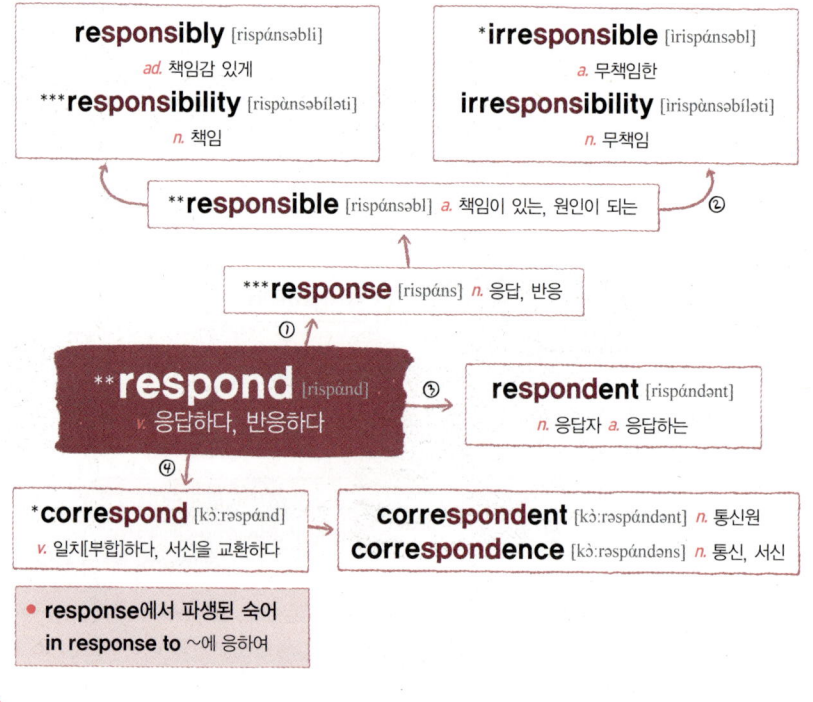

- response에서 파생된 숙어
  in response to ~에 응하여

🔍 예문

People **responded** to the news of World War II in many different ways.
사람들은 제2차 세계대전 뉴스에 다양하게 반응했다.

Employers could not evade their **responsibility** for workplace safety.
사업주들은 사업장의 안전에 대한 책임을 회피할 수 없었다.

Politicians' preferences do not always **correspond** to those of the voters.
정치가들의 선호가 그에게 투표한 사람들의 선호와 항상 일치하지는 않는다.

11 | visible

vise는 '보다'라는 뜻으로 쓰였기 때문에 visible은 눈으로 볼 수 있는 '눈에 보이는'이란 뜻이 되었고, vision은 눈으로 보는 '시력'이라는 뜻과 눈이 아닌 마음속으로 보는 '환상'이라는 뜻도 가지게 되었다. 또 vise에서 파생된 visual은 사람의 눈을 통하여 볼 수 있는 감각을 표현하여 '시각의'라는 뜻이 되었고, visit은 '가다'를 뜻하는 it과 합쳐져 보러 간다는 의미에서 '방문하다'를 뜻하게 되었다.

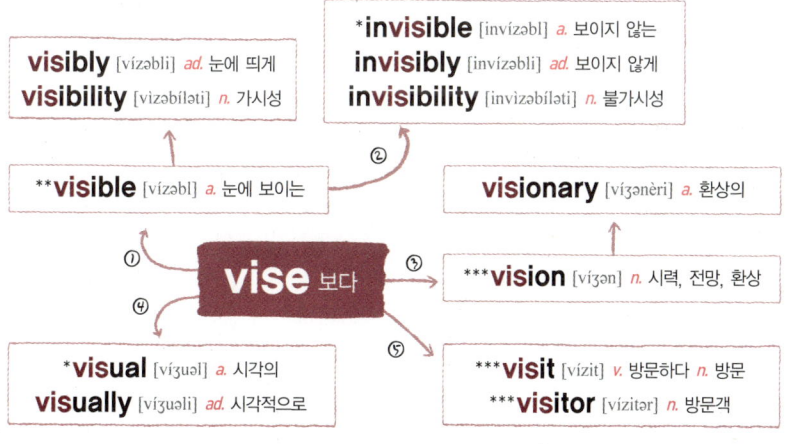

예문

You peel of the external skin of an object, so the inside will be **visible**.
여러분이 물체의 외부를 벗기면 내부가 보일 것이다.

It would be a great scientific breakthrough if someone found out a way to become **invisible**.
투명인간이 되는 방법을 찾는다면 그것은 엄청난 과학적 돌파구가 될 것이다.

My child says her **vision** is blurred, even after seeing an optician for eyeglasses.
우리 아이는 안경사에게 안경을 맞춘 뒤에도 시야가 흐릿하다고 말한다.

The directors were in council when I **visited** them without appointment.
내가 이사들을 약속 없이 방문했을 때, 그들은 회의 중이었다.

Exercise

정답: 451쪽

1. 다음 영어 단어의 우리말 뜻을 적어보세요.

① reasonable _____   ⑥ suitable _____
② enable _____   ⑦ responsible _____
③ possession _____   ⑧ uncomfortable _____
④ capture _____   ⑨ credulous _____
⑤ approve _____   ⑩ establish _____

2. 다음 우리말 뜻에 해당하는 영어 단어를 적어보세요.

① 방문객 _____   ⑥ 잠재적으로 _____
② 추론 _____   ⑦ 시행[집행]하다 _____
③ 무책임한 _____   ⑧ 추격, 추구 _____
④ 믿을 수 없는 _____   ⑨ 용량, 능력 _____
⑤ 안정된 _____   ⑩ 증명하다 _____

3. 다음 빈칸에 알맞은 단어를 보기에서 찾아 넣어보세요. (필요 시 어형 바꾸기)

보기   enabled, possess, credit, unsuitable, stable

① His literary talent and profound knowledge _____ him to work quickly.
② We should have low, _____ housing prices for the good of us all.
③ His joking manner was _____ for such a solemn occasion.
④ Most homes with carpeted floors _____ a vacuum cleaner for cleaning.
⑤ _____ card debt is often the result of costly food and grocery purchasing habits.

접두사 con- : 함께 ①

con-은 '함께'를 의미하는 접두사이고, b, m, p로 시작하는 단어 앞에서는 com-으로 바뀐다. 방망이(bat)를 함께(com) 들고 있다는 의미에서 '전투'라는 명사와 '싸우다'라는 동사가 된 combat도 b 앞에서 con-이 com-으로 바뀐 것이다. (예외: comfort)

① **con**sider [kənsídər] v. 고려하다, 간주하다 → consideration [kənsìdəréiʃən] n. 고려, 사려
= con(함께) + sider(별)
in consideration of 고려하여
considerate [kənsídərət] a. 사려 깊은
considerable [kənsídərəbl] a. 상당한
considerably [kənsídərəbli] ad. 상당히

They **considered** civil society as a community that maintained civil life.
그들은 시민 사회를 시민의 삶을 유지할 수 있는 사회로 간주했다.

② **con**tinue [kəntínjuː] v. 계속하다[되다] → continuous [kəntínjuəs] a. 계속되는, 지속적인
= con(함께) + tin(잡다) + ue
continuously [kəntínjuəsli] ad. 계속

They **continue** their desperate struggle three months after the successive storms
그들은 연속적인 폭풍이 들이닥친 3개월 뒤에도 절박한 싸움을 계속하고 있다.

③ **com**bine [kəmbáin] v. 결합하다 → combination [kàmbənéiʃən] n. 결합
= com(함께) + bine(둘)
recombine [riːkəmbáin] v. 재결합하다
recombination [riːkàmbənéiʃən] n. 재결합

It was too difficult for me to **combine** work with pleasure.
나한테는 일과 오락을 결합하는 것이 너무 어려웠다.

④ **com**merce [kámərs] n. 상업, 무역 → commercial [kəmə́ːrʃəl] a. 상업의
= com(함께) + merce(시장 market)
commercially [kəmə́ːrʃəli] ad. 상업적으로
merchant [mə́ːrtʃənt] n. 상인
merchandise [mə́ːrtʃəndàiz] n. 상품, 물품

Domestic waterborne **commerce** accounted for 60% of the total commerce.
국내 해상무역은 전체 무역의 60%의 비율을 차지했다.

DAY 04 -ent

-ent는 형용사를 만드는 접미사이고 특히 동사로 쓰이는 단어나 현재는 쓰이지 않는 동사 어근에 붙어서 사용되는 경우가 많다. 이 형용사 접미사 -ent에 -ly를 붙이면 부사가 되고, -ent가 변형된 -ence[ency]는 명사 접미사로 사용된다. -ent가 명사 접미사로 쓰일 때도 있는데 그때는 변형 패턴이 조금 다르긴 하지만 전체적인 파생 형태를 같이 익히면 쉽게 암기할 수 있다.

● -ent로 끝나는 형용사에서 파생된 단어들의 기본 패턴

-ent	형용사(~한, ~하는)
-ent + **-ly** = **-ently**	부사(~하게, ~로)
-ence = **-ency**	명사(~한 상태, 행동)

● Example

① 단어(동사)에서 파생된 예

inhere [inhíər] v. 내재하다 → **inherent** [inhíərənt] a. 내재하는, 선천적인
　　　　　　　　　　　　　　　inherently [inhíərəntli] ad. 선천적으로
　　　　　　　　　　　　　　　inherence [inhíərəns] n. 내재

② 어근(동사)에서 파생된 예

sil 조용하다 → **silent** [sáilənt] a. 조용한
　　　　　　　　silently [sáiləntli] ad. 조용히
　　　　　　　　silence [sáiləns] n. 침묵

③ 명사로 쓰이는 예

continent [kάntənənt] n. 대륙 → **continental** [kὰntənéntl] a. 대륙의

01 | obedient

obey는 상관의 명령에 따르는 '복종하다'라는 뜻이다. 이 단어의 앞이 obedi로 바뀐 후 -ent가 붙어서 생긴 obedient는 '복종하는'이라는 뜻이 되었다. obey에 부정을 의미하는 dis가 붙어서 생긴 disobey는 '불복종하다'이고, disobedient는 '불복종하는'이라는 뜻이 되었다. 또 obey가 obeis로 바뀐 후 -ance가 붙은 obeisance는 복종이나 존경을 표한다고 하여 '경의'란 뜻이 되었다.

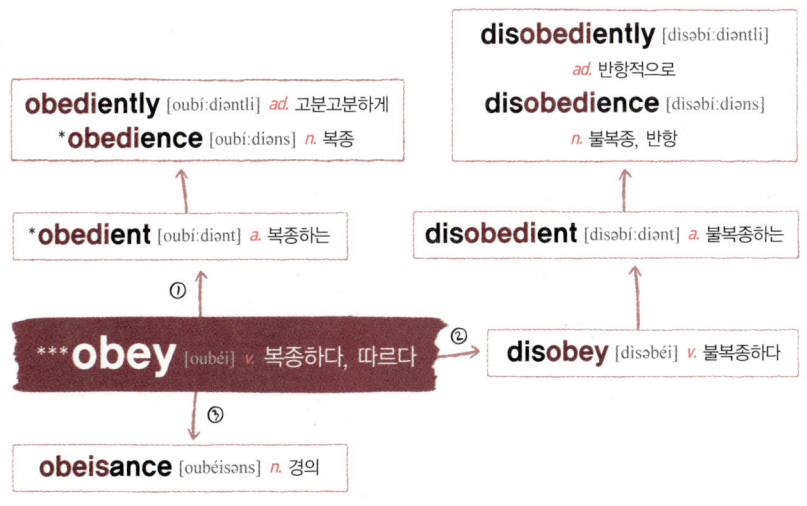

예문

We are always ready to **obey** even before a command is given.
우리는 항상 명령이 내려지기도 전에 따를 준비가 되어 있다.

This extremely **obedient** dog does whatever his master tells him to do.
엄청나게 순종적인 이 개는 주인이 하라는 대로 다 한다.

You can compel **obedience** from your followers, but not affection.
당신이 수행원들에게 복종을 강요할 수 있지만 애정은 강요할 수 없다.

They are making **obeisance** to the king.
그들이 왕에게 경의를 표하고 있다.

02 | dependent

depend는 '아래(de) 매달리다(pend)'라는 원뜻에서 현재는 위에 있는 대상을 잡고 도움을 받으려고 하는 '의지하다'라는 뜻이 된 단어다. 여기에서 파생된 dependent는 '의존하는'이라는 뜻이 되었고. 부정의 의미를 가지는 in을 붙인 independent는 아무도 의지하지 않는 '독립된'을 뜻한다. dependable은 위에 있는 것을 믿고 의지할 수 있다고 하여 '신뢰할 수 있는'이라는 뜻이 되었다.

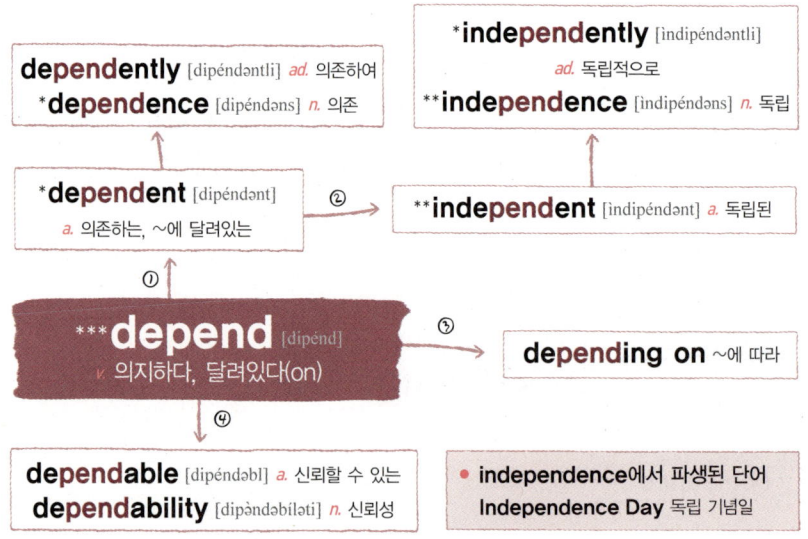

🔍 예문

Drug overdose symptoms vary widely **depending on** the specific drug used.
약물 과다 복용 증상은 어떤 약물을 사용했는가에 따라 매우 다양하다.

A voluntary confession is given freely and as a result of an **independent** choice.
임의 자백이란 자유롭게, 그리고 독립적인 선택의 결과로서 이루어지는 것이다.

Why did the American colonists declare **independence**, and what effect did it have?
식민지 시민으로서 미국인들이 왜 독립을 선포했으며, 독립이 무슨 영향을 미쳤는가?

03 | competent

compete는 '함께(com) 구하다(pete)'라는 뜻이 확장되어 현재는 원하는 것을 구하기 위해 함께 겨룬다고 하여 '경쟁하다'라는 뜻이 되었다. competent는 경쟁을 할 만한 능력을 지닌 사람을 표현하여 '유능한'이라는 뜻이고, incompetent는 반대로 '무능한'을 의미한다. compete에서 파생된 competition은 '경쟁'이나 함께 겨루는 모임인 '대회'를 의미한다.

예문

They adopted an aggressive strategy to **compete** against a rival company.
그들은 경쟁사와 경쟁하기 위해 공격적인 전략을 채택했다.

My boss insulted Jack by saying that he was an **incompetent** worker.
사장은 잭을 무능한 직원이라고 말함으로써 모욕을 주었다.

You can also participate in a fishing **competition** that is held each Saturday.
당신은 또한 매주 토요일에 열리는 낚시 대회에 참가할 수 있다.

If you are interested in a free **competitive** market analysis of your property, please fill out this form.
당신의 자산에 대한 자유 경쟁 시장 분석에 관심이 있다면, 이 양식을 채워주십시오.

04 | different

differ는 다른 사람과 의견을 달리하는 '다르다'라는 뜻으로 사용되는 단어이고, 이 단어에서 파생된 different는 '다른'이라는 뜻이다. 부정을 나타내는 in이 붙어서 생긴 indifferent는 모든 사람을 다르지 않게 똑같이 보기에 흥미나 관심이 없게 된 것을 표현하여 '무관심한'이라는 뜻이 되었다. different에서 파생된 differentiate는 다르게 갈라놓는다고 하여 '구별하다'를 뜻하게 되었다.

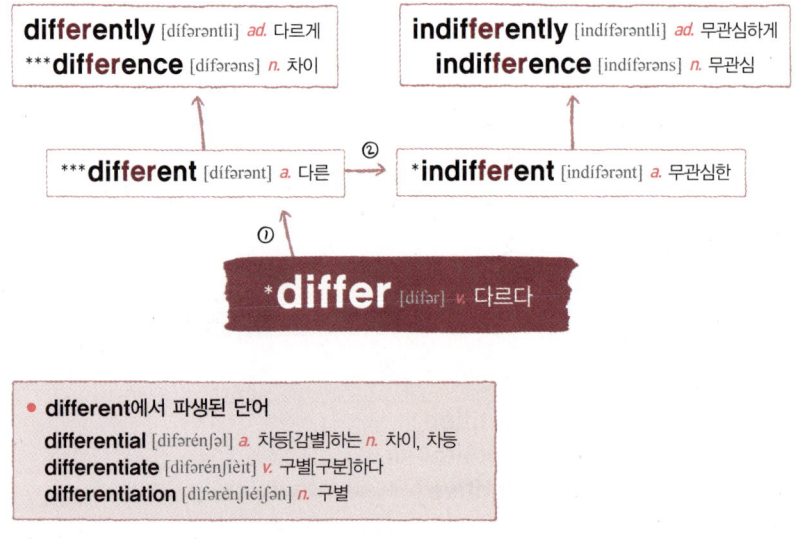

- **different**에서 파생된 단어
  differential [dìfərénʃəl] a. 차등[감별]하는 n. 차이, 차등
  differentiate [dìfərénʃièit] v. 구별[구분]하다
  differentiation [dìfərènʃiéiʃən] n. 구별

🔍 예문

A typical Korean breakfast is not that much **different** than the other meals of the day.
전형적인 한국의 아침식사는 다른 때의 식사와 크게 다르지 않다.

Due to the speed **difference**, the car cannot overtake the train before it stops.
속도의 차이 때문에, 기차가 멈추기 전에 승용차가 기차를 따라잡을 수는 없다.

I cannot put up with seeing the city's **indifference** to my opinion any more.
나는 시 당국이 더 이상 나의 의견에 무관심한 것을 참을 수 없다.

The only thing that **differentiates** the twins is the color of their eyes.
그 쌍둥이를 구별하는 유일한 것은 그들의 눈 색깔이다.

05 | violent

현재 쓰이지 않는 viol은 원래 '부수다'라는 뜻이었고, 여기서 파생된 violent는 모든 것을 부수려고 하는 '폭력적인'을 뜻하게 되었다. 부정을 의미하는 non이 붙어서 생긴 non-violent는 폭력보다 평화적인 방법으로 변화를 시도하는 '비폭력적인'을 뜻한다. violate는 정해진 법을 부순다고 하여 '위반하다'라는 뜻으로 사용하게 된 단어다.

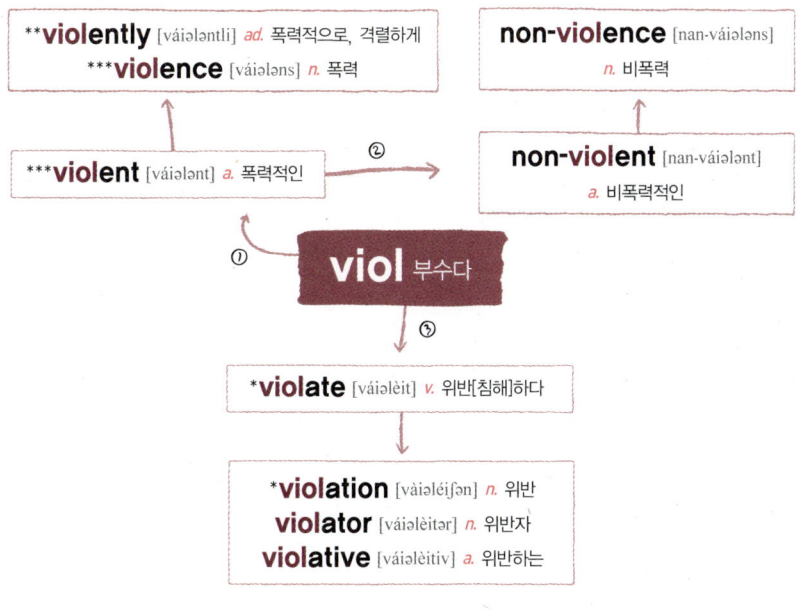

예문

Even mild-mannered folks get **violent** when they find spiders in their yards.
부드러운 사람들조차도 마당에서 거미를 발견하면 폭력적으로 변한다.

Many movements led by Christians are based on the principles of **non-violence**.
기독교인들에 의해 일어난 많은 운동들은 비폭력주의를 기반으로 한다.

She was allowed to go after paying a fine for **violating** the speed limit.
그녀는 속도위반으로 벌금을 납부한 후에 가도록 허락받았다.

It is a **violation** of the law to falsify a signature on any official document.
공식 문서의 서명을 위조하는 것은 법에 위반되는 행위다.

06 | confident

fide는 '믿다'였고, 여기서 파생된 confide는 다른 사람을 함께 믿는 '신뢰하다'와 믿기에 비밀을 말하는 '비밀을 털어놓다'라는 뜻이 되었다. 여기서 파생된 confident는 강한 신뢰감을 표현하여 '자신 있는, 확신하는'이 되었고, confidential은 '비밀의'라는 뜻이 되었다. fide가 변형된 feder에서 파생된 federal은 중앙정부가 통제하여 여러 정부가 믿음으로 뭉치는 '연방의'라는 뜻이 되었다.

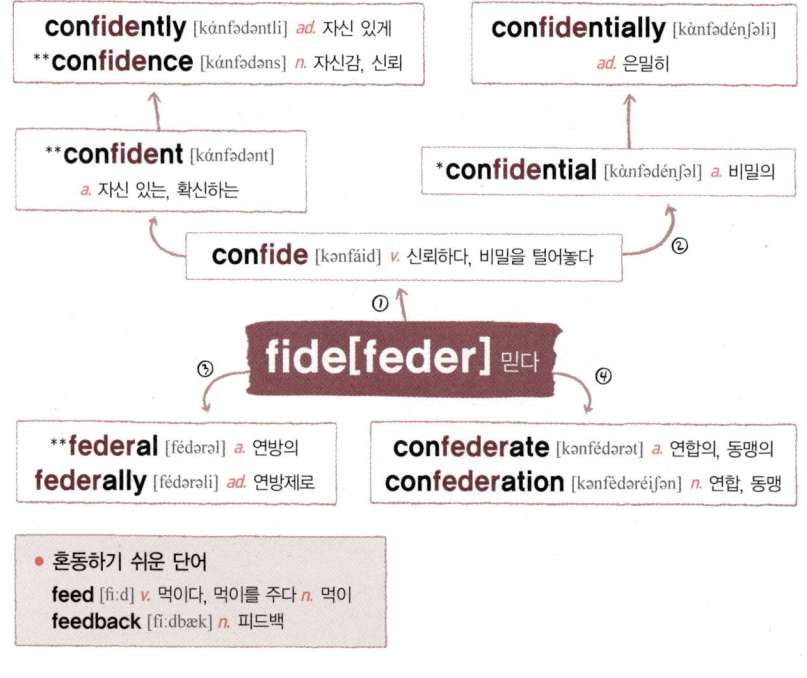

● 혼동하기 쉬운 단어
  feed [fi:d] *v.* 먹이다, 먹이를 주다 *n.* 먹이
  feedback [fi:dbæk] *n.* 피드백

🔍 예문

She **confided** that she was very unhappy with her job.
그녀는 자신의 일에 불만이 많다고 털어놓았다.

Your **confident** attitude will give a good impression to others.
당신의 자신감 있는 태도는 다른 사람들에게 좋은 인상을 줄 것이다.

The leakage of **confidential** information is a serious and fast-growing problem. 기밀 정보의 유출은 심각하면서도 급증하는 문제점이다.

07 | persistent

sist는 '서다, 세우다'라는 뜻이었던 st에서 확장되어 생긴 어근으로 뜻도 같다. 이 sist에서 파생된 persist는 어떠한 상황에도 완전히(per) 버티고 서 있는 '고집하다'를 뜻하고, persistent는 '고집하는'을 뜻한다. insist는 다른 사람 마음 안(in)에 자신의 의견을 강하게 세우는 '주장하다', insistent는 그 의견을 계속 미는 '주장[고집]하는'을 뜻한다. consist는 함께 세우기에 '구성되다'라는 뜻이고, consistent는 처음부터 끝까지 함께 하나로 구성된 '일관된'이라는 뜻이다.

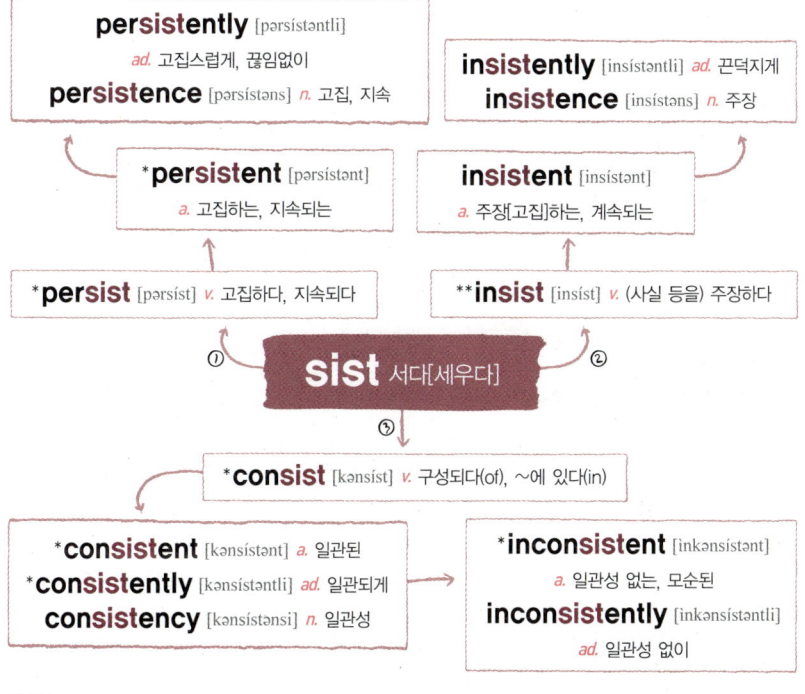

🔍 예문

The players did not concede defeat, **insisting** the referee has made a bad call. 선수들은 심판이 오심을 했다고 주장하며 패배를 인정하지 않았다.

The foot **consists of** 26 bones but the toes are the most likely to suffer a fracture. 발은 26개의 뼈로 구성되어 있으나 그중에서 발가락이 가장 골절의 위험성이 높다.

Police suspect him very much due to his **inconsistent** behavior.
경찰은 그의 일관성 없는 행동으로 인해 그를 상당히 의심했다.

08 | sufficient

'만들다, 하다'를 뜻하는 fice에서 나온 suffice는 가장 밑(suf)에서부터 원하는 부분까지 만들기에 '충분하다'라는 뜻이 되었고, suffici로 바뀐 후 -ent가 붙은 sufficient는 '충분한'이란 뜻이 되었다. deficient는 다 만들어지지 않고 떨어져 (de) 나간 부분이 있다고 하여 '결핍된, 부족한'을 뜻하고, deficit는 회사의 수익이 부족해 생기는 '적자'를 뜻한다. 또 efficient는 밖(ef)으로 잘 해나가는 것을 표현하여 '유능한'과 잘 해낸 결과를 비율로 표현하여 '효율적인'이라는 뜻이 되었다.

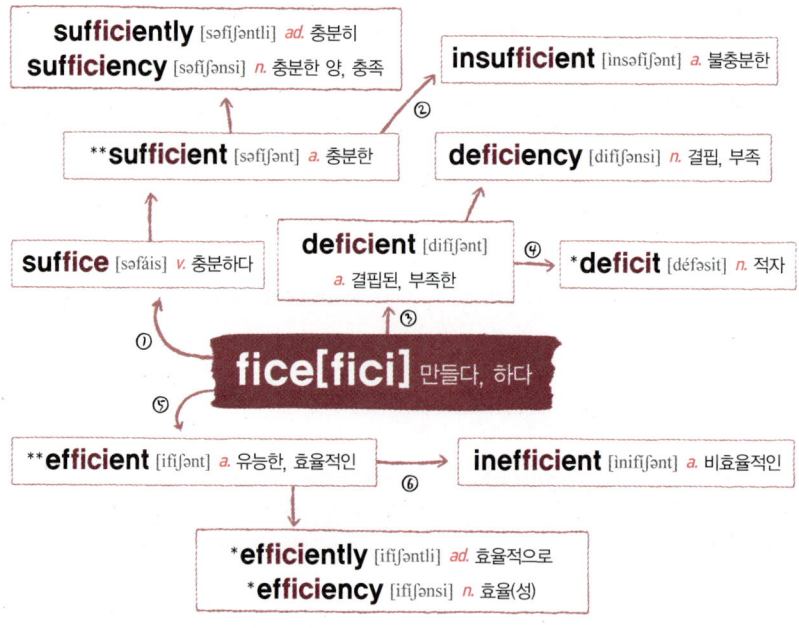

 예문

Canadians are most concerned about having **sufficient** income and leading a healthy lifestyle.
캐나다인들은 충분한 수입과 건강한 삶을 유지하는 것에 가장 관심이 많다.

Even the healthiest people are **deficient** in vitamin D in the winter months.
심지어 가장 건강한 사람도 겨울철에는 비타민 D가 부족하다.

The trial of two new energy **efficient** lights was conducted in the museum.
박물관에서 새로운 에너지 효율적인 전등 두 개를 달려는 시도를 했다.

09 | accident 명사

accident는 자신이 향하는(ac) 쪽에 무언가가 떨어진다는(cide) 의미에서 '사고'란 뜻이 되었다. 이러한 사고는 갑자기 발생하는 것이기에 이 단어에서 파생된 단어들은 '우연'이라는 의미를 내포한다. incident는 자신이 속한 곳 안에서 무언가 떨어진 일이 발생되었다고 하여 '사건'을 의미하고, incidental은 없었던 사건 등이 추가적으로 생긴 것이라고 하여 '부수적인'을 뜻하게 되었다. coincide는 안에서 함께 동시에 떨어지는 것을 의미하여 '일치하다'라는 뜻이 되었다.

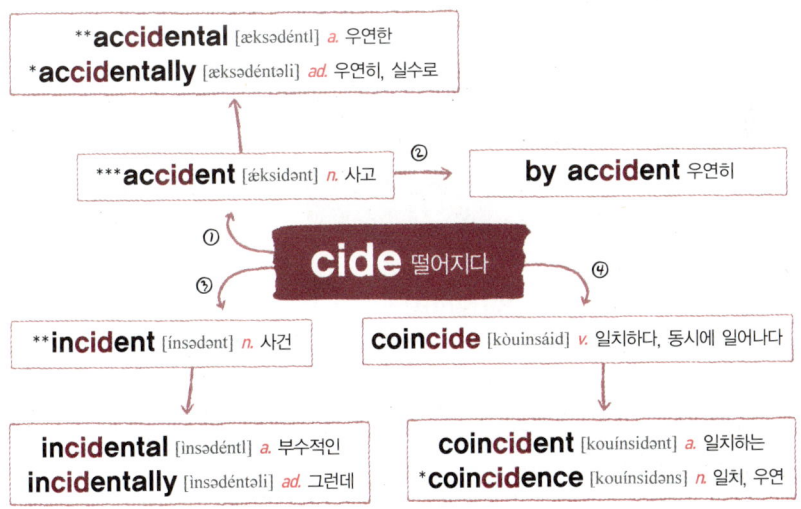

🔍 예문

When you are a witness to the **accident**, you should stay at the scene.
당신이 사고의 목격자인 경우에는 그 현장에 머물러 있어야 한다.

A nurse left a surgical swab inside a heart patient's chest during surgery **by accident**.
간호사가 수술 중 외과용 면봉을 실수로 심장병 환자의 가슴에 남겼다.

"That's a strange **coincidence**", he murmured as he got off the train.
"거 참 이상한 우연이야." 기차에서 내리며 그가 중얼거렸다.

10 | orient 명사

대문자로 시작하는 Orient는 서양에서 태양이 뜨는(ori) 곳을 의미하여 '동양'을 지칭하는 단어로 사용되었고, 또 동사로는 서양 사람이 태양이 있는 동쪽을 향해 간다고 하여 '지향하게 하다'라는 뜻으로도 쓰였다. 태양이 뜨는 것은 새로운 것의 시작이기에 origin은 가장 처음 시작된 '기원'이라는 뜻이 되었다. 그래서 original은 기존에 없던 새로운 것을 표현하여 '독창적인'이라는 뜻과 가장 처음인 것을 가리켜 '원래의; 원본'이라는 뜻이 되었다.

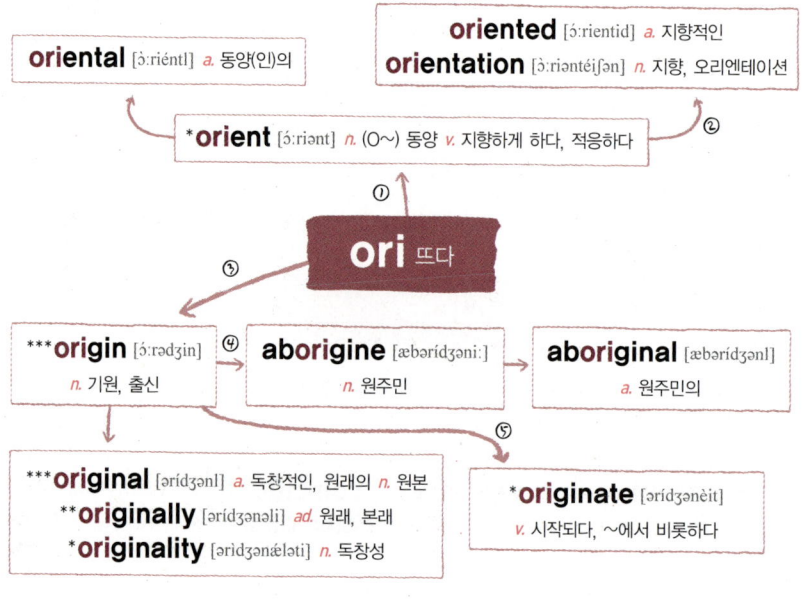

🔍 예문

He was accustomed to use **oriental** utensil, such as chopsticks.
그는 젓가락과 같은 동양의 가정용구를 사용하는 것에 익숙했다.

Killer whales and dolphins are family-**oriented** creatures.
범고래와 돌고래는 가족 지향적인 동물이다.

The word's **original** meaning was very different from its current meaning.
그 단어의 본래 의미는 현재의 의미와는 사뭇 달랐다.

He's just saying it takes a lot more creativity and **originality** to make music.
그는 단지 음악을 만드는 데는 많은 창의력과 독창성이 필요하다고 말한다.

11 | resident 명사

side는 '앉다'라는 뜻이었고, 이 단어에서 파생된 reside는 뒤에 계속 앉아 있어 머무르게 되는 '거주하다'가 되었다. preside는 처음 가장 앞쪽에 앉는다는 뜻에서 현재는 가장 앞에 있는 사람이 이끄는 '주재[주최]하다'라는 뜻이 되었다. 그래서 가장 앞에 있는 높은 사람을 president(대통령, 회장)라고 부르게 된 것이다. side는 '앉다'의 의미를 그대로 가지고 현대 영어에서 sit으로 쓰인다.

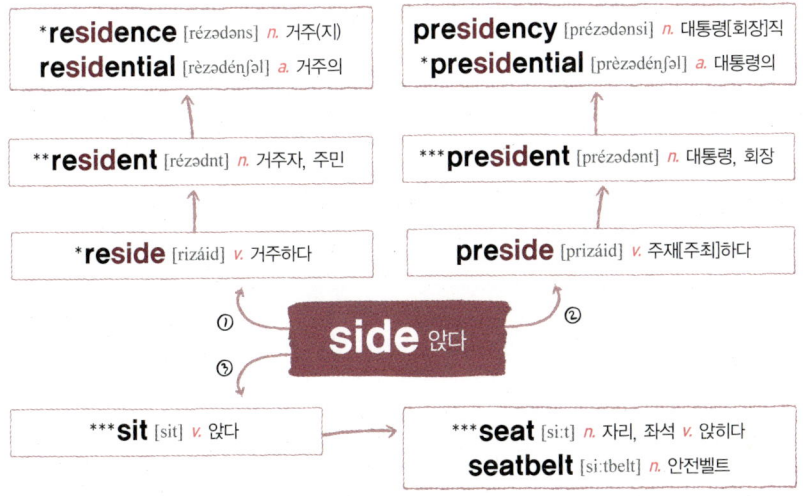

 예문

Some **residents** remained in the apartment complex until the electricity was turned off.
일부 거주자들은 전기가 나갈 때까지 이 아파트 단지에 머물렀다.

I used to live on the outskirts of Seoul, on a small tree-lined street of **residential** houses.
나는 서울 교외 거주 지역의 나무가 일렬로 늘어선 작은 거리에 살았다.

In the absence of the **president**, the vice **president** shall **preside** over a meeting.
회장이 없으면 부회장이 회의를 주재할 것이다.

One **presidential** candidate was missing Saturday, and signs of violence were evident.
한 대통령 후보자가 토요일 실종되었으며, 폭력의 흔적이 명백했다.

Exercise

정답: 451쪽

1. 다음 영어 단어의 우리말 뜻을 적어보세요.

① incident _____　⑥ federal _____
② independence _____　⑦ obedient _____
③ persistent _____　⑧ violation _____
④ competition _____　⑨ insufficient _____
⑤ indifferent _____　⑩ originate _____

2. 다음 우리말 뜻에 해당하는 영어 단어를 적어보세요.

① 독창성 _____　⑥ 다른 _____
② 거주자, 주민 _____　⑦ 의존 _____
③ 일관된 _____　⑧ 불복종하다 _____
④ 일치하다 _____　⑨ 폭력적인 _____
⑤ 적자 _____　⑩ 자신 있는 _____

3. 다음 빈칸에 알맞은 단어를 보기에서 찾아 넣어보세요.

보기 deficient, consists of, oriented, president, competition

① You can also participate in a fishing _____ that is held each Saturday.
② In the absence of the _____, the vice president shall preside over a meeting.
③ The foot _____ 26 bones but the toes are the most likely to suffer a fracture.
④ Even the healthiest people are _____ in vitamin D in the winter months.
⑤ Killer whales and dolphins are family-_____ creatures.

접두사 con- : 함께 ②

접두사 con-은 l이나 r로 시작되는 단어 앞에서는 col-, cor-로 바뀐다. 또 con은 모음(a, e, i, o, u)이나 h로 시작되는 단어 앞에서는 co-로만 사용되는데, 단어에 co-가 붙어 있다면 '함께'라는 의미를 지니고 있다고 생각하면 된다.

---

① **col**lide [kəláid] *v.* 부딪치다, 충돌하다 → **collision** [kəlíʒən] *n.* 충돌
  = **col**(함께) + **lide**(치다)

Ships get into trouble and can sink when they **collide** with another ship.
배가 다른 배와 충돌하면 곤란에 빠지고, 배가 가라앉을 수 있다.

---

② **col**lapse [kəlǽps] *v.* 붕괴되다 *n.* 붕괴
  = **col**(함께) + **lapse**(떨어지다)

Many political historians have debated over the causes of the Soviet Union's **collapse**.
많은 정치역사학자들은 구 소련 붕괴의 요인에 대해 논쟁해왔다.

---

③ **cor**rode [kəróud] *v.* 부식하다 → **corrosion** [kəróuʒən] *n.* 부식
  = **cor**(함께) + **rode**(갈아먹다)   **corrosive** [kəróusiv] *a.* 부식성의, 좀 먹는
                                          rodent [róudnt] *n.* 설치류

Over time, the pipes become **corroded** and need to be replaced.
시간이 지남에 따라 파이프는 부식이 되고 교체해야 한다.

---

④ **co**exist [kòuigzíst] *v.* 공존하다 → **coexistence** [kòuigzístəns] *n.* 공존
  = **co**(함께) + **exist**(존재하다)   **existence** [igzístəns] *n.* 존재

Dogs and cats are **coexisting** peacefully without fighting.
개와 고양이는 싸우지 않고 평화롭게 공존하고 있다.

---

⑤ **co**here [kouhíər] *v.* 일관성이 있다 → **coherent** [kouhíərənt] *a.* 일관성 있는, 통일성 있는
  = **co**(함께) + **here**(붙이다)   **coherence** [kouhíərəns] *n.* 일관성
                                          incoherent [inkouhíərənt] *a.* 일관성 없는

There are several themes in the story but they never **cohere**.
이야기 안에 몇 개의 주제가 있지만 그것은 일관성이 전혀 없다.

DAY 05 -ant

-ant는 다른 나라에서 사용되다가 영어에 들어왔지만 앞에서 배운 -ent와 완전히 같은 접미사다. 이 -ant 역시 기본적으로는 동사에 붙어 형용사를 만들지만 명사형 접미사로 사용되는 경우도 자주 볼 수 있다. 형용사 접미사일 경우에는 -ly를 붙이면 부사가 되고, -ant가 변형된 -ance[ancy]는 명사형 접미사로 사용된다.

● -ant로 끝나는 형용사에서 파생된 단어들의 기본 패턴

-ant	형용사(~한, ~하는)
-ant + -ly = -ently	부사(~하게, ~로)
-ance = -ancy	명사(~한 상태, 행동)

● Example

① 단어(동사)에서 파생된 예

repent [ripént] v. 후회하다, 뉘우치다 → repentant [ripéntənt] a. 후회하는
　　　　　　　　　　　　　　　　　　repentantly [ripéntəntli] ad. 후회하여
　　　　　　　　　　　　　　　　　　repentance [ripéntəns] n. 후회, 뉘우침

② 어근(동사)에서 파생된 예

eleg 신중하게 고르다 → elegant [éligənt] a. 우아한
　　　　　　　　　　　elegantly [éligəntli] ad. 우아하게
　　　　　　　　　　　elegance [éligəns] n. 우아함

③ 명사로 쓰이는 예

assist [əsíst] v. 도움을 주다 → assistant [əsístənt] n. 조수
　　　　　　　　　　　　　　　assistance [əsístəns] n. 도움

01 | important

port의 원래 뜻은 '옮기다'였지만 현재는 배가 물건을 옮기기 위해 드나드는 장소인 '항구'를 뜻한다. import나 export는 물건을 항구 안(im)과 밖(ex)으로 옮기기에 각각 '수입'과 '수출'을 의미하게 되었고, 특히 수입은 안전을 위해 꼭 필요한 것만 들여온다고 하여 important는 '중요한'을 뜻한다. opportune은 항구(port)를 향해(op) 바람이 부는 때를 표현하여 출항할 수 있는 알맞은 시기를 나타낸 데서 '적절한'이라는 뜻이 되었고, 이러한 적절한 때가 온 것을 표현한 opportunity는 '기회'를 뜻한다.

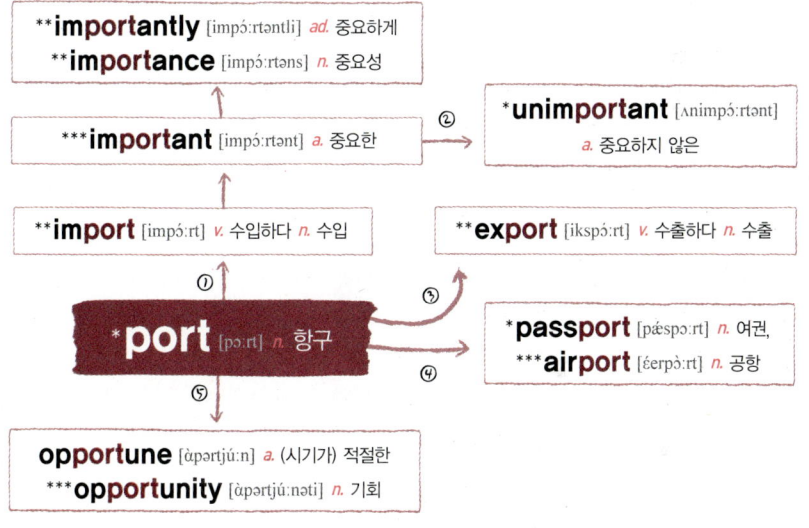

예문

It is **important** to exploit the wetlands in a logical and sustainable way.
논리적이고 지속가능한 방법으로 습지를 개발하는 것이 중요하다.

Recent studies emphasize the **importance** of childhood play.
최근의 연구들은 유아기의 놀이의 중요성을 강조한다.

My advice has given people an **opportunity** to find the perfect swimming instructor for them.
나의 조언은 사람들이 자신에게 꼭 맞는 수영 강사를 찾을 수 있는 기회를 주었다.

02 | significant

sign은 무엇인지 알 수 있게 나타내는 '표시'와 앞으로 나타날 수 있는 '징후'를 의미한다. signify는 어떠한 표시인지를 알 수 있게 한다고 하여 '의미하다'와 반드시 알아야 하는 표시라고 하여 '중요하다'라는 뜻이 되었다. 그래서 significant는 '의미 있는, 중요한'이라는 뜻이고, insignificant는 중요치 않은 '사소한'을 뜻한다. assign은 표시를 하여 나누어 주는 '할당하다', design은 보이기 위해 표시한 것에서 현재는 보이기 위해 만들어낸 '디자인'을 뜻하게 되었다.

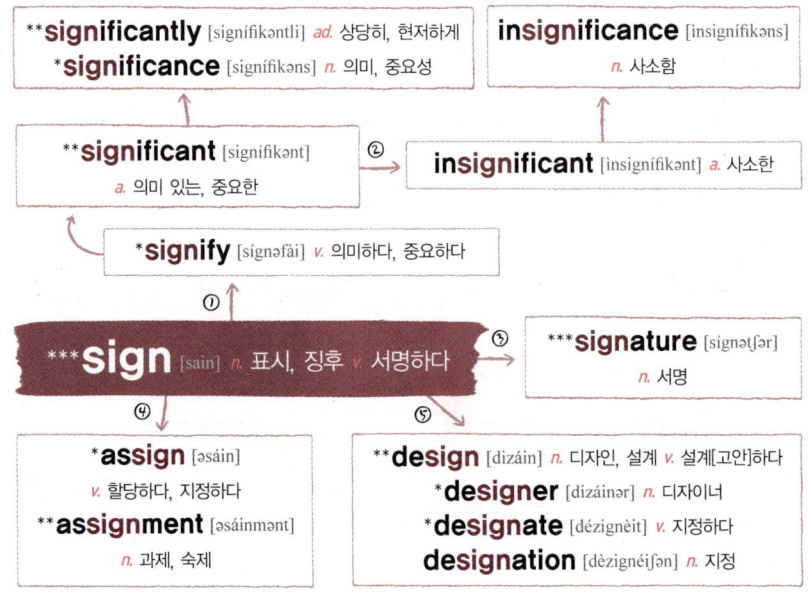

🔍 예문

Her remarks **signify** that she has no intention to get back home.
그녀의 발언은 그녀가 집으로 돌아갈 의도가 전혀 없다는 것을 의미한다.

Korea's population has been expected to decrease **significantly** in coming decades.
한국의 인구는 앞으로 수십 년 안에 심각하게 줄 것으로 예상되어 왔다.

The car bumper is **designed** to reduce damage to the front and rear ends of vehicles.
자동차 범퍼는 승용차의 앞과 뒷부분에 대한 손상을 줄이도록 고안되었다.

03 | tolerant

tol은 원래 '올리다'라는 단어였고, toler는 현재 쓰이지는 않지만 무언가를 위로 올리고 버티는 것을 의미하여 '참다'라는 뜻으로 쓰였다. 여기서 파생한 tolerant는 다 참고 받아주는 '관대한'을 뜻하고, 현재 tolerate가 toler의 뜻을 이어받아 '참다'를 뜻한다. 원형인 tol에서 파생된 toll은 길을 통과할 때 세금처럼 따로 부과된[올려진] 돈인 '통행료'를 뜻한다. tol이 변형된 tal에 -ent가 붙은 talent는 다른 것보다 더 높은[올려진] 능력이라고 하여 '재능'이라는 뜻이 되었다.

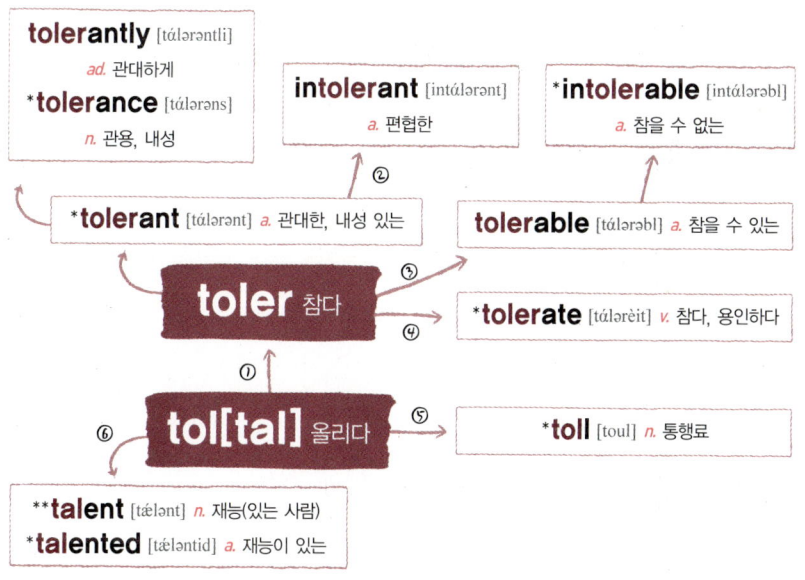

예문

Can you **tolerate** a corrupt official as long as his deed is good for the public as a whole?
부패한 관리가 전체적으로는 대중을 위해 좋은 일을 했다면, 당신은 그를 용인하겠습니까?

After the surgery was done, the patient complained of **intolerable** pain.
수술이 끝난 뒤 환자는 참을 수 없는 고통을 호소했다.

They had to stop to pay the **toll**.
그들은 통행료를 내기 위해 멈춰야 했다.

04 | dominant

dome은 과거 '집'을 뜻했다. 여기서 파생된 domini는 집을 통솔하는 사람에서 나라를 통솔하는 '지배자'란 뜻으로 사용되었었고, 이 단어에서 dominant(지배적인)와 dominate(지배하다)가 나왔다. domain은 지배자가 차지한 땅이라고 해서 '영토'란 뜻과 지식 및 활동의 관심이 미치는 범위라고 하여 '영역'이라는 뜻이 되었다. dome에서 파생된 domestic은 '가정의, 국내의'라는 뜻이 되었다.

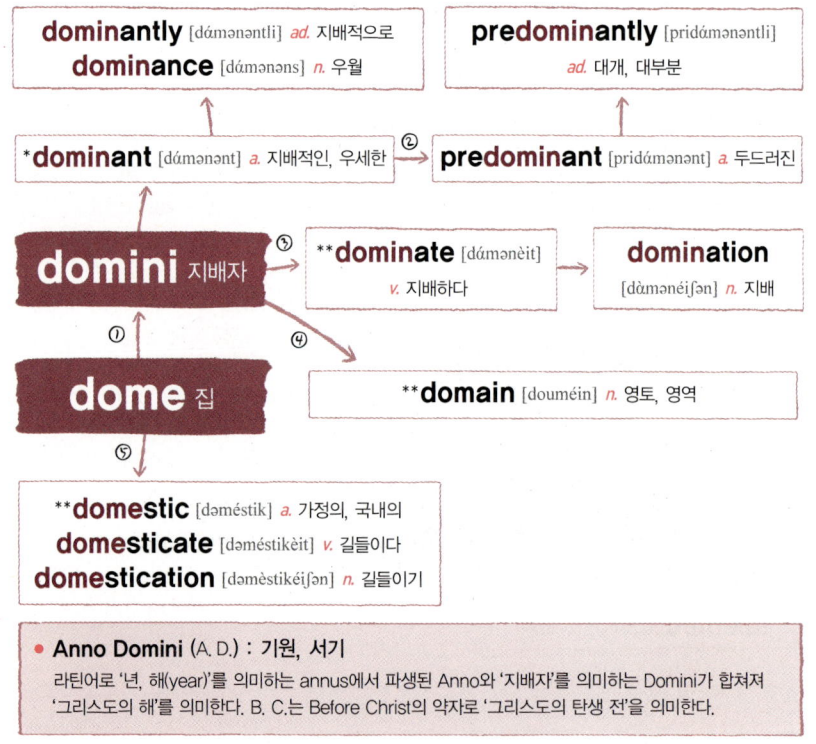

- **Anno Domini** (A. D.) : 기원, 서기
  라틴어로 '년, 해(year)'를 의미하는 annus에서 파생된 Anno와 '지배자'를 의미하는 Domini가 합쳐져 '그리스도의 해'를 의미한다. B. C.는 Before Christ의 약자로 '그리스도의 탄생 전'을 의미한다.

예문

Humans have never been able to **domesticate** wolves as pets, nor for hunting.
인간은 절대 늑대를 애완동물로서나 사냥을 위해 길들일 수 없었다.

We are a company who specializes in helping small businesses **dominate** the local market. 우리는 소상인들이 지역 시장을 장악할 수 있도록 전문으로 돕는 회사다.

Domestic violence should never happen to anybody, but it does.
가정 폭력은 누구에게든 절대 일어나서는 안 되지만, 일어나고 있다.

05 | relevant

relieve는 현재 쓰이지 않는 '가볍게 하다'라는 뜻의 lieve에서 파생되었고, 병이나 마음의 고통으로부터 다시 가볍게 한다고 하여 '경감[안도]시키다'라는 뜻이 되었다. 변형되어 파생된 relevant는 사람을 안심시킬 수 있는 알맞은 것을 의미하여 '적절한, 관련 있는'이라는 뜻이 되었고, 부정의 의미를 가지는 ir-과 결합한 irrelevant는 '무관한, 관계없는'을 뜻하게 되었다. relieve에서 파생된 reliever는 선발 투수의 고통을 덜어주는 '구원투수'를 뜻하고, relief는 고통이 경감된 '완화'를 뜻한다.

🔍 예문

I believe a drug serves better to **relieve** one's pain than reading a Bible or saying a prayer.
나는 기도를 하고 성경을 읽는 것보다 약을 먹는 것이 고통을 경감하는 데 더 도움이 된다고 믿는다.

The breathless residents breathed a sigh of **relief** to know the fire was not so serious.
숨 죽인 거주자들은 화재가 그렇게 심각하지 않은 것을 보고 안도의 한숨을 내쉬었다.

We can easily find **relevant** information on the Internet.
우리는 인터넷에서 관련된 정보를 쉽게 찾을 수 있다.

I think you lost because you made too many **irrelevant** remarks on the topic.
내 생각에는 네가 주제와 관련이 없는 말을 너무 많이 해서 진 것 같아.

06 | vacant

과거 '빈'이라는 뜻을 지녔던 vac에서 파생된 vacant는 아무것도 없는 '비어 있는'이라는 뜻과 생각이 빈 '멍한'이라는 뜻이 되었다. vacate도 공간을 비게 한다고 하여 '비우다'라는 뜻이 되었고, vacation은 회사나 학교를 비운다고 하여 '방학, 휴가'를 뜻하게 되었다. vacuum은 아무것도 없는 공간을 의미하여 '진공'이라는 뜻이 되었다. vac이 변형된 van에서 파생된 vanity는 속이 비고 겉만 꾸민 '허영심'을 뜻하고, vanish는 비어서 없어지게 되는 '사라지다'를 뜻한다.

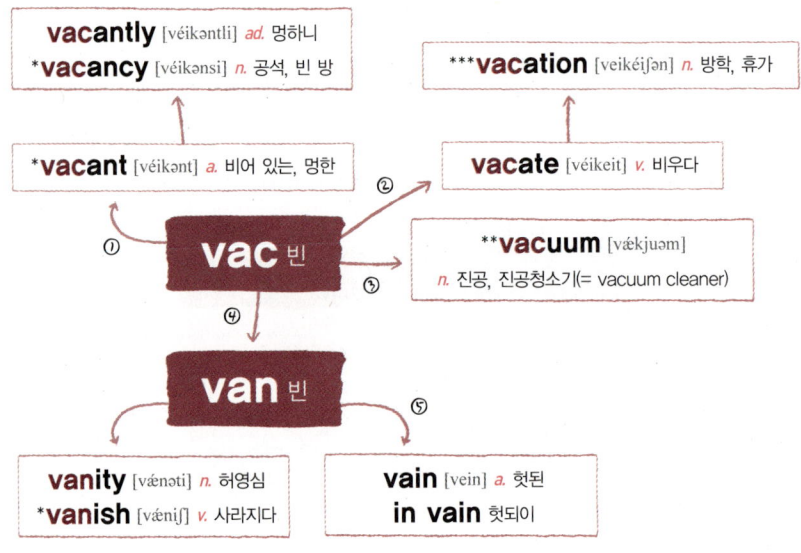

🔍 예문

If we have no **vacancy** we will try to help you find another place.
우리에게 빈 방이 없다면 다른 곳을 찾도록 도와드리겠습니다.

These successive triumphs generated a sense of **vanity** in his mind.
이 연속적인 승리들은 그의 마음에 허영심을 불어넣었다.

It was all **in vain** that we protested.
우리가 항의했지만 모두 헛일이었다.

07 | ignorant

'알다'라는 뜻으로 쓰이는 know는 원래 gno에서 파생되었다. 이 gno에 부정을 의미하는 i-가 결합된 ignore는 처음에는 아는(gno) 것이 없는(i) '무지하다'라는 뜻이었다. 그래서 ignorant가 '무지한'을 뜻하게 되었고, 현재 ignore는 보거나 들어도 아는 척하지 않는다고 하여 '무시하다'라는 뜻이다. diagnose는 진찰을 통하여(dia) 사람의 아픈 곳을 확인하는 '진단하다', recognize는 함께(co) 있는 것을 다시(re) 확인해 아는 '인지하다'와 확인해서 맞는 '인정하다'를 뜻한다.

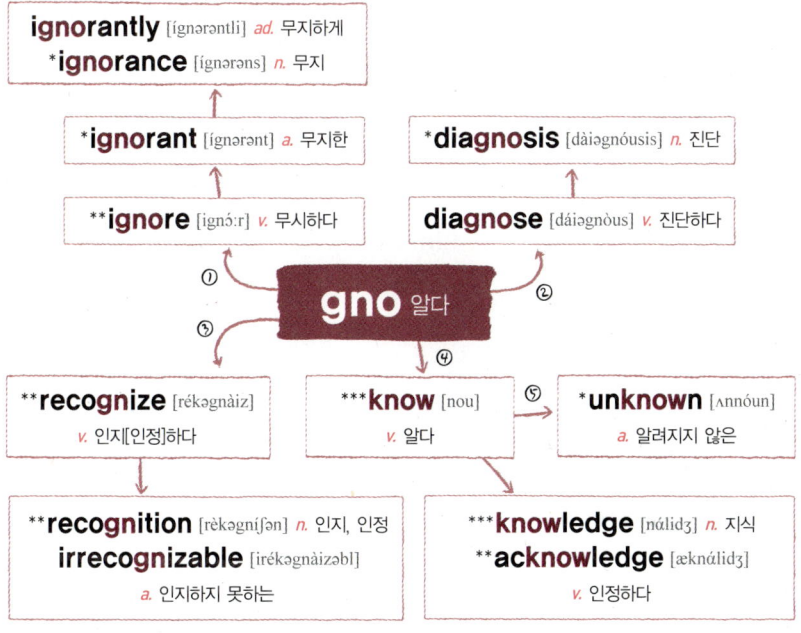

 예문

She tried to **ignore** him but he wouldn't leave her alone.
그녀는 그를 무시하려고 했지만 그는 그녀를 가만히 두지 않았다.

Among his business associates he is **recognized** as a man of foresight.
그의 사업 동료들 사이에서 그는 앞을 내다보는 사람으로 인정을 받는다.

They are willing to take risks and **acknowledge** that failure will often accompany risk.
그들은 기꺼이 모험을 하고, 실패를 하면 종종 위험이 뒤따른다는 것을 인정한다.

08 | distant

'서다'라는 뜻의 st에서 파생된 distant는 떨어져(di) 서(st) 있다고 하여 '먼'이라는 뜻이 되었다. instant는 가까운 거리 안(in)에 서 있다는 의미에서 곧바로 행동을 취하는 '즉각적인'을 뜻하게 되었고, 여기서 빠르게 즉시 먹을 수 있는 '즉석식품'을 뜻하는 instant food가 나오게 되었다. instance는 가까이에 서 있는 것을 곧바로 예로 든다고 하여 '사례'라는 뜻이 되었다. stance는 현재 서 있는 상황을 의미하여 '입장'을 뜻하고, constant는 떨어지지 않고 함께 서 있다는 의미로 '끊임없는'이 되었다.

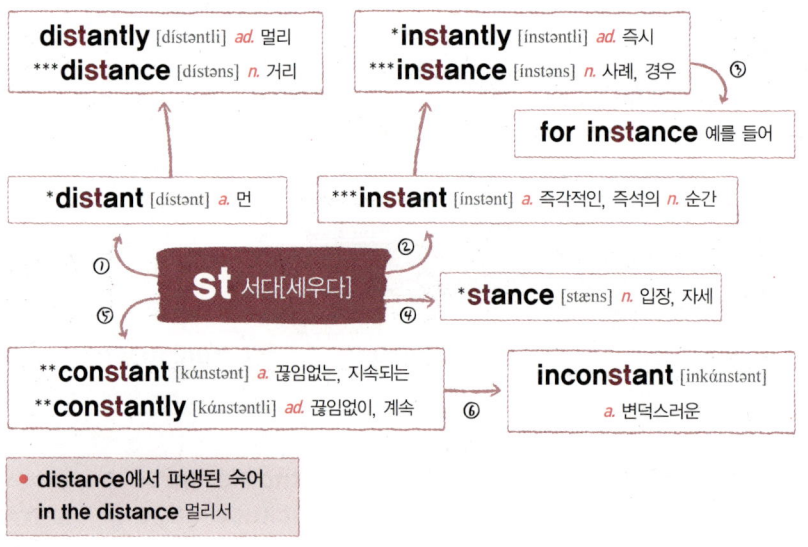

- distance에서 파생된 숙어
  in the distance 멀리서

예문

What measures should be taken if a **distant** relative comes from abroad?
먼 친척이 해외에서 온다면 무슨 대책이 이루어져야 하는 거죠?

Seeing fire **in the distance**, I called the fire station immediately.
멀리서 불을 보고 나는 소방서에 즉시 전화했다.

Take this pill now because it will take **instant** effect.
이 약은 즉각 효과를 나타내니 지금 먹어라.

There is **constant** discord between the new boss and the employees.
새로 온 상사와 직원들 사이에 끊임없는 불화가 있다.

09 | abundant

ound[und]는 과거 '물'을 의미했던 wed에서 파생된 단어로, 흐르는 '물결'을 뜻했다. 이 ound에서 나온 abound는 물결이 흘러서 넘칠(ab) 정도로 많다고 하여 '풍부하다'가 되었고, ound가 und로 변형된 abundant는 '풍부한'이라는 뜻이 되었다. redundant는 쓸데없는 부분이 다시(red) 반복적으로 흘러 들어온다고 하여 '불필요한'을 뜻한다. wed에서 파생된 water가 현대 영어에서 '물'을 뜻하게 되었고, otter는 물에 사는 생물을 의미하여 '수달'을 뜻한다.

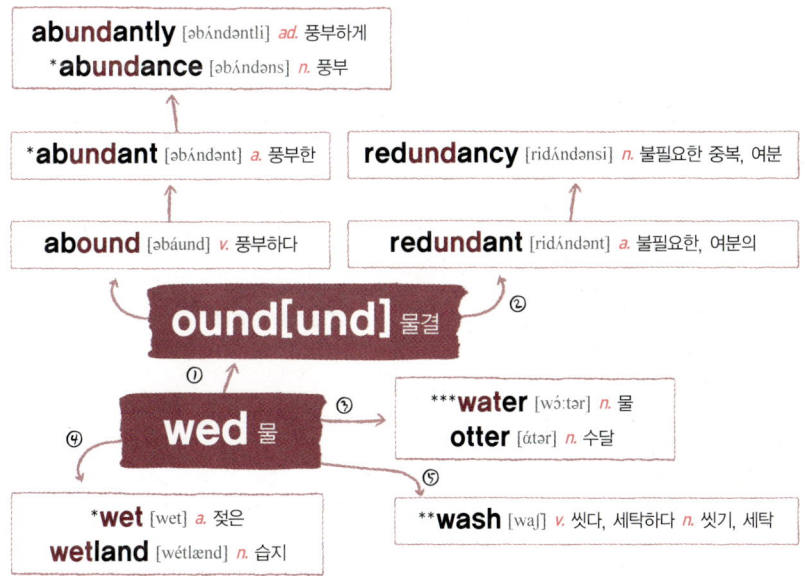

🔍 예문

This essence cream gives **abundant** nutrition and moisture to your skin.
이 에센스 크림은 피부에 풍부한 영양과 수분을 공급한다.

The project aims to assist **redundant** workers in finding new employment.
그 프로젝트는 여분의 인력이 새 일자리를 찾도록 돕는 것을 목표로 하고 있다.

Remove heavy stains on cottons by soaking them in a strong solution of **washing** soda.
면에 묻은 심한 얼룩을 진한 세탁 소다 용액에 적셔서 제거하라.

10 | descendant 명사

scend는 '오르다'라는 뜻이었고, 여기서 나온 ascend가 현재 '오르다'라는 의미로 사용된다. descend는 오르는 것의 반대인 아래로 '내려오다'라는 뜻이고, descendant는 조상으로부터 내려오게 되는 '자손'을 의미한다. trans(가로질러, 넘어)와 합쳐진 transcend는 오르는 것을 뛰어넘는 것을 의미하여 '초월하다'를 뜻하게 되었다. 또 scend에서 파생된 scan은 아래에서 위로 본다고 하여 '자세히 살피다'라는 뜻이 되었고, scandal은 안 좋은 소문이 올라온다고 하여 '스캔들'이라는 뜻이 되었다.

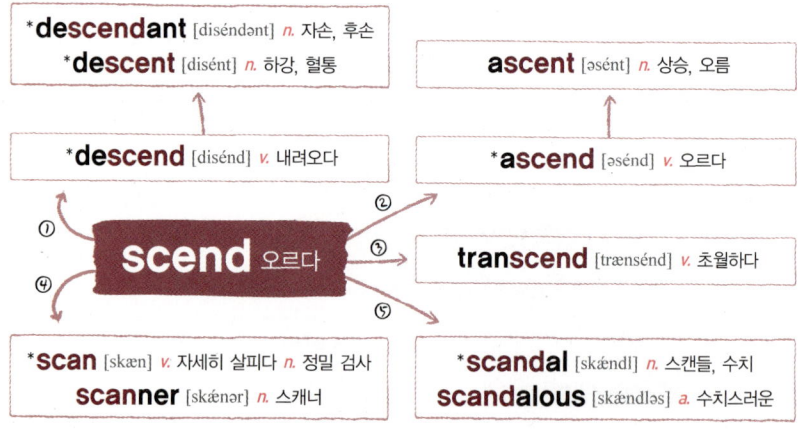

예문

He could be a direct **descendant** of Moses, a Jewish scholar has suggested.
한 유대인 학자는 그가 모세의 직계 후손일 수 있다고 제안했다.

Once you push a button, the elevator will begin its **ascent**.
단추를 누르면 엘리베이터가 올라가기 시작할 겁니다.

We **scanned** the village, and there was no sign of movement.
우리는 마을을 자세히 살펴보았는데, 움직임이라고는 없었다.

To be honest, I lost my faith in the basic decency of President to hear **scandals**.
솔직히 말해서, 나는 스캔들을 듣고 나서 대통령의 기본적 품위에 신뢰를 잃고 말았다.

11 | defendant 명사

과거 fend는 '방어하다'를 뜻하던 단어였기에 fence는 현재 방어를 위해 설치한 '담장'을 의미한다. defend가 현재 fend의 뜻을 받아서 '방어하다'라는 뜻이 되었고, defendant는 소송을 당했기에 방어하는 사람이라고 하여 '피고'라는 뜻이 되었다. offend는 공격하듯 괴롭히고 망치는 것을 의미하여 '기분 상하게 하다'라는 뜻과 '위반하다'라는 뜻이 되었다. 따라서 그러한 행위를 한 '범죄자'를 offender라고 한다.

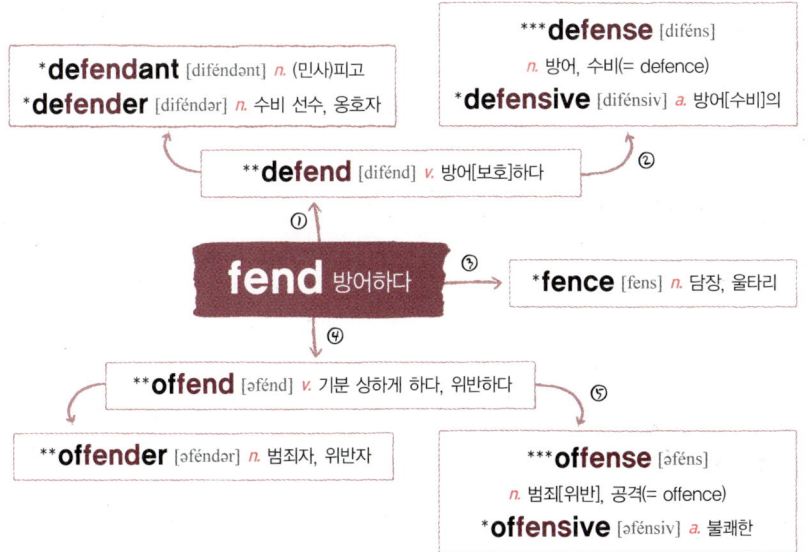

예문

We ourselves have to **defend** freedom of the press as well as human rights.
우리 스스로가 인권뿐만 아니라 언론자유를 보호해야 한다.

Because of the many lawsuits, the **defendant** company is in great financial danger.
많은 소송들 때문에 피고인 회사는 재정적인 어려움에 빠졌다.

Any moral violations can lead to the banishment of the **offender** from society.
어떤 도덕적 위반을 하면, 그 위반자는 사회에서 추방될 수도 있다.

Exercise

정답: 452쪽

1. 다음 영어 단어의 우리말 뜻을 적어보세요.

① relevant _____   ⑥ tolerate _____
② domestic _____   ⑦ recognize _____
③ vanish _____   ⑧ constant _____
④ important _____   ⑨ abundant _____
⑤ insignificant _____ ⑩ descendant _____

2. 다음 우리말 뜻에 해당하는 영어 단어를 적어보세요.

① 불필요한, 여분의 _____   ⑥ 무관함 _____
② 즉각적인, 즉석의 _____   ⑦ 지식 _____
③ 방어[보호]하다 _____   ⑧ 방학, 휴가 _____
④ 오르다 _____   ⑨ 통행료 _____
⑤ 영토, 영역 _____   ⑩ 과제, 숙제 _____

3. 다음 빈칸에 알맞은 단어를 보기에서 찾아 넣어보세요.

> 보기 domesticate, in the distance, importance, defendant, toll

① Recent studies emphasize the _____ of childhood play.
② They had to stop to pay the _____.
③ Humans have never been able to _____ wolves as pets, nor for hunting.
④ Seeing fire _____, I called the fire station immediately.
⑤ Because of the many lawsuits, the _____ company is in great financial danger.

접두사 in- : 부정, 반대 ①

in-은 부정이나 반대를 의미하는 접두사로 특히 형용사로 사용되는 단어에 붙여서 부정을 나타낼 때 많이 사용된다. 이 in-도 con-과 마찬가지로 b, m, p로 시작하는 단어 앞에서는 im-으로 바뀐다.

① **in**accessible [inəksésəbl] *a.* 접근할 수 없는 ← **accessible** [æksésəbl] *a.* 접근할 수 있는
access [ǽkses] *n.* 접근, 이용 *v.* 접근하다

I am so crazy about traveling that I have been some of the most **inaccessible** places.
나는 여행에 미쳐 있어서, 가장 접근하기 어려운 몇몇 장소에도 가본 적이 있다.

② **in**complete [inkəmplíːt] *a.* 불완전한 ← **complete** [kəmplíːt] *a.* 완전한 *v.* 완성하다
incompletely [inkəmplíːtli] *ad.* 불완전하게 **completely** [kəmplíːtli] *ad.* 완전히
completion [kəmplíːʃən] *n.* 완성

This definition of the idea is **incomplete** and misleading.
그 생각에 대한 이 정의는 불완전하며 오해를 불러일으킬 수도 있다.

③ **im**mortal [imɔ́ːrtl] *a.* 불멸의 ← **mortal** [mɔ́ːrtl] *a.* 죽을 운명의, 치명적인 *n.* 인간
immortality [imɔːrtǽləti] *n.* 불멸 **mortality** [mɔːrtǽləti] *n.* 죽을 운명

There were many **immortal** gods in Greece, who could not die.
그리스에는 불멸의 신들이 있었는데, 그들은 죽을 수가 없었다.

④ **im**practicable [imprǽktikəbl] ← **practicable** [prǽktikəbl] *a.* 실행 가능한
a. 실행 불가능한 **practice** [prǽktis] *n.* 실행, 실천, 연습
v. 실행하다, 연습하다
practical [prǽktikəl] *a.* 실질적인, 실용적인
practically [prǽktikəli] *ad.* 사실상, 실제로

The parliament attempted the **impracticable** scheme of reducing the price of labor.
의회는 노동 임금을 낮추는 불가능한 계획을 시도했다.

DAY 06 -ful

-ful은 형용사를 만드는 접미사로, '가득한'이라는 의미와 어떠한 성질을 지닌 것을 표현할 때 사용된다. 여기에 -ly를 붙여서 부사를 만들고, -ness를 붙여서 명사를 만든다. 드물게 -ful이 명사 접미사로 쓰이기도 하는데, 이때는 가득 담은 것이나 쥔 것을 나타낸다.

● -ful로 끝나는 형용사에서 파생된 단어들의 기본 패턴

-ful	형용사(~이 가득한)
-ful + **-ly** = **-fully**	부사(~로, ~하게)
-ful + **-ness** = **-fulness**	명사(~한 상태, 성질)

● Example

harm [ha:rm] *v.* 해하다 *n.* 해 → **harmful** [hάːrfəl] *a.* 해로운
harmfully [hάːrfəli] *ad.* 해롭게
harmfulness [hάːrfəlnis] *n.* 해로움

01 | full

접미사 -ful이 파생되어 나온 full은 현재 '가득한, 완전한'이라는 뜻의 형용사로 쓰인다. full에 -y를 붙여 부사 fully(완전히)가 되었고, full-time은 직장에서 정식으로 고용이 된 '정규직의'라는 뜻이다. full에서 파생된 fill은 가득하게 만드는 '채우다'라는 뜻이고, ful과 fill이 합쳐진 fulfill은 주어진 일을 가득 채워 끝내는 '이루다'라는 뜻이 되었다. '땅'을 의미하는 land와 합쳐진 landfill은 땅을 쓰레기로 채운 '매립(지)'를 의미한다.

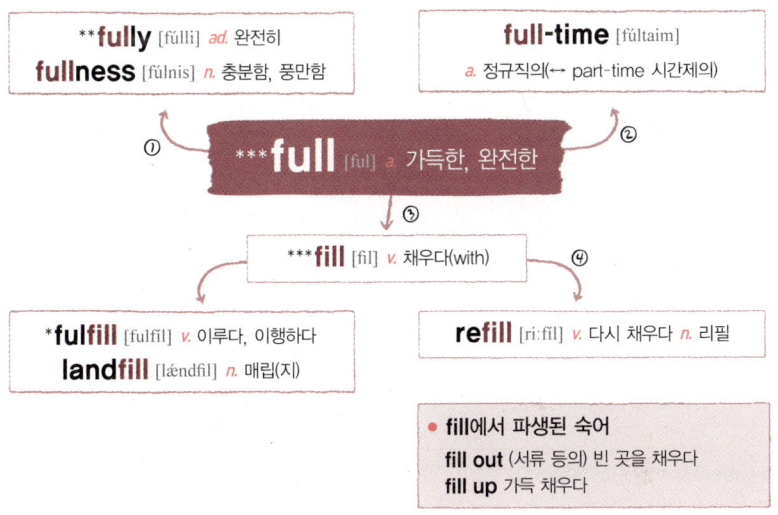

예문

The artist's paintings are **full** of abstract ideas about justice and revolution.
그 예가가의 그림들은 정의와 혁명에 관한 추상적인 생각들로 가득하다.

The theater was almost **fully** booked, but he went on the off-chance of getting a ticket.
극장은 거의 예약이 찼지만, 그는 혹시나 표를 구할 수 있을까 하고 갔다.

The crowd did not **fill** the large ballroom, but his speech received enthusiastic applause.
큰 무도회장에 사람이 꽉 차지는 않았지만 그의 연설은 열렬한 박수를 받았다.

02 | useful

'쓰다, 이용하다'를 뜻하는 use에서 파생된 useful은 쓸모가 있는 것을 의미하여 '유용한'이라는 뜻이 되었고, useless는 쓸 수 없기에 '쓸모없는'이라는 뜻이 되었다. usual은 일반적으로 돈을 쓰고 물건을 이용하는 늘 하는 행위를 표현하여 '흔히 하는, 보통의'를 뜻하게 되었고, 부정/반대를 의미하는 un-이 결합된 unusual은 평소에 흔히 볼 수 없는 것을 의미하여 '특이한, 드문'이라는 뜻이 되었다.

예문

He was a man of extraordinary genius, who invented numerous **useful** things.
그는 수많은 유용한 물건들을 발명한 비범한 천재였다.

The sales representative **usually** makes the preliminary contact with customers.
판매 담당 대표는 보통 고객과 예비 접촉을 한다.

It was **unusual** for Jerry to lose his temper over such a trivial matter.
제리가 그런 사소한 문제로 화를 내는 것은 드문 일이었다.

03 | careful

care는 상대방을 신경 쓰고 보살피는 것을 의미하여 '주의'나 '돌봄'을 뜻한다. '주의'라는 뜻에서 careful(주의하는)과 careless(부주의한)가 나왔고, '돌봄'이라는 뜻에서 health care(건강관리, 의료)와 caretaker(관리인)가 나왔다. care가 변형되어 파생된 cure도 원래 '주의, 돌봄'이라는 같은 뜻이었지만 현재는 '돌봄'이라는 뜻이 확장되어 돌보며 낫게 하는 '치료하다'라는 뜻으로 사용된다.

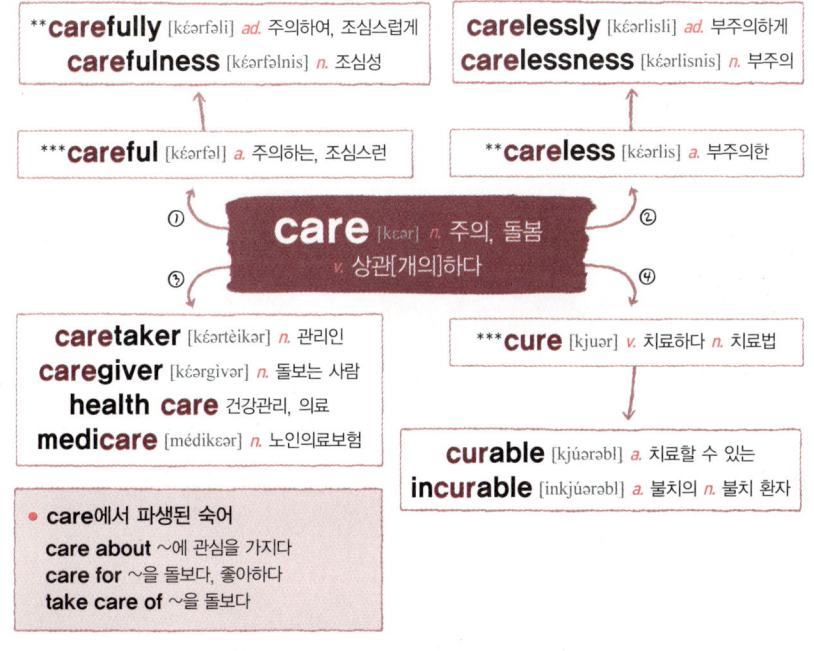

- care에서 파생된 숙어
  care about ~에 관심을 가지다
  care for ~을 돌보다, 좋아하다
  take care of ~을 돌보다

🔍 예문

We meditate on the decision **carefully**, and we prefer a prudent decision to a hasty one.
우리는 결정을 두고 조심스럽게 생각을 하며, 성급한 결정보다는 신중한 결정을 더 좋아한다.

A **careless** action such as drunk-driving may result in the death of another.
음주운전과 같은 부주의한 행동은 타인의 죽음으로 이어질 수 있다.

He is suffering from an **incurable** disease.
그는 불치병으로 고생하고 있다.

04 | powerful

'힘'을 의미하는 power에서 힘이 가득한 것을 표현한 powerful(강력한)이라는 단어가 나왔고, 힘이 없는 것을 표현한 powerless(무력한)도 파생되었다. '의지'를 의미하는 will과 결합한 willpower는 '의지력'을 의미하게 되었고, 각각 말과 사람에 붙여진 horsepower, manpower는 말과 사람의 힘(력)인 '마력'과 '인력'을 뜻한다. empower는 힘을 만들어준다는 원래의 뜻이 확장되어 '권한을 주다'라는 뜻으로 사용하게 되었다.

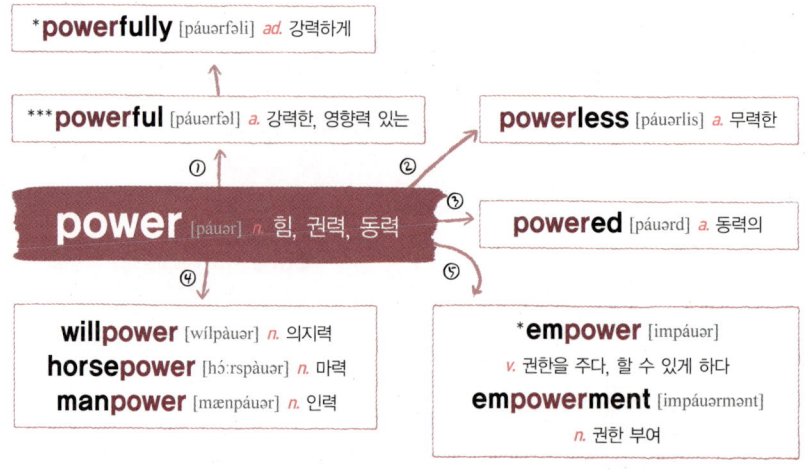

 예문

Humans have the **power** to destroy and transcend the limits of the natural environment.
인간은 자연환경의 한계를 깨고 넘어갈 힘을 갖고 있다.

A person with strong character shows energy, determination, self-discipline and **willpower**.
강인한 성격의 사람은 에너지, 결단, 자기 수양, 의지력을 보여준다.

The manager of the bank said that its optimal level of **manpower** is 10,000.
은행 경영자는 그 은행의 최적 수준의 인력은 10,000명이라고 말했다.

05 | painful

과거 '형벌'을 의미했던 pen에서 파생된 pain은 형벌을 당해 통증을 느끼는 '고통, 아픔'을 의미하는 단어다. painful은 '고통스러운'이라는 뜻이고, painstaking (공들인)은 take pains(애쓰다)를 형용사로 만든 단어다. pen에 -al이 붙어 만들어진 penal은 '형벌의'라는 뜻이 되었고, penalty는 실수나 잘못된 행동을 통해 받게 되는 '처벌'을 의미한다. 또 pen이 변형된 pun에 -ish가 붙어서 만들어진 punish는 동사로 사용되어 '처벌하다'라는 뜻이 되었다.

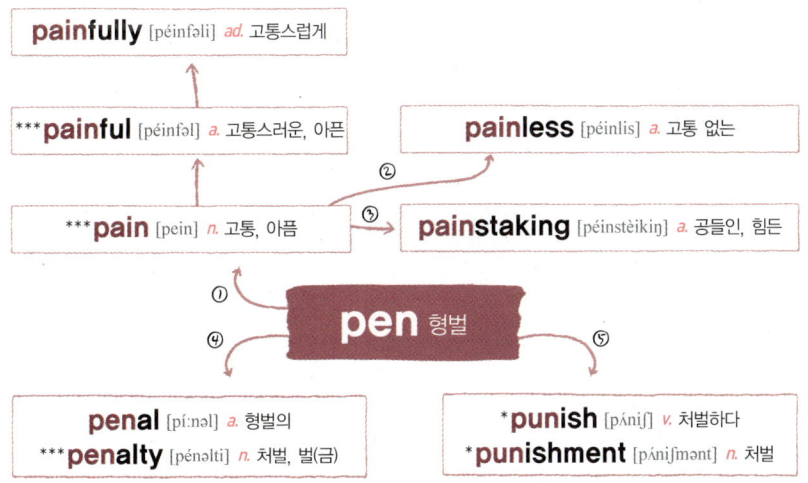

예문

Divorce is a **painful**, heart-breaking experience for everyone involved.
이혼은 관련된 모든 사람들에게 고통스럽고 마음을 아프게 하는 경험이다.

Abolition of the death **penalty** has now become an accelerating global trend.
사형제 폐지는 점점 가속화되는 세계적 추세가 되고 있다.

It is said that Muslims **punish** those who transgress the limits of religion.
이슬람에서는 종교가 제한하는 범위를 벗어나는 사람들을 처벌한다고 한다.

06 | faithful

과거에 fy는 '믿다'라는 뜻으로 쓰였고, fy가 fai로 바뀐 후 명사 접미사 -th가 붙은 faith는 '믿음'이라는 뜻으로 사용되었다. faithful은 믿음이 가득한 '충실한'을 뜻하고, unfaithful은 반대로 '충실하지 않은'이라는 뜻이다. defy는 믿음이 사라져(de) 명령에 복종하지 않고 대드는 '반항[무시]하다'라는 뜻이 되었고, fiancé는 믿음으로 결혼을 약속한 남자인 '약혼자'를 의미한다.

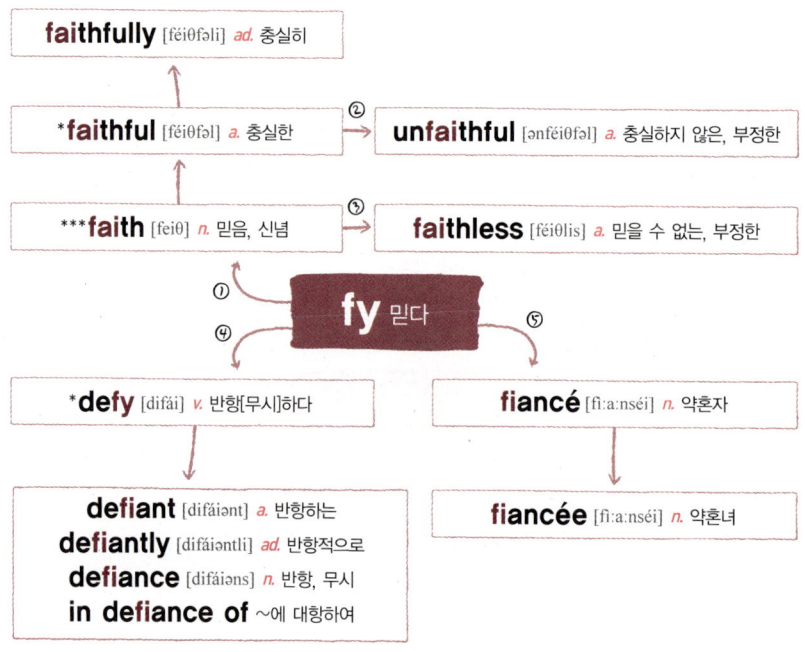

🔍 예문

His parents have always had **faith** in him.
그의 부모는 언제나 그를 믿었다.

He is a **faithful** attendant on the king.
그는 여왕의 충실한 수행원이다.

A **faithless** friend is sharper than an adder's tooth.
믿을 수 없는 친구는 독사의 이빨보다 날카롭다.

07 | truthful

true는 거짓이 아닌 실제 있는 것을 표현하여 '진짜의, 사실의'라는 뜻이 된 단어다. 이 단어에 -th가 결합된 truth는 명사로 '진실'을 의미하게 되었다. trust는 거짓되지 않기에 믿을 수 있는 '신뢰(하다)'라는 뜻으로 쓰이게 되었고, '~할 만한, 가치 있는'이라는 뜻을 지닌 worthy와 합쳐진 trustworthy는 '신뢰할 수 있는'이라는 뜻이 되었다. mistrust와 distrust는 둘 다 같은 뜻으로 신뢰할 수 없는 것을 표현한 단어다.

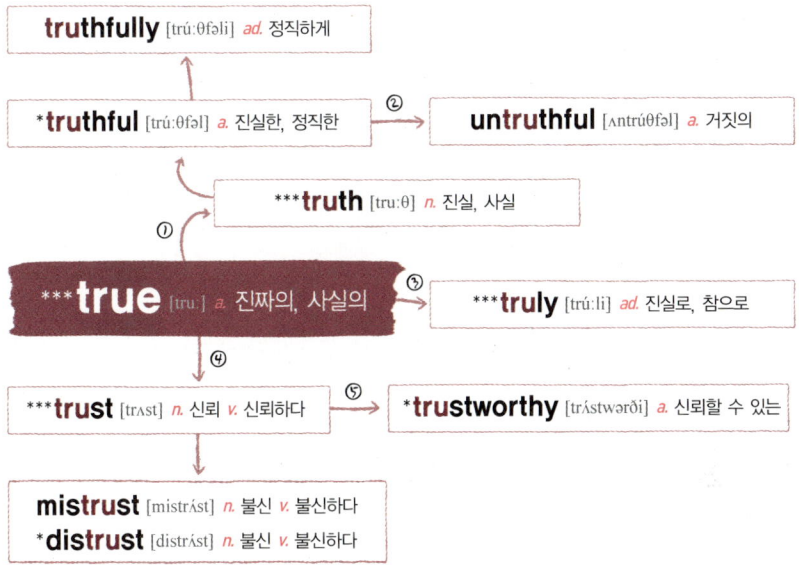

예문

Her concealment of **true** feelings has led to general **mistrust**.
그녀가 진짜 감정을 숨기는 행위가 전반적인 불신을 불러왔다.

If you **truly** have an oval shaped face, you can wear any haircut you want.
당신이 진실로 계란형 얼굴이라면, 당신이 원하는 어떠한 헤어스타일도 가능하다.

I only believe secondhand news that I get from people whom I can **trust**.
나는 내가 신뢰할 수 있는 사람에게서 전해들은 뉴스만을 믿는다.

08 | successful

'가다'라는 뜻의 ceed에서 나온 succeed는 가장 밑(suc)에서부터 위에 있는 것을 따라서 간다(ceed)고 하여 '뒤를 잇다'라는 뜻이 되었고, 또 존경하는 사람의 위를 따라가기에 '성공하다'라는 뜻도 가지게 되었다. 이 '뒤를 잇다'라는 뜻에서 succession(연속, 승계), successive(연속적인) 등의 단어가 파생되었고, '성공하다'라는 뜻에서 success(성공)가 나오게 되었다.

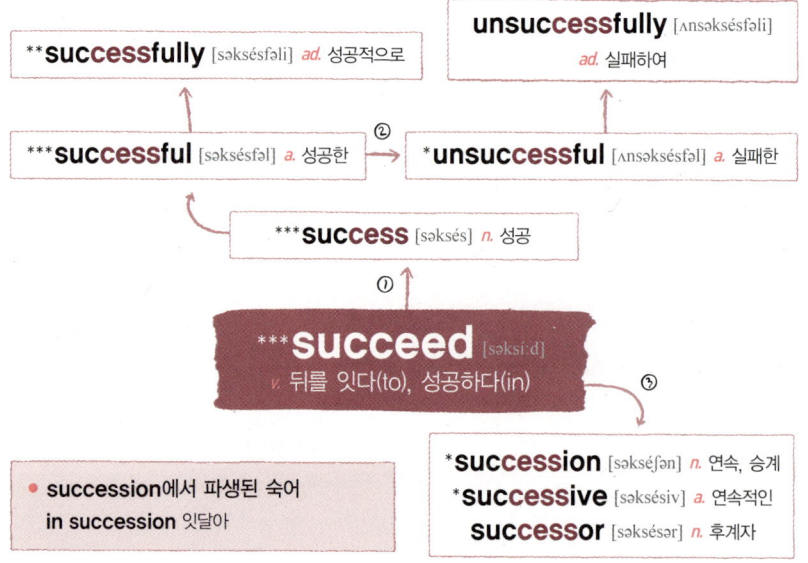

- succession에서 파생된 숙어
  in succession 잇달아

 예문

To **succeed in** anything you do, you need to have the impelling force.
당신이 하는 무엇이든 성공하기 위해서는 추진력이 필요하다.

We believe these **successful** test results will assist our marketing and sales team.
우리는 이 성공적인 시험 결과들이 마케팅과 판매 팀을 도울 것이라고 믿는다.

The king did not designate his **successor** before he died.
왕은 죽기 전에 후계자를 지명하지 않았다.

09 | skillful

skel은 현재 쓰이지 않는 단어로 '자르다'라는 뜻이었다. 이 단어에서 파생된 skill은 잘라서 무언가를 만들어낼 수 있는 '기술'을 의미하게 되었고, shelf는 잘라서 물건 등을 놓을 수 있게 만든 '선반'을 뜻하게 되었다. 또 skel이 변형되어 파생된 sculpt는 물건을 만들려고 자르는 '조각하다'라는 뜻이 되었고, scalpel은 수술할 때 신체를 자르는 칼인 '메스'를 의미한다. 우리가 알고 있는 '메스(mes)'는 영어가 아닌 네덜란드어다.

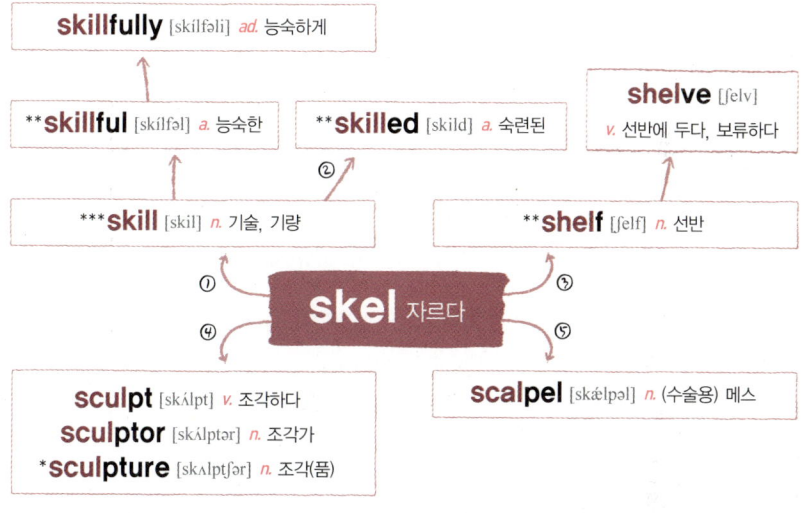

예문

Your peer group gives you opportunities to try out new social **skills**.
당신의 동년배 집단은 새로운 사회적 기술을 시도해볼 기회를 준다.

A good boss can **skillfully** handle the relationship between subordinates and superiors.
훌륭한 사장은 상하관계를 기술적으로 잘 다룰 수 있다.

He is putting the vase on the **shelf**.
그는 꽃병을 선반 위에 놓고 있다.

If you need an ice **sculpture**, check out the ice **sculptor** directory to find somebody.
얼음 조각이 필요하면 얼음 조각가 전화번호부를 확인해서 한 사람을 찾아 보세요.

10 | rightful

서양에서 오른쪽은 바르고 제대로 된 것을 의미한다. 그래서 right는 '오른쪽'과 '옳은'이라는 의미를 모두 가지고 있으며, 올바르게 가질 수 있는 '권리'라는 뜻도 있다. rightful은 법적으로 올바른 '정당한, 적법한'을 뜻하고, righteous는 도덕적으로 올바른 '정의로운'을 뜻한다. upright는 위로 바르게 올라가는 '수직의, 꼿꼿한', downright는 아래로 한 치의 오차 없이 내려오는 것을 표현하여 '완전한'을 뜻한다. forthright는 앞으로 옳게 말한다고 하여 '솔직한'이라는 뜻으로 쓰인다.

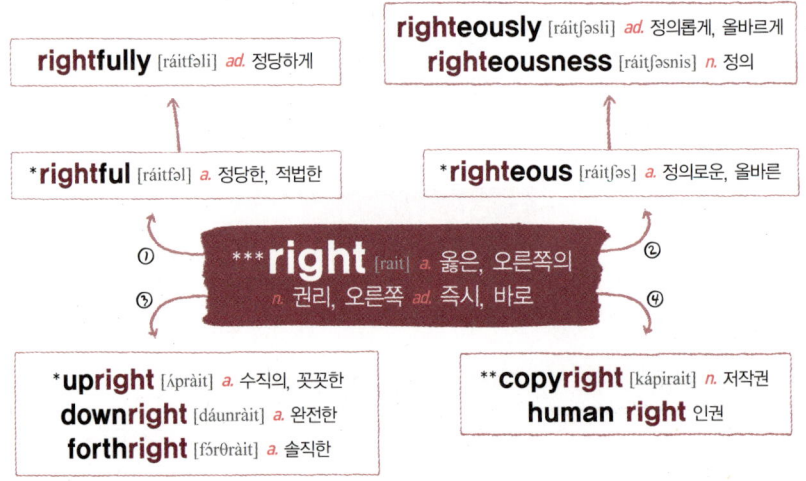

예문

A conscientious businessperson is someone who earns his money **rightfully**.
양심적인 사업가는 돈을 정당하게 버는 사람이다.

What is the manifest evidence of the **righteous** judgment of God?
신이 올바른 판단을 내렸다는 명백한 증거는 무엇인가요?

The central figure of the group, a man, is sitting **upright** in the room.
그룹의 중심인물인 그 남자는 방에 꼿꼿이 앉아 있다.

11 | handful 명사

'손'을 의미하는 hand는 손으로 집은 것을 주는 '건네다'라는 뜻으로도 쓰인다. handful은 명사로 한 손에 쥔 '한줌'이나 작은 양인 '소량'을 의미한다. handle은 '손잡이'란 뜻 외에 손으로 직접 잡아 해결하는 '다루다'라는 뜻도 있다. handicap은 한 손을 모자 위에 올려놓고 하는 게임에서 유래하여 현재는 한쪽이 불리한 '핸디캡'을 뜻하고, handcuff는 '소매 끝동'을 의미하는 cuff와 합쳐져 셔츠의 소매 단추를 채우는 것처럼 손을 채우는 '수갑'을 뜻한다.

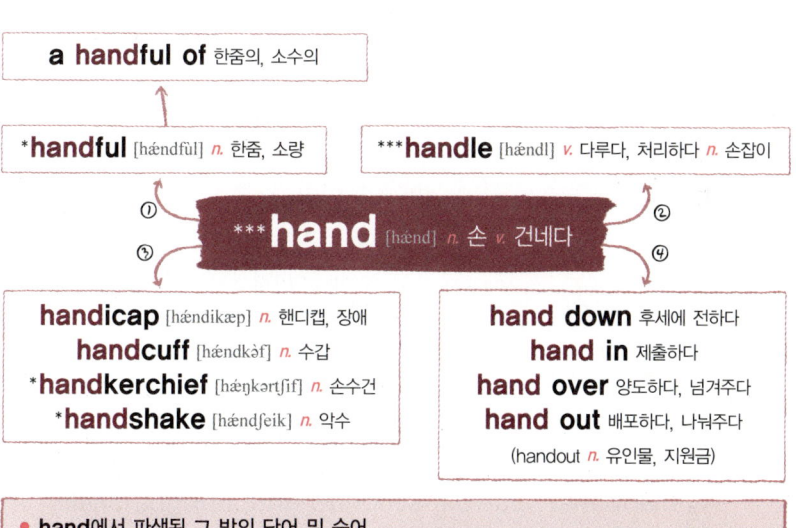

- hand에서 파생된 그 밖의 단어 및 숙어
  first-hand *a.* 직접적인   second-hand *a.* 간접적인, 중고인
  at hand 가까이에   off hand 즉석에서, 준비 없이
  on the other hand 다른 한편으로   out of hand 통제할 수 없는

 예문

I got used to her suddenness and abruptness of action when she **handles** something.
나는 그녀가 무언가를 다룰 때 갑작스럽고 느닷없이 행동하는 것에 익숙해졌다.

Students should **hand** their papers in on Thursday.
학생들은 목요일에 과제물을 제출해야 한다.

What is the standard legal procedure for buying a **second-hand** car in India?
인도에서 중고차를 사기 위한 법적절차가 어떠한가요?

Exercise

정답: 452쪽

1. 다음 영어 단어의 우리말 뜻을 적어보세요.

   ① successor _____   ⑥ forthright _____
   ② useless _____   ⑦ mistrust _____
   ③ careful _____   ⑧ willpower _____
   ④ painstaking _____ ⑨ sculpt _____
   ⑤ defy _____   ⑩ handle _____

2. 다음 우리말 뜻에 해당하는 영어 단어를 적어보세요.

   ① 선반 _____   ⑥ 마력 _____
   ② 성공한 _____   ⑦ 진실 _____
   ③ 제출하다 _____   ⑧ 약혼자 _____
   ④ 저작권 _____   ⑨ 부주의한 _____
   ⑤ 고통스러운 _____   ⑩ 매립(지) _____

3. 다음 빈칸에 알맞은 단어를 보기에서 찾아 넣어보세요.

   보기 | manpower, punish, second-hand, upright, shelf

   ① He is putting the vase on the _____.
   ② The manager of the bank said that its optimal level of _____ is 10,000.
   ③ It is said that Muslims _____ those who transgress the limits of religion.
   ④ What is the standard legal procedure for buying a _____ car in India?
   ⑤ The central figure of the group, a man, is sitting _____ in the room.

접두사 in- : 부정, 반대 ②

부정을 의미하는 in-도 l이나 r로 시작되는 단어 앞에 오면 il-, ir-로 바뀐다. irr이나 ill로 시작되는 단어가 형용사로 사용되면 부정적인 의미라고 보면 된다.

① **illimitable** [ilímitəbl] *a.* 끝없는, 무한한 ← **limitable** [límitəbl] *a.* 제한된
limit [límit] *v.* 제한하다, 한정하다 *n.* 제한

Hannah has had an **illimitable** appetite for books since she learned how to read.
해나는 읽기를 배운 이후로 책에 대한 끝없는 욕구를 가지고 있다.

② **illegitimate** [ilidʒítəmət] *a.* 불법적인 ← **legitimate** [lidʒítəmət] *a.* 정당한, 합법적인
illegitimacy [ilidʒítəməsi] *n.* 불법 **legitimacy** [lidʒítəməsi] *n.* 정당성, 합법성
legitimately [lidʒítəmətli] *ad.* 합법적으로

Both intellectual property and criminal laws restrict **illegitimate** trade only, not trade itself.
지적재산법이나 형사법 모두 무역 자체가 아닌, 불법 무역만을 제한한다.

③ **irresistible** [irizístəbl] *a.* 저항[거부]할 수 없는 ← **resistible** [rizístəbl] *a.* 저항할 수 있는
resist [rizíst] *v.* 저항하다, 견디다
resistant [rizístənt] *a.* 저항하는, 내성의
resistance [rizístəns] *n.* 저항

I was attracted by the woman as if she had an **irresistible** force.
그녀가 불가항력인 힘을 가지고 있기라도 한 것처럼 나는 그녀에게 매료되었다.

④ **irreparable** [iRépərəbl] *a.* 수선[회복]할 수 없는 ← **reparable** [répərəbl] *a.* 수선할 수 있는
repair [ripέər] *v.* 수리하다, 회복하다 *n.* 수리
repairman [ripέərmæn] *n.* 수리공

Extensive mining will cause **irreparable** damage to the area.
광범위한 광업으로 인해 그 지역에 회복할 수 없는 피해가 발생할 것이다.

DAY 07 -ous

-ous는 -ful과 비슷한 '풍부한'이란 뜻과 특정한 성질을 지닌 것을 표현할 때 사용되는 접미사다. -ous는 기존 단어의 동사나 명사 뒤에 붙여서 사용하는데, 모음으로 끝나는 단어는 모음을 생략 후 -ous를 붙이는 경우가 많으나 모음을 그냥 남겨두는 경우도 있다. 또 -y로 끝나는 단어의 경우에는 -ious의 형태가 되고, -ion으로 끝나는 단어 뒤에서는 ion의 on을 생략 후 ous를 붙여 -ious의 형태가 된다. 그 외에도 많은 변형 형태가 있지만 간단히 -ous로 끝나는 단어들은 형용사로 보면 된다. (주의: -us는 명사로 사용되는 접미사)

● **-ous로 끝나는 형용사들의 생성 과정**

모음으로 끝나는 단어 + **-ous** = **-ous**
-y로 끝나는 단어 + **-ous** = **-ious**
-ion로 끝나는 단어 + **-ous** = **-ious**

● **Example**

adventure [ædvéntʃər] *n.* 모험 → **adventurous** [ædvéntʃərəs] *a.* 모험적인
(모음 e 생략)
luxury [lʌ́kʃəri] *n.* 호화로움, 사치 → **luxurious** [lʌgʒúəriəs] *a.* 사치스러운 (y → i)
caution [kɔ́ːʃən] *n.* 조심, 경고 → **cautious** [kɔ́ːʃəs] *a.* 조심스러운 (ion → i)

01 | mountainous

mount는 산이나 말 위로 오르는 '오르다, 올라타다'라는 뜻이다. 이 의미에서 mountain은 '산'이 되었고, mountainous는 산들이 솟아 있는 '산악의'가 되었다. amount는 위로 계속 올라 쌓이게 된 '양'이나 '액수'를 뜻하고, surmount는 올라서 위(sur)로 뛰어넘는 것을 의미하여 '극복하다'라는 뜻이 되었다. 또 paramount는 가장 높은 곳에 올라가는 것을 의미하여 '최고의'이고, mount가 변형되어 파생된 mound는 땅의 가운데가 위로 솟아있는 '둔덕'을 의미한다.

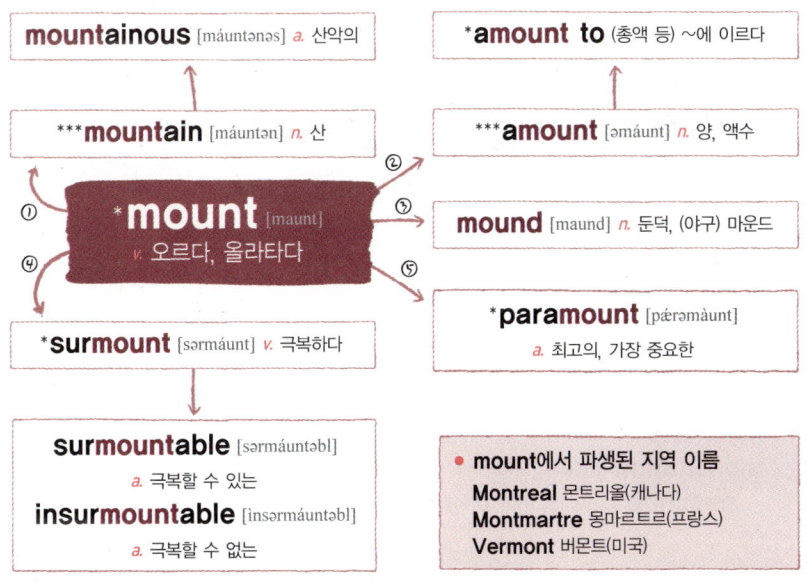

예문

The special commission sale is only applicable on gross **amounts**.
특별 위탁판매는 대량의 경우에만 적용된다.

One of the biggest obstacles to **surmount** when living in a foreign country is the language barrier.
외국에서 살 때 극복해야 할 가장 큰 장애물이 바로 언어 장벽이다.

Unemployment was the **paramount** issue in the election.
실업은 선거에서 가장 중요한 쟁점이었다.

02 | anonymous

onym은 '이름'을 뜻했던 단어였기에 anonym은 자신의 이름이 없고(an) 다른 이름을 쓰는 '익명'이 되었고, 여기에 -ous를 붙인 anonymous는 '익명의'라는 뜻이 되었다. synonym은 같은 이름이기에 '유의어', antonym은 반대되는 이름이기에 '반의어'를 뜻한다. onym이 변형된 nomin에서 파생된 nominal은 이름만 있는 것을 의미하여 '명목상의'라는 뜻이 되었고, nominate는 이름을 부르는 '지명하다'를 뜻한다.

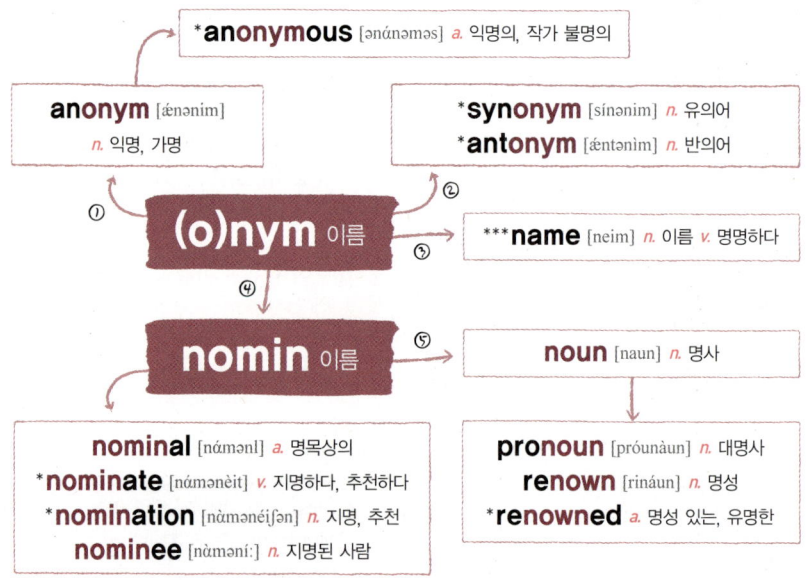

 예문

An **anonymous** user can be identified through his/her IP address.
익명의 컴퓨터 사용자는 IP 주소를 통해 신원이 밝혀질 수 있다.

"Small" and "little" are **synonyms**.
small과 little은 유의어다.

Political Parties democratically **nominated** candidates for the elections as required.
정당들은 요청대로, 민주적으로 선거에 출마할 후보를 지명했다.

He achieved great **renown** for his discoveries.
그가 발견한 것들로 그는 엄청난 명성을 얻었다.

03 | courageous

과거 '마음'을 뜻했던 cour에서 파생된 courage는 강한 마음을 의미하여 '용기'란 뜻이 되었다. discourage는 용기를 없앤다고 하여 '낙담시키다'라는 뜻이 되었다. core는 사람의 마음처럼 안쪽에 있는 가장 중요한 것을 의미하여 '핵심, 속'을 뜻하고, core가 변형된 cord에서 나온 accord는 다른 것에 마음을 같이 한다고 하여 '일치'를 뜻한다. 또 record는 마음속에 다시 새긴다는 의미에서 현재는 다시 기억할 수 있게 하는 '기록'을 뜻하게 되었다.

- accord에서 파생된 숙어
  in accord with ~와 일치하여
  of one's own accord 자발적으로, 스스로

🔍 예문

Her aunt has the **courage** to stand up for her beliefs and stick to her principles.
그녀의 숙모는 신념을 위해 맞서며 원칙을 고집하는 용기를 가지고 있다.

Teachers **encourage** our teens to read classic and contemporary novels.
선생님들께서는 우리 10대들에게 고전과 현대 소설을 읽으라고 권장하신다.

Between 2,000 and 3,000 adults die from malnutrition each year, **according to** data.
자료에 의하면, 2,000명에서 3,000명 사이의 성인이 매년 영양실조로 사망한다.

04 | famous 모음생략

fa는 '말하다'라는 뜻의 단어였다. 여기서 파생된 fame은 사람들이 자주 말하는 이름이라고 하여 '명성'이라는 뜻이 되었고, 여기에 -ous가 붙은 famous는 '유명한'을 뜻하게 되었다. infamous는 유명하지 않은 것이 아닌 나쁜 의미로 유명한 것을 의미하여 '악명 높은', infant는 말할(fa) 수 없는(in) 사람을 의미하여 '유아'를 뜻하게 되었다. fate는 신이 말한 정해진 인생을 의미하여 '운명'이라는 뜻이 되었고, fable은 이야기를 말한다고 하여 '우화'를 뜻하게 되었다.

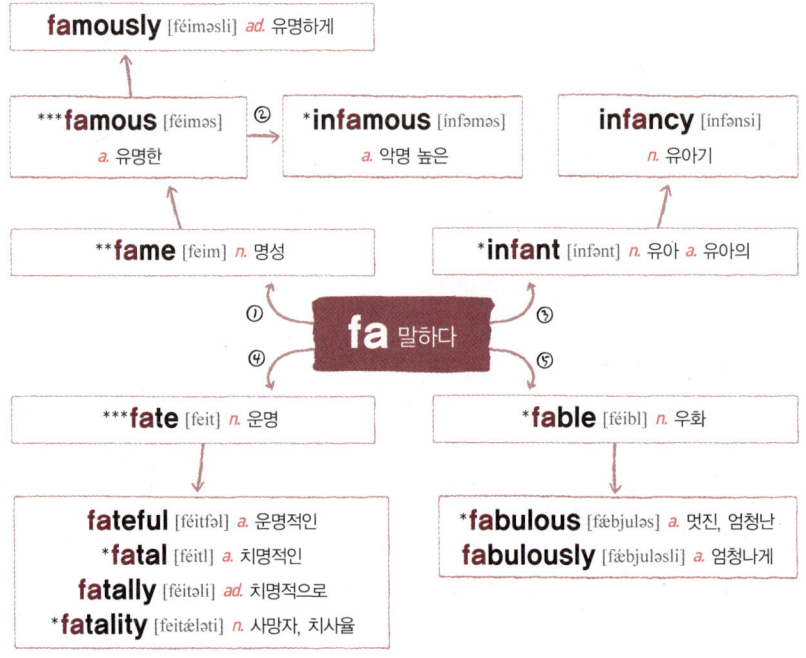

🔍 예문

The flower store became **famous** in the city thanks to the owner's unceasing endeavor. 그 꽃가게는 주인의 끊임없는 노력 덕택에 시내에서 유명해졌다.

Breast milk is the perfect source of nutrition for **infants**.
모유는 유아의 영양보충에 완벽한 식품이다.

When hosting parties, find fun and **fabulous** party places that are unique but affordable. 파티를 주최할 때는 독특하지만 비싸지 않은 재미있고 멋진 파티 장소를 찾으십시오.

05 | fallacious y→i

fail은 시험이나 작업 등을 제대로 끝내지 못한 '실패하다, 못하다'라는 뜻으로 사용되는 단어다. 이 단어가 변형된 fall에 -acy를 붙여 파생된 fallacy는 실패하게 만드는 잘못된 판단을 의미하여 '오류, 잘못된 생각'을 의미하게 되었다. false는 다른 사람을 실패할 수 있게 속이는 '거짓의, 잘못된'이라는 뜻이 되었고, fault는 제대로 못해서 생긴 '잘못'이나 '결함'을 뜻하게 되었다. default는 사업 등이 잘못되어서 빌린 돈을 갚지 못하게 된 '채무불이행'을 뜻한다.

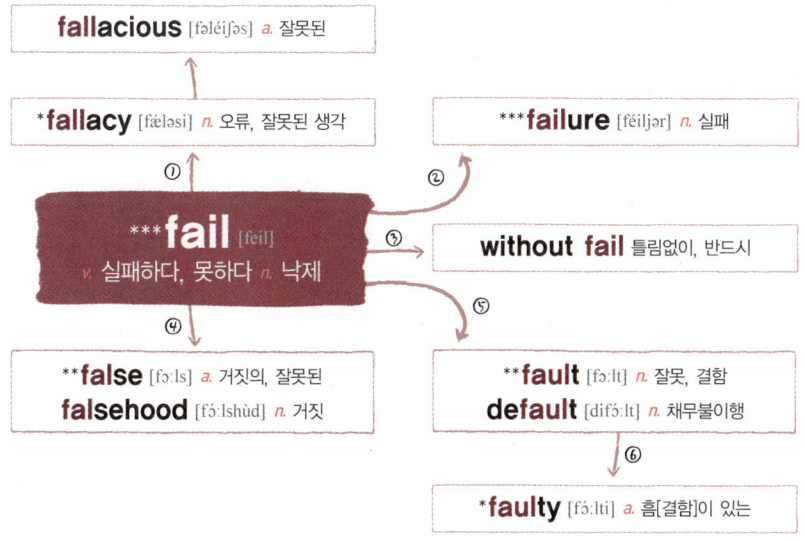

예문

He detected the **fallacy** of her argument, but said nothing about it.
그는 그녀의 주장에서 오류를 발견했지만 그것에 대해 아무 말도 하지 않았다.

This is an absolute lie, and I don't think there is a need to comment on these **false** statements.
이것은 새빨간 거짓말이며 나는 이 거짓된 진술에 논평할 필요가 없다고 생각한다.

The damage must have occurred by misfortune, without **fault** of the owner.
그 피해는 주인의 잘못이 아니라 불운으로 인해 일어난 것임에 틀림없다.

06 | harmonious y→i

ar은 현재 쓰이지 않는 단어로 '적합하다'라는 뜻이었다. 이 단어에 mony(명사)를 붙인 armony가 과거에는 '조화'라는 뜻이었지만 현재는 앞에 h가 붙어 harmony가 되었다. 또 ar에서 파생된 art는 적합하고 조화롭게 잘 만드는 기술을 의미하여 '예술, 미술'을 의미하게 되었고, 이러한 사람을 artist라고 부르게 되었다. 이 art에 '만들다'는 뜻을 지닌 fact[fic]가 합쳐진 artifact는 '공예품'을 뜻하고, artificial은 자연적이 아닌 사람의 손에 의해 만들어진 '인공적인'을 뜻하게 되었다.

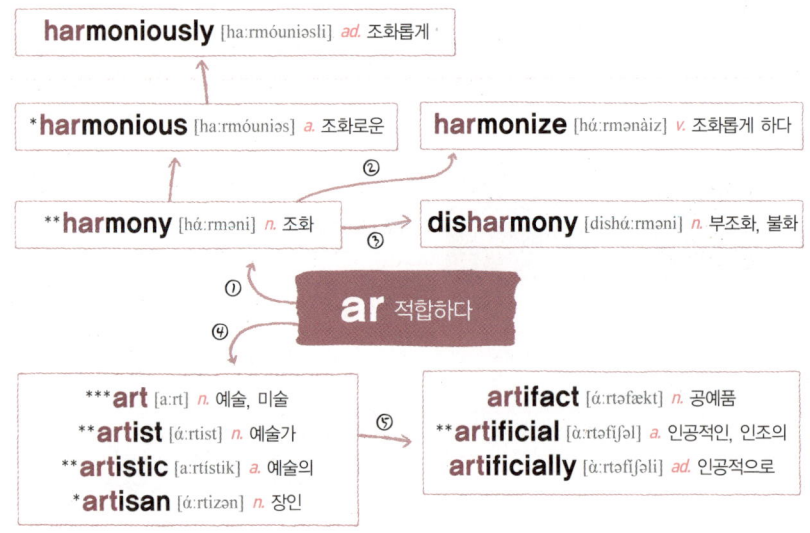

🔍 예문

The living room was decorated in **harmonious** colors.
거실은 조화로운 색깔들로 장식되었다.

Money problems are often a source of marital **disharmony**.
돈 문제는 종종 부부 간 불화의 원천이 된다.

Her flower arrangement is very sophisticated, **artistic** and stylish.
그녀의 꽃꽂이는 매우 정교하고 예술적이며 멋지다.

Our foods are free from **artificial** preservatives, colors, flavors and sweeteners.
우리 음식에는 인공 방부제, 색소, 향, 감미료가 전혀 없다.

07 | mysterious y→i

mystery는 '닫다'라는 뜻이었던 myst에서 나와 알 수 없게 닫혀 있는 '미스터리'를 의미하게 되었다. 이 myst에서 나온 mystic은 닫혀서 알 수 없는 사람인 '신비주의자'를 뜻하고, mystical은 '신비주의의'라는 뜻이다. myst를 줄인 my와 과거 '눈'을 의미했던 op가 합쳐진 myopia는 마치 눈이 감겨진 것처럼 멀리 있는 것을 못 본다고 하여 '근시'라는 뜻이 되었고, myst가 변형된 mute는 입을 닫은 '무언의, 말을 못하는'이란 뜻이 되었다.

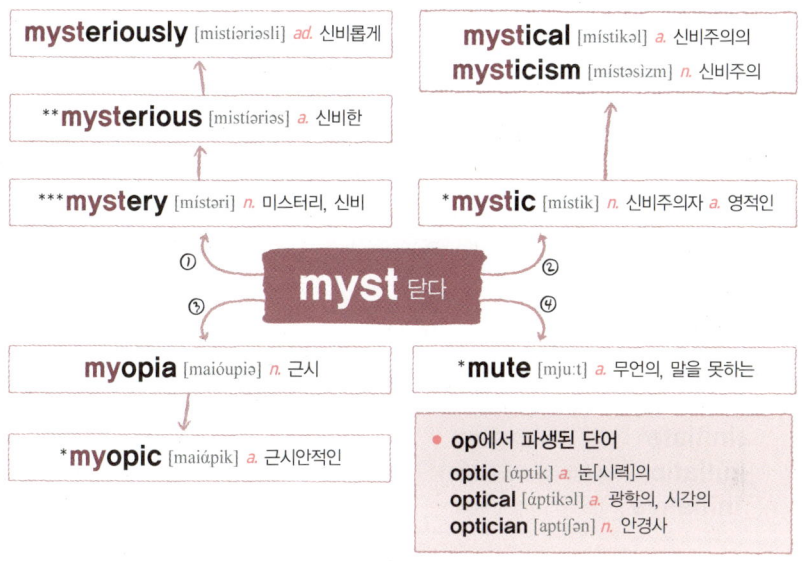

예문

One of the **mysteries** of the brain is how it avoids ending up in a state of chaos.
뇌에 대한 신비 중 하나는, 혼돈 상태로 되는 것을 뇌가 어떻게 피하느냐이다.

They were **mute** with wonder.
그들은 놀란 나머지 말이 안 나왔다.

He has criticized the government's **myopic** policies.
그는 정부의 근시안적인 정책들을 비판했다.

08 | ambitious ion→i

ambition은 정치인들이 표를 얻기 위해 주위(amb)를 돌아다닌다고(it) 하여 현재 '야망'이라는 뜻이 된 단어이고, ambitious는 '야심 있는'이라는 뜻이 되었다. exit는 밖으로 가는 '출구'를 뜻하고, initial은 안(in)으로 들어간다는(it) 기본 뜻이 확장되어 무언가 곧바로 하는 '처음[시작]의'라는 뜻이 되었다. trans(가로질러)와 합쳐진 transit은 한쪽에서 다른 쪽으로 가로질러 간다고 하여 '통과, 수송', transition은 통과해 변해가는 과정을 가리켜 '과도, 변천'이란 뜻으로 쓰인다.

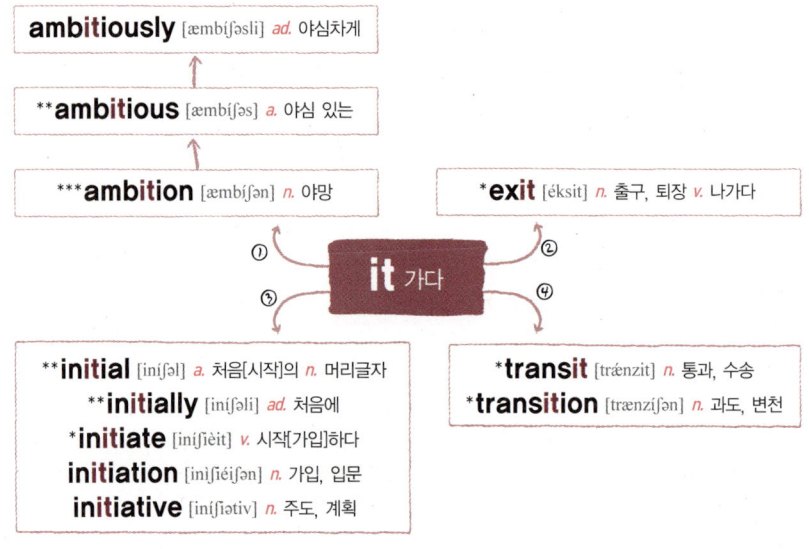

예문

True **ambition** is a disciplined and eager desire for achievement.
진정한 야망은 성취를 향한 절제되고 간절한 소망이다.

It took so much time for me to find the **exit** on the expressway.
내가 고속도로에서 출구를 찾는 데는 너무나 오랜 시간이 걸렸다.

The **initial** stages of this work are expected to be completed by this summer.
이 작업의 시작 단계는 여름에 완성될 것으로 보인다.

A **transit** passenger in Australia is not required to hold a transit visa.
호주에서는 통과 여객이 통과 비자를 소지해야 할 필요는 없다.

09 | infectious ion→i

infect는 안 좋은 것을 몸 속(in)에 만들어(fect) 놓는다고 하여 '전염시키다'라는 뜻이 되었고, affect는 누군가에게(af) 무언가를 만들거나 해(fect) 주기에 '~에 영향을 미치다'라는 뜻이 되었다. perfect는 완전히(per) 한다는(fect) 기본 의미 그대로 동사로 '완성하다'라는 뜻이 있지만 현재 많이 사용되지 않고 대신 '완벽한, 완전한'이란 의미의 형용사로 대부분 쓰인다. effect는 한(fect) 것이 밖(ef)으로 퍼지게 되는 것을 표현하여 '효과, 영향'이란 뜻이 되었다.

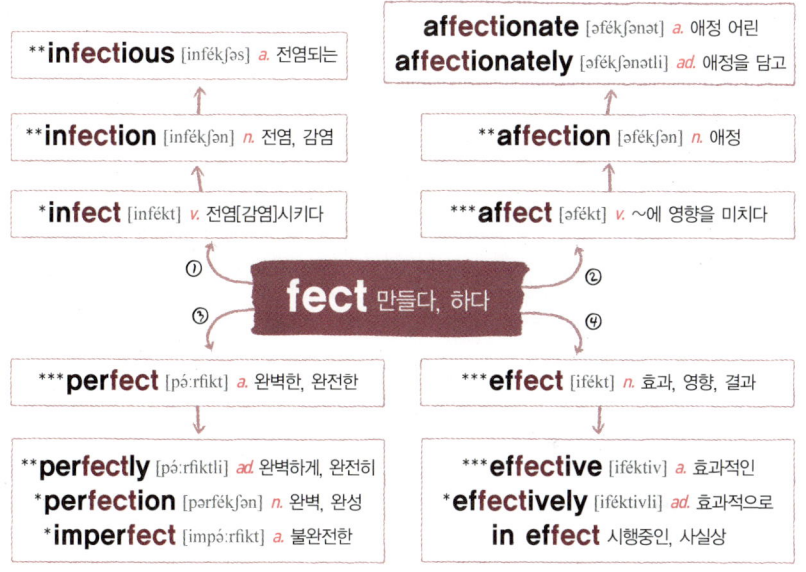

예문

A kindergarten teacher has the power to **affect** a child's failure or success through school.
유치원 교사는 아이의 학교생활이 성공할 것이냐 실패할 것이냐에 영향을 미치는 힘을 가지고 있다.

Mr. and Mrs. Gorden consider their nanny as a **perfectly** good substitute for parents.
고든 부부는 그들의 보모가 부모를 완벽하게 대신할 수 있는 사람이라고 여긴다.

The play used a lot of unknown and irrecognizable sound **effects** as background.
그 연극은 알지도 못하고 알아들을 수 없는 음향 효과들을 배경으로 사용했다.

10 | suspicious ion→i

suspect는 수상하게 여기어 아래로(su) 훑어본다고(spect) 하여 '의심하다'라는 뜻이 된 단어다. 이 단어가 suspic으로 바뀐 후 -ion이 붙어 만들어진 suspicion은 '의심'을 뜻한다. prospect는 미래를 보고 가능성이 있는 것을 표현한 '가망, 전망'을 뜻한다. respect는 다시 되돌아보아 그 사람의 높은 점을 느끼는 '존경(하다)', dis-가 붙은 disrespect는 존경받지 못할 기분 나쁜 행동을 표현하여 '무례'란 의미다.

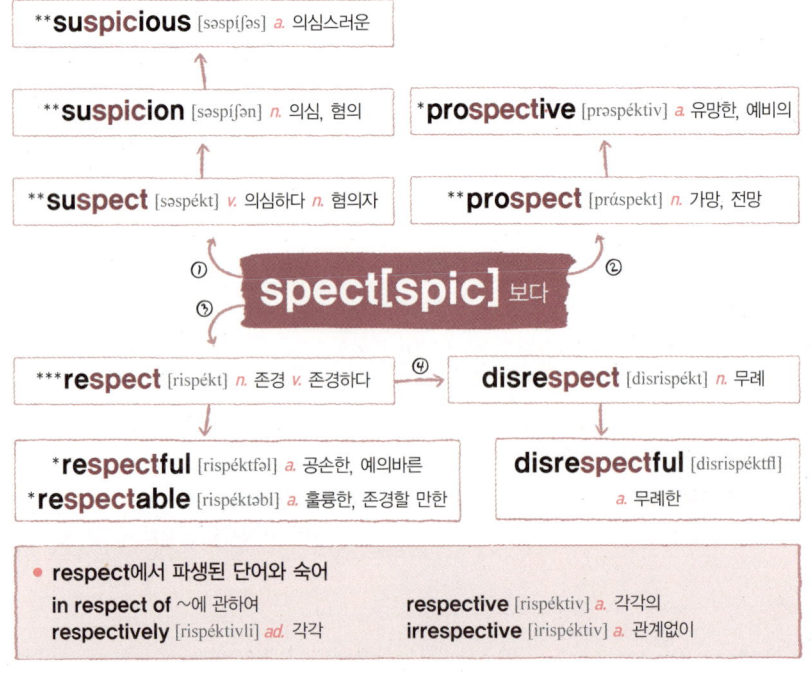

- respect에서 파생된 단어와 숙어
  in respect of ~에 관하여   respective [rispéktiv] a. 각각의
  respectively [rispéktivli] ad. 각각   irrespective [ìrispéktiv] a. 관계없이

🔍 예문

During body search, officers should observe the decency and self-respect of the **suspects**. 몸을 수색하는 동안 수사관들은 용의자의 품위와 자존심을 지켜주어야 한다.

We work hard to teach and promote **respectful** behavior to our students.
우리는 우리 학생들에게 예의바른 행동을 가르치고 장려하기 위해 열심히 노력한다.

The average age of grooms and brides was 22.1 and 21.6, **respectively**.
신랑과 신부의 평균 연령은 각각 22.1세와 21.6세였다.

11 | religious ion→i

lig는 '읽다'라는 뜻의 단어였고, 여기서 파생된 religion은 반복적(re)으로 성경을 읽고 믿음을 가지는 '종교'라는 뜻이다. negligent는 부정의 의미인 neg와 합쳐져 열심히 읽지 않는 것을 가리켜 '부주의한, 태만한'이라는 뜻이 되었고, diligent는 반대로 열심히 읽는 것을 뜻하여 '근면한'이 되었다. intelligent는 머릿속에서 제대로 읽어 나갈 수 있는 능력을 표현하여 '총명한'이라는 뜻으로 쓰인다.

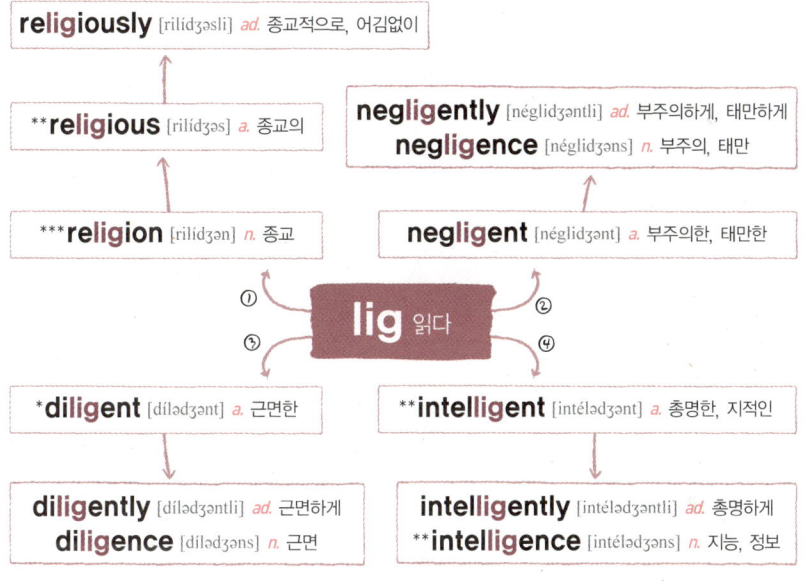

예문

Ancestor worship is an essential part of the Chinese **religious** culture.
조상 숭배는 중국의 종교문화에서 중요한 부분이다.

The fire was started by a **negligent** smoker.
부주의한 흡연자에 의해 화재가 발생되었다.

The industrious kids in school will become the **diligent** adults at work.
학교에서 부지런한 아이들이 직장에서도 근면한 성인들이 될 것이다.

People with high emotional **intelligence** tend to be successful in life.
감성지능이 높은 사람들은 인생에서 성공할 가능성이 높다.

Exercise

정답: 453쪽

1. 다음 영어 단어의 우리말 뜻을 적어보세요.

① disharmony _____	⑥ surmount _____
② mute _____	⑦ anonymous _____
③ ambitious _____	⑧ discourage _____
④ infection _____	⑨ infant _____
⑤ suspicious _____	⑩ fallacy _____

2. 다음 우리말 뜻에 해당하는 영어 단어를 적어보세요.

① 양, 총액 _____	⑥ 공손한 _____
② 공예품 _____	⑦ 근면한 _____
③ 잘못, 결함 _____	⑧ 치명적인 _____
④ 완벽하게 _____	⑨ 용감한 _____
⑤ 통과, 수송 _____	⑩ 지명하다 _____

3. 다음 빈칸에 알맞은 단어를 보기에서 찾아 넣어보세요.

> 보기   encourage, harmonious, myopic, perfectly, synonyms

① "Small"and "little"are _____.

② Teachers _____ our teens to read classic and contemporary novels.

③ The living room was decorated in _____ colors.

④ Mr. and Mrs. Gorden consider their nanny as a _____ good substitute for parents.

⑤ He has criticized the government's _____ policies.

접두사 in- : 안

앞에서 학습한 접두사 in-은 '부정'의 의미가 있는 반면 이번에 학습할 단어들의 접두사 in-은 '안'을 의미한다. 이때의 in- 역시 b, m, p로 시작되는 단어를 앞에서는 im으로 바뀐다.

① **increase** [inkríːs] *v.* 증가하다 *n.* 증가 → **increasing** [inkríːsiŋ] *a.* 증가하는
= in(안) + crease(자라다) **increasingly** [inkríːsiŋli] *ad.* 점점 더
decrease [dikríːs] *v.* 감소하다 *n.* 감소

The intention was to **increase** efficiency in the combat against terrorism.
그 의도는 테러와의 싸움에서 효율성을 증가하려는 것이었다.

② **inflate** [infléit] *v.* 팽창시키다 → **inflation** [infléiʃən] *n.* 통화팽창, 인플레이션
= in(안) + fla(불다) + ate **disinflation** [disinfléiʃən] *n.* 인플레이션 완화
deflate [difléit] *v.* 수축시키다
deflation [difléiʃən] *n.* 통화수축

This clothes will **inflate** when it gets wet.
이 옷은 젖게 되면 팽창한다.

③ **inform** [infɔ́ːrm] *v.* 알리다, 통지하다 → **information** [ìnfərméiʃən] *n.* 정보
= in(안) + form(형태) **informational** [ìnfərméiʃənl] *a.* 정보의

Applicants will be **informed** of the admission or non-admission decision by e-mail.
지원자들은 합격 혹은 불합격 여부를 이메일로 통지받게 될 것이다.

④ **immigrate** [íməgrèit] *v.* 이주하다, 이민을 오다 → **immigration** [ìməgréiʃən]
= im(안) + migr(이동하다) + ate *n.* 이주, 이민, 출입국 관리소
immigrant [íməgrənt] *n.* 이민자

Many Europeans **immigrated** to the U.S. in the late 1800s due to crop failure and rising taxes.
많은 유럽인들은 1800년대 후반에 흉년과 세금의 상승 때문에 미국으로 이민을 왔다.

⑤ **imprison** [imprízn] *v.* 투옥[감금]하다 → **imprisonment** [impríznmənt] *n.* 투옥, 감금
= im(안) + prison(감옥)

She is a young lady who lives locked up in a castle **imprisoned** by an old witch.
그녀는 늙은 마녀에 의해 감금된 채 성에 갇혀 사는 젊은 여성이다.

DAY 08 -ar

-ar은 명사나 동사 뒤에 붙어서 형용사를 만드는 접미사다. 특히 -le로 끝나는 단어 뒤에 결합하는 경우가 많은데, 이때 단순히 -le 뒤에 붙는 것이 아니라 -ule 형태로 바꾼 후에 -ar이 붙기 때문에 결국 -ular 형태가 되는 경우가 많다. -ar이 명사 접미사로 사용되는 경우도 있는데 이것은 사람이나 사물을 의미하는 -er이 변형된 것이다.

● -ar로 끝나는 형용사의 생성 과정

> 명사/동사 + **-ar** = **-ar**
> -le로 끝나는 단어 + **-ar** = **-ular**

● Example

> **pole** [poul] n. 극 → **polar** [póulər] a. 극의, 북극[남극]의
> **muscle** [mʌsl] n. 근육 → **muscular** [mʌ́skjulər] a. 근육의

01 | popular

과거에는 '사람들(people)'을 의미하는 단어로 popule로 사용했다. 이 단어에 -ar이 붙어서 만들어진 popular는 사람들이 관심을 가지고 좋아한다고 하여 '인기 있는'이라는 뜻이 되었고, '인기'는 popularity다. populate는 사람들이 한 장소에 모여 머무는 '살다, 거주하다'라는 뜻이 되었고, population은 '인구'를 뜻한다. 또 populous는 사람들이 많은 '인구가 많은'이라는 뜻이고, populism은 정치인들이 사람들의 인기를 얻기 위한 공약만 하는 '포퓰리즘'을 뜻한다.

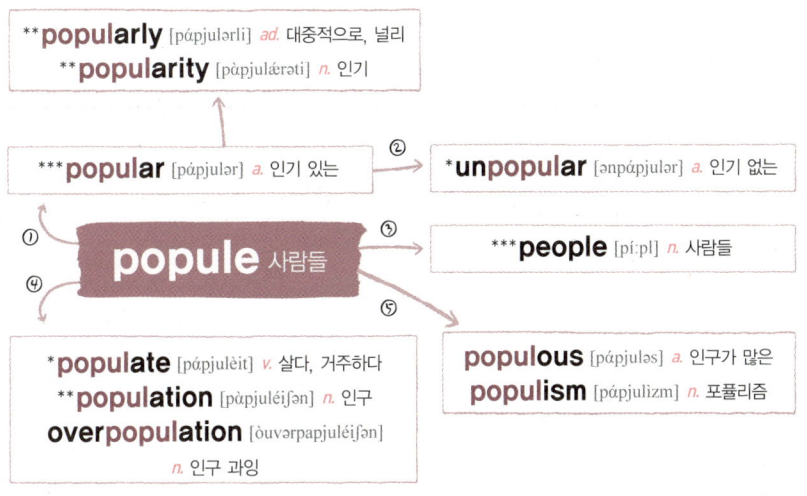

예문

Coffee can trigger sleeplessness in **people** who are sensitive to caffeine.
커피는 카페인에 민감한 사람들에게 불면증을 일으킬 수 있다.

His easy-going attitude and highly professional work ethic make him **popular** with his clients.
그는 성격이 원만하고 직업 정신이 투철해서 고객들에게 인기가 많다.

The candidate is winning **popularity** among voters.
그 후보자는 유권자들 사이에서 인기를 얻고 있다.

The **population** density was increased in all states between 1991 and 2001.
1991년과 2001년에 인구밀도가 전국적으로 증가했다.

02 | regular

regule은 현재 사용되지 않는 단어로 '규칙'을 의미했고, 현재 이 단어를 줄인 rule이 '규칙'을 뜻하는 단어로 사용되고 있다. 여기서 파생된 regular는 '규칙적인'이라는 뜻의 형용사이고, 부정의 ir-이 결합된 irregular는 '불규칙적인'을 뜻한다. regulate는 규칙대로 활동을 통제하는 '규제하다'라는 뜻과 기계나 일 등을 특정한 속도나 온도에 맞추는 '조절하다'라는 뜻으로 쓰인다.

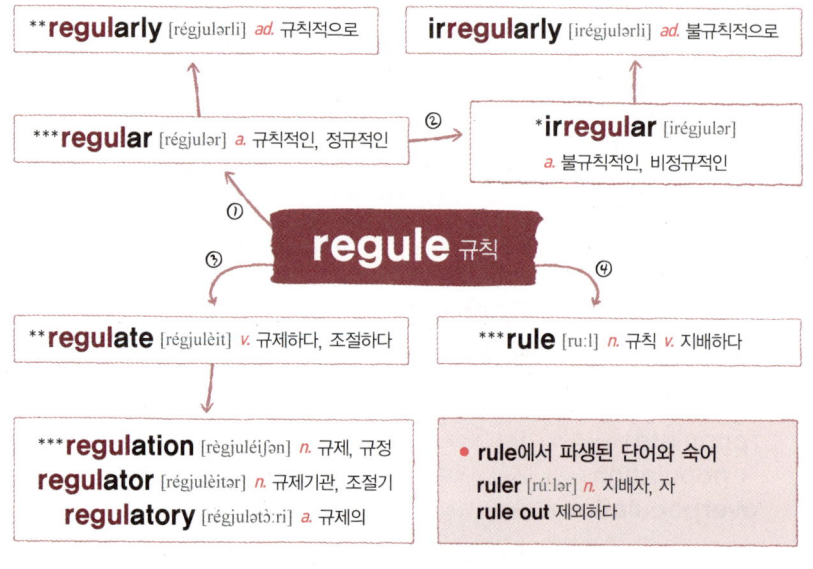

예문

At this time the Persians were powerful and **ruled** an immense territory.
이 시기에 페르시아인들은 매우 강대했고 광대한 영토를 지배했다.

The first step to creating family unity is to have **regular** opportunities to get together.
가족을 단합시키는 첫 단계는 규칙적으로 함께할 기회를 갖는 것이다.

I wish windows could be programmed to open automatically to **regulate** temperature.
창문이 자동으로 열려서 온도를 조절하도록 프로그래밍되어 있으면 좋겠다.

In many cases, runaway teenagers want to escape the **regulations** of their family.
많은 경우에, 가출 청소년들은 가족의 규제로부터 벗어나고 싶어 한다.

03 | circular

circle은 원래 '원(형)'을 의미하던 단어였고, 여기서 파생된 circular는 '원형의'라는 뜻과 원을 그리며 도는 '순환적인'이라는 뜻으로 쓰인다. circulate는 동사로 사용되어 '순환하다'와 돌며 퍼지는 '유포되다'라는 뜻이 되었다. 현대 영어에서는 circle이 '원(형)'을 뜻하고, encircle은 둥그렇게 돌려 마는 '에워싸다'를 뜻한다. circle이 변형된 cycle은 반복적으로 돌아오는 '주기'와 '사이클'을 뜻하게 되었고, recycle은 다시 돌려 쓰기에 '재활용하다'가 되었다.

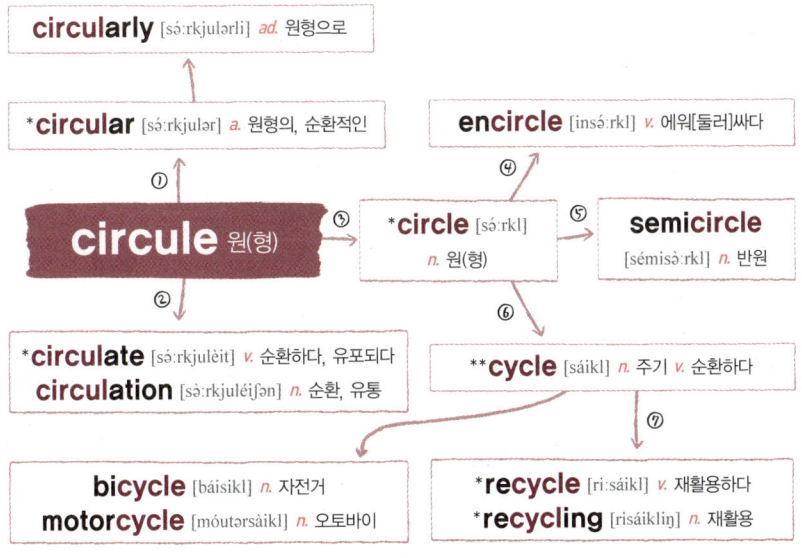

🔍 예문

There are lots of **circular** and spiral buildings in the city.
그 도시에는 원형과 나선형 건물들이 많이 있다.

In order to stay healthy, it is very important to have good blood **circulation**.
건강을 유지하기 위해서는 원활한 혈액순환이 매우 중요하다.

A **circle** has many lines of symmetry since any line through its center is an axis of symmetry.
원의 중심을 통과하는 선이 좌우대칭의 축이기 때문에 원에는 수많은 좌우대칭 선이 있다.

They want us to consume less and **recycle** more.
그들은 우리가 소비를 줄이고 재활용을 늘리기를 원한다.

04 | angular

ang는 '구부리다'를 뜻하는 단어였고, 이 단어에서 파생된 angle은 구부려진 '각'을 뜻한다. angle이 변형된 angule에 -ar이 붙어서 만들어진 angular는 '각진'이라는 뜻이다. '3'을 의미하는 tri와 합쳐진 triangle은 '삼각형', '똑바른'이라는 뜻을 지녔던 rect와 합쳐진 rectangle은 '직사각형'을 뜻한다. angle에서 파생된 ankle은 발에서 각지게 꺾인 부분인 '발목'을 뜻하게 되었다. 어근 ang에서 변형되어 파생된 anchor는 구부러져 바닥에 고정시키는 '닻'과 방송에 고정된 '앵커'를 의미하는 단어다.

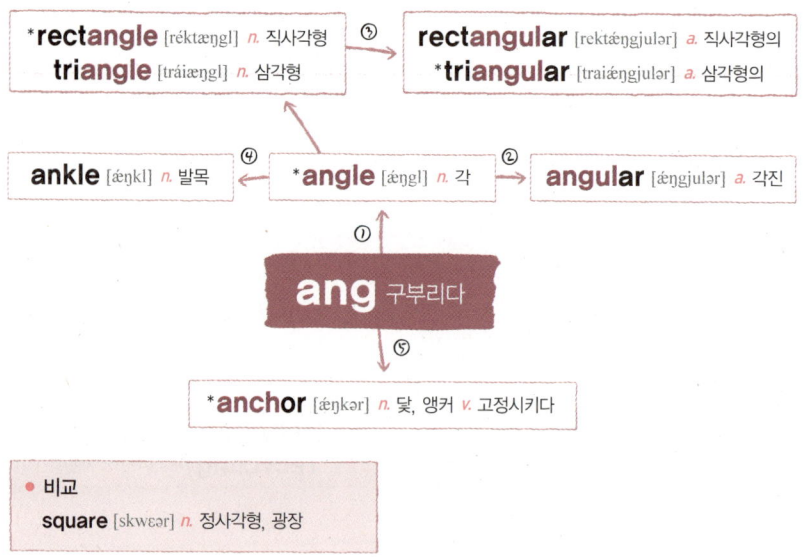

예문

The two lines meet at a 30-degree **angle** to each other.
두 선은 서로 30도 각도로 만난다.

He sprained his **ankle** playing baseball.
그는 야구를 하다가 발목을 삐었다.

You have to throw the **anchor** if you want to stop the boat.
배를 멈추려면 닻을 내려야 한다.

05 | particular

'부분'을 의미하는 part에서 파생된 particule은 아주 작은 부분인 '소량'을 의미했고, 현재는 같은 의미로 particle을 사용한다. particular는 아주 작지만 꼭 필요한 부분이라고 하여 '특정한, 특별한'이며, particularly는 '특히'라는 의미의 부사다. partial은 형용사로 '부분적인'과 한 부분만 좋아한다고 하여 '편애하는'을 뜻하고, impartial은 편애하지 않는 '편견 없는'이라는 의미. participate는 자신이 원하는 부분(part)을 잡기(cip) 위해 모임 등에 들어가는 '참가하다'를 뜻한다.

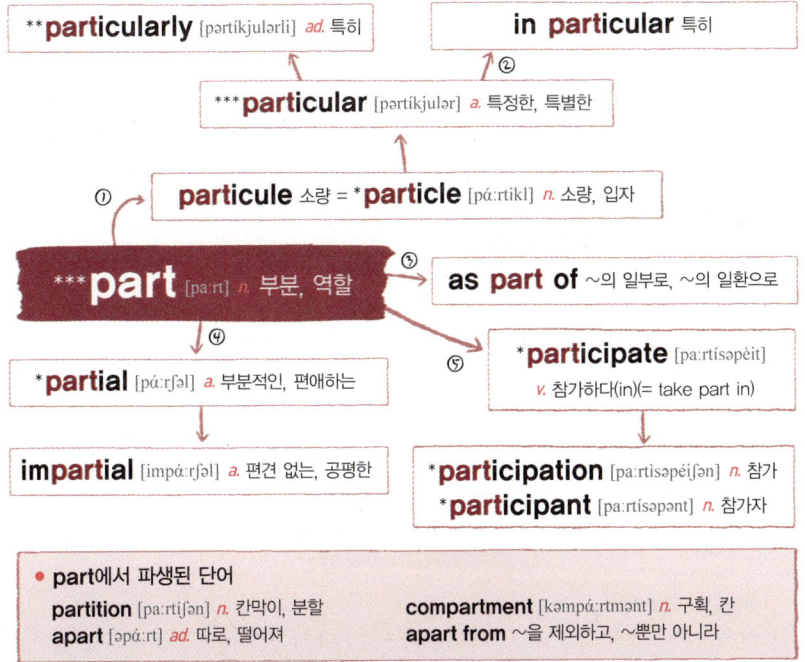

- part에서 파생된 단어
  partition [pa:rtíʃən] n. 칸막이, 분할
  apart [əpá:rt] ad. 따로, 떨어져
  compartment [kəmpá:rtmənt] n. 구획, 칸
  apart from ~을 제외하고, ~뿐만 아니라

예문

Viruses that infect animal and plant cells differ in many **particular** aspects.
동물과 식물의 세포를 감염시키는 바이러스는 특정한 면에서 많이 다르다.

Skyrocketing housing prices are a hot issue in China, **particularly** in Beijing.
치솟는 집값은 중국, 특히 베이징에서 뜨거운 쟁점이다.

If you want to **participate** in the Foreign Residents Network, please fill out the space below. 외국인 거주민 네트워크에 참여하기를 원한다면 아래의 항목에 기입하세요.

06 | spectacular, molecular

'보다'라는 뜻이었던 spect에서 파생된 spectacle은 눈앞에 보이는 멋진 장면을 의미하여 '장관, 광경'을 뜻한다. spectacles는 이러한 장면을 볼 수 있게 도움을 주는 '안경'이고, 여기에서 le가 ule로 바뀐 후 -ar이 붙은 spectacular는 '장관을 이루는'이라는 뜻이다. mole은 과거 '덩어리'를 의미했고, 이 단어에 '작은'을 의미하는 cule이 결합한 molecule은 가장 작은 덩어리인 '분자'를 뜻한다. demolish는 덩어리를 아래로 무너뜨린다고 하여 '파괴하다'가 되었다.

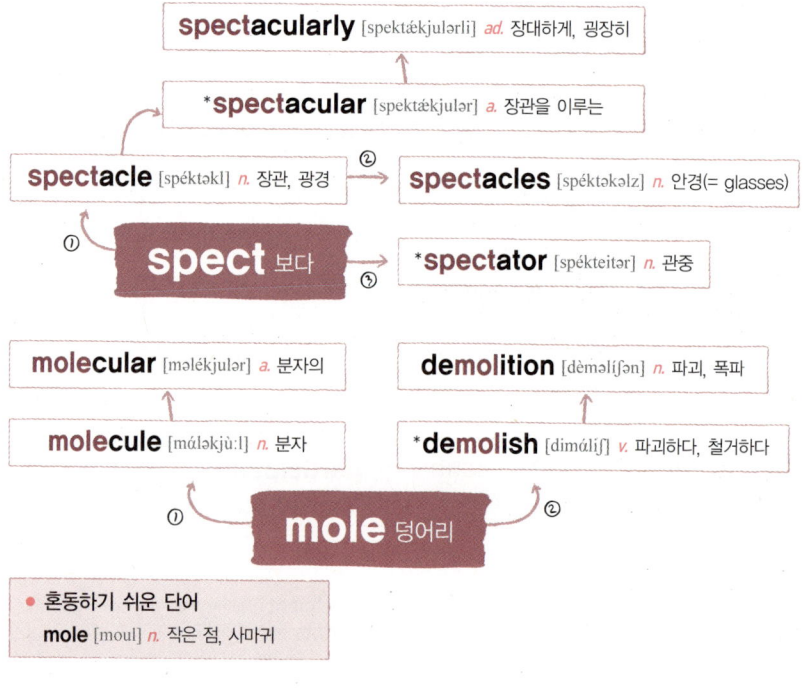

- 혼동하기 쉬운 단어
  mole [moul] n. 작은 점, 사마귀

🔍 예문

The **spectator** areas of a stadium are filled with the onlookers of the fight.
경기장의 관중석은 그 싸움의 구경꾼들로 가득 찼다.

There were attempts to get permission to **demolish** the buildings in the past.
과거에 그 건물을 파괴하겠다고 허가를 받으려는 시도가 있었다.

It is caused by gas **molecules** and dust particles in the atmosphere.
그것은 공기 중의 기체 분자와 먼지 입자에 의해 생긴다.

07 | similar

simil[simul]은 '같은'이라는 뜻이었고, 이 단어에서 same(같은)이 파생되었다. similar는 생김새나 크기 등이 같은 '유사한'이 되었고, 부정을 의미하는 dis-와 결합한 dissimilar는 '다른'이라는 뜻이 되었다. simulate는 같게 행동한다고 하여 '가장하다'와 진짜 같이 실험하는 '모의실험하다'를 뜻하고, simultaneous는 같은 시간에 일어난 것을 의미하여 '동시의'를 뜻하게 되었다.

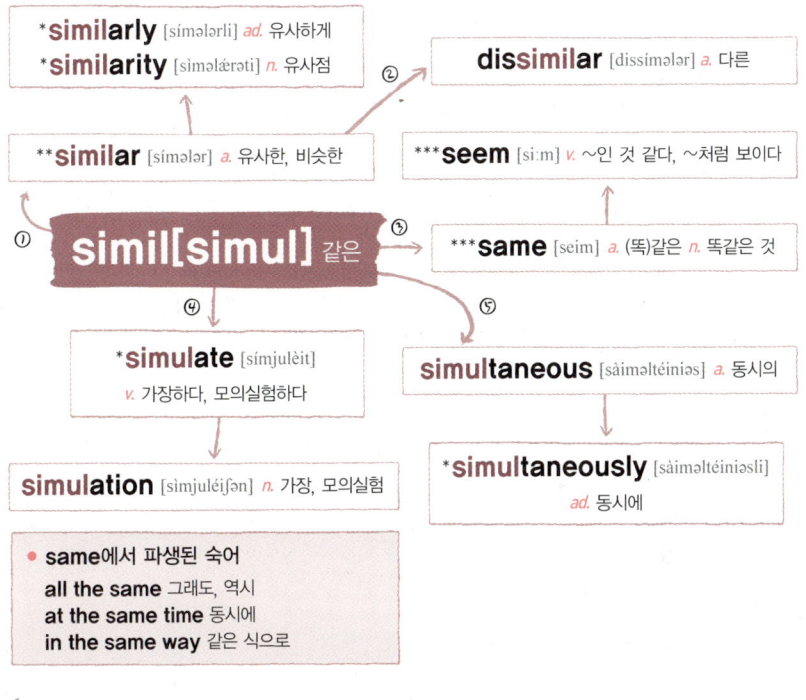

- same에서 파생된 숙어
  all the same 그래도, 역시
  at the same time 동시에
  in the same way 같은 식으로

예문

You two look very **similar** to each other.
너희 둘은 서로 매우 비슷해 보인다.

The wood in the building was painted to **simulate** stone.
건물 내부의 나무는 바위처럼 보이도록 칠해졌다.

The release of the new album will be **simultaneous** with the release of the DVD.
새로운 앨범의 발매는 DVD 발매와 동시에 있을 것이다.

08 | insular

insula는 원래 '섬'을 의미했고, 여기서 파생된 insular는 '섬의'라는 뜻과 다른 사람과 떨어져 지내는 '배타적인'이라는 뜻으로 쓰인다. peninsula는 '거의'라는 뜻의 pen과 합쳐져 거의 섬처럼 한 면만 육지로 이어진 '반도'를 뜻하고, insulate는 섬으로 떼어놓는 '격리하다'와 전류나 열 등이 통하지 않게 하는 '절연하다'를 뜻한다. insula에서 변형된 isle은 시에서 표현되는 '섬'이고, island는 일반적인 '섬'을 뜻한다. isle에서 파생된 isolate도 섬으로 떼어놓는 '격리[고립]하다'를 뜻한다.

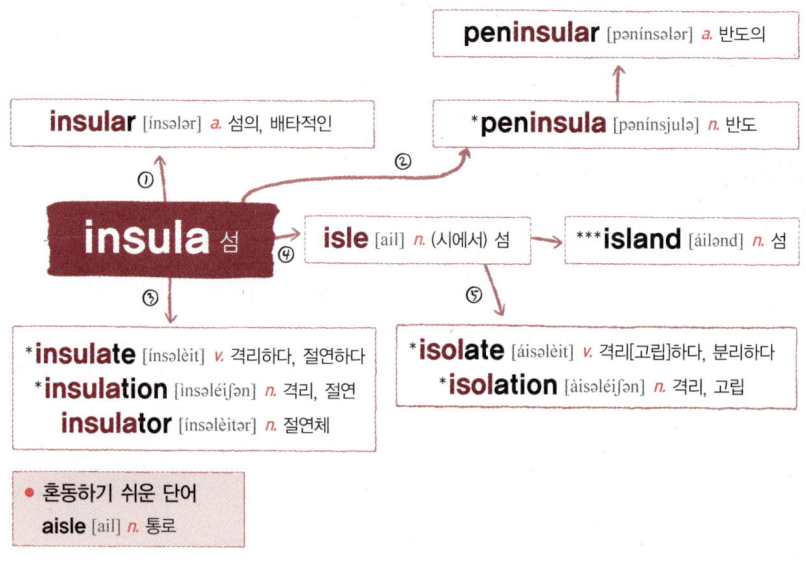

● 혼동하기 쉬운 단어
aisle [ail] n. 통로

예문

She has a very **insular** view of her friends.
그녀는 친구들에 대해 매우 편협한 생각을 가지고 있다.

Our community is no longer **insulated** from the problems of the big city.
우리 지역사회는 더 이상 대도시의 문제점으로부터 격리되어 있지 않다.

When you have a fever, your body is trying to **isolate** and expel an invader.
여러분 몸에 열이 있을 때, 여러분의 몸은 침입자를 고립시키고 쫓아내려고 시도한다.

09 | clear

clear는 과거 '외치다'를 뜻했던 cle에 -ar이 붙어서 생긴 단어로 상대방이 알아들을 수 있게 외치는 '분명한'이라는 뜻이다. clarify는 '분명히하다'를 뜻하고, declare는 사람들이 있는 장소에서 공개적으로 분명히 알리는 '선언하다'라는 뜻이 되었다. cle에서 파생된 claim도 처음에는 '외치다'라는 뜻이었지만 현재는 자신이 원하는 것을 외친다고 하여 '요구, 주장'을 뜻하고, exclaim이 '외치다'라는 뜻으로 사용된다. proclaim도 사람들 앞에서 외친다고 하여 '선포하다'라는 뜻이 되었다.

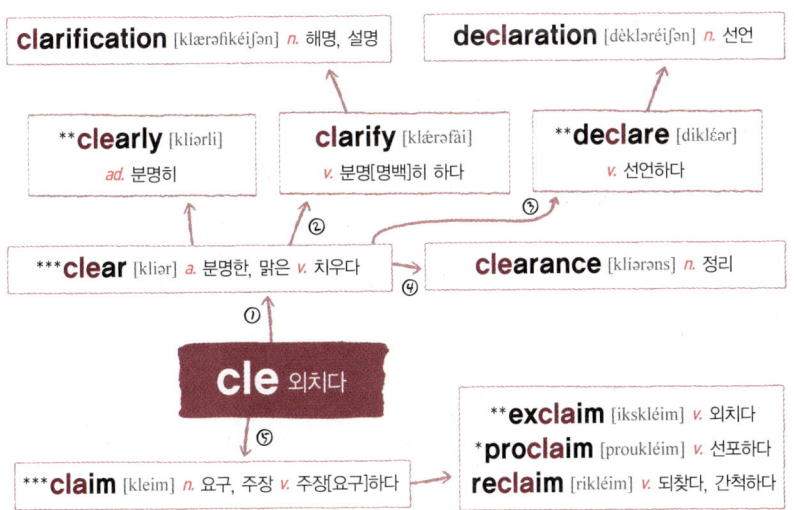

예문

It is our **clear** view that a cyber threat can disrupt our society.
사이버 위협이 우리 사회를 혼란스럽게 할 수 있다는 것이 우리의 분명한 의견이다.

He **declared** that he was unable to study under the present circumstances.
그는 현재의 상황 하에서 공부를 할 수 없다고 선언했다.

Polish King Sigismund I didn't **proclaim** war against Austria.
폴란드 왕 지그문트 1세는 오스트리아에 선전포고를 하지 않았다.

10 | solar

'태양'을 의미했던 sol에서 나온 solar는 '태양의'라는 뜻이다. 여기에서 solar energy(태양 에너지), solar system(태양계) 같은 단어들이 나왔고, solar eclipse 는 태양이 달에 가려지는 '일식'을 뜻하게 되었다. sol에서 파생된 parasol은 태양으로부터 보호해주는 '파라솔'을 의미한다. sol이 변형되어 생긴 sun이 현대 영어에서 '태양'을 뜻하게 되면서 sun과 관련된 많은 단어들을 파생되었다.

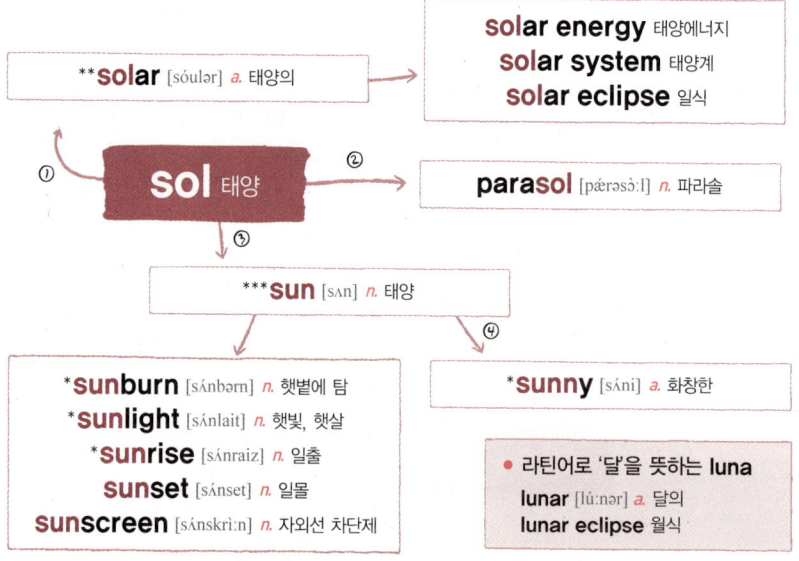

예문

The Sun is the largest star in our **solar system**.
태양은 태양계에서 가장 큰 별이다.

You can get **sunburn** or heatstroke in hot weather.
더운 날씨에는 햇볕에 타거나 일사병에 걸릴 수 있다.

On no account should the children be left alone outside after **sunset**.
해진 후에 절대로 밖에 아이들을 혼자 두어서는 안 된다.

Exposure to the ultraviolet rays of **sunlight** can be harmful to your health.
태양의 자외선에 대한 노출은 건강에 해로울 수도 있다.

11 | liar, beggar, scholar, forebear 명사

-ar 형태의 명사는 -er(사람, 사물) 형태의 명사가 변형된 것이다. '거짓말'을 의미하는 lie에서 파생된 liar는 거짓말하는 사람인 '거짓말쟁이'를 뜻하고, '간청 [구걸]하다'라는 뜻의 beg에서 파생된 beggar는 구걸하는 사람인 '거지'를 뜻하며, school에서 파생된 scholar는 학교에서 열심히 공부한 사람을 의미하여 '학자'를 뜻한다. forebear의 fore는 '미리, 앞'을 의미하고 be는 '있다, 존재하다'라는 뜻의 be동사다. 따라서 forebear는 가장 앞에 존재했던 사람인 '조상'을 뜻하게 되었다.

- 혼동하기 쉬운 단어
  lie [lai] n. 거짓말 v. 속이다 (주의: 과거 lied – 과거분사 lied – 현재분사 lying)
  lie [lai] v. 눕다, (~한 상태로) 있다 (주의: 과거 lay – 과거분사 lain – 현재분사 lying)
  lay [lei] v. 놓다, 두다, 낳다 (주의: 과거 laid – 과거분사 laid – 현재분사 laying)

예문

I despise **liars** and those who take pleasure in the misfortune of others.
나는 거짓말쟁이와 다른 사람의 불행을 즐기는 사람들을 경멸한다.

The development technology permitted **scholars** to look at the terrestrial globe.
기술의 발전은 학자들이 지구를 조사하는 것을 가능하게 했다.

She **begged** him to read the story again.
그녀는 그에게 그 이야기를 다시 읽어달라고 간청했다.

Her **forebears** fought in the American Civil War.
그녀의 조상들은 미국 남북전쟁에 참전했었다.

Exercise

정답: 453쪽

1. 다음 영어 단어의 우리말 뜻을 적어보세요.

① sunny _____   ⑥ ankle _____
② beggar _____   ⑦ particular _____
③ declare _____   ⑧ similar _____
④ demolish _____   ⑨ regularly _____
⑤ peninsula _____   ⑩ recycle _____

2. 다음 우리말 뜻에 해당하는 영어 단어를 적어보세요.

① 참가자 _____   ⑥ 인기 있는 _____
② 분자 _____   ⑦ 규제하다 _____
③ 분명히 _____   ⑧ 순환 _____
④ 태양의 _____   ⑨ 닻 _____
⑤ 조상 _____   ⑩ 가장, 모의실험 _____

3. 다음 빈칸에 알맞은 단어를 보기에서 찾아 넣어보세요.

보기 similar, ankle, solar system, begged, popularity

① The candidate is winning _____ among voters.
② He sprained his _____ playing baseball.
③ You two look very _____ to each other.
④ The Sun is the largest star in our _____.
⑤ She _____ him to read the story again.

136

접두사 en- : 만들다, 안 ①

en-은 동사를 만드는 접두사로 '만들다'와 '안'을 의미한다. 이 en-을 접두사로 가지면서 명사로 파생된 단어들은 보통 -ment로 끝나는 경우가 많다. 접두사 en-이 '안'을 의미하는 경우는 in-이 변형되어 en-으로 사용된 것이다.

① **endanger** [indéindʒər] *v.* 위태롭게 하다 → **endangered** [indéindʒərd] *a.* 멸종위기의
 = **en**(만들다) + **danger**(위험)　　　　**endangerment** [indéindʒərmənt] *n.* 멸종위기

Our government wouldn't dare **endanger** the health of its citizens.
우리 정부가 우리 국민들의 건강을 어떻게 위태롭게 하겠어요.

② **enjoy** [indʒɔ́i] *v.* 즐기다 →　　　　**enjoyment** [indʒɔ́imənt] *n.* 즐거움
 = **en**(만들다) + **joy**(기쁨)

I shall **enjoy** my irrevocable youth while I can!
나의 돌아오지 않을 청춘을 즐길 수 있는 동안은 즐기겠노라!

③ **enlarge** [inláːrdʒ] *v.* 확대하다 →　**enlargement** [inláːrdʒmənt] *n.* 확대
 = **en**(만들다) + **large**(큰)

Reading will **enlarge** your vocabulary.
독서는 어휘력을 키워준다.

④ **enrich** [inrítʃ] *v.* 풍성하게 하다 →　**enrichment** [inrítʃmənt] *n.* 풍성함
 = **en**(만들다) + **rich**(부유한)

Art **enriches** our spirit.
예술은 우리의 영혼을 풍성하게 한다.

⑤ **endure** [indjúər] *v.* 참다, 지속되다 →　**endurance** [indjúərəns] *n.* 인내
 = **en**(안) + **dure**(단단하게 하다)　　　**enduring** [indjúəriŋ] *a.* 지속되는, 오래가는

You know how I had to **endure** a lot of harassment when I was in school.
너는 내가 학교에서 많은 괴롭힘을 어떻게 참아야 했는지 안다.

DAY 09 -ary

-ary는 처음에는 형용사를 만드는 접미사였지만 현재는 명사 접미사로 사용되는 경우도 상당히 많다. -ary는 y로 끝나기 때문에 뒤에 부사 접미사 -ly가 오면 ari로 바뀐 arily 형태가 된다. -ery는 -ary와는 달리 대부분 명사 접미사로 사용되고, 이를 줄인 -ry의 형태로도 사용된다.

● **-ary로 끝나는 형용사의 생성 과정 및 부사 형태**

어근/단어 + **-ary** = **-ary**	형용사
ary(형용사) + **-ly** = **-arily**	부사

● **Example**

milit 군대 → **military** [mílitèri] *a.* 군사의, 군대의(-ary형 형용사)
　　　　　　　　militarily [mìlitérəli] *ad.* 군사적으로(-arily형 부사)

diction [díkʃən] *n.* 말씨, 용어 → **dictionary** [díkʃənèri] *n.* 사전(-ary형 명사)

hatch [hætʃ] *v.* 부화하다 → **hatchery** [hǽtʃəri] *n.* 부화장(-ery형 명사)

forest [fɔ́:rist] *n.* 숲, 산림 → **forestry** [fɔ́:rəstri] *n.* 임업, 산림학(-ry형 명사)

01 | necessary

cess는 '포기하다, 중지하다'라는 뜻이었고, 이 단어가 현대 영어에서 cease로 사용되어 '중지하다'를 뜻한다. necessary는 포기할 수 없는(ne) 반드시 있어야 하는 것을 표현하여 '필요한'이고, unnecessary는 반대인 '불필요한'이라는 뜻이 되었다. incessant는 중지하지 않은(in) 계속된 것을 표현하여 '끊임없는'이라는 뜻이 되었다. cease에서 파생된 ceaseless도 중지할 수 없다는(less) 의미에서 '끊임없는'을 뜻하게 되었고, decease는 완전히(de) 삶이 중단된 '죽음'을 의미한다.

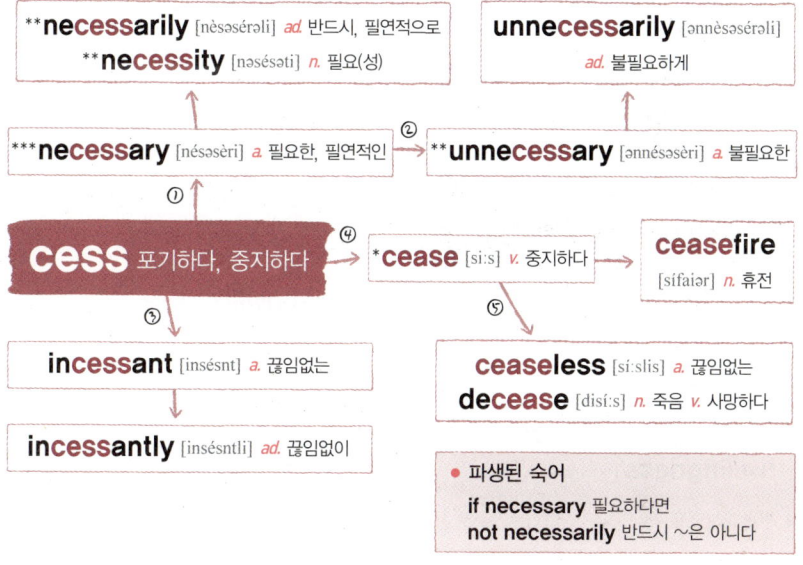

- 파생된 숙어
  if necessary 필요하다면
  not necessarily 반드시 ~은 아니다

🔍 예문

A gradual evolution in global governance is **necessary** to unite the world.
세계를 하나로 만들기 위해 세계 정부가 점진적으로 발전하는 것이 필요하다.

Even a person who commits a serious military offense is **not necessarily** to be confined.
심각한 군사적 공격을 한 사람이라도 꼭 구금되어야 하는 것은 아니다.

If John fails or **ceases** to act as caretaker for any reason, I will appoint Jane as successor.
존이 어떠한 이유에서든 관리인 역할에 실패하거나 그 역할을 중지한다면, 나는 제인을 후계자로 임명할 것이다.

02 | voluntary

vol은 과거 '의지'를 의미하던 단어였고, 이 단어가 현대 영어에서 will로 쓰이게 되었다. vol이 확장된 volunt에 -ary가 결합된 voluntary는 자신의 의지로 참여하는 '자발적인'이라는 뜻이 되었고, volunteer는 자발적으로 하는 사람인 '자원봉사자'를 의미한다. will에서 파생된 goodwill은 좋은 의지로 하는 '친선, 호의'를 의미하고, willing은 다른 사람의 부탁을 거절하지 않고 의지를 가지고 하는 '기꺼이 하는'이라는 뜻이 되었다.

※ 현재 미래 조동사로 '~할 것이다'라는 뜻으로 사용되는 will도 명사의 뜻인 '의지'에서 나온 것이다.

🔍 예문

Participation in the program is completely **voluntary**.
프로그램 참여는 완전히 자발적이다.

An **involuntary** response is a response that is not under the control of the brain.
무의식적 반응은 뇌가 통제할 수 없는 반응이다.

On the outbreak of the war, he **volunteered** for service in the German Army.
전쟁이 발발하자 그는 독일군으로 근무를 자원했다.

Some people are **willing** to pay $23 a night to leave their cat in this luxurious hotel.
어떤 사람들은 고양이를 이 고급 호텔에 두기 위해 하룻밤에 23달러를 기꺼이 지불하기도 한다.

03 | ordinary

ordin은 '순서'라는 뜻의 단어였다. ordinary는 모든 것이 순서대로 되어 있는 '평범한, 보통의'라는 뜻이 되었고, extraordinary는 평범한 것에서 벗어난 '비범한, 엄청난'을 뜻한다. coordinate는 순서대로 함께 맞춘 '조정하다', subordinate는 자신보다 아래에 있는 순서로 '부하의, 종속된'을 뜻한다. ordin이 현대 영어로 와서 order로 사용되었고, 역시 '순서, 질서'라는 뜻과 가장 앞의 순서가 다음 순서에게 시키는 '명령, 주문'이라는 뜻이 되었다.

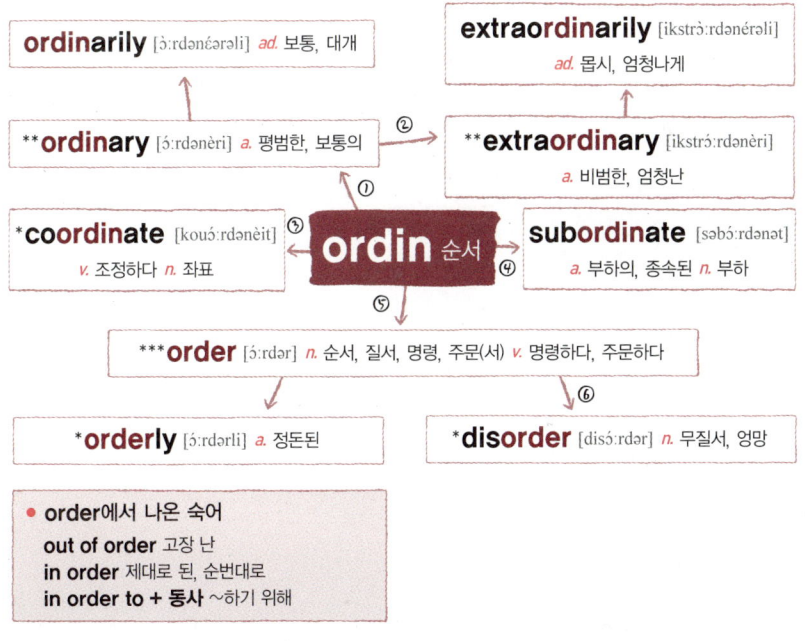

예문

This unit describes the knowledge required to **coordinate** policy of development processes.
이 과는 개발 과정의 정책을 조정하기 위해 필요한 지식과 기술을 다루고 있다.

During a battle he sent an **order** to a subordinate officer to move to a certain position.
전투 도중, 그는 부하 장교에게 어떤 장소로 이동하라고 명령을 내렸다.

04 | customary

custom은 예전부터 늘 하거나 지켜왔던 것을 의미하여 '관습, 습관'을 뜻하게 된 단어다. 그래서 customary는 늘 하는 '관례적인'을 뜻하게 되었고, customer는 늘 물건을 사는 사람을 의미하여 '단골'로 사용되었지만 지금은 그냥 '손님, 고객'을 뜻한다. accustomed는 어딘가에 있는 것을 늘 하는 것을 의미하여 '익숙한'을 뜻하게 되었고, costume은 과거에는 늘 입던 옷을 가리켰으나 현재는 시대적, 지역적 특유의 '복장'을 의미하게 되었다.

예문

In some cultures, it is **customary** for the bride to wear blue.
몇몇 문화권에서는 신부가 파란색을 입는 것이 관례다.

The sales representative usually makes the preliminary contact with **customers**.
판매 담당 대표는 보통 고객과 예비 접촉을 한다.

Does anyone know where the **customs** office is located?
세관 사무실이 어디에 위치해 있는지 아는 분 있습니까?

She was not **accustomed** to making a speech in public.
그녀는 대중 앞에서 연설하는 데 익숙하지 못했다.

05 | imaginary

현재 쓰이지 않는 im[em]은 원본을 그대로 베끼는 '복사하다'라는 뜻이었다. 이 단어에서 나온 image는 사물 등을 그대로 베껴 만든 '이미지'라는 뜻이 되었다. image에서 나온 imagine은 마음속으로 그리는 '상상하다'이고, 여기서 imaginary (가상의), imagination(상상) 같은 단어들이 나왔다. im에서 확장된 imitate는 사람, 사물 등을 따라하거나 만드는 '모방하다'를 뜻하고, em에서 파생된 emulate도 '흉내 내다'라는 뜻과 남과 똑같이 따라가는 '경쟁하다'를 뜻하게 되었다.

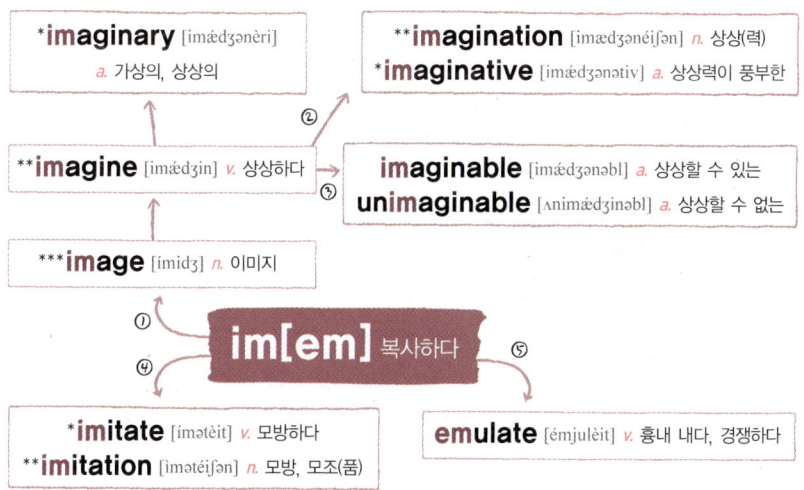

예문

The Indian military strategies set China as an **imaginary** enemy.
인도 군사 작전은 중국을 가상의 적으로 설정했다.

Your luxuriant **imagination** does not guarantee success in writing creative essays.
당신의 풍부한 상상력이 창조적 글쓰기의 성공을 보장하는 것은 아니다.

We offer a collection of shoes that are exact **imitations** of the original.
우리는 원래 것이랑 완전히 똑같은 모조품 신발을 판다.

They choose to **emulate** us for the higher score of the game.
그들은 경기에서의 높은 점수를 위해 우리와 경쟁하기로 선택했다.

06 | literary

liter는 '글자'를 뜻했던 단어였고, 이것이 현대 영어에서는 letter로 쓰인다. literary는 글자를 통해 사상이나 생각을 전하는 것을 표현하여 '문학의'라는 뜻으로 사용되고, literature는 '문학'을 뜻한다. literate는 글자를 '읽고 쓸 줄 아는'이라는 뜻이고, 부정을 의미하는 il-이 결합된 illiterate는 글자를 읽고 쓸 줄 모르는 '문맹의'라는 뜻이 되었다. literal은 글자가 적힌 그대로인 '글자 그대로의'라는 뜻이고, obliterate는 글자를 없애는 '제거하다, 지우다'를 뜻한다.

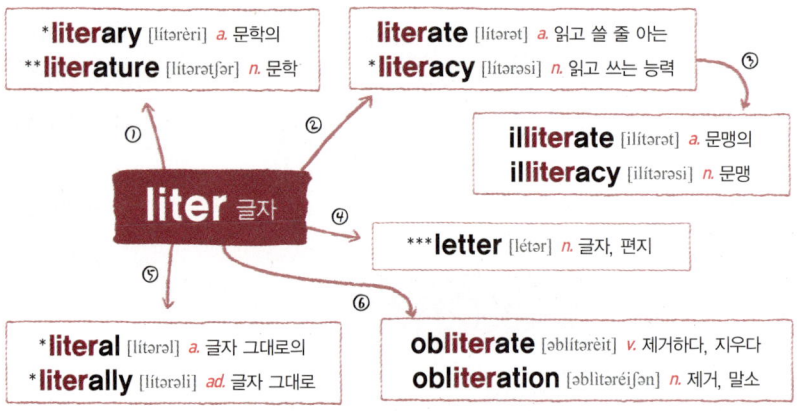

 예문

What are some **literary** allusions and metaphors used in this story?
이 이야기에 쓰인 문학적 암시와 비유는 무엇입니까?

This book gives a comprehensive guide to English **literature** of the early 17th century.
이 책은 17세기 초기의 영문학에 대한 종합적인 안내를 해준다.

We didn't get any clue from the **illiterate** farm worker who is the only witness.
우리는 유일한 목격자인 그 문맹의 농부에게서 아무런 단서도 얻지 못했다.

They must try to understand the **literal** sense of the words.
그들은 글자 그대로 단어의 뜻을 이해하려고 노력해야 한다.

07 | primary

'처음'을 의미했던 prin에서 파생된 prime은 '제1의'라는 뜻과 제일 먼저 필요한 것을 가리켜 '가장 중요한'이란 뜻이 되었다. primary는 '주된'이라는 뜻과 처음 기본적으로 배우는 '초등교육의'라는 뜻이고, primeval(태고의)과 primitive(원시의)는 가장 처음 있었던 시기나 사회를 표현하여 생긴 단어다. prin에서 나온 principle은 처음 반드시 잡고 알아야 하는 '원칙, 원리'이며, principal은 가장 처음인 윗자리를 잡고 있는 '교장'과 가장 핵심을 잡고 있는 '주요한'을 뜻한다.

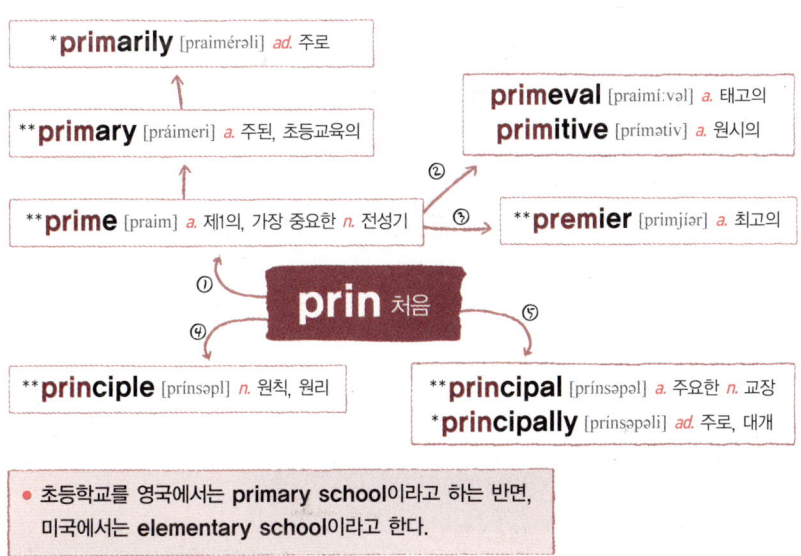

- 초등학교를 영국에서는 **primary school**이라고 하는 반면, 미국에서는 **elementary school**이라고 한다.

예문

The **primary** duty of the employee was obedience to orders of the master.
종업원으로서 1차적인 의무사항은 고용주의 명령에 대한 복종이었다.

The reduction of benefits was **primarily** a result of the continuing economic downturn.
이익의 감소는 주로 계속되는 경기침체의 결과로 나온 것이었다.

Editors and writers of the **principal** papers all gathered at the conference.
주요 신문의 편집자들과 작가들이 그 회의에 모두 모였다.

08 | temporary, rotary

tempor는 '시간'을 의미하기에 temporary는 잠깐 있는 짧은 시간을 표현하여 '일시적인, 임시의'라는 뜻이고, contemporary는 함께 있는 같은 시간인 '동시대인'과 같이 있는 지금의 시간인 '현대의'를 뜻한다. rote의 원래 뜻은 '돌다'였고 현재는 반복적으로 돌려 외우는 '암기'를 의미한다. rotary는 기계 등이 도는 '회전식의', rotate는 동사로 '회전하다'라는 뜻이다.

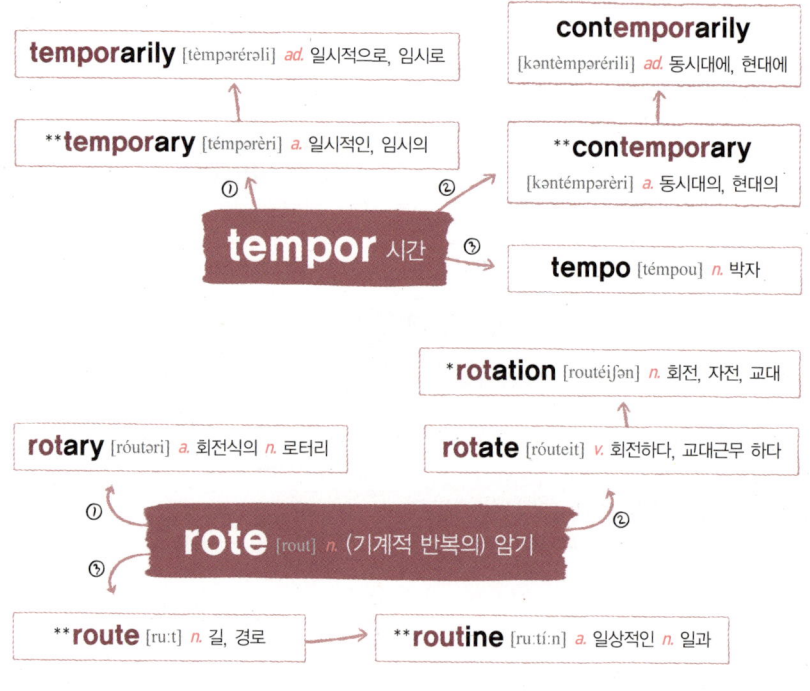

예문

We don't see the **temporary** hospital relocating until a new structure is built.
우리는 새로운 건물이 지어질 때까지는 임시 병원이 이전할 것이라고 생각하지 않는다.

Cartoonists select a **contemporary** hero and write a myth based on the hero.
만화가들은 현대적인 영웅을 골라서, 그 영웅에 근거하여 신화를 써내려간다.

The map shows the **route** of the Royal progress of Elizabeth I in 1561.
지도는 1561년 엘리자베스 1세의 행진 경로를 보여준다.

09 | summary, secretary, documentary -ary 형 명사

sum은 원래 '꼭대기'를 의미했고 현재는 꼭대기까지 쌓아있는 돈을 의미하여 '액수'나 '총합'을 뜻한다. sum up은 쌓은 액수를 정리하는 '요약하다'이다. '비밀'을 의미하는 secret에서 파생된 secretary는 높은 사람 밑에서 비밀리에 일하는 '비서'를 뜻한다. 과거 '소금'을 의미했던 sal에서 파생된 salary는 소금을 구입하기 위해 얻는 돈을 가리킨 데서 '봉급'을 뜻하며, salad(샐러드)는 채소에 맛을 내기 위해 소금을 뿌려 넣는 데서 유래되었다.

예문

Clouds indicate strong winds on the **summit** and forebode rain within 48 hours.
구름으로 보아 정상에 강한 바람이 불고, 48시간 안에 비가 올 것으로 예상된다.

The actor has a **secret** hideaway which he uses to relax and get away from daily life. 그 배우는 쉬면서 일상에서 벗어나기 위해 사용하는 비밀 은신처가 있다.

He can testify to a fact that it's a hard day's work that earns him his profit and **salary**. 그는 열심히 일하는 것이 돈을 버는 방법이라는 사실을 증명할 수 있다.

10 | machinery, scenery, brewery -ery 형 명사

'기계'를 의미하는 machine에서 집합적으로 쓰이는 machinery(기계류)가 나왔다. machine이 mechane으로 바뀐 후 파생된 mechanic은 기계 등을 다루는 사람인 '정비공'을 뜻한다. scene은 관중들에게 보이는 '무대'와 눈에 보이는 '현장, 장면'이라는 뜻으로도 쓰이는 단어다. 그래서 scenery는 자연이 보이는 '경치', scenario는 연극을 위한 대사인 '시나리오'를 뜻하게 되었다. brew는 '끓다'는 원래 뜻에서 술 등을 끓여 만든 '양조하다'가 되었고, brewery는 '맥주 공장'을 뜻한다.

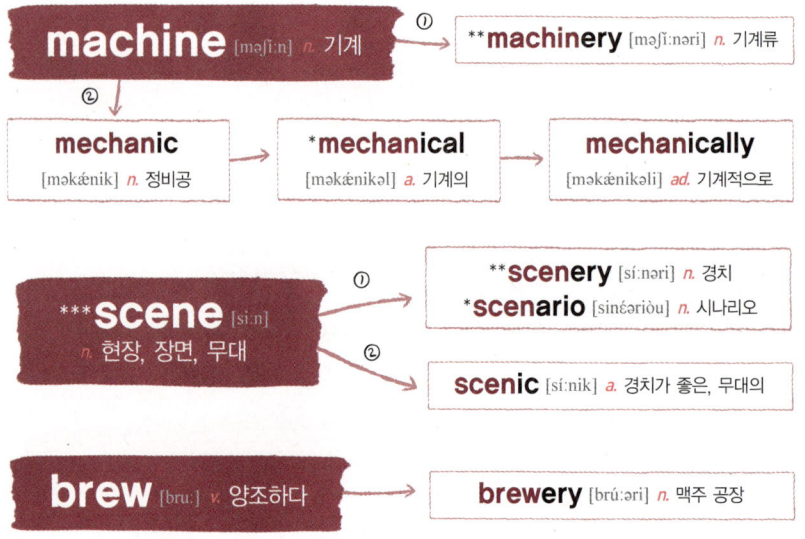

예문

All the components of a **machine** should be the correct size and weight.
기계의 모든 부품들은 크기와 무게가 정확해야 한다.

A good auto **mechanic** should be fair with his or her service fees.
훌륭한 차량 정비공의 서비스 가격은 타당해야 한다.

Richard doesn't have a clue how to investigate a crime **scene**.
리차드는 범죄 현장을 어떻게 조사해야 할지 단서가 없다.

They **brew** the beer on the premises.
그들은 구내에서 맥주를 양조한다.

11 | bravery, chemistry, jewelry -ry형 명사

'용감한'이라는 뜻의 형용사인 brave에서 명사 bravery(용감)가 파생되었다. alchemy(연금술)는 과거 구리, 납 등으로 금이나 은을 만들던 원시적 화학 기술이었다. 이 단어에서 파생된 alchemist는 '연금술사'를 뜻하고, alchemist에서 파생된 chemist는 '화학자'를 뜻한다. '보석'을 의미하는 jewel에서는 집합적 보석을 의미하는 jewelry(보석류)가 나왔다.

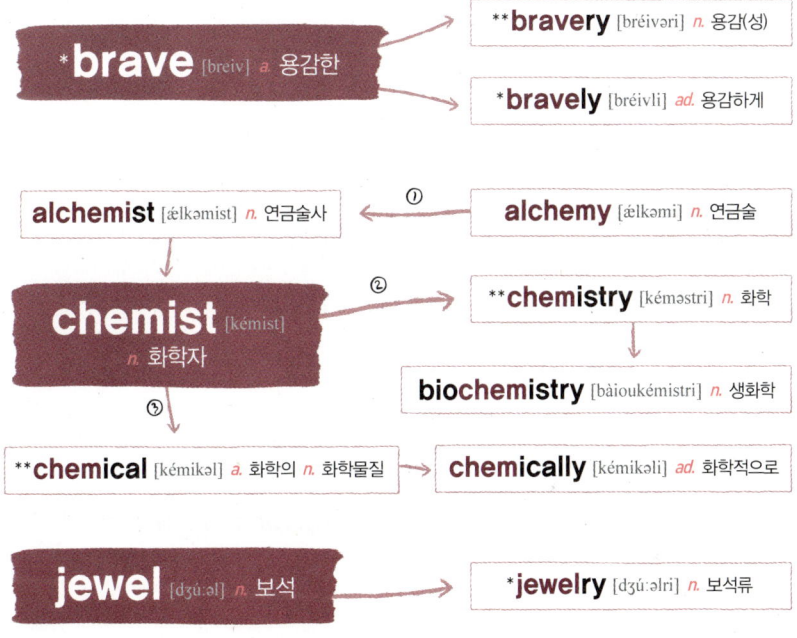

예문

He distinguished himself by his **bravery** in the battle.
그는 그 전투에서 용맹으로 유명해졌다.

We are seeking a **chemical** technician who has experience working in a chemical lab.
우리는 화학 실험실에서 근무한 경험이 있는 화학 기술자를 찾고 있다.

I think she is seeking a rich men who can buy her many luxurious **jewels** and clothes.
그녀는 사치스러운 보석과 옷을 많이 사줄 수 있는 돈 많은 남자를 찾고 있는 것 같다.

Exercise

정답: 454쪽

1. 다음 영어 단어의 우리말 뜻을 적어보세요.

① summary _____   ⑥ literature _____
② voluntary _____   ⑦ contemporary _____
③ ordinary _____   ⑧ accustomed _____
④ cease _____   ⑨ mechanical _____
⑤ imagine _____   ⑩ primary _____

2. 다음 우리말 뜻에 해당하는 영어 단어를 적어보세요.

① 화학 _____   ⑥ 모방, 모조(품) _____
② 경치 _____   ⑦ 일상적인 _____
③ 원칙, 원리 _____   ⑧ 관례적인 _____
④ 문맹 _____   ⑨ 기꺼이 하는 _____
⑤ 비서 _____   ⑩ 끊임없이 _____

3. 다음 빈칸에 알맞은 단어를 보기에서 찾아 넣어보세요.

> 보기 brew, voluntary, scene, imitations, accustomed

① Participation in the program is completely _____.
② We offer a collection of shoes that are exact _____ of the original.
③ They _____ the beer on the premises.
④ Richard doesn't have a clue how to investigate a crime _____.
⑤ She was not _____ to making a speech in public.

150

접두사 en- : 만들다, 안 ②

'만들다'와 '안'을 의미하는 접두사 en-도 b, m, p로 시작하는 단어 앞에 올 때는 em-으로 바뀌어 사용된다.

① **em**body [imbádi] v. 구현하다, 정형화하다 → embodiment [imbádimənt] n. 구체화, 구현
   = em(만들다) + body(몸)

He was a leader who **embodies** courage.
그는 용기를 구현한 리더였다.

② **em**blem [émbləm] n. 상징 → emblematic [èmbləmǽtik] a. 상징적인
   = em(안) + blem(던지다)

The flag is the **emblem** of our nation.
그 국기는 우리나라를 상징한다.

③ **em**pire [émpaiər] n. 제국, 거대기업 → emperor [émpərər] n. 황제
   = em(안) + pire(= per 명령하다)   imperial [impíəriəl] a. 제국의, 황제의

He built a tiny business into a worldwide **empire**.
그는 작은 사업을 세계적인 기업으로 만들었다.

④ **em**phasize [émfəsàiz] v. 강조하다 → emphasis [émfəsis] n. 강조
   = em(안) + phas(보이다) + ize   emphatic [imfǽtik] a. 단호한, 강조하는
                                  emphatically [imfǽtikəli] ad. 단호히

78% of the total respondents answered that they **emphasized** quantity more than quality.
전체 응답자의 78%는 질보다 양을 강조한다고 대답했다.

⑤ **em**ploy [implɔ́i] v. 고용하다, 쓰다 → employment [implɔ́imənt] n. 고용
   = em(안) + ploy(접다)   employer [implɔ́iər] n. 고용주(↔ employee)
                          unemployed [ʌ̀nemplɔ́id] a. 실직한 n. (the) 실업자
                          unemployment [ʌ̀nimplɔ́imənt] n. 실업

More crucially, the tourism industry directly and indirectly **employs** a million people.
더욱 중요한 것은, 관광산업이 직접적으로나 간접적으로 백만 명 가량을 고용한다는 것이다.

DAY 10 -ly

-ly는 앞에서 학습한 여러 단어에서 보았듯이 대개는 형용사로 쓰이는 단어 뒤에 -ly를 붙여서 부사로 만든다. 하지만 -ly 형태의 형용사도 있는데 기본적으로 명사나 동사로 쓰이는 단어에 -ly를 붙여서 형용사로 만들고, 드물게 형용사에 -ly가 붙어서 또 다른 형용사가 되기도 한다. 여기서는 -ly 형태의 형용사 어휘를 집중적으로 학습하고, 형용사와 헷갈릴 수 있는 부사로 쓰이는 -ly 형태의 단어도 살펴보자.

● -ly로 끝나는 형용사/부사의 생성 과정

명사/동사 + **-ly** = **-ly**	형용사
형용사 + **-ly** = **-ly**	부사

● Example

cost [kɔːst] *n.* 비용 *v.* 비용이 들다 → costly [kɔ́ːstli] *a.* 비싼
woman [wúmən] *n.* 여성 → womanly [wúmənli] *a.* 여성다운
warm [wɔːrm] *a.* 따뜻한 → warmly [wɔ́ːrmli] *ad.* 따뜻하게
scary [skɛ́əri] *a.* 무서운 → scarily [skɛ́ərəli] *ad.* 무섭게

01 | lively

과거 '살다'를 뜻했던 vive에서 파생된 live는 '살다'라는 원뜻을 그대로 받았고 형용사로도 사용되어 '생방송인, 살아있는'을 뜻한다. lively는 형용사로 활동이 넘치게 살아가는 '활기 넘치는'을 뜻하고, alive는 '살아 있는'이라는 뜻으로 형용사 live와 뜻은 같지만 서술형으로만 사용된다. vive에서 파생된 vivid는 살아 있는 것처럼 확실하게 묘사되는 '생생한'을 뜻한다. 또 survive는 위험 등을 넘어 계속 살아가게 되는 '생존하다' revive는 다시 살게 되었다고 하여 '되살아나다'를 뜻한다.

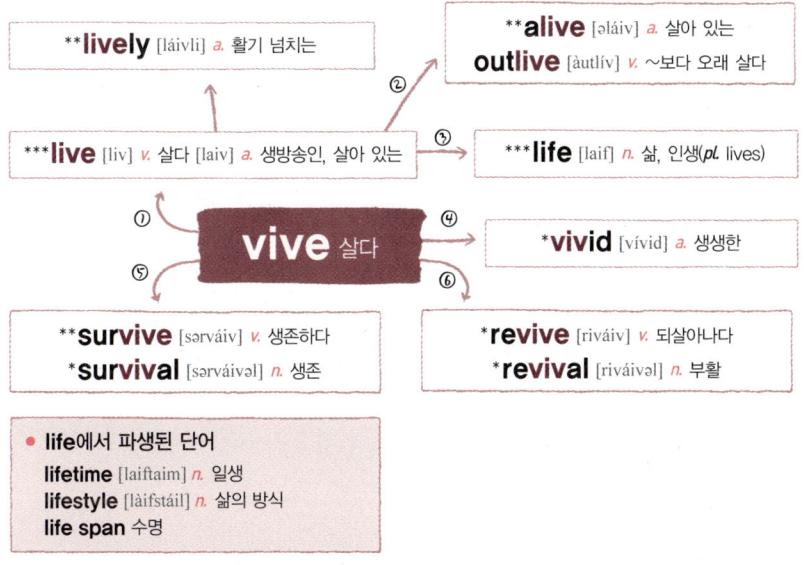

- life에서 파생된 단어
  lifetime [laiftaim] *n.* 일생
  lifestyle [làifstáil] *n.* 삶의 방식
  life span 수명

예문

We object to the use of **live** animals in scientific experiments.
우리는 살아 있는 동물을 과학적 실험에 사용하는 것에 반대한다.

The kidnapped child can be **alive** or dead, but either way we will find him.
납치당한 아이는 살아 있을 수도 있고 죽었을 수도 있지만, 어느 쪽이든 우리는 그를 찾을 것이다.

A doctor forewarned us that the patients had less than a 10 percent chance of **survival**.
의사는 그 환자들의 생존 가능성이 10%가 채 되지 않는다고 우리에게 미리 경고했다.

02 | lovely

love는 '사랑하다'라는 뜻이기에 lovely는 '사랑스러운'이란 뜻이 되었다. beloved는 정말로 사랑하는 사람을 표현하여 '아주 사랑하는'이라는 뜻과 그러한 사람을 지칭하는 말이 되었고, lover는 사랑하는 사람인 '애인'과 무언가에 깊이 빠져 있는 '애호가'를 의미한다. believe의 lieve도 '사랑하다'를 의미했었기 때문에 사랑하기에 신뢰나 믿음을 가지게 되는 '믿다'라는 뜻이 되었다.

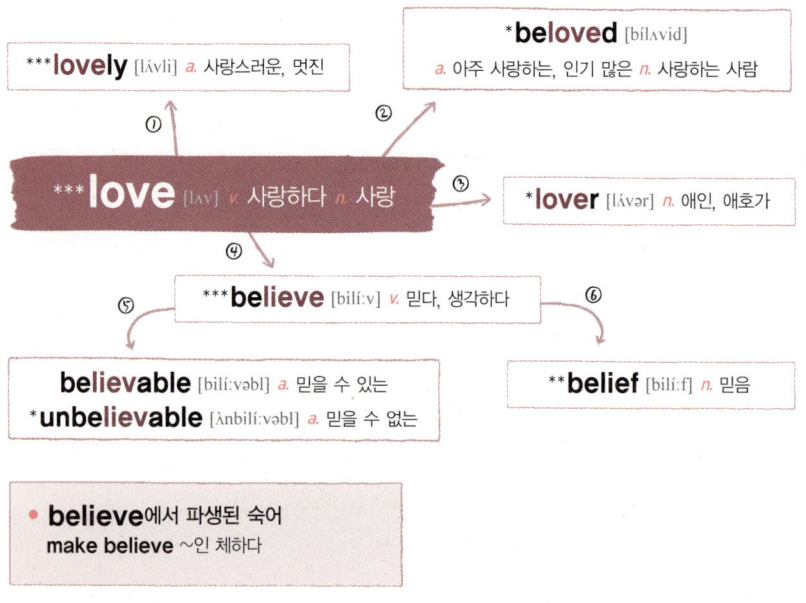

- **believe**에서 파생된 숙어
  make believe ~인 체하다

예문

Harold attempted to profess his **love** for Frannie, only to be rejected.
해롤드는 프래니에게 자신의 사랑을 고백하려고 시도했지만 거절당하고 말았다.

She was wearing a **lovely** dress.
그녀는 멋진 드레스를 입고 있었다.

We knew that he was a liar and so we didn't **believe** a word he said.
우리는 그가 거짓말쟁이라는 것을 알았고 그가 한 말을 믿지 않았다.

The things he had heard about her were almost **unbelievable**.
그가 그녀에 대해 들었던 것들은 거의 믿을 수 없었다.

03 | friendly

free는 원래 '사랑하다'라는 뜻이었다. 따라서 사랑하기 때문에 노예처럼 구속하지 않고 마음껏 자유를 누릴 수 있게 한다고 하여 현재는 '자유롭게 하다; 자유로운'이라는 뜻이 되었다. free에서 파생된 friend도 원래는 사랑하는 사람을 가리켰으나 현재는 자신이 좋아하는 사람인 '친구', friendly는 친구처럼 가까운 '우호적인'을 뜻한다. free의 '자유로운'이라는 뜻에서 파생된 freedom은 '자유'를 뜻하고, frank는 거짓 없이 자유롭게 말하는 데서 '솔직한'이라는 뜻이 되었다.

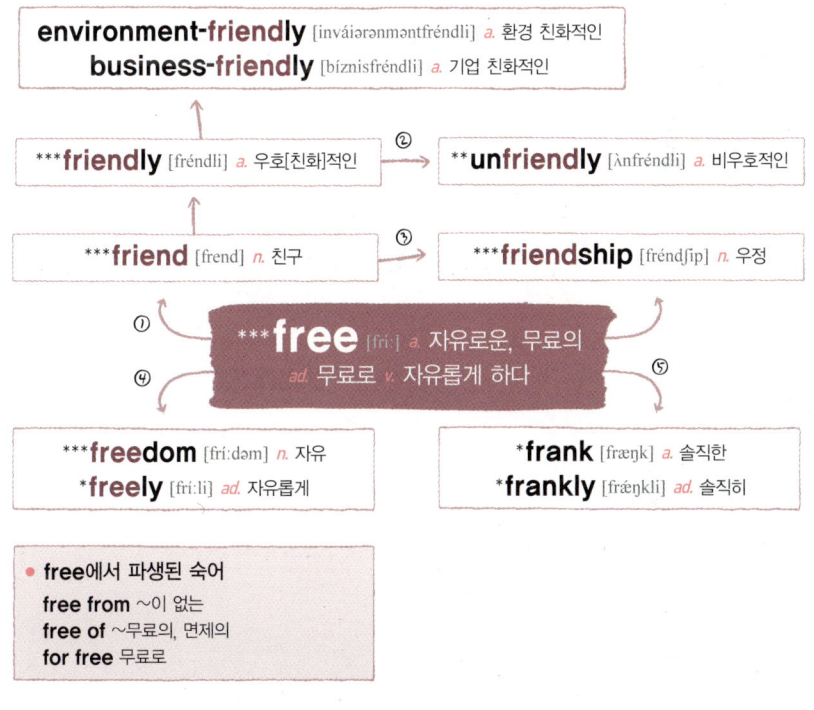

- free에서 파생된 숙어
  free from ~이 없는
  free of ~무료의, 면제의
  for free 무료로

예문

The government says **business-friendly** environment will create jobs and boost exports.
정부는 기업친화적인 환경이 일자리를 창출하고 수출을 증가시킬 것이라고 말한다.

She gave me some very **frank** criticism.
그녀는 나에게 아주 솔직한 비판을 했다.

04 | sightly

sight는 see(보다)에서 명사로 파생된 단어로, 보이는 '시야'나 '광경'을 뜻한다. 이 단어에서 파생된 sightly는 눈에 좋게 보이는 '보기 좋은'을 뜻하고, unsightly는 안 좋게 보이는 '보기 흉한'이 되었다. insight는 사람의 안을 본다고 하여 '통찰력', hindsight는 뒤, 즉 나중에 봐서 안다고 하여 '뒤늦게 앎'을 뜻한다. sightseeing은 다른 곳의 광경을 본다고 하여 '관광'이라는 뜻이 되었다.

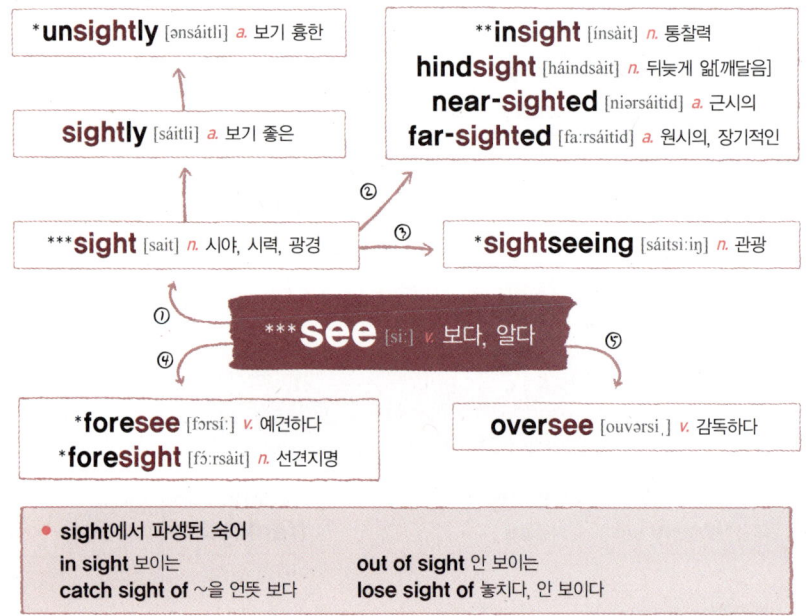

- sight에서 파생된 숙어
  in sight 보이는
  catch sight of ~을 얼핏 보다
  out of sight 안 보이는
  lose sight of 놓치다, 안 보이다

🔍 예문

Experience one of the most breathtaking **sights** in Paris while enjoying a superb performance.
훌륭한 연주를 즐기면서 파리에서 가장 놀랄 만한 광경 중 하나를 경험해보세요.

We prepared a new plan as a **far-sighted** national policy to revise the original bill.
우리는 장기적인 국가 정책으로서 원안을 개정할 새로운 계획을 준비했다.

Wisdom is generally thought of as keen **insight** that helps in navigating life.
지혜는 일반적으로 인생을 살아가는 데 도움을 주는 예리한 통찰력이라고 생각된다.

05 | daily

원래 di는 '하루'나 '낮'을 의미했고, 여기서 변형된 day가 현재 같은 뜻으로 사용된다. day에서 파생된 daily는 반복되는 하루를 표현하여 '매일의, 일상적인'을 뜻하고, daybreak는 어둠을 깨고 날이 시작된다고 하여 '새벽'을 의미한다. di와 '시간'을 의미했던 urn이 합쳐져 생긴 diurnal은 낮에만 활동하는 '주행성의'라는 뜻이고, diary는 하루에 있었던 것을 기록한 '일기'를 뜻한다.

- day에서 파생된 숙어
  - **day off** 쉬는 날
  - **one day** 어느 날, 언젠가
  - **in a day** 하루아침에, 하루 사이에
  - **day to day** 일상의
  - **these days** 요즘

예문

Nowadays strong Chinese exports are upholding its economy.
요즘 중국의 수출 호조가 자국의 경제를 지탱하고 있다.

Wild geese create a magnificent spectacle when they take flight at **dawn** and dusk.
기러기들은 해 뜰 즈음과 해질녘 비행을 하며 장관을 연출한다.

In Medieval Europe, a person's **diet** depended mainly on what social class he was in.
중세 유럽에서는 사람들의 식단이 주로 그가 어떠한 사회적 위치에 있느냐에 따라 결정되었다.

06 | nightly, weekly, monthly

과거 '밤'을 의미하던 noct가 현대 영어에서 night가 되었으며, night와 과거 '악령'을 의미하던 mare가 합쳐진 nightmare는 '악몽'이라는 뜻이다. noct과 urn이 합쳐져서 생긴 nocturnal은 밤에만 활동하는 것을 가리키는 '야행성의' 이다. '주'를 의미하는 week에서 파생된 weekly는 반복적으로 돌아오는 '매주의', '둘'을 의미하는 bi-와 합쳐진 biweekly는 2주마다 돌아오는 '격주의'라는 뜻으로 쓰인다. 또한 moon(달)에서 1년을 12로 나눈 month(달)가 파생되었다.

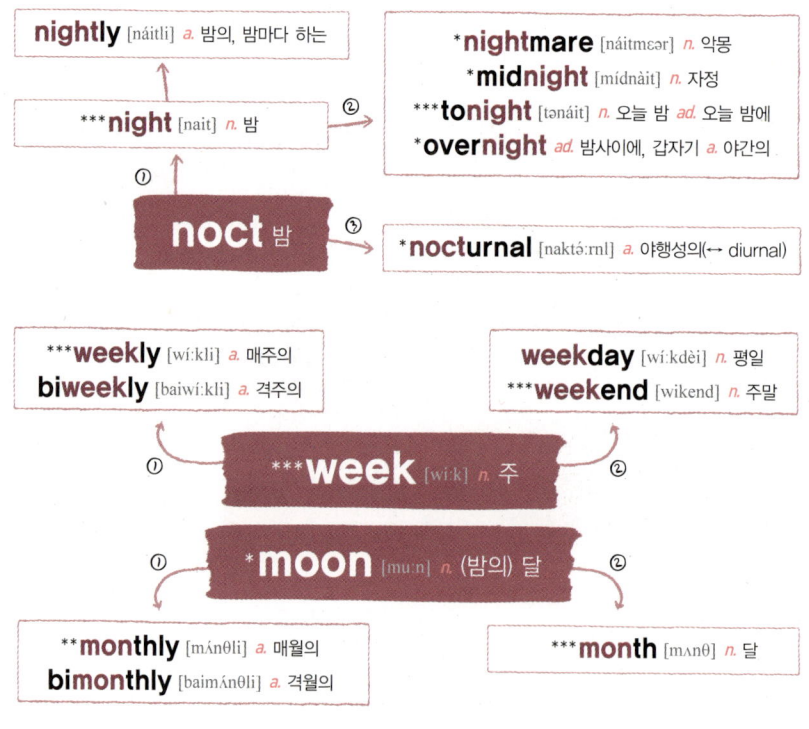

🔍 예문

Hamsters are **nocturnal** creatures. 햄스터는 야행성 동물이다.

The jungle adventure was a **nightmare** for me because I really abhor snakes.
나는 뱀을 정말로 싫어하기 때문에 그 정글 탐험은 나에게 악몽이었다.

The first issue of a **bimonthly** magazine, titled *The Scholars,* was published last month. 《학자들》이라는 제목의 격월간 잡지 창간호가 지난달 출간되었다.

07 | likely

형용사에 -ly가 붙어 또 다른 형용사가 파생된 경우다. like는 원래 '같은, 같이'라는 뜻이었고, 그 후 비슷하게 닮아 마음을 기쁘게 하는 '좋아하다'라는 동사로도 쓰이게 되었다. 그래서 형용사 like에서 파생된 likely는 자신의 생각과 같은 것이 일어날 수 있는 '~할 것 같은'이라는 뜻이 되었고, alike는 '비슷한, 똑같이'란 뜻으로 서술형으로 사용된다. unlike는 형용사/전치사 like와 반대의 의미로, '다른'과 '~와 달리'라는 뜻으로 쓰이며, dislike는 '싫어하다'라는 뜻의 동사다.

- **likely**에서 파생된 숙어
  as likely as not 아마
  most likely 아마

예문

A weak person is subject to colds which are **likely** to recur and to resist being cured.
약한 사람은 감기에 걸리기 쉬운데, 그러한 감기는 재발하기 쉽고 치료되기 어렵다.

Jimmy and Janet are twins, but that doesn't mean they are so **alike**.
지미와 재닛은 쌍둥이지만, 그렇다고 그 둘이 매우 똑같은 것은 아니다.

Unlike current electricity that moves, static electricity stays in one place.
흐르는 전류와 달리, 정전기는 한 장소에 머물러 있다.

08 | lonely

alone은 all과 one이 합쳐진 단어로 모든 것을 한 사람이 끝낸다고 하여 '혼자, 홀로'를 뜻하고, 형용사일 때는 서술형으로만 쓰인다. 이 단어에서 a가 빠진 lone도 '혼자인'이라는 뜻이지만 명사 앞에만 쓰고, lonely는 혼자인 상태를 표현해 '외로운'을 뜻한다. one이 다른 나라에서는 uni였고 여기서 나온 unique는 하나밖에 없는 특별한 것을 표현하는 '독특한'이란 뜻이다. unite는 하나로 만드는 것을 의미해 '연합하다', union은 하나로 구성하게 된 '결합'이나 '노조'를 뜻한다.

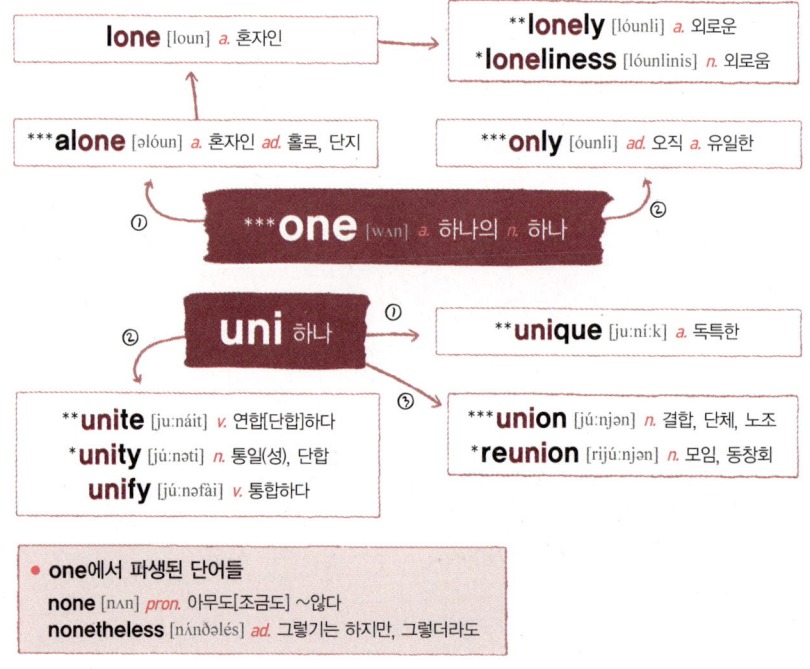

- one에서 파생된 단어들
  none [nʌn] *pron.* 아무도[조금도] ~않다
  nonetheless [nʌnðəlés] *ad.* 그렇기는 하지만, 그렇더라도

🔍 예문

I want to quit my marriage and live all **alone**.
나는 결혼을 중단한 채 혼자 살고 싶다.

A miniature car is a **unique** item because of the small but exactly same design as the original.
소형 모형 차는 작지만 원형과 완전히 똑같은 디자인 때문에 독특한 상품이다.

09 | deadly, lowly

'죽다'라는 뜻의 die에서 '죽은'이라는 뜻의 dead가 나왔다. 또 이 dead에서 파생된 deadly는 거의 죽을 수 있는 큰 부상을 표현하여 '치명적인'을 뜻하고, death는 '죽음'을 의미한다. low는 위치 등이 다른 것보다 밑에 있는 '낮은'이고, 이 단어에서 파생된 lowly는 지위 등이 아래에 있는 사람들을 표현하여 '낮은, 하찮은'이라는 뜻이 되었다. lower는 다른 것과 비교해서 '보다 낮은'이라는 뜻과 '낮추다'라는 동사의 의미로 사용된다.

예문

You should not take green tea as a cure-all for **deadly** illnesses.
여러분은 녹차를 치명적인 질병을 치료하는 만병통치약으로 먹어서는 안 된다.

Remember to hand in the assignments before the **deadline**.
기한 전에 과제물 제출하는 것을 잊지 마세요.

This community offers a hard-working labor force, excellent schools and **low** crime rate.
이 공동체는 열심히 일하는 노동자, 뛰어난 학교, 낮은 범죄율을 자랑한다.

10 | kindly 부사

kin은 원래 '태어나다'라는 뜻이었는데, 의미가 확장되어 한 조상으로부터 태어난 '친족'을 뜻한다. kind는 친족이기 때문에 정겹게 대하는 '친절한'이란 뜻이고, 또 '종류'란 뜻으로도 쓰이게 되었다. kinder는 과거 태어나게 된 '아이들'을 의미했던 단어이고, garten은 '정원'이라는 의미로 현대 영어에서 garden에 해당한다. 이 두 단어가 합쳐진 kindergarten은 아이들이 노는 정원이라고 하여 '유치원'을 뜻한다.

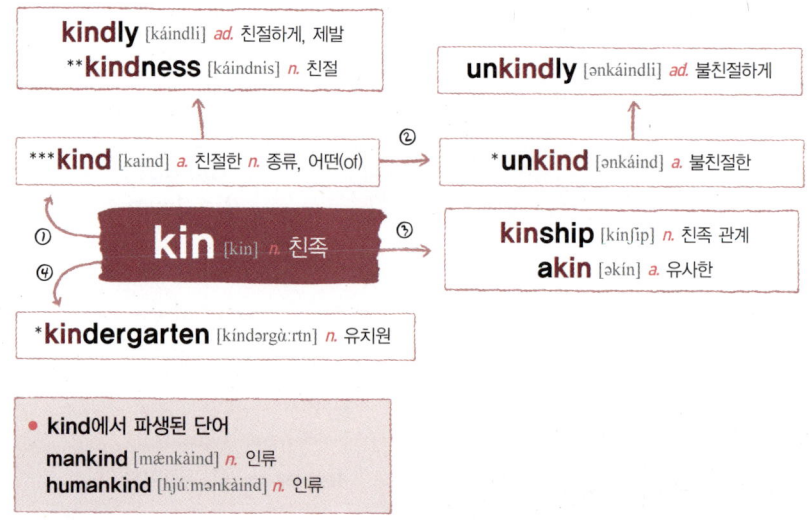

🔍 예문

This note is to let you know how much I appreciate your **kindness**.
이 쪽지는 당신의 친절에 얼마나 감사한지를 알려드리기 위한 것입니다.

The two languages are closely **akin** to one another.
두 언어는 서로 매우 유사하다.

He is a man of childlike heart, and he enjoys his job so much as a **kindergarten** teacher.
그는 천진난만한 사람이고, 유치원 교사인 자신의 직업을 너무나 좋아한다.

11 | expertly 부사

현재 사용되지 않는 peri[pert]는 '시도하다'라는 뜻이었고, 이 단어에서 파생된 expert는 계속해서 밖으로 시도하여 이제는 정말 잘할 수 있게 된 '숙련된, 전문가'라는 뜻이 되었다. experience도 계속 밖에서 시도를 하여 얻게 되는 '경험'이라는 뜻이고, 그렇게 밖에서 하게 되는 '실험'을 experiment라고 한다.

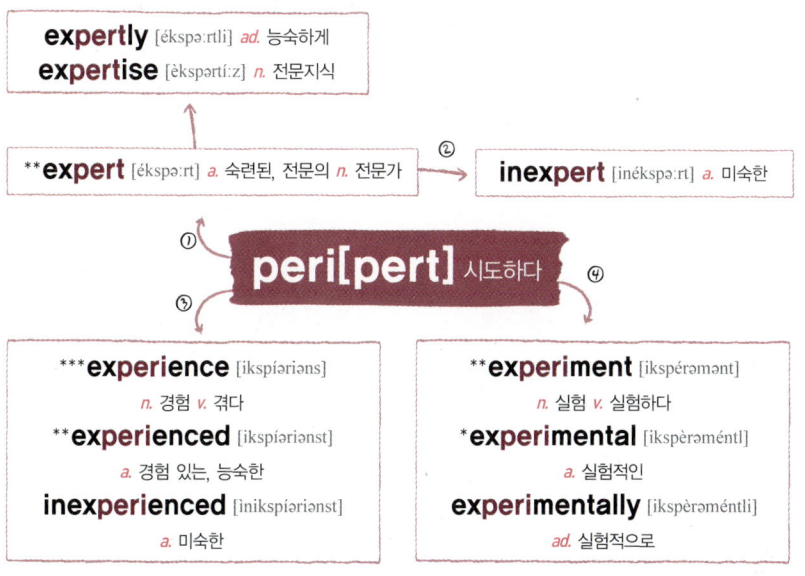

 예문

Expert opinion on the matter is deeply divided.
그 문제에 대한 전문가의 의견은 깊이 분열되어 있다.

The undergraduate program can help you develop individual creativity and **expertise** in physics.
학부 과정은 물리학에 대한 전문지식을 쌓을 수 있게 도와줄 것이다.

Students had a good experience dissecting frogs in biology **experiment** class.
학생들은 생물 실험 수업에서 개구리를 해부하는 소중한 경험을 했다.

Exercise

정답: 454쪽

1. 다음 영어 단어의 우리말 뜻을 적어보세요.

① insight	_____	⑥ diurnal	_____
② friendship	_____	⑦ experiment	_____
③ death	_____	⑧ akin	_____
④ reunion	_____	⑨ belief	_____
⑤ likely	_____	⑩ revival	_____

2. 다음 우리말 뜻에 해당하는 영어 단어를 적어보세요.

① 싫어하다	_____	⑥ 악몽	_____
② 독특한	_____	⑦ 생생한	_____
③ 관광	_____	⑧ 솔직한	_____
④ 일기	_____	⑨ 치명적인	_____
⑤ 전문지식	_____	⑩ 인류	_____

3. 다음 빈칸에 알맞은 단어를 보기에서 찾아 넣어보세요.

> 보기 frank, believe, nocturnal, deadline, akin

① The two languages are closely _____ to one another.

② Remember to hand in the assignments before the _____.

③ Hamsters are _____ creatures.

④ We knew that he was a liar and so we didn't _____ a word he said.

⑤ She gave me some very _____ criticism.

접두사 un : 부정, 반대

un-은 부정이나 반대를 의미하는 접두사이고 이 접두사가 변형된 것이 부정으로 사용되는 in-이다. un-도 대부분 형용사로 사용되는 단어에 붙어서 부정적인 의미로 사용된다.

① **un**ethical [ʌnéθikəl] *a.* 비윤리적인 ← ethical [éθikəl] *a.* 윤리적인
　ethic [éθik] *n.* 윤리

All of this is highly **unethical**, not to say illegal.
이 모든 것은 불법적인 것이 아니라 비윤리적입니다.

② **un**forgettable [ʌ̀nfəɡétəbl] *a.* 잊을 수 없는 ← forgettable [fərɡétəbl] *a.* 잊을 수 있는
　forget [fərɡét] *v.* 잊다

The trip had been an **unforgettable** experience for both of them.
이 여행은 두 사람 모두에게 잊을 수 없는 경험이었습니다.

③ **un**familiar [ʌ̀nfəmíljər] *a.* 낯선 ← familiar [fəmíljər] *a.* 익숙한, 친근한
　family [fǽməli] *n.* 가족

He gets nervous when he is in **unfamiliar** surroundings.
그는 낯선 환경에 있을 때 긴장을 한다.

④ **un**lawful [ʌ̀nlɔ́:fəl] *a.* 불법의 ← lawful [lɔ́:fəl] *a.* 합법적인
　law [lɔ:] *n.* 법
　lawyer [lɔ́:jər] *n.* 변호사

The sale of alcohol to minors is **unlawful**.
미성년자에게 술을 판매하는 것은 불법입니다.

⑤ **un**patriotic [ʌ̀npeitriátik] *a.* 비애국적인 ← patriotic [pèitriɑ́tic] *a.* 애국적인
　patriot [péitriət] *n.* 애국자
　patriotism [péitriətizm] *n.* 애국심

Her actions were seen as **unpatriotic**.
그녀의 행동은 비애국적으로 보였다.

PART 02

동사 접미사와 과거분사의 변형

DAY 11	-t ①	DAY 16	-ss
DAY 12	-t ②	DAY 17	-en
DAY 13	-ate, -it(e), -ute	DAY 18	-ify
DAY 14	-ate/-t 형태의 형용사	DAY 19	-ize
DAY 15	-se	DAY 20	-e

DAY 11 -t ①

● -t 형태의 과거분사가 동사가 된 경우

현대 영어에서는 동사의 원형에 -ed를 붙인 형태의 과거분사를 많이 사용한다. 과거분사는 동사가 변형된 것이기 때문에 기본적으로 동사 역할을 하고 때로는 수동태가 되어 형용사의 역할을 하기도 한다. 과거 라틴어에서는 -ed가 아닌 -t를 붙여 과거분사로 사용했었는데, 이때 사용되던 -t 형태의 과거분사와 이 과거분사의 원형 동사들이 동시에 영어로 들어오면서 엄청난 양의 단어들이 생기게 되었다. 여기서는 원형으로 쓰였던 단어들과 파생어를 먼저 살펴본 후 이어서 -t가 붙어서 만들어진 단어들을 살펴보겠다. 특히 -t는 원래 동사의 과거분사 형태였기에 현재도 동사로 많이 남아 있는데, 대부분 다음의 패턴대로 단어가 확장되었다.

● -t로 끝나는 동사에서 파생된 단어들의 기본 패턴

-t	동사
-t + **-ion** = **-tion**	명사(행동)
-t + **-or** = **-tor**	명사(사람, 사물)
-t + **-ive** = **-tive**	형용사

● Example

① 원래의 과거분사 형태가 현재까지 남아 다른 단어들을 파생시킨 예

protect [prətékt] *v.* 보호하다 → **protection** [prətékʃən] *n.* 보호
　　　　　　　　　　　　　　　protector [prətéktər] *n.* 보호자, 보호 도구
　　　　　　　　　　　　　　　protective [prətéktiv] *a.* 보호하는

② 원래의 과거분사 형태는 사라졌지만 다른 단어를 파생시킨 예

mot 움직이다, 옮기다 → **motion** [móuʃən] *n.* 움직임, 운동
　　　　　　　　　　　motor [móutər] *n.* 모터
　　　　　　　　　　　motive [móutiv] *a.* 원동력이 되는 *n.* 동기, 이유
　　　　　　　　　　　motivate [móutəvèit] *v.* 동기를 부여하다
　　　　　　　　　　　motivation [mòutəvéiʃən] *n.* 동기 부여

01 | ag act의 원형

ag는 과거 '행동하다, 몰다'라는 뜻으로 사용되었다. agent는 문법에서 '행위자'라는 뜻과 다른 사람을 위해 대신 행동을 해주는 '대리인'이라는 뜻이 되었고, agile은 빠르게 행동하고 생각한다고 하여 '민첩한'이라는 뜻으로 쓰인다. ag의 '몰다'라는 뜻에서 나온 agitate는 사람들을 몰아(ag) 간다고(it) 하여 '선동하다'를 뜻하고, agony는 안 좋은 일이나 사건에 몰리게 되었다고 하여 '고통, 고민'을 뜻한다.

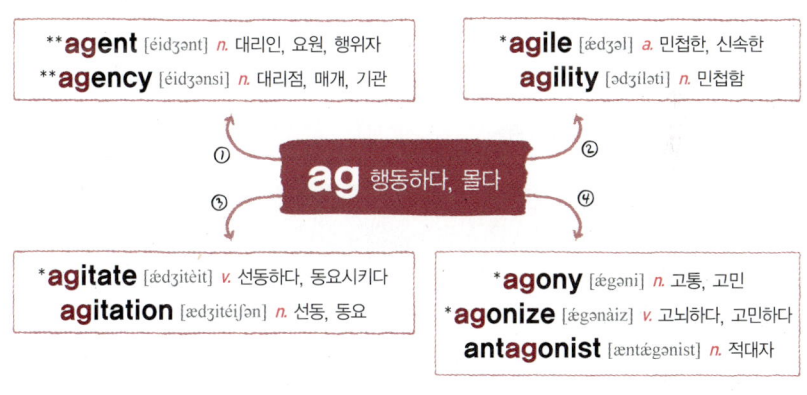

예문

The Swedish National Heritage Board is the **agency** responsible for heritage issues.
스웨덴 국가 유산 위원회는 유산 문제를 책임지고 있는 기관이다.

He was physically strong and mentally **agile**.
그는 육체적으로 강하고 정신적으로 민첩했다.

Some members of the union have been **agitating** for a strike.
노조원 중 일부는 파업에 동요하고 있다.

The medicine relieves the **agony** of muscle cramps very quickly.
이 약은 근육 경련의 고통을 아주 빨리 덜어준다.

02 | act ag의 변형

앞에서 살펴본 ag의 g가 c로 바뀐 후 t가 붙어서 생긴 단어가 act다. 그래서 act는 ag와 같은 '행동하다'라는 뜻과 맡겨진 배역에서 실제처럼 행동하는 '연기하다'라는 뜻으로 사용하게 되었다. 이 단어의 '행동하다'라는 뜻에서 action(행동), active(활동적인)가 나왔고, '연기하다'라는 뜻에서 actor(배우)가 나왔다. interact는 서로 행동을 주고받는 '상호작용하다'라는 뜻이고, exact는 밖으로(ex) 오차 없이 한 행동을 의미해서 '정확한'을 뜻하게 되었다.

예문

They demanded that administration **actively** tackle the issue.
이들은 정부가 이번 문제를 적극 해결해줄 것을 요구했다.

Dogs need a variety of interesting **activities** and ways to expend their energy.
개들은 자신들의 에너지를 소비하기 위해 여러 가지 재미있는 활동들을 필요로 한다.

Identical twins are thought to be **exactly** the same, but there are many differences.
보통 일란성 쌍둥이는 정확히 똑같을 것이라고 생각하지만 차이점이 많이 있다.

03 | drag tract의 원형

drag는 '끌다'라는 뜻이고, 여기서 파생된 draw도 '끌다'라는 뜻과 선을 끌어서 그림을 만들어내는 '그리다'라는 뜻이 되었다. withdraw는 뒤로 끄는 것을 의미하여 뒤로 물러나는 '철수하다'와 안에 있는 돈을 뒤로 끌어서 빼내는 '인출하다'를 뜻하게 되었다. drag에서 변형된 trace는 끌어서 남겨지게 된 '흔적, 자취'이고, track도 '자국'이나 운동용 '트랙'을 의미한다. trek은 과거 짐을 끌고 장기간 동안 간 여행을 의미해서 '고된 여행'을 뜻하고, trigger는 총을 쏠 수 있게 끌어당기는 '방아쇠'를 뜻한다.

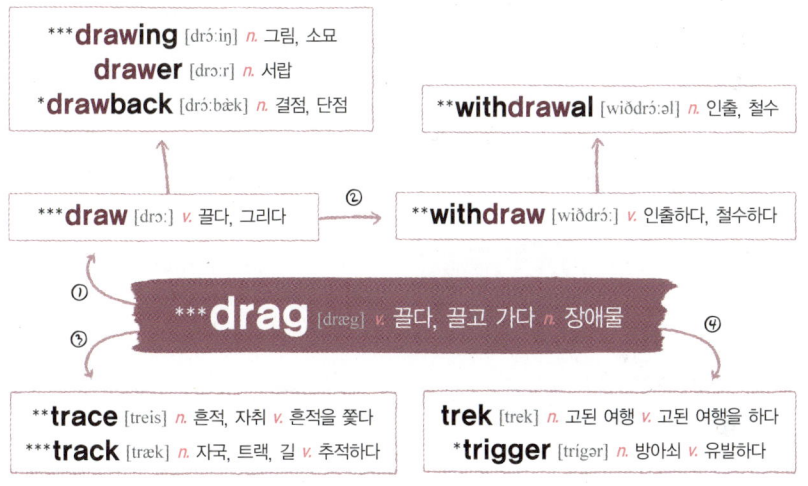

예문

He grabbed her arm and **dragged** her into the room.
그는 그녀의 팔을 움켜잡고 그녀를 방으로 끌고 갔다.

I forgot my PIN. Is it possible to **withdraw** money from my bank account?
비밀번호를 잊어버렸는데, 제 은행 계좌에서 돈을 인출할 수 있습니까?

Imagine that lava destroyed most of the **traces** of earlier civilizations.
용암이 초기 문명의 자취를 대부분 파괴해버렸다고 상상해보라.

04 | tract drag의 변형

tract는 drag에서 파생되어 역시 '끌다'라는 뜻이었다. 그래서 attract는 사람의 관심을 끌어오는 '끌다'라는 뜻으로 쓰이게 되었고, extract는 안에 있던 것을 밖으로 끌고 간다고 하여 '추출하다'를 뜻하게 되었다. subtract은 정해진 양의 일부를 아래로 끌어내린다고 하여 '빼다'라는 뜻이 되었고, distract는 집중하지 못하게 정신을 이탈시켜 끌어당긴다고 하여 '산만하게 하다'라는 뜻이 되었다. contract은 함께 끌기에 줄어드는 '수축하다'와 함께 끌고 와 만나서 사인하는 '계약하다'라는 뜻이 되었다.

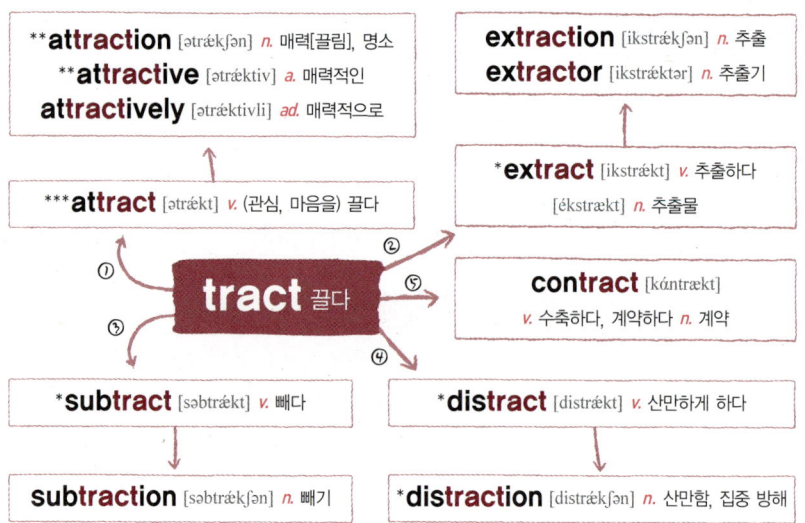

예문

The easiest means to **extract** oil from olives is to squeeze the juice from them.
올리브에서 기름을 추출하는 가장 쉬운 방법은 올리브에서 즙을 짜내는 것이다.

It was quite surprising that he had difficulty **subtracting** six from thirteen.
그가 13에서 6을 빼는 것을 어려워한다는 것은 놀랄 만한 일이었다.

The students are easily **distracted**, especially when they're tired
학생들은 특히 피곤할 때 쉽게 산만해진다.

05 | seg[sect]

seg는 '자르다'라는 뜻의 단어였다. 그래서 이 단어에서 파생된 segment는 잘라진 '부분'이 되었고, seg가 변형된 saw는 '톱'을 뜻한다. 역시 seg가 변형된 sect에서 파생된 section은 '부분'이나 땅을 나눈 '구획'을 뜻하게 되었고, sector도 원에서 잘라낸 '부채꼴'과 '부분'이라는 뜻이 되었다. dissect는 따로 이탈시켜 자르는 '해부하다', intersection은 도로의 중간을 자른 것처럼 나누어진 '교차로'를 뜻한다. insect는 현재 명사로 남아 몸 안을 자른 것처럼 3등분 되어 있는 작은 동물을 뜻하는 '곤충'이다.

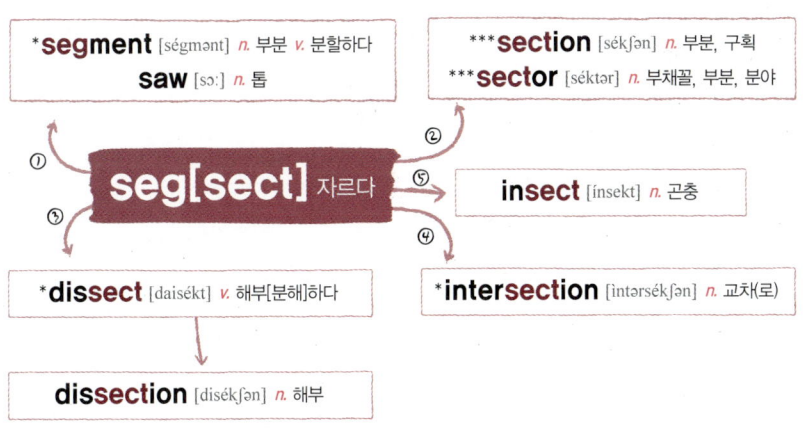

🔍 예문

The railroad track is divided into **segments**.
철로는 여러 부분으로 나뉘어져 있다.

The private **sector** of the economy is run by private individuals or groups.
경제의 민간 부문은 개인이나 단체에 의해 운영된다.

The accident occurred at a busy **intersection**.
혼잡한 교차로에서 사고가 발생했다.

06 | lect

lect는 '고르다'를 뜻하던 단어였고, 여기서 파생된 collect는 자신이 좋아하는 것을 함께 고른다고 하여 '모으다'라는 뜻이 되었다. select는 필요한 것만 따로 고르기에 '선택하다', elect는 밖에 있는 사람을 고른다고 하여 '선거[선출]하다'를 뜻하게 되었다. intellect는 머리에서 제대로 골라낸다고 하여 '지적 능력'을 의미하는 명사로 쓰이고, neglect는 제대로 고르지 않는다는 의미에서 현재 자신의 일을 제대로 하지 않는 '방치하다, 무시하다'라는 뜻이 되었다.

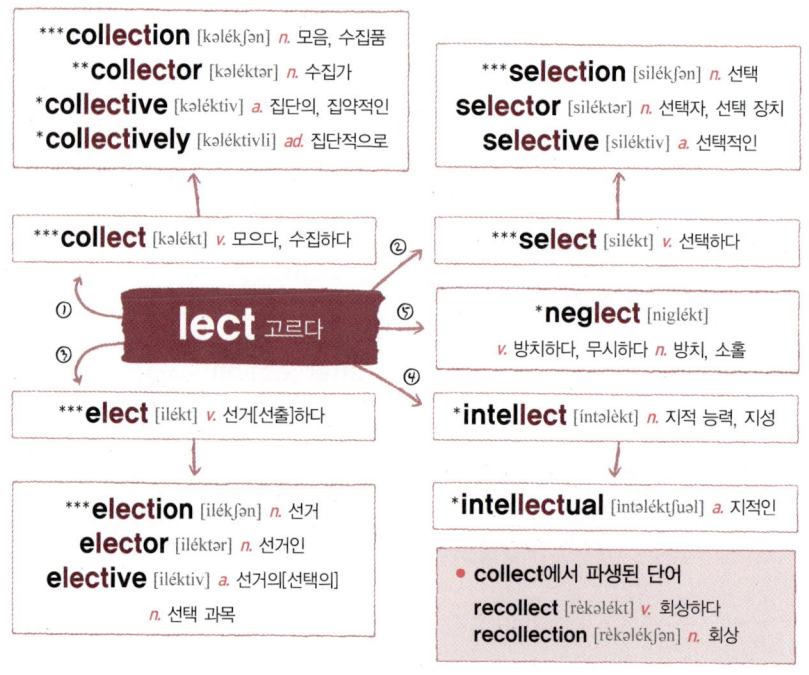

예문

It took me about two weeks to **collect** and compile the data.
내가 자료를 수집하고 편집하는 데 대략 2주의 시간이 걸렸다.

People were **selected** at random to take the survey.
조사를 하기 위해 사람들이 무작위로 선택되었다.

They didn't care whether they incurred blame by **neglect** of the duties.
그들은 의무를 소홀히 해서 비난을 받든지 말든지 걱정하지 않았다.

07 | rect

rect는 과거 '똑바로 세우다'였고, 이 단어에서 파생된 correct는 잘못된 부분을 함께 세우는 '수정하다'라는 뜻이 되었다. correct는 나중에 형용사로도 사용되어 전부 수정된 '올바른, 정확한'이란 뜻도 지니게 되었다. direct는 특정한 방향으로 똑바로 세워서 가게 한다고 하여 '향하게 하다'와 그렇게 가게 시키는 '지시하다'가 되었고, 이 의미가 확장되어 똑바로 가는 '직접적인'이라는 뜻의 형용사로도 쓰인다.

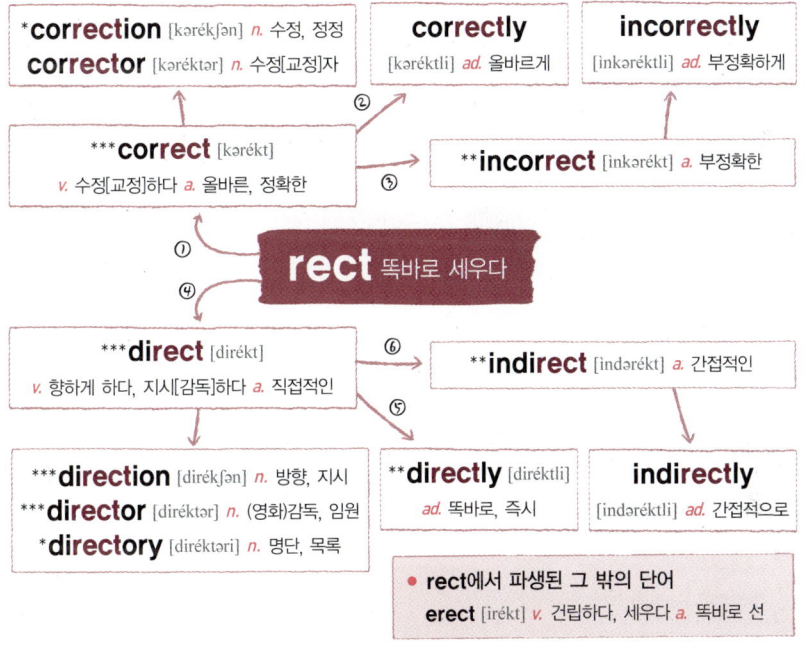

예문

You have to mark the **correct** answer to each question on your answer sheet.
당신은 각 문제의 정답을 답안지에 표시해야 한다.

She was **directing** the investigation from a very early stage.
그녀는 가장 초기 단계에서부터 수사를 지시하고 있었다.

I am a soldier in the reserves, so I should be in **direct** contact with my unit.
나는 예비역 군인이기 때문에 나의 부대와 직접적인 연락이 가능해야 한다.

08 | sert

'놓다'를 뜻했던 sert에서 파생된 assert는 상대방에게 자신의 의견을 강하게 놓는다고 하여 '주장하다'가 되었고, insert는 안에다 놓는다고 하여 '삽입하다'가 되었다. '밖'을 의미하는 ex-와 합쳐진 exert는 자신의 힘을 밖으로 놓기에 영향력 등을 '행사하다'라는 뜻과 자기 자신의 힘을 최대한 밖으로 끌고 오는 '노력하다'라는 뜻이 되었다. desert는 멀리 이탈시켜 놓는다고 하여 '버리다'라는 뜻이 되었고, 이 의미가 확장되어 버려진 땅인 '사막'이라는 뜻의 명사로도 쓰인다.

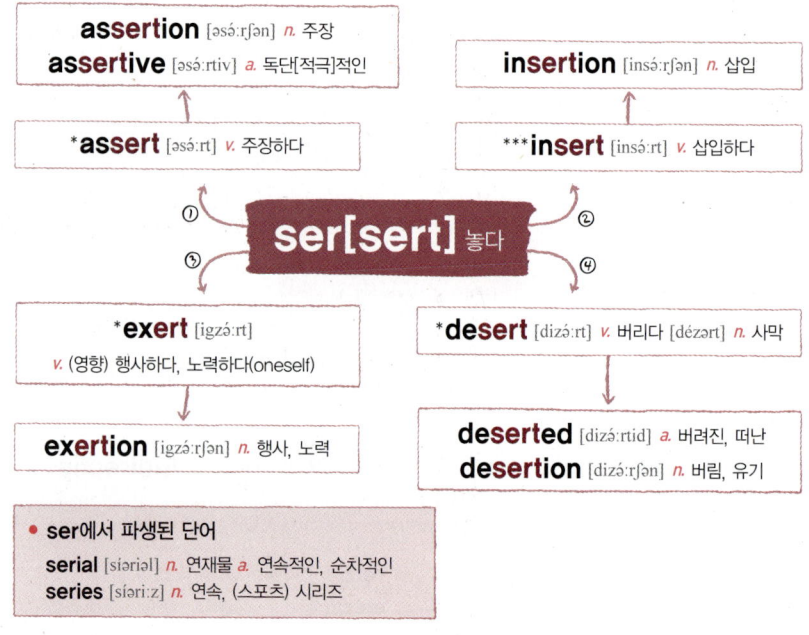

• ser에서 파생된 단어
  serial [síəriəl] n. 연재물 a. 연속적인, 순차적인
  series [síəri:z] n. 연속, (스포츠) 시리즈

🔍 예문

The authors **assert** that poverty is the city's most serious problem.
저자들은 도시의 가장 심각한 문제는 빈곤이라고 주장한다.

Can you teach me how to **insert** a CD in this laptop?
이 노트북에 CD를 삽입하는 방법을 알려주시겠어요?

He **exerts** a lot of influence on the other members of the committee.
그는 위원회의 다른 구성원들에게 많은 영향력을 행사한다.

09 | gest

과거 gest는 '옮기다'라는 뜻의 단어였다. 이 단어에서 파생된 suggest는 자신의 생각을 아래로 옮겨놓고 말한다고 하여 '제안하다'라는 뜻이 되었고, congest는 함께 옮겨져서 여러 개가 엉키게 된 '혼잡하게 하다'라는 뜻이 되었다. digest는 입안에서 따로 분리되어 옮겨진다고 하여 '소화하다'를 뜻하게 되었고, 이것이 변형된 register는 뒤로 옮겨 적는다고 하여 '등록하다'라는 뜻이 되었다.

예문

The house was located in a **congested** area.
그 집은 혼잡한 지역에 위치하고 있었다.

The stomach produces stomach acids such as pepsin to **digest** food.
위는 펩신과 같은 위액을 생산하여 음식을 소화시킨다.

We are open that day specifically to **register** new students.
우리는 그날 특히 신입생 등록을 위해 문을 엽니다.

10 | ject

'던지다'를 뜻했던 ject에서 파생된 eject는 밖으로 던지는 '내쫓다', inject는 안으로 던져 넣는 '주입하다'를 뜻하게 되었다. reject는 받아들이지 않고 뒤로 던지는 '거절하다'를 의미한다. object는 기존의 의견에 저항하여 던지는 '반대하다'이고, 명사로도 사용되어 상대방을 향해 던져진 '물체'와 원하는 방향으로 던져지게 된 '목적'이라는 뜻도 생겼다. subject는 아래로 던져서 밑에 있게 하는 '종속시키다'를 뜻하고, 명사로는 밑에 던져진 '대상'과 '주제'라는 뜻으로 쓰인다.

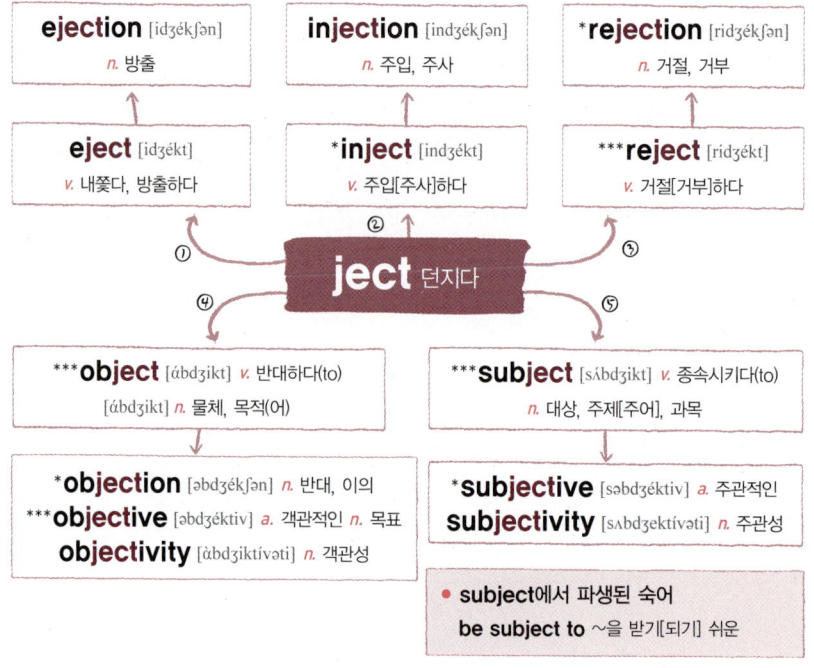

🔍 예문

The police shot their guns in the air to **eject** the protesters.
경찰은 시위자들을 내쫓기 위해 공중에 총을 쐈다.

Does anyone **object** to my smoking here? If someone does, I'll go outside.
여기서 제가 담배 피는 것에 반대하시는 분 있습니까? 그렇다면 밖으로 나가겠습니다.

The **subject** of our discussion was the distinctive features of Islam.
우리 토론의 주제는 이슬람의 독특한 특징이었다.

11 | dict[dicate]

dict는 왕처럼 높은 사람이 말로 표현하는 '말하다'라는 뜻이다. 그래서 addict는 명령에 무조건 따르듯이 어떠한 것에서 벗어날 수 없는 '중독시키다'를 뜻한다. predict는 미리 말한다고 하여 '예측하다', contradict는 반대로 말한다고 하여 '부정하다'이다. dict가 변형된 dicate에서 나온 dedicate는 왕의 명령에 자신의 것을 떼어 주는 '바치다', indicate는 왕이 안을 지칭하며 말하는 '가리키다', dict에 -ate가 결합된 dictate는 왕이 말하는 '명령하다'라는 의미다.

예문

Many children are **addicted** to video games.
많은 어린이들이 비디오 게임에 중독되어있다.

We have solid evidence to **contradict** the report you wrote.
우리는 네가 작성한 보고서에 반박하는 분명한 증거를 갖고 있다.

These signs **indicate** the direction and distance to the city center.
이 표시들은 시청까지 방향과 거리를 나타낸다.

Exercise

정답: 455쪽

1. 다음 영어 단어의 우리말 뜻을 적어보세요.

① insert	_____	⑥ trigger	_____
② direction	_____	⑦ suggest	_____
③ indicate	_____	⑧ intellect	_____
④ reject	_____	⑨ section	_____
⑤ distract	_____	⑩ exact	_____

2. 다음 우리말 뜻에 해당하는 영어 단어를 적어보세요.

① 배우	_____	⑥ 주장하다	_____
② 민첩한	_____	⑦ 선거	_____
③ 빼다	_____	⑧ 직접적인	_____
④ 결점	_____	⑨ 제안	_____
⑤ 해부	_____	⑩ 주관적인	_____

3. 다음 빈칸에 알맞은 단어를 보기에서 찾아 넣어보세요.

> 보기 addicted, exactly, subject, insert, correct

① Identical twins are thought to be _____ the same, but there are many differences.
② You have to mark the _____ answer to each question on your answer sheet.
③ Can you teach me how to _____ a CD in this laptop?
④ The _____ of our discussion was the distinctive features of Islam.
⑤ Many children are _____ to video games.

접두사 ex-: 밖

ex-는 '밖'을 의미하는 접두사로, 특히 s로 시작되는 단어나 어근에 결합하면 s가 생략된 채로 합성어가 만들어진다.

① **excel** [iksél] *v.* 뛰어나다 → **excellent** [éksələnt] *a.* 훌륭한
= **ex**(밖) + **cel**(올리다)   **excellently** [éksələntli] *ad.* 뛰어나게
                         excellence [éksələns] *n.* 뛰어남

I'm proud that my eldest daughter **excels** others in English.
나는 큰딸이 영어에서 남들보다 뛰어나다는 점이 자랑스럽다.

② **explore** [iksplɔ́:r] *v.* 탐험[탐사]하다 → **exploration** [èksplə réiʃən] *n.* 탐험
= **ex**(밖) + **plore**(흐르다)   **exploratory** [iksplɔ́:rətɔ̀:ri] *a.* 탐사의
                         explorer [iksplɔ́:rər] *n.* 탐험가

Many caves are unmapped and no one should **explore** a cave on their own.
많은 동굴들이 지도에도 나오지 않기에, 누구도 마음대로 동굴을 탐험해서는 안 된다.

③ **expand** [ikspǽnd] *v.* 팽창[확장]하다 → **expansion** [ikspǽnʃən] *n.* 팽창, 확장
= **ex**(밖) + **pand**(퍼지다)

The police have decided to **expand** their investigation.
경찰은 수사를 확대하기로 결정했다.

④ **expect** [ikspékt] *v.* 예상[기대]하다 → **expectation** [èkspektéiʃən] *n.* 예상
= **ex**(밖) + **spect**(보다)   **expected** [ikspéktid] *a.* 예상되는
                       unexpected [ənikspéktid] *a.* 뜻밖의
                       unexpectedly [ənikspéktidli] *ad.* 뜻밖에

Fund managers **expect** tax increases to depress the economy and lower stock prices.
펀드 매니저들은 세금 인상이 경제를 불황으로 만들고 주가를 떨어뜨릴 것으로 예상한다.

⑤ **example** [igzǽmpl] *n.* 예, 본보기 → **exemplary** [igzémpləri] *a.* 모범적인, 전형적인
= **ex**(밖) + **sample**(샘플, 견본)   **exemplify** [igzémpləfài] *v.* 예를 들다

The weather of the British Isles is an **example** of a temperate climate.
영국의 섬 날씨는 온화한 기후의 한 예다.

DAY 12 -t ②

● **-t 형태의 과거분사를 거쳐 다른 품사로 변형된 경우**

DAY 11에서는 뒤에 -t가 결합되어 현재 동사로 쓰이는 단어들과 그 파생어를 살펴보았다. 이번에는 원형이 현재까지 남아 동사로 쓰이고 그 파생어는 과거분사(-t)로 바뀐 후 -ion이나 -or 등이 붙어서 만들어진 단어들을 살펴보겠다. 형용사는 -ive를 붙이는 것이 기본이지만 여러 나라의 언어를 거쳐서 현재의 영어가 되었기 때문에 그 외의 형태들도 살펴보겠다.

● **원형 동사가 -t 형태로 바뀐 후 파생된 단어들의 기본 패턴**

-t로 변형 + -ion = -tion	명사(행동)
-t로 변형 + -or = -tor	명사(사람, 사물)
-t로 변형 + -ive = -tive	형용사

● **Example**

seduce [sidjúːs] v. 유혹하다 → seduction [sidʌ́kʃən] n. 유혹, 매혹
　　　　　　　　　　　　　　seductor(= seducer) n. 유혹하는 사람
　　　　　　　　　　　　　　seductive [sidʌ́ktiv] a. 유혹적인

01 | duce[duct] ①

duce는 '이끌다'라는 뜻의 단어였고, 이것의 과거분사는 duct였다. reduce는 위로 상승하던 것을 오르지 못하게 뒤로 이끌어낸다고 하여 '줄이다'가 되었고, introduce는 그 전에 없던 것을 안으로 끌고 와서 사람들에게 접하게 한다고 하여 '소개하다'가 되었다. duct에서 파생된 abduct는 사람들을 멀리 이끌고 간다고 하여 '유괴하다'를 뜻하고, conduct는 사람, 전기, 열 등을 함께 끌고 가기에 '지휘[안내, 전도]하다'라는 뜻과 이렇게 실제로 행동하는 '~을 하다'라는 뜻이 되었다.

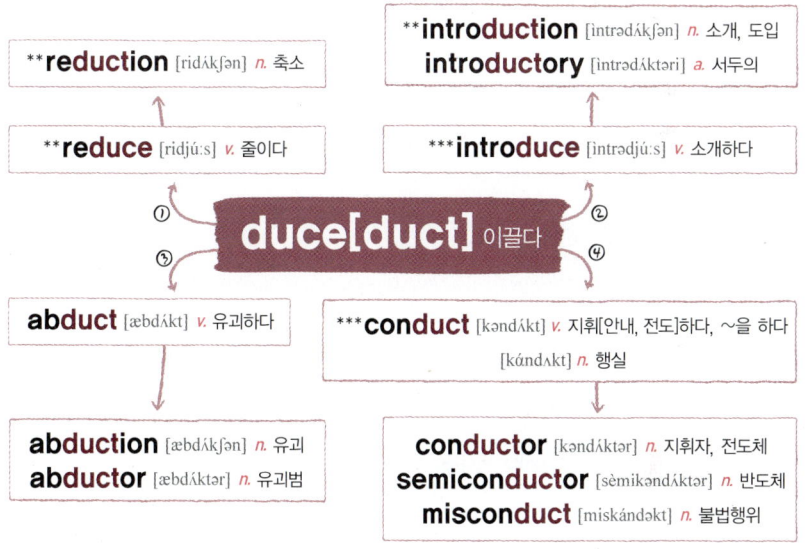

🔍 예문

She **introduced** her mother to her friends.
그녀는 자신의 어머니를 친구들에게 소개했다.

He claims that he was **abducted** by aliens.
그는 자신이 외계인에게 납치되었다고 주장한다.

The police are **conducting** an investigation into last week's robbery.
경찰은 지난주 강도 사건에 대한 조사를 하고 있다.

02 | duce[duct] ②

produce는 노력을 통해 앞으로 특정한 결과나 제품을 이끌어낸다고 하여 '생산하다'라는 뜻이 되었다. 여기서 파생된 product는 현재 명사로 남겨져 생산하게 된 '제품'을 의미하고, production은 그러한 과정인 '생산'이라는 뜻이 되었다. duct가 변형된 ducate에서 파생된 educate는 집에서 기르던 아이들을 밖으로 끌고 나와 세상의 일을 훈련시킨다고 하여 '교육하다'라는 뜻이 되었다.

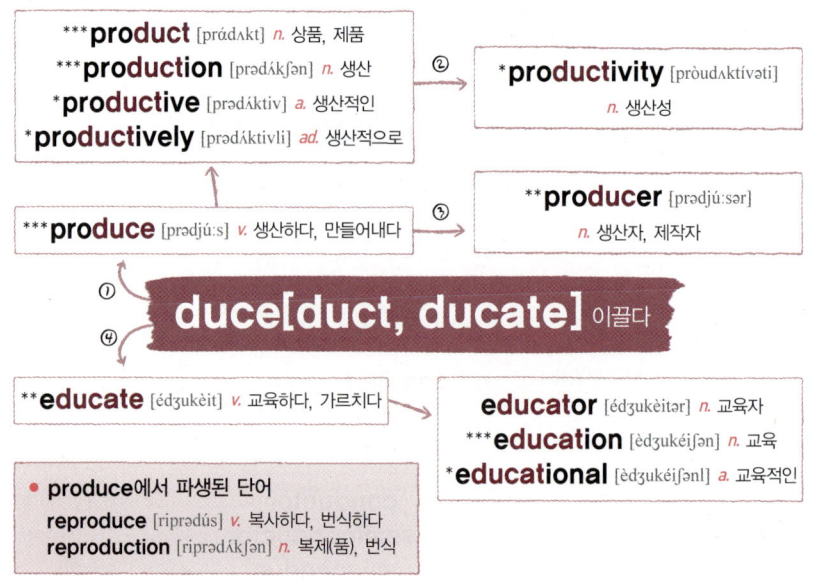

 예문

Thousands of cars are **produced** here each year.
매년 수천 대의 자동차가 이곳에서 생산된다.

You need permission if you want to **reproduce** a picture that contains a copyright.
당신이 저작권이 있는 그림을 복제하고 싶다면 허가가 필요하다.

We provide free, impartial advice on a range of **education** issues.
우리는 다양한 교육 문제에 관해 무료로 공평한 조언을 제공한다.

03 | vene[vent] ①

vene은 '오다'라는 뜻이었고, 과거분사는 vent였다. convene은 함께 오기에 '소집하다'라는 뜻이 되었다. 여기서 파생된 convention은 함께 모인 '집회'와 거기서 정한 '협약'이라는 뜻과 정한 것을 계속 지켜나가는 '관습'이라는 뜻이 되었다. 후에 convene에서 파생된 convenient는 함께 오기에 거리가 줄어드는 '편리한, 가까운'이라는 뜻이다. intervene은 사람들 사이로 온다고 하여 '개입하다, 끼어들다'를 뜻한다.

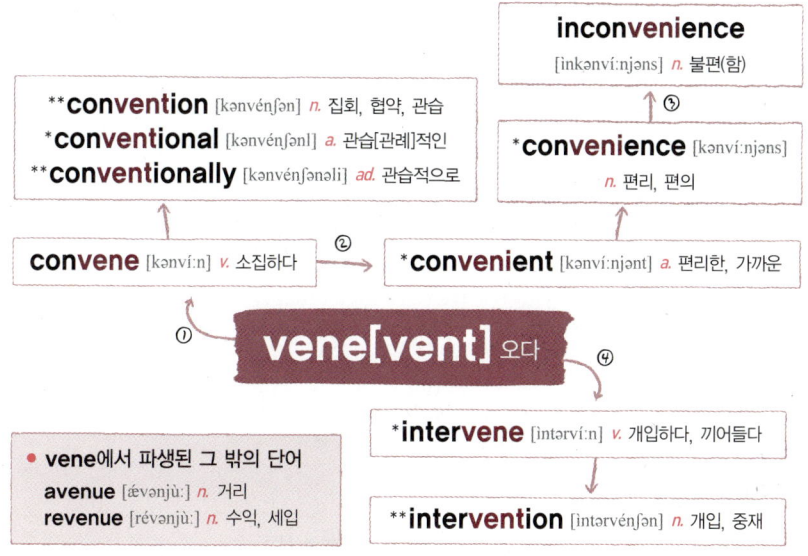

예문

We **convened** at the hotel for a seminar.
우리는 세미나를 위해 호텔에 소집했다.

Citizens are willing to bear minor **inconveniences** for the safety of their fellow citizens.
시민들은 다른 시민들의 안전을 위해 작은 불편함을 기꺼이 참아낸다.

She warned him not to **intervene** when we talk.
그녀는 그에게 우리가 이야기할 때 끼어들지 말라고 경고했다.

04 | vene[vent] ②

이번에는 vent에서 바로 파생된 단어들을 살펴보자. invent는 안에서 떠오르게 된 생각을 통해 무언가를 만들어내는 '발명하다'라는 뜻이고, prevent는 앞으로 일어날 수 있는 문제에 대비하는 '막다, 예방하다'라는 뜻이다. event는 명사로 사용되어 밖으로 나오게 된 어떠한 '사건'이나 '행사'를 의미하고, 이 단어에서 파생된 eventual은 마침내 벌어지게 된 사건을 표현하여 '최후의, 궁극적인'이라는 뜻이 되었다.

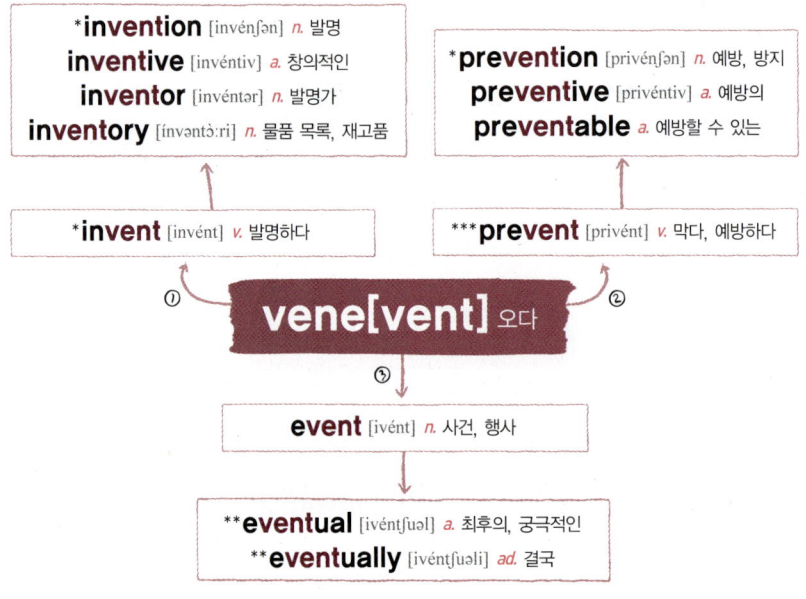

🔍 예문

The light bulb was one of the most important **inventions** of the 19th century.
전구는 19세기의 가장 중요한 발명품 중 하나였다.

The new bill was made to **prevent** bad people from making fake money.
새로운 지폐는 나쁜 사람들이 가짜 돈 만드는 것을 막기 위해 만들어졌다.

I am sure that we'll succeed **eventually**.
나는 우리가 결국 성공할 것이라고 확신한다.

05 | ceive[cept] ①

ceive는 '잡다'라는 뜻의 단어였고, 과거분사는 cept였다. ceive에서 파생된 conceive는 어떠한 계획이나 문제 등을 마음속에서 함께 잡고 있다고 하여 '생각하다'가 되었고, deceive는 안 좋은 쪽으로 잡아당기는 '속이다'라는 의미가 되었다. receive는 상대방이 주는 것을 다시 잡게 된다고 하여 '받다', perceive는 머릿속에서 완전히 잡아 무언가를 제대로 분별하고 판단하는 '인식하다'를 뜻한다.

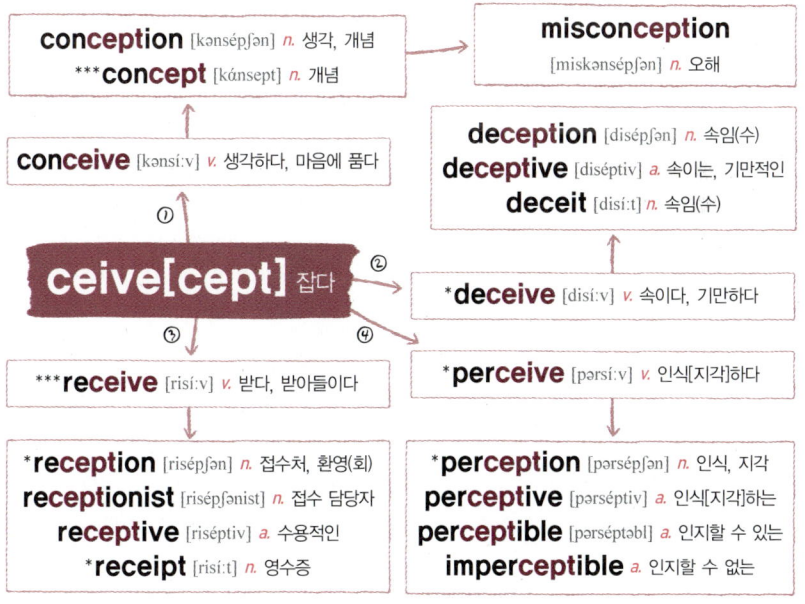

예문

It is necessary to **conceive** of a plan to put an end to hunger.
기아를 종식시킬 방법을 생각해내는 것이 필요하다.

We are likely to be **deceived** by appearance and judge a book by its cover.
우리는 겉모양에 속아 잘못된 판단을 하기 쉽다.

He has already **received** early retirement benefits.
그는 이미 조기 퇴직의 혜택을 받았다.

The human ear can **perceive** a change in noise level as low as three decibels.
사람의 귀는 3데시벨까지의 작은 소리 변화를 감지할 수 있다.

06 | ceive[cept] ②

cept에서 파생된 intercept는 사람들 사이에서 잡는다고 하여 '가로채다[가로막다]'라는 뜻이 되었다. except는 처음에는 동사로 쓰여 잡아서 밖으로 빼는 '제외하다'라는 뜻이었고, 나중에는 전치사나 접속사로 '~을 제외하고, ~라는 점만 제외하면'이라는 뜻도 생겼다. accept는 어떤 쪽에서 오는 것을 잡는 '받아들이다'는 뜻이 되었고, 이것의 명사형은 acceptance(승낙, 수락)이다.

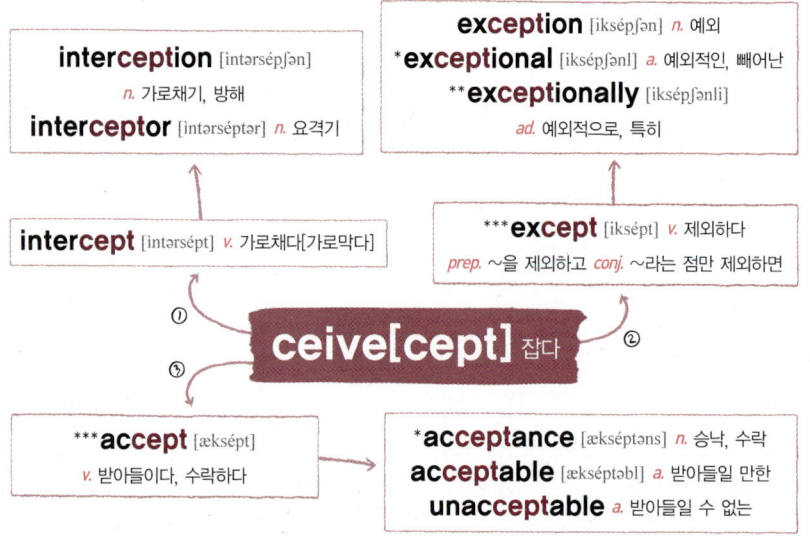

 예문

The police **intercepted** him as he was walking out.
그가 걸어 나오자 경찰이 그를 가로막았다.

The stores will be open daily **except** Sundays.
상점들은 일요일을 제외하고 매일 문을 연다.

It is **exceptionally** hard to propel the aircraft forward in such a situation.
그런 상황에서는 비행기를 앞으로 나아가게 하는 것은 특히 힘들다.

07 | scribe[script]

scribe는 '쓰다'라는 뜻이었고, 이것의 과거분사는 script였다. 현재 script는 글로 쓰인 '대본'이라는 명사로 사용된다. describe는 글이나 그림으로 적어 사람들에게 표현하는 '묘사하다', prescribe는 의사가 무슨 약을 먹을지 미리 적어준다고 하여 '처방하다'를 뜻하게 되었다. subscribe는 용지 가장 아래 이름을 적는다고 하여 '구독하다', inscribe는 묘비나 돌 안에 글을 적는 '새기다'라는 뜻이다.

- 현대 영어에 남아 있는 script의 뜻과 파생어
  script [skript] *n.* 대본
  manuscript [mænjuskript] *n.* 원고, 필사
  postscript [póustskript] *n.* 추신

🔍 예문

Currently, doctors usually **prescribe** medicine to a patient for each disease.
현재 의사들은 보통 각각의 질병에 대해 환자에게 약을 처방한다.

You can extend your present **subscription** at a lower fee or subscribe to a new magazine for free.
당신은 더 저렴한 구독료로 현재의 구독을 연장하거나 무료로 새로운 잡지를 구독할 수 있다.

We **inscribed** in the monument the names of the men who died in the war.
우리는 기념비에 전쟁에서 죽은 사람들의 이름을 새겼다.

08 | sume[sumpt]

sume은 과거 어떠한 것을 자신의 것으로 가지는 '취하다'라는 뜻이었고, 이것의 과거분사는 sumpt였다. 그래서 assume은 책임이나 권력을 취하게 되는 '맡다'라는 뜻과 실제 맡겨진 것처럼 생각하는 '가정[추정]하다'라는 뜻도 생겼다. presume도 미리 취하게 된다고 하여 '추정하다'를 뜻하고, consume은 자신이 취한 것을 마음껏 쓰는 '소비하다'라는 뜻이 되었다. resume은 다시 취하는 '다시 시작하다'라는 뜻이다.

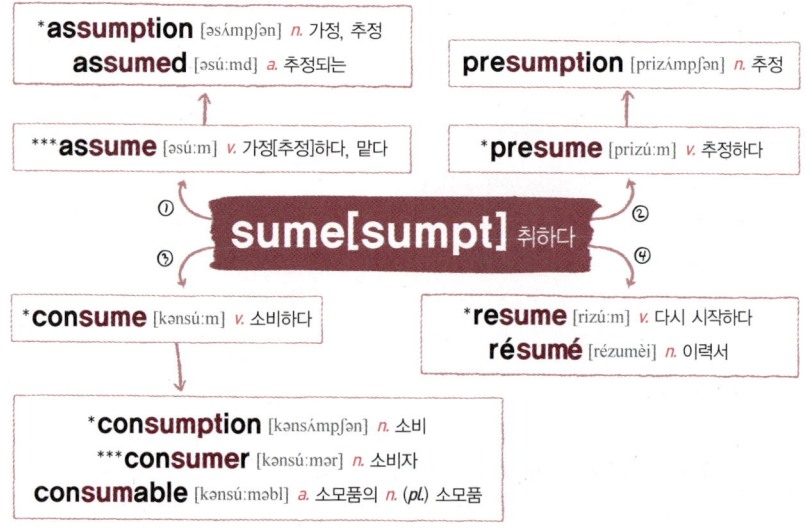

예문

The study **assumes** that the problem develops after birth.
이 연구는 출생 후에 문제가 발생한다고 가정한다.

The storekeeper **presumes** our company will have a letdown in sales due to hot weather.
가게 주인은 더운 날씨로 인해 우리 회사의 판매량이 감소할 것으로 추정한다.

In our society, advertising campaigns promote **consumption** of superfluous foods.
우리 사회에서 광고는 불필요한 음식을 소비하도록 부추긴다.

09 | stroy[struct]

stroy는 '세우다'라는 뜻이었고, 그 과거분사는 struct였다. 그래서 destroy는 세워진 것을 아래로 무너뜨리는 '파괴하다'라는 뜻이 되었다. construct는 건물이나 다리 등을 함께 세운다고 하여 '건설하다'라는 뜻이 되었고, instruct는 사람의 안을 제대로 세운다고 하여 '가르치다, 지시하다'로 쓰이게 되었다. obstruct는 앞쪽에 세워서 움직이거나 보이지 않게 하는 '막다'라는 뜻과 일을 진행하지 못하게 막는 '방해하다'라는 뜻이 된 단어다.

- stroy가 stry로 변형된 후 파생된 단어
  industry [índəstri] n. 산업, 근면　　industrial [indʌ́striəl] a. 산업의
  industrialize [indʌ́striəlàiz] v. 산업화하다　industrious [indʌ́striəs] a. 부지런한, 근면한

예문

They issued constant threats to **destroy** Greece.
그들은 그리스를 파괴할 것이라고 지속적으로 협박했다.

Many doctors are **instructing** their patients on the importance of exercise.
많은 의사들이 환자에게 운동의 중요성을 가르치고 있다.

Several issues have **obstructed** efforts to bring peace to the region.
몇몇의 문제들은 그 지역에 평화를 가져오기 위한 노력을 방해했다.

10 | solve[solute]

solve는 묶여진 것을 푸는 '풀다'에서 수학 문제나 사건 등을 푸는 '풀다, 해결하다'라는 뜻이 된 단어다. dissolve는 '따로 풀다'라는 뜻이 확장되어 단단한 것을 푸는 '녹이다'와 모인 사람들을 푸는 '해산하다'를 뜻하게 되었다. resolve는 solve와 같은 '해결하다'와 해결하려고 마음을 잡는 '결심하다'라는 뜻이고, resolute는 결심한 마음인 '단호한'을 뜻한다. absolve는 왕이 죄지은 사람을 완전히 풀어주는 '용서하다, 면제하다'라는 뜻이고, absolute는 왕이 지은 죄를 하나도 빠짐없이 없애준다고 하여 '완전한, 절대적인'이라는 뜻이 되었다.

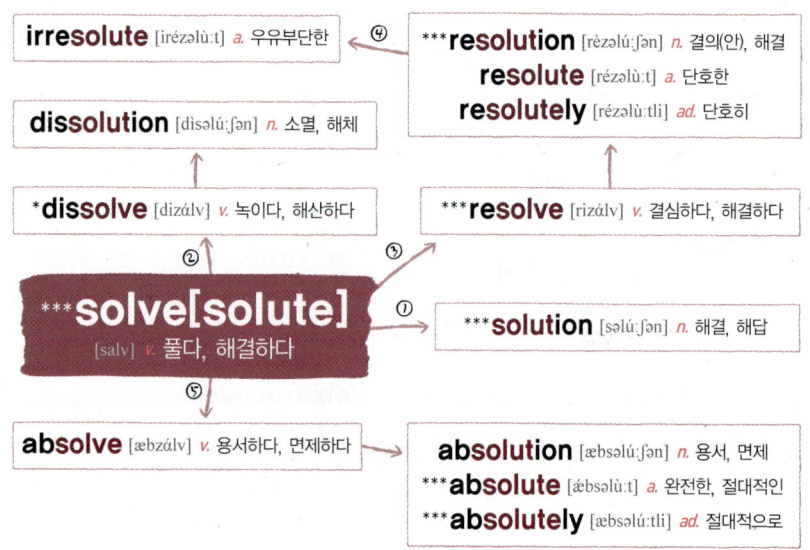

예문

Countries can **solve** international problems in concord with each other.
국가들은 국제적인 문제를 서로 화합하여 해결할 수 있다.

Students will design and perform an experiment to **dissolve** salt in water.
학생들은 소금을 물에 녹이는 실험을 구상하고 실행할 것이다.

That restaurant serves **absolutely** the best food I've ever eaten.
그 식당은 내가 먹어본 완전 최고의 음식을 제공한다.

11 | volve[volute]

volve는 '돌다, 굴리다'라는 뜻의 단어였고, 과거분사는 volute였다. evolve는 둥그렇게 말려진 것을 밖으로 펼쳐 기존의 형태에서 더욱 커지는 '발달하다, 진화하다'라는 뜻이 되었고, revolve는 멈추지 않고 다시 반복적으로 도는 '회전하다, 돌다'라는 뜻이 되었다. 이 뜻에서 revolution은 '회전'이라는 뜻과 기존에 있던 것을 뒤집고 다시 새롭게 돌리는 '혁명'이라는 뜻이 되었다. involve는 안에서 같이 돌기에 서로 연결된 '관련하다, 포함하다'라는 뜻으로 사용하게 되었다.

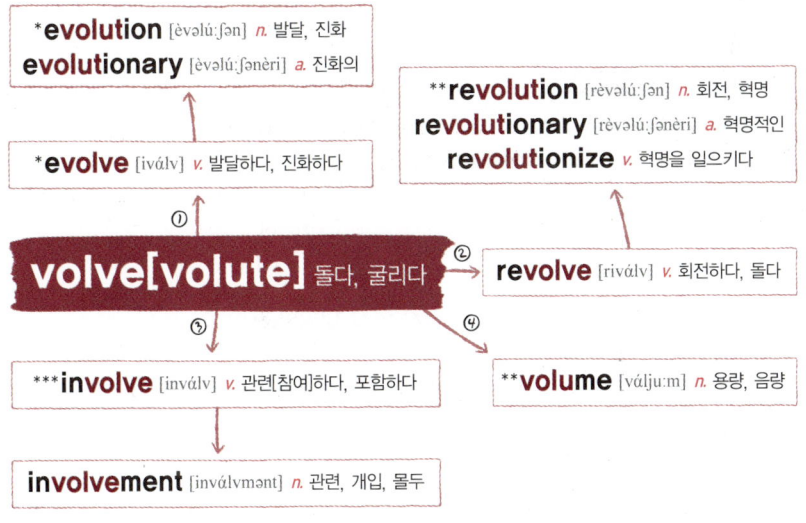

예문

He strongly believes that humans **evolved** from monkeys.
그는 인류가 원숭이에서 진화했다고 강력하게 믿는다.

This new theory could cause a **revolution** in elementary education.
이 새로운 이론은 초등 교육에 혁명을 일으킬 수 있다.

Exercise

정답: 455쪽

1. 다음 영어 단어의 우리말 뜻을 적어보세요.

   ① revolution _____   ⑥ producer _____
   ② absolute _____   ⑦ misconduct _____
   ③ obstruct _____   ⑧ presumption _____
   ④ perceive _____   ⑨ subscribe _____
   ⑤ convenient _____   ⑩ exception _____

2. 다음 우리말 뜻에 해당하는 영어 단어를 적어보세요.

   ① 개입 _____   ⑥ 파괴하다 _____
   ② 발명하다 _____   ⑦ 녹이다 _____
   ③ 줄이다 _____   ⑧ 발달, 진화 _____
   ④ 교육 _____   ⑨ 묘사하다 _____
   ⑤ 영수증 _____   ⑩ 소비하다 _____

3. 다음 빈칸에 알맞은 단어를 보기에서 찾아 넣어보세요.

   보기 destroy, prescribe, except, evolved, abducted

   ① He strongly believes that humans _____ from monkeys.
   ② They issued constant threats to _____ Greece.
   ③ Currently, doctors usually _____ medicine to a patient for each disease.
   ④ The stores will be open daily _____ Sundays.
   ⑤ He claims that he was _____ by aliens.

접두사 e-: 밖

e-는 ex-를 줄인 접두사이므로 e-와 마찬가지로 '밖'을 의미한다. 특히 e-는 자음으로 시작되는 단어에 주로 결합된다. e-로 시작하는 단어는 '밖'과 관련된 의미가 있다고 생각하면 된다.

① **eliminate** [ilímənèit] v. 제거하다 → **elimination** [ilìmənéiʃən] n. 제거
= **e**(밖) + **limin**(제한) + **ate**

Eliminating waste is the key to maintaining a productive system.
불순물을 제거하는 것이 생산적인 체계를 유지하는 비결이다.

② **emerge** [imə́:rdʒ] v. 나오다 → **emergence** [imə́:rdʒns] n. 출현
= **e**(밖) + **merge**(원뜻: 담그다 현재: 합병하다)   **emergency** [imə́:rdʒnsi] n. 응급, 비상사태
                                                    merger [mə́:rdʒər] n. 합병

Dragonflies **emerge** from the water in the warm months of spring.
잠자리들은 따뜻한 봄에 물에서 나온다.

③ **erase** [iréis] v. 지우다, 삭제하다 → **eraser** [iréisər] n. 지우개
= **e**(밖) + **rase**(없애다)   **raze** [reiz] v. 파괴하다
                                       razor [réizər] n. 면도기, 면도칼

Several important files were accidentally **erased**.
몇 가지 중요한 파일이 실수로 삭제되었다.

④ **evaporate** [ivǽpərèit] v. 증발하다, 사라지다 → **evaporation** [ivæ̀pəréiʃən] n. 증발
= **e**(밖) + **vapor**(증기) + **ate**   **water vapor** 수증기

Heat in the air is what causes water to **evaporate** from a lake.
공기 중의 열은 호수의 물이 증발하도록 야기한다.

⑤ **evident** [évədənt] a. 분명한, 명백한 → **evidently** [évədəntli] ad. 분명히
= **e**(밖) + **vide**(보다) + **ent**   **evidence** [évədəns] n. 증거
                                     evidential [èvədénʃəl] a. 증거의

It soon became **evident** that she was seriously ill.
곧 그녀가 심각하게 아프다는 것이 분명해졌다.

DAY 13 -ate, -it(e), -ute

-ate, -it(e), -ute는 -t가 확장되어 생겨난 과거분사 형태였다. 이 형태의 단어들 역시 현재 동사로 많이 남아있으며, -ion을 붙여 명사로, -or를 붙여 사람 명사로, -ive를 붙여 형용사로 사용하게 되었다. -ive가 명사 접미사로 사용되는 경우가 종종 있는데, 이는 형용사의 의미가 확장되어 명사가 된 것이라고 보면 된다. 반복적으로 강조해서 말하지만 이렇게 모음으로 끝나는 단어에 모음으로 시작하는 접미사가 결합되면 앞 단어의 모음이 생략된다.

● -ate, -it(e), -ute로 끝나는 동사에서 파생된 단어들의 기본 패턴

-ate	동사
-ate + **-ion** = **-ation**	명사(행동)
-ate + **-or** = **-ator**	명사(사람, 사물)
-ate + **-ive** = **-ative**	형용사

● Example

narrate [næreit] v. 이야기하다 → **narration** [næréiʃən] n. 서술
　　　　　　　　　　　　　　　　　narrator [næreitər] n. 서술자
　　　　　　　　　　　　　　　　　narrative [nærətiv] a. 서술적인 n. 이야기

01 | create

cre는 '낳다'와 낳아서 커지는 '자라다'라는 뜻이었다. 이 단어에서 파생된 create는 새로운 것을 낳는 '만들다, 창조하다'를 뜻하게 되었고, creation은 '창조'란 뜻으로 사용된다. crew는 cre의 '자라다'라는 뜻에서 생긴 단어로 자라서 덩어리를 이룬 것처럼 여러 명이 뭉친 '무리'란 뜻과 배나 비행기에서 일하는 단체인 '승무원'을 뜻하게 되었다. recruit는 다시 무리를 만들기 위해 사람들을 뽑는 '모집하다'를 뜻한다.

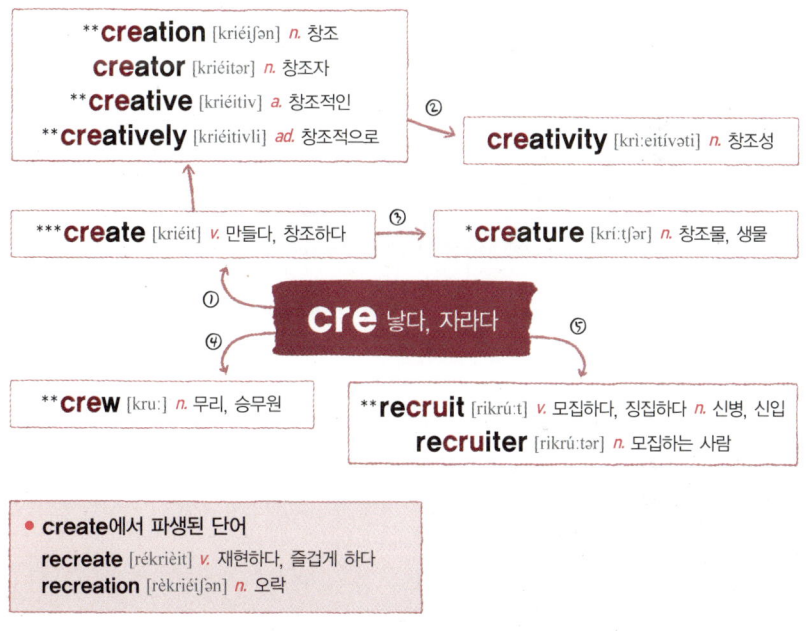

- **create**에서 파생된 단어
  recreate [rèkriéit] v. 재현하다, 즐겁게 하다
  recreation [rèkriéiʃən] n. 오락

예문

Several new government programs were **created** while he was governor.
그가 주지사였던 동안 몇 가지 새로운 정부 프로그램이 만들어졌다.

The plane crashed, killing two of the **crew** and four passengers.
비행기가 추락해 승무원 2명과 승객 4명이 사망했다.

Public schools are **recruiting** new teachers.
공립학교들이 새로운 교사를 모집하고 있다.

02 | locate

loc는 과거 '장소'와 '놓다'를 의미했고, 여기서 파생한 locate는 장소에 놓여있는 '위치하다, 위치를 찾다'를 뜻하게 되었다. allocate는 알맞은 목적에 따라 여러 장소에 골고루 놓는다고 하여 '할당하다'라는 뜻으로 사용되고, local은 특정 장소인 '지역의, 지방의'라는 뜻이 되었다. motion과 합쳐진 locomotion은 장소를 옮길 수 있게 움직이는 '이동'을 뜻하고, locomotive는 '이동하는'이라는 뜻과 장소를 이동하며 손님을 나르는 '기관차'를 뜻한다.

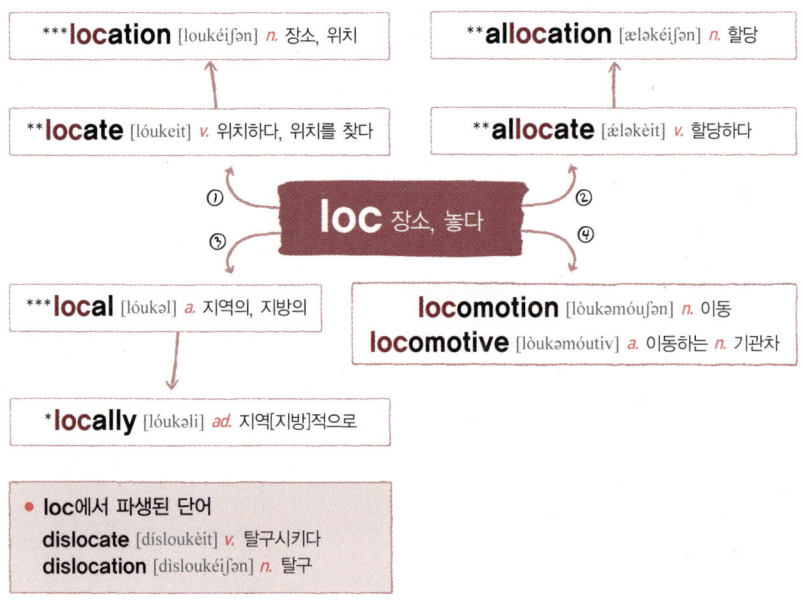

- loc에서 파생된 단어
  dislocate [dísloukèit] v. 탈구시키다
  dislocation [dìsloukéiʃən] n. 탈구

예문

Our restaurant is **located** at a secluded place on southern Georgian Bay.
우리 식당은 조지안 만의 남쪽, 외진 곳에 위치하고 있다.

We need to determine the best way to **allocate** our resources.
우리는 우리의 자원들을 할당하는 가장 좋은 방법을 결정해야 한다.

I am proud of myself for becoming a steam **locomotive** driver, my childhood dream.
나는 내 어린 시절 꿈이었던 기관사가 된 것이 자랑스럽다.

03 | commemorate

memory는 '기억'을 의미하고, commemorate는 사람들이 함께 기억을 한다고 하여 '기념하다'라는 뜻이 되었다. memorize는 기억할 수 있도록 외우는 '암기하다'라는 뜻이고, memorial은 '기념의'라는 뜻과 기억할 수 있게 세워진 것이라고 하여 '기념비[물]'를 뜻하게 되었다. remember도 memory에서 파생되어 마음속에서 다시 생각나게 하는 '기억하다'라는 뜻을 지니게 되었다.

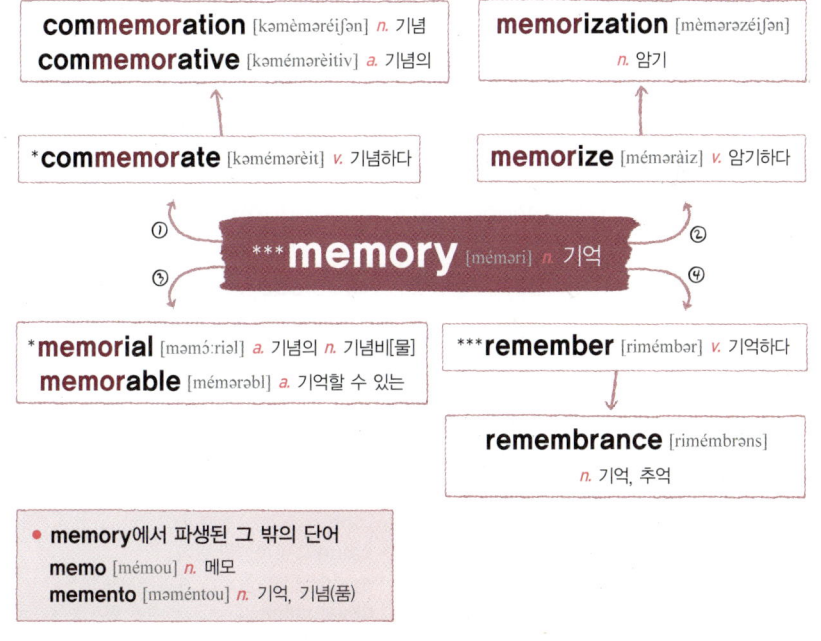

- memory에서 파생된 그 밖의 단어
  memo [mémou] n. 메모
  memento [məméntou] n. 기억, 기념(품)

예문

The statue **commemorates** the battle that took place here 200 years ago.
이 동상은 200년 전에 이곳에서 벌어진 전투를 기념한다.

He would pray for hours and **memorize** large sections of the Bible.
그는 몇 시간 동안 기도하고 성경의 많은 부분을 암기했다.

Memorial Day was widely observed to **commemorate** the sacrifices of Civil War soldiers.
전몰장병 기념일은 남북전쟁 중 희생당한 병사들을 기리기 위해 널리 지켜졌다.

04 | evaluate

val은 '강함'을 의미하던 단어였고, 이 단어에서 나온 value는 비교했을 때 한쪽이 더 귀하고 강한 것을 의미하여 현재 '가치'란 뜻이 되었다. evaluate는 가치를 매기는 '평가하다'라는 뜻이고, valuable은 가치를 지니고 있는 소중한 것을 표현하여 '귀중한'을 뜻한다. valid는 법으로 강하게 적용되는 '유효한'이란 뜻과 강하고 옳은 주장이라고 하여 '타당한'을 뜻하게 되었고, equivalent는 같은 강함을 가지고 있다고 하여 '동등한'이란 뜻이 된 단어다.

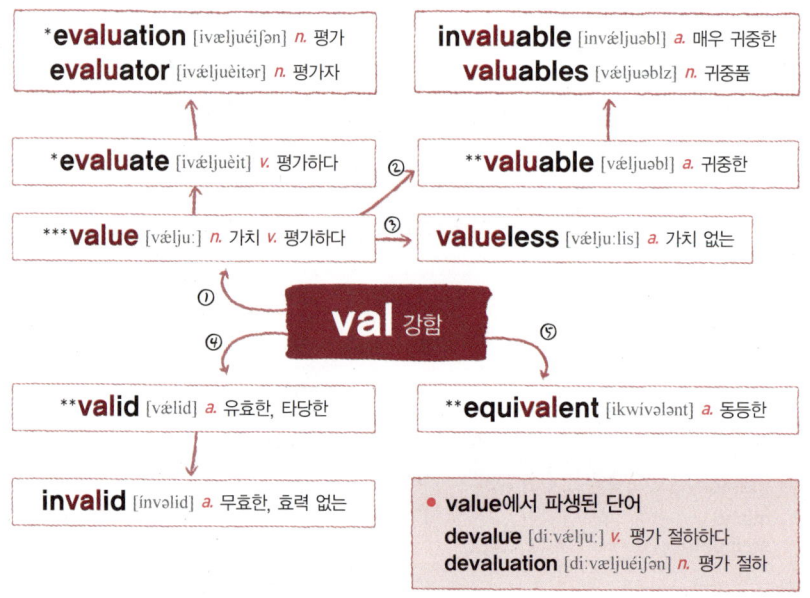

🔍 예문

You should be able to **evaluate** your own work.
너는 너의 작업을 평가할 수 있어야 한다.

You cannot conduct a tour in the Niagara Parks without a **valid** guide licence.
유효한 안내 자격증 없이는 나이아가라 공원에서 여행객을 안내할 수 없다.

The US Congress is roughly **equivalent** to the British Parliament.
미국 의회는 영국 의회와 거의 동등하다.

05 | terminate

과거에 termine은 '끝'을 의미했던 단어다. 이 단어에서 파생된 terminate는 '끝내다'라는 뜻이 되었고, exterminate는 밖으로 끌어내어 끝을 낸다고 하여 '박멸하다'를 뜻하게 되었다. 원형인 termine에서 파생된 determine은 무언가 정하는 것을 완전히 끝낸 '결정하다'라는 의미고, termine이 줄어든 형태인 term은 날짜 등의 끝을 정한 '기간'이나 정해진 곳에서만 사용되는 말인 '용어'다.

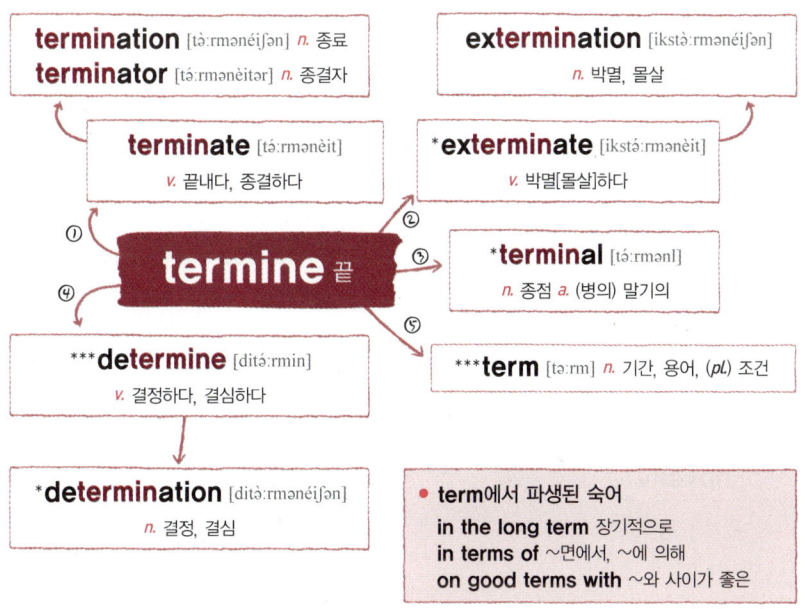

예문

The company had the right to **terminate** his employment at any time.
회사는 언제든지 취업을 종결할 권리가 있다.

There are many ways to **exterminate** pests but the best one is to have a clean home.
해충을 박멸하기 위한 방법은 많지만 최고의 방법은 집을 깨끗하게 하는 것이다.

It is impossible to accurately **determine** which employees deserve the reward.
어느 직원이 포상을 받을 자격이 있는지 정확히 결정하기란 불가능하다.

06 | innovate

nov는 과거 '새로운'이라는 뜻이었던 단어다. innovate는 기존에 없던 새로운 것을 안에 넣는 '혁신하다'라는 뜻이 되었고, renovate는 다시 새롭게 한다고 하여 '개조하다'라는 의미로 쓰이게 되었다. novel은 기존에 없던 새로운 이야기라고 하여 '소설'이라는 뜻의 명사와 '새로운'이라는 뜻의 형용사로 사용된다. nov가 현대 영어에서는 new로 변형되어 쓰인다.

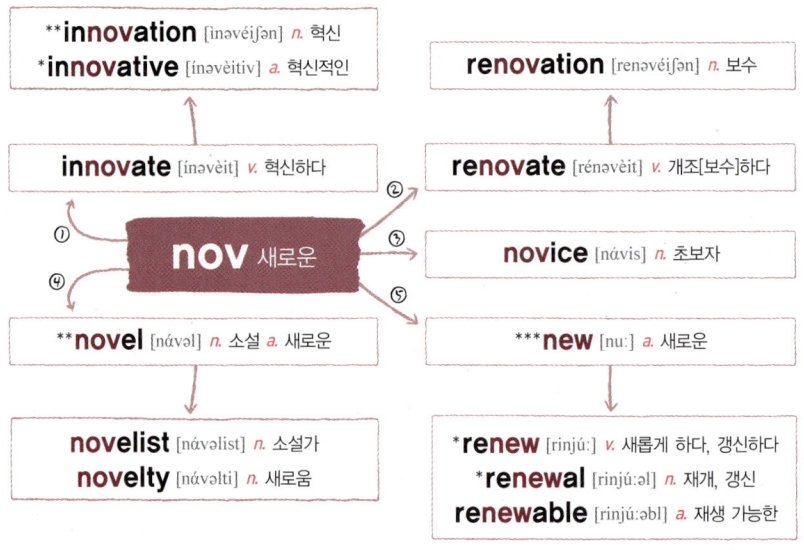

예문

How much will it cost to build my own house, or to **renovate** my old house.
내 집을 짓거나 낡은 집을 개조하는 데 비용이 얼마나 들어갈까요?

This **novel** is a story of two women who undertook a bold adventure in 2007.
이 소설은 2007년에 대담한 모험을 한 두 여자의 이야기다.

We are developing the **renewable** energy in order to induce investment.
우리는 투자를 유도하기 위하여 재생 가능한 에너지를 개발하고 있다.

07 | hibit

hibit은 '잡다, 가지다'라는 뜻으로 쓰였던 단어다. inhibit은 마음 안에서 잡고 있다고 하여 '억제하다'와 다른 사람을 못하게 잡는 '막다'라는 뜻이 되었고, prohibit은 앞에서 들어오지 못하게 잡는다고 하여 '금지하다'라는 뜻이 되었다. exhibit은 자신이 잡고 있는 것을 밖으로 보이는 '전시하다'를 뜻한다. 과거 habit은 가지게 된 '집'이란 뜻이 있었지만 현재는 반복적인 행위를 통해 가지게 된 '습관, 버릇'이라는 의미로만 쓰인다. habit의 '집'이란 의미가 확장되어 현재 habitat이 동식물이 사는 '서식지'를 뜻하게 되었다.

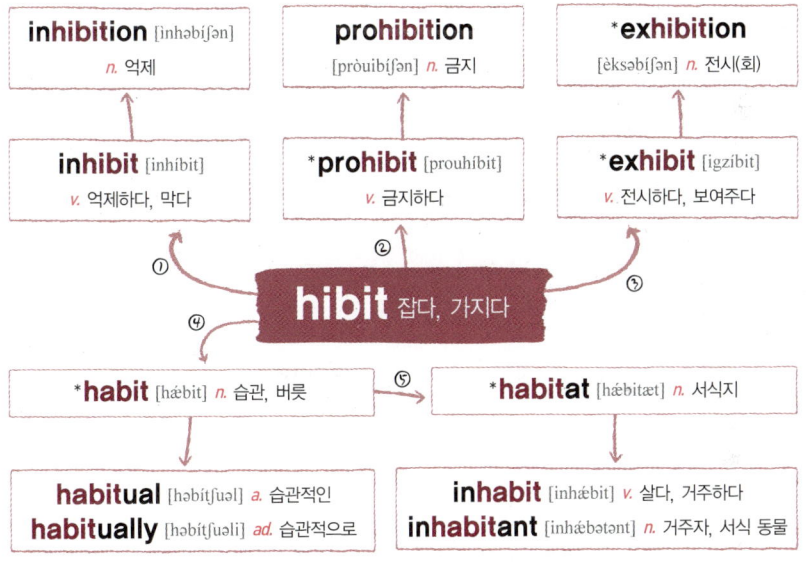

 예문

The government announced that it would **prohibit** smoking in government buildings.
정부는 정부청사에서 흡연을 금지하겠다고 발표했다.

Children can see the immature stages of butterfly in this **exhibition**.
아이들은 이 전시회에서 나비의 미성숙 단계들을 볼 수 있다.

The developers forced all of the tribes and **inhabitants** out of the land.
개발업자들은 모든 부족과 서식동물을 그 땅 밖으로 강제로 몰아냈다.

08 | d[dit]

d는 '놓다'라는 뜻이었고 이 단어의 과거분사로는 dit가 사용되었다. 현재 동사로 남아있는 edit은 밖으로 놓아 판매할 수 있게 정리하는 '편집하다'라는 뜻이 되었다. 원형인 d에 ad-가 붙어서 생긴 add는 기존에 있던 곳에 다른 것을 또 놓는다고 하여 '더하다, 추가하다'라는 뜻이 되었고, 이것이 addit로 바뀐 후 -ion이 붙은 addition이 명사형이다. tradition은 과거에 있던 것이 시대를 건너(tra) 현재까지 놓인(d) 것을 의미하여 '전통'이라는 뜻이 되었다.

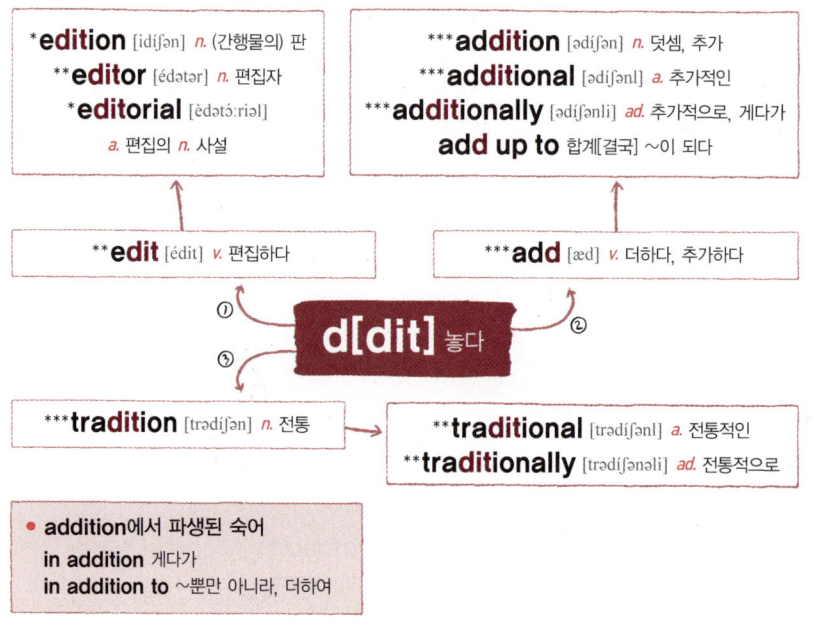

- addition에서 파생된 숙어
  in addition 게다가
  in addition to ~뿐만 아니라, 더하여

예문

I was glad that the **editor** omitted only one sentence from a paragraph in my article.
편집자가 내 기사의 한 단락에서 문장 하나만을 빼서 기뻤다.

She's planning to **add** some new flowers to the garden.
그녀는 정원에 새로운 꽃을 추가할 계획이다.

Tomato-throwing is a time-honored **tradition** in the festival.
토마토 던지기는 축제의 유서 깊은 전통이다.

09 | stit[stitute]

stit은 '서다, 세우다'라는 뜻인 st의 과거분사였다. 여기서 파생된 superstit은 현재 쓰이지는 않지만 '잘못된 신을 위에 세운다'는 뜻이었고, 이 단어에 -ion을 붙인 superstition은 '미신'을 뜻한다. 앞에서 dict에 -ate가 결합되었던 것처럼 stit에 -ute가 결합되어 stitute가 만들어졌고, constitute는 함께 세운다는 의미로 '구성하다', institute는 안에 세우기에 '설립하다'는 동사와 '기관'이라는 명사가 되었다.

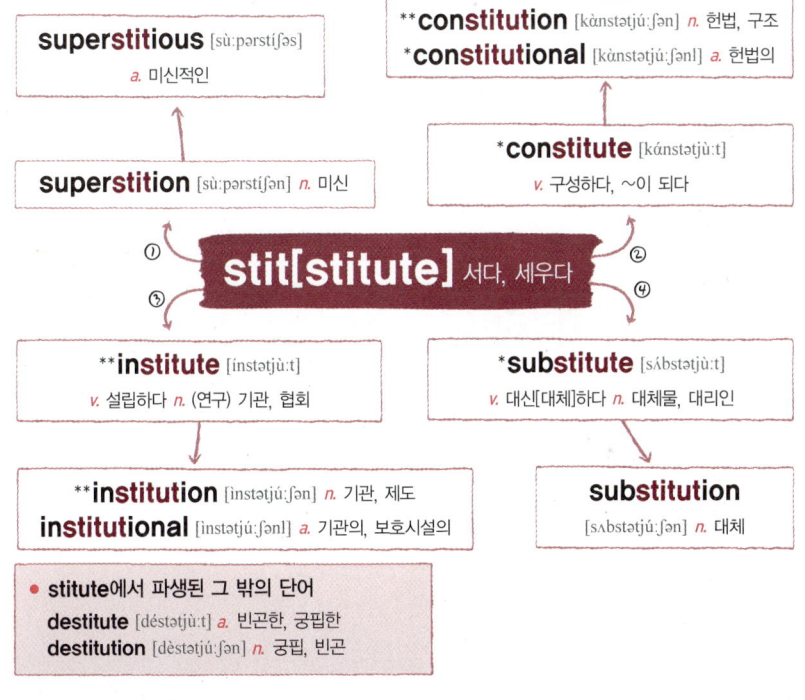

- stitute에서 파생된 그 밖의 단어
  destitute [déstətjùːt] *a.* 빈곤한, 궁핍한
  destitution [dèstətjúːʃən] *n.* 궁핍, 빈곤

예문

Popular **superstitions** are always worth recording; they illustrate tradition.
대중적인 미신은 전통을 잘 보여주므로 항상 기록할 가치가 있다.

Thousands of proposals have been made to amend the **constitution**.
헌법을 개정하기 위한 몇 천 개의 제안이 있었다.

Carob is used as a **substitute** for chocolate.
캐럽은 초콜릿 대체물로 사용된다.

10 | sec[secute]

execute는 ex와 secute가 결합되어 생긴 단어로 상관의 명령에 따라서 행동하는 '실행하다'와 명령에 따라 죽이기까지 하는 '처형하다'라는 뜻이 되었다. prosecute는 범죄를 저지르면 그 다음에 따라오는 것이라고 하여 '기소하다'라는 뜻이 되었고, 형용사로 쓰이는 consecutive는 떨어지지 않게 함께 따라가는 것을 의미하여 '연속적인'이라는 뜻이다. 원형인 sec에서 파생된 second는 첫 번째 다음에 따라가는 것을 의미하여 '둘째의'라는 뜻이 되었다.

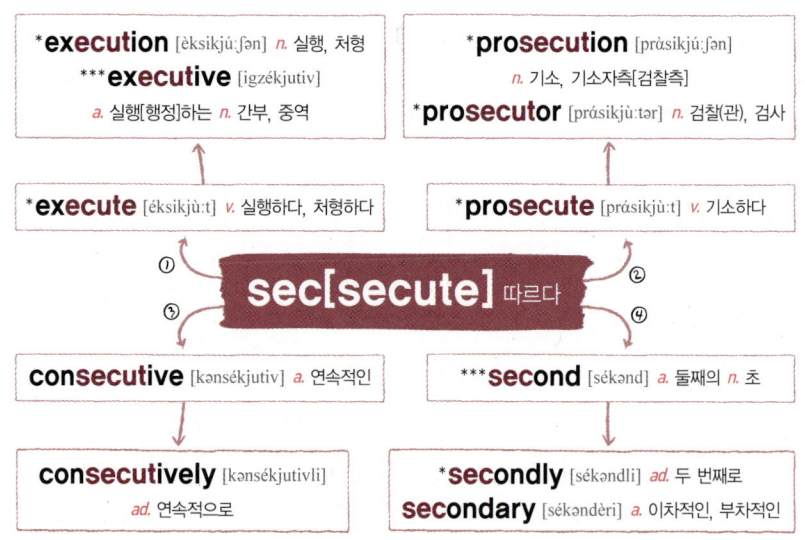

예문

We dream of becoming a business **executive** but are unsure of the path to reach the goal.
우리는 회사의 간부가 되는 꿈을 꾸지만, 그 목표에 도달하는 길에 대해서는 확신이 없다.

Statesmen criticized the police and the **prosecutor's** office for failing to solve the crimes.
정치가들은 경찰과 검찰이 범죄를 해결하지 못한 것에 대해 비판했다.

The team has lost three **consecutive** games.
그 팀은 세 경기 연속으로 패했다.

11 | tribute

tribe는 '부족'을 의미하고, 여기서 파생된 tribute는 원래 부족의 우두머리에게 바치는 '주다'라는 뜻이었다. 현재 tribute는 '헌사'나 '공물'이라는 명사로만 쓰이지만 여기서 파생된 단어들은 '주다'의 의미를 띤다. contribute는 자신이 함께 지니고 있는 것을 주는 '기부하다, 기여하다', attribute는 잘못이나 잘한 것의 원인을 다른 사람에게 주는 '~의 탓으로 돌리다'이다. distribute는 따로따로 나눠준다고 하여 '분배하다, 배포하다'라는 뜻이다.

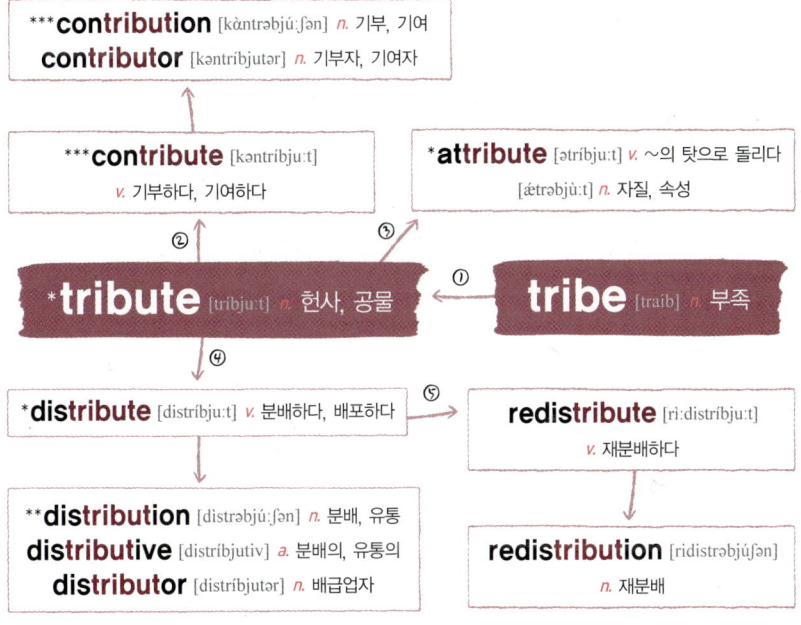

예문

Many people **contribute** money to charities for Christmas.
많은 사람들이 크리스마스에 자선단체에 돈을 기부한다.

He is a humble man who **attributes** his success to good luck rather than to great skill. 그는 자신의 성공을 뛰어난 자질보다는 운으로 돌리는 경향이 있는 겸손한 사람이다.

A good manager should always find a fair way to **distribute** his gains to the employees. 훌륭한 관리자는 직원들에게 소득을 공평하게 분배할 방법을 항상 모색해야 한다.

Exercise

정답: 456쪽

1. 다음 영어 단어의 우리말 뜻을 적어보세요.

① innovate _____   ⑥ creative _____
② terminate _____   ⑦ consecutive _____
③ contribute _____   ⑧ superstition _____
④ valuable _____   ⑨ edit _____
⑤ locate _____   ⑩ commemorate _____

2. 다음 우리말 뜻에 해당하는 영어 단어를 적어보세요.

① 헌법 _____   ⑥ 승무원 _____
② 기소하다 _____   ⑦ 유효한 _____
③ 금지하다 _____   ⑧ 초보자 _____
④ 전통 _____   ⑨ 할당하다 _____
⑤ 부족 _____   ⑩ 암기하다 _____

3. 다음 빈칸에 알맞은 단어를 보기에서 찾아 넣어보세요.

> **보기** consecutive, renovate, equivalent, recruiting, attributes

① How much will it cost to build my own house, or to _____ my old house?
② The team has lost three _____ games.
③ He is a humble man who _____ his success to good luck rather than to great skill.
④ Public schools are _____ new teachers.
⑤ The US Congress is roughly _____ to the British Parliament.

접두사 pro-: 앞의, 전의

pro는 '앞'을 의미하는 접두사이고, 철자의 순서가 바뀐 por나 pur로 사용되는 경우도 종종 있다. 특히 앞으로 다룰 per(통과)와 혼동할 수 있으니 조심하자.

① **pro**mote [prəmóut] v. 증진[승진, 홍보]하다 → promotion [prəmóuʃən] n. 승진, 홍보
= **pro**(앞) + **mote**(옮기다)　　　　　　promoter [prəmóutər] n. 기획자, 주최자

He was **promoted** to senior editor.
그는 수석 편집장으로 승진했다.

② **pro**sper [práspər] v. 번영하다 → prosperity [praspérəti] n. 번영
= **pro**(앞) + **sper**(희망)　　　　　　prosperous [práspərəs] a. 번영하는

Companies must innovate new products and services if they want to grow and **prosper**.
회사가 번영하고 발전하기 위해서는 신상품과 새로운 서비스를 도입해야 한다.

③ **pro**minent [prámənənt] a. 탁월한, 두드러진 → prominently [prámənəntli] ad. 두드러지게
= **pro**(앞) + **min**(돌출하다)　　　　　　eminent [émənənt] a. 저명한, 뛰어난
　　　　　　　　　　　　　　　　　　　　imminent [ímənənt] a. 임박한

For 30 years, she has undoubtedly been a **prominent** artist in her native country.
30년 동안 그녀는 모국에서 의심할 바 없이 탁월한 예술가였다.

④ **por**tray [pɔːrtréi] v. 묘사하다, 그리다 → portrayal [pɔːrtréiəl] n. 묘사
= **por**(앞) + **tray**(끌다)　　　　　　portrait [pɔ́ːrtrit] n. 초상화
　　　　　　　　　　　　　　　　　　self-portrait [sèlfpɔ́ːrtrit] n. 자화상

The lawyer **portrayed** his client as a victim of child abuse.
변호사는 그의 고객을 아동 학대의 희생자로 묘사했다.

⑤ **pur**chase [pə́ːrtʃəs] v. 구매하다 n. 구매 → purchaser [pə́ːrtʃəsər] n. 구매자
= **pur**(앞) + **chase**(원뜻: 잡다, 현재: 추격하다)

He **purchased** a new suit for a hundred dollars.
그는 새 정장을 백 달러에 구입했다.

DAY 14 -ate/-t 형태의 형용사

과거분사는 동사가 변형되어 파생되었기 때문에 기본적으로 동사 역할을 하고, 수동태 구문에서는 형용사 역할을 한다. 이처럼 예전에 사용되던 과거분사들이 현대 영어에서는 형용사로 남겨진 경우도 있다. 여기서는 형용사로 남아있는 단어 위주로 살펴보고, 추가적으로 형용사와 동사로 모두 사용되는 단어들도 살펴보겠다. 특히 -ate 형태의 형용사에 -ly가 결합하여 부사가 되고, -acy로 변형되어 명사가 된 경우가 많다.

● -ate로 끝나는 형용사에서 파생된 단어들의 기본 패턴

-ate	형용사
-ate + **-ly** = **-ately**	부사
-ate → **-acy**	명사

● Example

inveterate [invétərət] *a.* 상습적인, 고질적인
→ **inveterately** [invétərətli] *ad.* 상습적으로
　inveteracy [invétərəsi] *n.* 만성

01 | private 형용사

prive는 과거 '빼앗다'라는 뜻이었고, 여기서 파생된 private는 모두가 소유하는 것이 아닌 자신이 직접 빼앗아 권리를 가진다고 하여 '개인의'라는 뜻과 정부에 간섭받지 않는 '민간의'라는 뜻이 되었다. 이 뜻이 확장되어 privacy는 개인적인 '사생활'이란 뜻이 되었고, privatize는 '민영화하다'라는 뜻이 되었다. privilege는 private와 '법'을 의미했던 leg가 합쳐져 개인에게만 따로 법적인 권리를 주는 '특권'을 뜻하고, deprive(박탈하다, 빼앗다)는 prive의 뜻을 그대로 받아 쓰이고 있다.

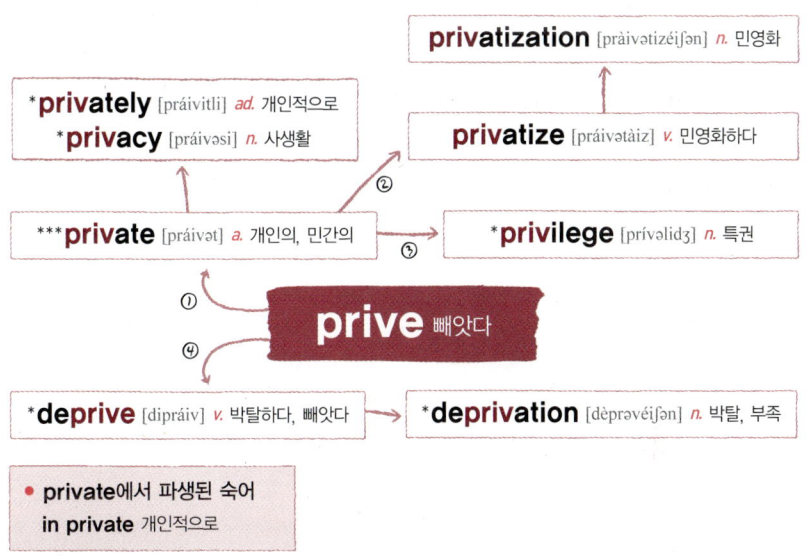

- private에서 파생된 숙어
  in private 개인적으로

예문

The company was **privatized** by the government in 1956.
그 회사는 1956년에 정부에 의해 민영화되었다.

"Parental **privilege**" indicates a parent's right to control his or her child.
'친권'은 부모가 아이를 통제할 수 있는 권리를 가리킨다.

Research shows that sleep **deprivation** can interfere with memory.
연구 결과 수면 부족이 기억력을 방해할 수 있다고 한다.

02 | adequate 형용사

equ는 과거 '같은'이라는 뜻이었고, 현대 영어의 equal이 이 단어를 그대로 받아 같은 의미로 사용된다. adequate는 부족하다는 사람들에게 다른 사람과 똑같이 채워준다고 하여 '충분한, 적절한'이라는 뜻이 되었고, 부정을 의미하는 in-이 붙은 inadequate는 '불충분한, 부적절한'을 뜻한다. equal에 부정의 un-이 결합된 unequal은 '같지 않은'을 뜻하고, equality(평등, 균등)에 역시 부정의 in-이 붙어 inequality(불평등)가 파생되었다.

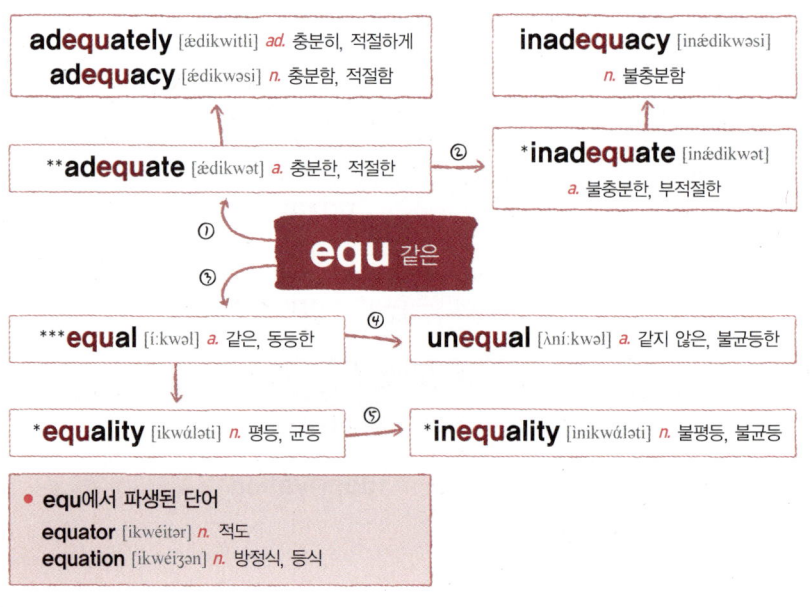

- equ에서 파생된 단어
  equator [ikwéitər] n. 적도
  equation [ikwéiʒən] n. 방정식, 등식

예문

Some creams we tested failed to give **adequate** protection against UV light.
우리가 테스트한 일부 크림은 자외선을 적절히 차단해주지 못했다.

These supplies are **inadequate** to meet our needs.
이러한 공급은 우리의 요구를 충족시키기에 부적절하다.

The two cities are roughly **equal** in size.
두 도시의 크기는 거의 동일하다.

He created a mathematical formula to describe the **unequal** distribution of wealth.
그는 부의 불균등한 분배를 설명하기 위한 수학 공식을 고안해냈다.

03 | accurate 형용사

현대 영어의 cure는 '치료'를 의미하는데, 과거에 사용되던 cure는 '주의, 돌봄' 이라는 뜻도 있었다. 그래서 accurate는 어떤 한쪽에 더욱더 주의를 기울여서 바르게 하는 행동을 표현하여 '정확한'이 되었고, curious는 어떠한 것에 주의를 많이 기울이게 되는 '호기심이 많은'을 뜻하게 된 것이다. secure는 cure의 '돌봄'이라는 의미가 확장되어 돌봄이 필요 없는 것을 의미하는 '안전한', curator는 미술관이나 박물관에서 작품들을 돌보고 관리하는 '큐레이터'를 뜻한다.

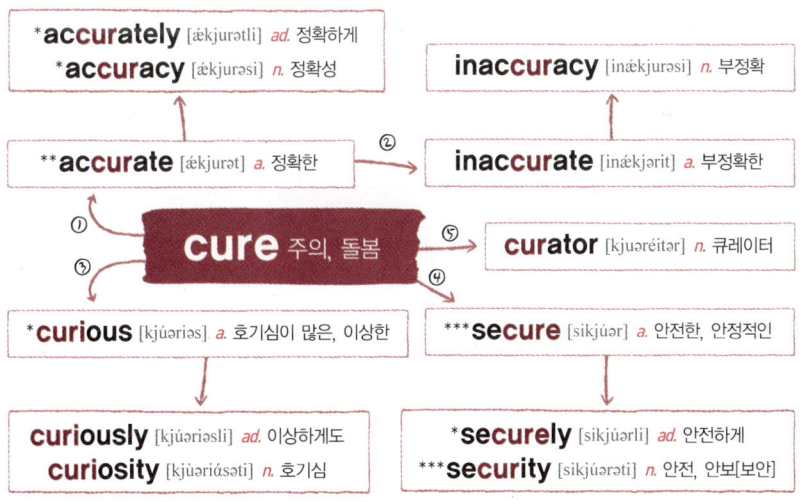

🔍 예문

Our research isn't complete, so these figures are somewhat **inaccurate**.
우리의 연구는 완전하지 않다. 따라서 이 수치는 다소 부정확하다.

She was naturally **curious** about its new surroundings.
그녀는 새로운 환경에 대해 자연스럽게 호기심이 생겼다.

Most people want to live a financially **secure** life, so they save money for their future.
대부분의 사람들은 경제적으로 안정적인 생활을 원하므로 미래를 위해 돈을 저축한다.

04 | delicate 형용사

lice는 과거 '끌고 가다'라는 뜻으로 쓰였고, 이 단어에서 파생된 delicate는 언제든 쉽게 끌고 갈 수 있다고 하여 '연약한'이라는 뜻과 아주 연약할 수 있는 작은 부분까지 신경 쓰는 '섬세한'이라는 뜻이 되었다. delicious도 원래 쉽게 끌리게 만드는 냄새를 표현하던 것이 현재는 '맛있는'이라는 뜻이 되었다. lace는 끌고 갈 수 있는 '끈', 특히 옷이나 커튼 등에 달려 있는 끈으로 촘촘히 엮은 '레이스'를 뜻한다.

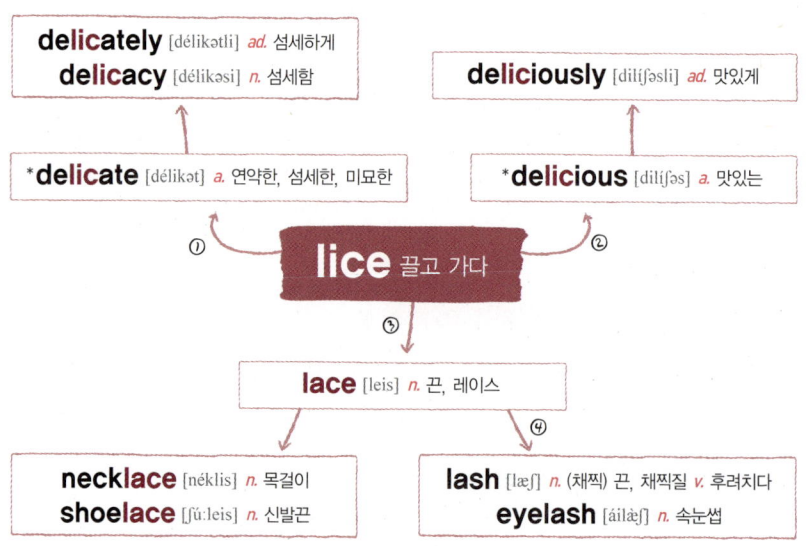

🔍 예문

The fish was served with a **delicate** mushroom sauce.
물고기는 섬세한 버섯 소스와 함께 나왔다.

This is the most **delicious** foods we have ever eaten.
이것은 우리가 이제까지 먹었던 가장 맛있는 음식이다.

The curtains were made from fine **lace** of great **delicacy**.
그 커튼은 아주 섬세한 고급 레이스로 만들어졌다.

She was wearing a coral **necklace**.
그녀는 산호 목걸이를 착용했다.

05 | obstinate 형용사

stine도 과거 '서다, 세우다'라는 뜻이었던 st에서 파생된 단어다. 여기서 파생된 obstinate는 어떠한 상황이든 계속 흔들리지 않고 서 있는 것을 표현하여 '고집 센, 완고한'이란 뜻이 되었다. destine은 신에 의해 운명이 세워져 있다고 하여 '~할 운명에 있다'라는 뜻과 열차 등이 목적한 장소에 서는 '~행이다'라는 뜻도 생겼다. 이 의미가 확장되어 destiny는 '운명'을, destination은 '행선지'를 뜻한다. pristine은 가장 처음 세워져 있는 것을 표현해 '새 것 같은'이라는 뜻이 되었다.

예문

She has many enemies, and they say that she has an abundance of **obstinate** temper.
그녀는 적을 많이 두고 있으며, 그들은 그녀가 굉장히 고집 센 성격이라고 말한다.

He **obstinately** refused to obey.
그는 고집스럽게 순종하기를 거부했다.

We receive a fee directly from the shipper for delivering a package to its **destination**.
우리는 소포를 목적지까지 배달한 대가로 화물 주인으로부터 직접 수수료를 받는다.

My office is a mess but her office is always **pristine**.
내 사무실은 엉망이지만 그녀의 사무실은 항상 깨끗하다.

06 | fortunate 형용사

'기회'를 의미했던 fortu에서 나온 fortune은 특히 좋은 기회를 의미하여 '운'과 운을 통해 부를 가지게 되는 '재산'을 뜻하게 되었다. fortune에서 부정의 의미로 파생된 단어는 misfortune(불운)이고, 형용사로 파생된 fortunate(운 좋은)에서 부정으로 파생된 단어는 unfortunate(불행한)이다. 기회는 뜻하지 아니할 때 오기 때문에 fortu에서 파생된 fortuity는 '우연'이라는 뜻으로 쓰이게 되었다.

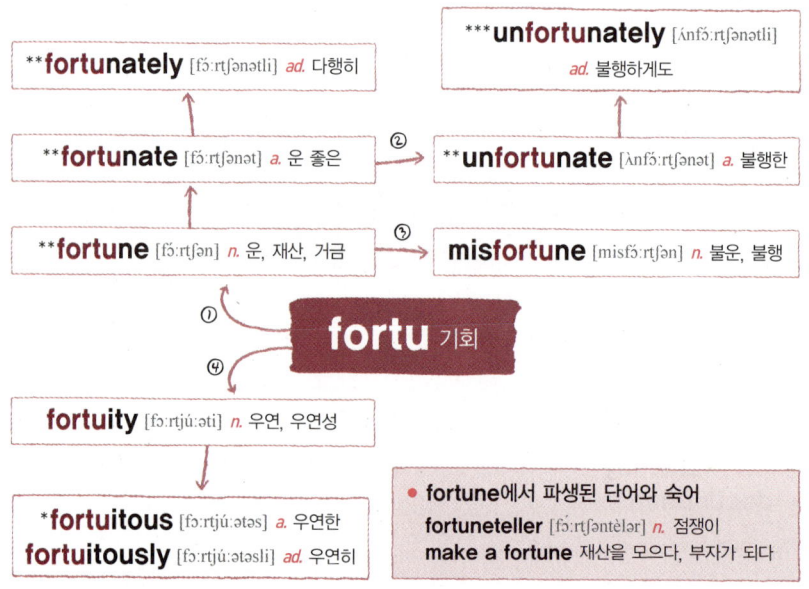

예문

He died in poverty in 1947, but his art is worth a **fortune**.
그는 1947년에 가난해서 죽었지만 그의 예술은 거금의 가치가 있다.

I am **fortunate** to work in a school where all the children are extremely motivated.
나는 모든 아이들이 매우 동기부여가 되어 있는 학교에서 일하게 되어 다행이다.

Unfortunately, we didn't finish on time.
불행하게도, 우리는 정각에 끝내지 못했다.

The meeting with him was **fortuitous**, yet it also had its significance for me.
그와의 만남은 우연이었으나 그것은 나에게 있어 중요했다.

07 | separate 형용사/동사

pare는 '만들다'라는 뜻이었고, 이 단어에서 파생된 separate는 만들어진 것을 따로 떼어놓는 '분리하다'라는 뜻과 형용사로 따로따로 떼어진 '별개의'라는 뜻이 되었다. separate에서 변형되어 파생된 sever는 분리시키는 '자르다'라는 뜻과 관계 등을 자르는 '끊다'라는 뜻이 되었다. prepare는 미리 만들기에 '준비하다'라는 뜻으로 쓰이며, parent는 자식을 만들어내는 사람이기에 '부(모)'를 뜻하고, parade는 사람들에게 보이기 위해 만든 '행진'을 뜻한다.

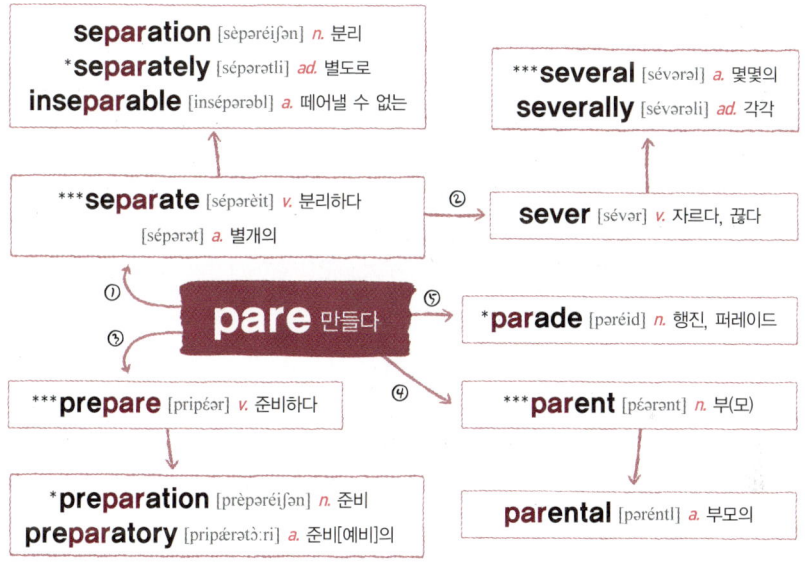

🔍 예문

She had **severed** all contact with her ex-husband.
그녀는 전남편과 모든 접촉을 끊었다.

The greatest objective of education is to **prepare** the young generation for leadership.
교육의 가장 큰 목표는 어린 세대에게 지도자의 자질을 준비시키는 것이다.

The **parents** are busy making money and have no time to spare for the children.
부모들은 돈 버느라고 바빠서 아이들에게 할애할 시간이 없다.

08 | elaborate 형용사/동사

labor는 '노동'을 의미하는 단어이고 이 단어에서 파생된 elaborate는 노동을 통해 밖으로 드러낼 정도로 잘 만든 것을 의미하여 '정교하게 만들다'와 어떻게 만들어졌는지를 말하는 '자세히 설명하다'를 뜻하게 되었다. 또한, 형용사로도 사용되어 '정교한'이란 의미도 지닌다. collaborate는 함께 노동을 하기에 '협력하다'라는 뜻이 되었고, laborer는 노동을 하는 사람으로 '노동자'를 뜻한다.

예문

During that same time, the total youth **labor** force grew by 2.4 million.
같은 기간 동안 청년층의 총 노동력은 240만이 증가하였다.

They made **elaborate** preparations for his visit.
그들은 그의 방문을 위해 정교한 준비를 했다.

The company wants to **collaborate** with the government to promote the international market.
그 회사는 국제적인 시장에 진출하기 위하여 정부와 협력하기를 원한다.

The physics **laboratory** is known for hiring the best and the brightest.
그 물리 실험실은 가장 똑똑하며 최고인 사람들을 고용하는 것으로 알려져 있다.

09 | abrupt 형용사

rupt는 '부수다'를 의미했다. abrupt는 예고 없이 터져 나오는 것을 표현하여 '갑작스러운'을 뜻하고, corrupt는 사람이 지니고 있는 성격, 성질을 완전히 부셔버린다고 하여 '타락시키다'와 '타락한'을 뜻하게 되었다. disrupt는 더 이상 진행되지 못하게 따로따로 끊어놓는다고 하여 '혼란시키다, 방해하다'이다. interrupt도 진행되는 사이를 끊는다고 하여 '방해하다'인데, 특히 대화를 방해하는 상황에서 자주 사용된다. erupt는 밖으로 터져 나오는 것을 의미하여 '분출하다'를 뜻한다.

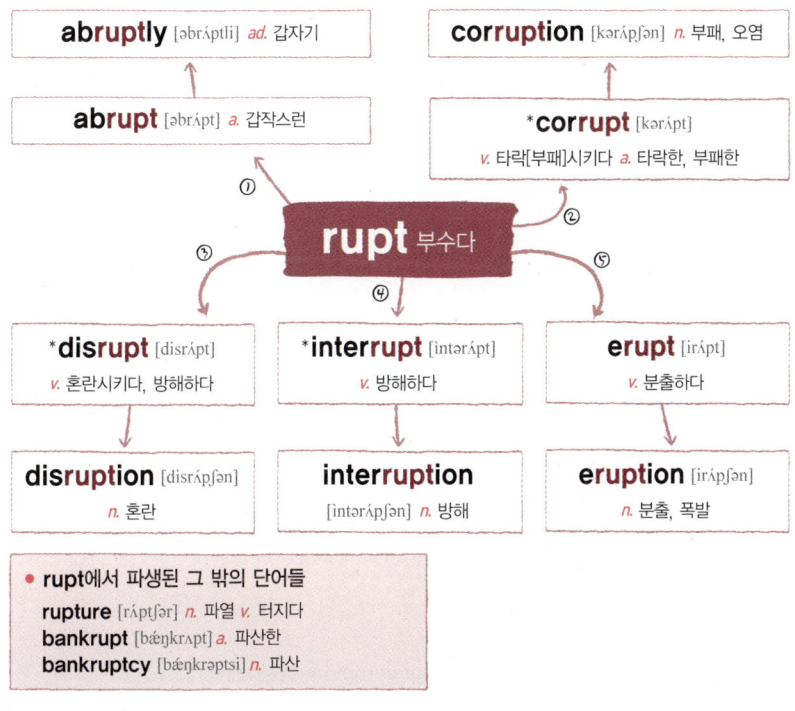

- rupt에서 파생된 그 밖의 단어들
  rupture [rʌ́ptʃər] n. 파열 v. 터지다
  bankrupt [bǽŋkrʌpt] a. 파산한
  bankruptcy [bǽŋkrəptsi] n. 파산

예문

The party ended **abruptly** when the police arrived.
경찰이 도착했을 때 파티가 갑자기 끝났다.

Corruption undermines the efforts of sustaining economic growth.
부패는 경제 성장을 지속하려는 노력을 저해한다.

Please don't **interrupt** me while I'm talking.
내가 말하는 동안 저를 방해하지 마세요.

10 | strict 형용사

string은 '끈, 묶다'라는 뜻이고, 이 단어에서 n이 빠지고 변형된 strict는 예전에는 과거분사로 쓰였다. 현재 strict는 형용사로 사용되어 법이나 규칙 등으로 꽉 묶어놓은 엄한 것을 표현하여 '엄격한'을 의미하고, restrict는 뒤를 묶어 일정 거리만 활동할 수 있게 '제한하다'는 뜻이다. district는 따로 묶어놓은 장소인 '지역, 구역'이라는 뜻이고, strong은 끈을 묶을 수도 풀 수도 있는 힘을 표현하여 '강한'을 뜻한다.

🔍 예문

They want to impose **strict** limits on government spending.
그들은 정부 지출에 엄격한 제한을 가하고 싶어 한다.

The new law **restricts** smoking in public places.
새로운 법은 공공장소에서의 흡연을 제한한다.

The report presents revenue and expenditure data for Michigan public school **districts**.
이 보고서는 미시간 공립학교 구역의 소득과 지출 정보를 나타낸다.

I have never done many sports or exercises to **strengthen** my upper body.
나는 상체를 강화하기 위한 운동이나 스포츠를 많이 해본 적이 없다.

11 | distinct 형용사

sting은 벌 등이 침을 쏘는 '쏘다, 찌르다'라는 뜻이다. 이 단어에서 파생된 distinguish는 여러 물건 중 자신의 것만 따로 찔러놓아 갈라놓는 '구별하다'이고, distinct는 과거분사로 쓰이다가 형용사로 남겨진 단어로 '구별된'이라는 뜻과 눈에 띌 정도로 구별이 되기에 '뚜렷한'이라는 뜻이 되었다. extinguish는 벌의 침을 뽑아 죽이는 것을 의미해서 '없애다'와 불을 '끄다'는 뜻이 되었다. instinct는 벌이 공격을 받으면 언제든지 마음 안에서 찌르려고 하는 '본능'을 뜻한다.

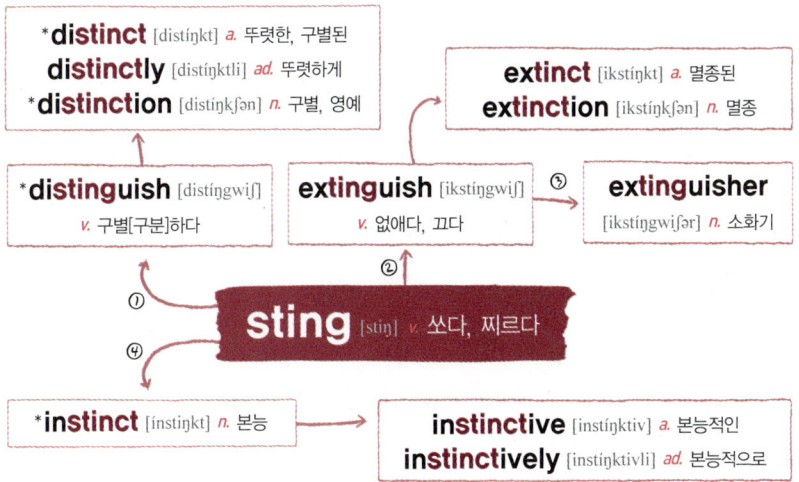

 예문

Children can **distinguish** between good and evil as they grow.
아이들은 자라면서 선악을 구별할 수 있게 된다.

Extinguish a candle if the flame becomes too high or flickers repeatedly.
불길이 너무 높거나 반복해서 깜박이면 촛불을 끄세요.

His action is based on a basic **instinct**, simply responding to the smell of food.
그의 행동은 음식의 냄새에 단순하게 반응을 보이는 원초적 본능에 근거한 것이다.

Exercise

정답: 456쪽

1. 다음 영어 단어의 우리말 뜻을 적어보세요.

① strict	_____	⑥ fortune	_____
② interrupt	_____	⑦ obstinate	_____
③ collaborate	_____	⑧ accurate	_____
④ instinct	_____	⑨ adequate	_____
⑤ sever	_____	⑩ delicious	_____

2. 다음 우리말 뜻에 해당하는 영어 단어를 적어보세요.

① 불행한	_____	⑥ 실험실	_____
② 준비	_____	⑦ 특권	_____
③ 호기심	_____	⑧ 평등	_____
④ 목걸이	_____	⑨ 갑작스런	_____
⑤ 운명	_____	⑩ 멸종	_____

3. 다음 빈칸에 알맞은 단어를 보기에서 찾아 넣어보세요. (필요 시 어형 바꾸기)

보기 equal, unfortunately, necklace, severed, abruptly

① The party ended _____ when the police arrived.

② She had _____ all contact with her ex-husband.

③ _____, we didn't finish on time.

④ She was wearing a coral _____.

⑤ The two cities are roughly _____ in size.

접두사 pre-: 미리, 전의

pre-는 '미리, 전의'라는 뜻으로 사용되는 접두사로, pro-가 앞쪽으로 향하는 방향의 의미가 강하다면 pre-는 특히 시간적, 공간적으로 남보다 앞에 있는 것을 표현할 때 자주 사용된다.

① **pre**caution [prikɔ́:ʃən] *n.* 예방(책) → **precautionary** [prikɔ́:ʃənèri] *a.* 예방의
= **pre**(미리) + **caution**(조심, 주의)

When driving, she always wears her seatbelt as a **precaution**.
운전할 때, 그녀는 예방책으로 항상 안전벨트를 착용한다.

② **pre**fer [prifə́:r] *v.* 선호하다, 더 좋아하다 → **preference** [préfərəns] *n.* 선호
= **pre**(미리) + **fer**(옮기다)   **in preference to** ~보다 우선적으로

I suggested that we play a game, but they **preferred** to watch TV.
나는 게임을 하자고 제안했지만 그들은 TV 보기를 더 좋아했다.

③ **pre**gnant [prégnənt] *a.* 임신한 → **pregnancy** [prégnənsi] *n.* 임신
= **pre**(미리) + **gn**(낳다) + **ant**

Excessive weight gain of the **pregnant** mother may also cause problems for the baby.
임산부의 과다 체중은 아기에게도 안 좋은 영향을 끼칠 수 있다.

④ **pre**mature [prì:mətʃúər] *a.* 조기의, 시기상조의 → **prematurely** [prì:mətʃúərli] *ad.* 시기상조로
= **pre**(미리) + **mature**(성숙한)   **immature** [ìmətʃúər] *a.* 미숙한

Remember all of my words before you draw any **premature** conclusions.
네가 조급한 결론을 내리기 전에 내가 한 말을 모두 기억해라.

⑤ **pre**vail [privéil] *v.* 우세[승리]하다, 만연하다 → **prevail on** ~를 설득하다
= **pre**(미리) + **vail**(강함)   **prevailing** [privéiliŋ] *a.* 우세한, 지배적인
     prevalent [prévələnt] *a.* 널리 퍼진[유행하는]

Our team **prevailed** despite the bad weather.
우리 팀은 악천후에도 불구하고 승리했다.

DAY 15 -se

과거에는 -t뿐만 아니라 -se 형태의 과거분사도 쓰였다. 특히 현재까지 원형 동사가 그대로 남아있으면서, 명사나 형용사로 변형될 때만 -se 형태를 거치는 경우가 많다. 예를 들면 explode는 '폭발하다'라는 뜻의 동사인데, 이것이 explose로 바뀐 후 -ion이 결합되어 '폭발'을 의미하는 명사 explosion이 되었다. 또 앞에서 보았듯이 과거분사는 형용사로도 쓰이므로 여기서도 형용사로 쓰이는 -se 형태의 단어들도 살펴보겠다.

● -se로 끝나는 동사에서 파생된 단어들의 기본 패턴

-se	동사
-se + **-ion** = **-sion**	명사(행동)
-se + **-ive** = **-sive**	형용사
-se + **-or** = **-sor**	명사(사람, 사물)

● Example

explode [iksplóud] *v.* 폭발하다 → **explosion** [iksplóuʒən] *n.* 폭발
explosive [iksplóusiv] *a.* 폭발의 *n.* 폭발물

01 | clude[cluse]

clude는 '닫다'라는 뜻의 단어였고, 이것의 과거분사는 cluse였다. conclude는 사람들과 함께 회의를 통해 의견을 마치는(닫는) '결론짓다'라는 뜻이고, exclude는 밖으로 내보내고 닫는다고 하여 '제외하다'라는 뜻으로 쓰인다. include는 자신이 필요한 것만 안으로 넣고 닫는다고 하여 '포함하다'를 뜻하고, seclude는 따로 떼어놓고 나오지 못하게 닫는다고 하여 '고립시키다'라는 뜻이 되었다.

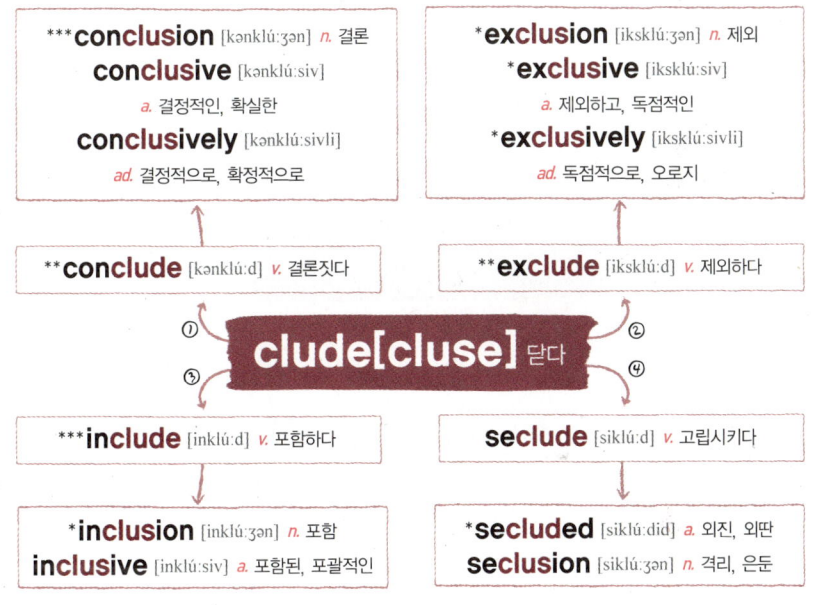

예문

Earlier this year, the writer signed an **exclusive** contract with an overseas publisher.
올해 초 그 작가는 해외의 한 출판사와 독점계약을 체결했다.

Each day we post a couple of messages which **include** colloquial expressions.
날마다 우리는 개인 홈페이지에 구어적 표현을 포함한 한두 개의 메시지를 올린다.

I realized that it's difficult to find a **secluded** place to set up camp.
나는 캠프를 칠 외딴 장소를 찾기 어렵다는 것을 깨달았다.

02 | close

close는 과거분사였던 cluse에서 파생된 단어다. 그래서 '닫다'와 눈을 닫는 '감다'라는 뜻을 갖게 되었다. 또 close는 문을 닫으면 점점 거리가 가까워지는 것을 의미해서 '가까운'이라는 뜻도 생겼다. disclose는 닫힌 것을 반대로 열어 알게 하는 '밝히다'라는 뜻이 되었고, enclose는 안을 닫는다고 하여 울타리처럼 둥그렇게 닫는 '두르다'라는 뜻이 되었다. 특히 동사 close에서 파생된 명사들에는 -ure이 붙었다.

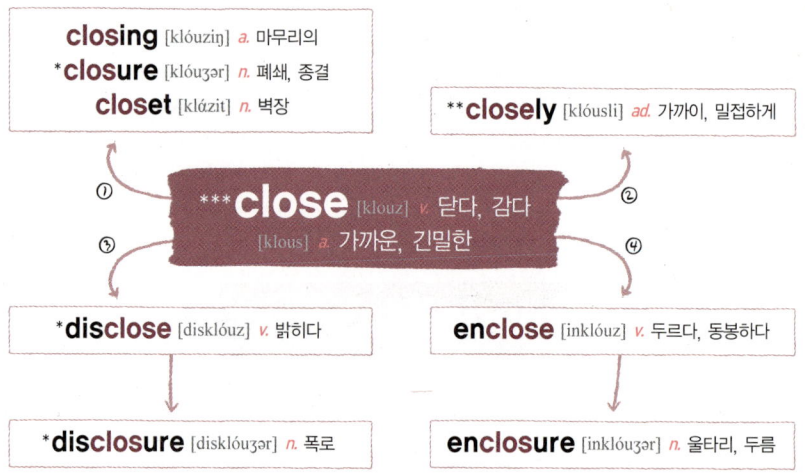

🔍 예문

They have to listen to you with their eyes **closed** while you describe a scene.
당신이 장면을 묘사하는 동안, 그들은 눈을 감은 채로 당신의 말에 귀를 기울여야 한다.

The **closing** ceremony was the most impressive ceremony I have ever attended.
폐회식은 내가 참석했던 모든 행사 중 가장 감동적인 의식이었다.

My best friend swore that she would not **disclose** the secret that I was about to tell her.
내 가장 친한 친구는 내가 그녀에게 말하려고 하는 비밀을 폭로하지 않겠다고 맹세했다.

The Mediterranean is a part of the Atlantic Ocean **enclosed** almost completely by land.
지중해는 대서양의 일부로서 거의 완전히 육지로 둘러싸여 있다.

03 | vide[vise]

vide는 '보다'라는 뜻이고, 이것의 과거분사는 vise다. divide는 보이는 것을 따로 떼어놓기에 '나누다'라는 뜻이 되었고, individual은 나눌 수 없는 한 명을 표현하여 '개인의'라는 뜻이 되었다. provide는 미래를 보고 나중까지 쓸 수 있게 알맞은 양을 주는 '제공하다'이다. vise가 동사로 쓰인 supervise는 위에서 보기에 '감독하다'를 뜻하고, revise는 다시 보고 고치기에 '수정하다'를 뜻한다.

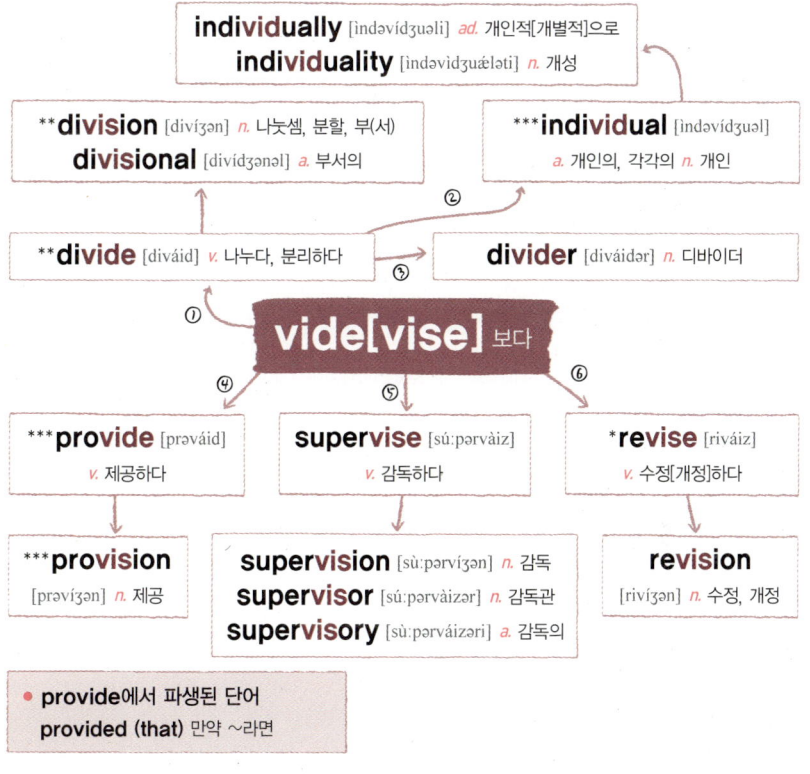

- **provide**에서 파생된 단어
  provided (that) 만약 ~라면

예문

The book is **divided** into three sections. 이 책은 세 부분으로 나뉘어져 있다.

This is a practical reference book that **provides** tips to correct grammatical errors. 이것은 문법적 오류를 고치는 데에 필요한 정보를 주는 실용적인 참고 서적이다.

The **revised** law will be applied only to persons with dual citizenship.
새로 개정된 법안은 이중 국적을 가진 사람들에게만 적용될 것이다.

04 | cide[cise]

cide는 '자르다'라는 뜻으로 사용되고 과거분사는 cise였다. decide는 큰 덩어리에서 자신이 원하는 부분을 정하고 떼어낸다고 하여 '결정하다'라는 뜻이 되었고, excise는 기존에 붙어 있던 것을 잘라서 밖으로 떼어내는 '절개하다'라는 뜻과 명사로 물건 등에 붙게 되는 '소비세'라는 뜻도 지니게 되었다. 형용사로 사용된 precise는 미리 재보고 자른다고 하여 '정확한'을 뜻하고, concise는 쓸데없이 함께 붙어 있는 것들을 깔끔하게 자르기에 '간결한'을 뜻하는 단어다.

- cide의 '죽이다'라는 뜻에서 파생된 단어들
  homicide [húməsàid] n. 살인
  suicide [sjúːəsàid] n. 자살
  pesticide [péstisàid] n. 살충제

🔍 예문

As a result of his subjective **decision**, we've lost confidence in him.
그의 주관적인 결정으로 인해 우리는 그에 대한 신뢰를 잃었다.

It was difficult to get **precise** information.
정확한 정보를 얻기가 어려웠다.

The instruction manual is written in clear, **concise** English.
사용 설명서는 명확하고 간결한 영어로 작성되었다.

05 | vade[vase]

vade는 '가다'를 의미하는 단어였고, 여기서 파생된 invade는 안으로 쳐들어간 다고 하여 '침략하다'라는 뜻이 되었다. 이 단어에 파생된 invader는 '침략자'이 고, invase로 바뀐 후 파생된 invasion은 '침략'을 뜻한다. evade는 밖으로 돌기 에 '피하다, 회피하다'를 의미하고, pervade는 통과하여 들어간다고 하여 '스며 들다'와 '퍼지다'라는 뜻으로 사용된다.

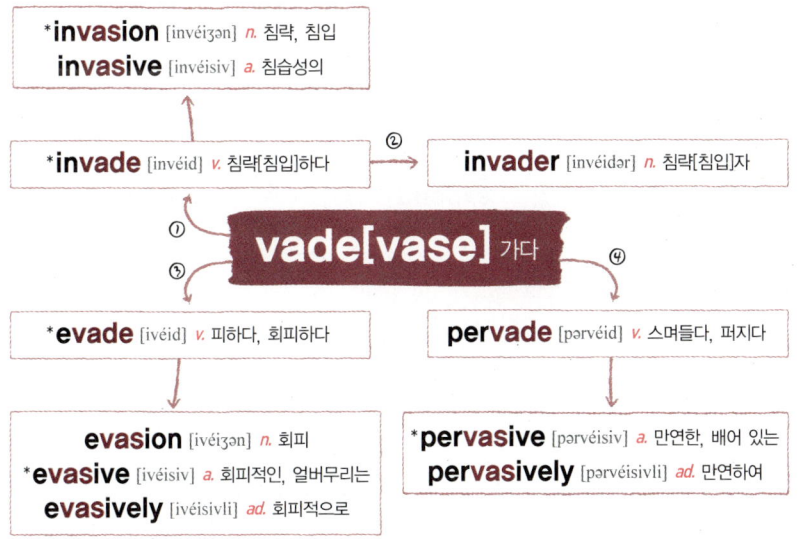

예문

None would dare conceive of a plan to **invade** and occupy the region.
아무도 감히 그 지역을 침략하고 점령할 계획을 품지 못할 것이다.

This device would detect any **invasion** of virus and alert the user.
이 장치는 바이러스의 침입을 탐지하고 사용자에게 경보를 내린다.

Alcohol is still a **pervasive** problem with high school students.
술은 여전히 고등학생들 사이에 만연한 문제다.

06 | pend[pense]

pend는 '매달다'라는 뜻이었고, 현재는 suspend가 그 뜻을 그대로 이어받아 '매달다'와 지금 끝내지 않고 매달아 놓은 '중지하다'로 쓰인다. 과거에는 저울에 달아서 물건을 사고팔았기에 expend는 자신의 물건을 밖에 매달아 판다고 하여 '쓰다'를 뜻한다. expend에서 파생된 spend 역시 같은 뜻인 '쓰다'로 사용되고, 명사형은 expense(비용)이다. compensate는 같은 무게만큼 함께 달아 준다고 하여 '보상하다', dispense는 무게만큼 떼어준다고 하여 '나눠주다'를 뜻한다.

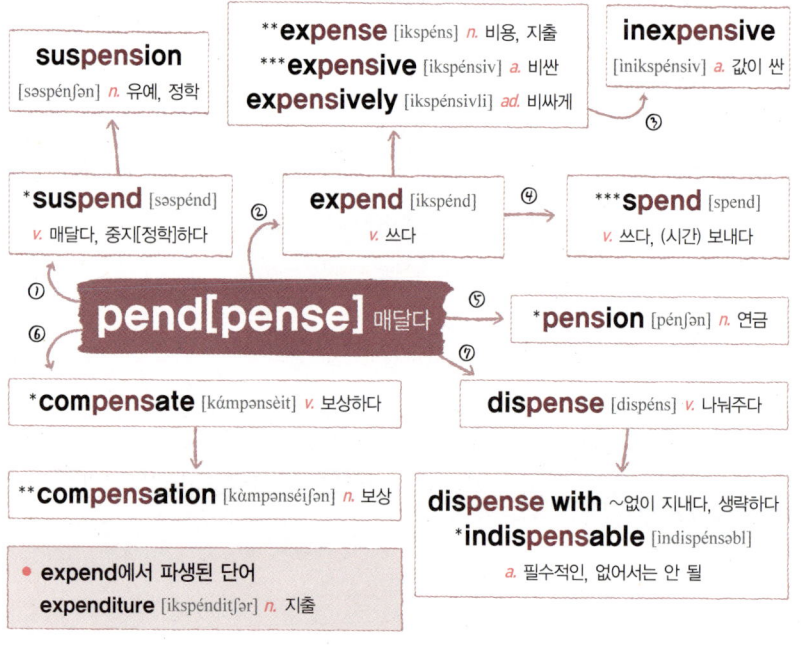

예문

Argentina **suspended** payments on its external and internal debts.
아르헨티나는 외채와 내채 지불을 중지했다.

Do you want to **spend** the money shopping or reserve the money for future needs?
너는 그 돈을 쇼핑하는 데 쓰고 싶니, 아니면 미래 필요를 대비해서 남겨두고 싶니?

You can get **indispensable** nutrients by drinking water and eating an apple.
네가 물을 마시고 사과 하나를 먹음으로써 필수 영양소를 섭취할 수 있다.

07 | pel[pulse]

pel(몰다)은 앞에서 살펴본 단어들과는 달리 pul로 바뀌었고, 후에 -se가 결합되어 pulse로 쓰이던 단어다. compel은 사람들이 무언가를 하도록 강하게 모는 '강요하다'이고, impel은 안에서 무언가를 하게 모는 '~를 해야만 하게 하다'이다. impel에서 나온 impulse가 현재는 명사로 남아 '충동'을 뜻한다. expel은 밖으로 몰아내기에 '쫓아내다', propel은 앞으로 몰기에 '추진하다'라는 뜻으로 쓰인다. 또 dispel은 멀리 이탈시켜 몰아내기에 '떨쳐버리다'라는 뜻이 되었다.

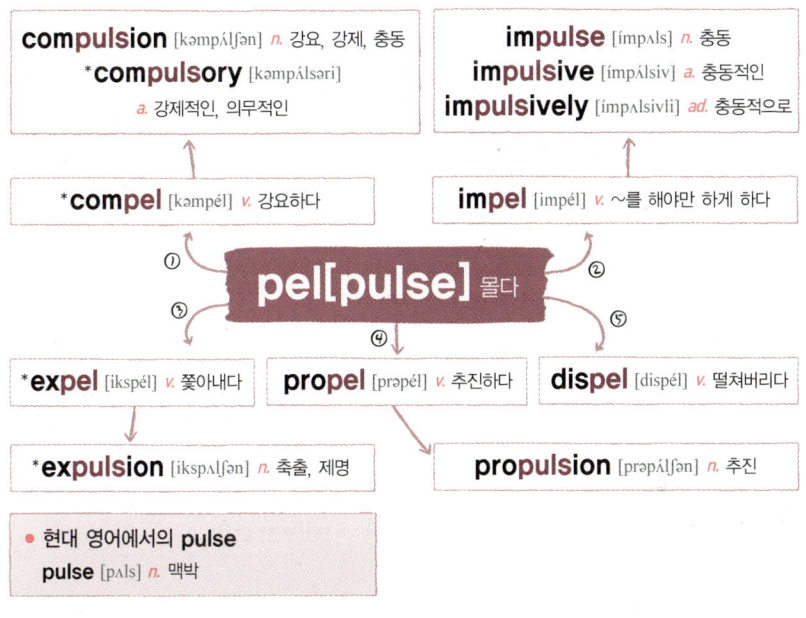

- 현대 영어에서의 pulse
  pulse [pʌls] n. 맥박

예문

It's very easy to become a victim to the **impulse** of the moment.
순간적인 충동의 희생자가 되기는 매우 쉽다.

They were officially **expelled** from the Radical Party.
그들은 급진당에서 공식적으로 쫓겨났다.

The best way to **dispel** fears about the unknown is to find the truth about it.
모르는 것에 대한 두려움을 떨쳐버리는 가장 좋은 방법은 그것에 대한 진실을 찾는 것이다.

08 | vert[verse] ①

vert는 '돌다'라는 뜻이었고, 이 단어에서 파생된 convert는 원래 지니고 있던 모습을 다른 것으로 돌린다고 하여 '전환시키다'를 뜻한다. convert의 명사는 conversion(전환)이고, converse는 형용사로 사용되어 '반대의'라는 뜻으로 쓰인다. invert는 안에 있던 것을 거꾸로 돌린다고 하여 '뒤집다'가 되었다. reverse는 방향을 뒤로 돌린다고 하여 '뒤집다'라는 뜻으로, diverse는 형용사로 쓰여 기존의 돌던 방향에서 이탈하여 다른 쪽으로 돌기에 '다양한'이라는 뜻이 되었다.

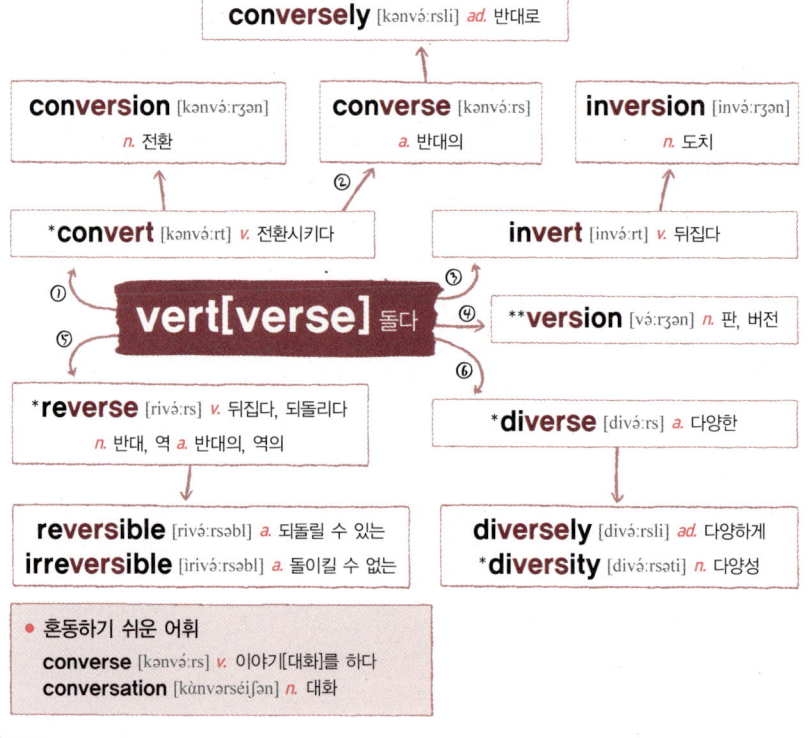

- 혼동하기 쉬운 어휘
  conversation [kɑ̀nvərséiʃən] n. 대화
  converse [kənvə́ːrs] v. 이야기[대화]를 하다

🔍 예문

Windmills are able to **convert** mechanical energy into electrical energy.
풍차는 기계적 에너지를 전기 에너지로 전환할 수 있다.

The number 9 looks like an **inverted** 6. 숫자 9는 뒤집혀진 6처럼 보인다.

After carefully researching the matter, he **reversed** his skeptical view.
그는 그 문제를 조심스럽게 연구한 뒤에 그의 회의적 시각을 뒤바꿨다.

09 | vert[verse] ②

controvert는 기존의 주장에 대해 반대로 돌려서 말한다고 하여 '반박[논쟁]하다'라는 뜻이 되었다. advert는 사람들을 향해서 돌린다고 하여 '주의를 돌리다'를 뜻하고, 이 단어에서 파생된 advertise는 사람들의 관심을 돌리기 위한 '광고하다'를 뜻하게 되었다. '하나'를 의미하는 uni와 결합된 universe는 하나의 태양을 중심으로 도는 '우주'란 뜻이 되었다. '년'이나 '해'를 의미하는 anni-과 합쳐져서 생긴 anniversary는 매해 돌아오는 '기념일'을 뜻한다.

예문

They has dispatched troops to the country after **controversy**.
논쟁 끝에 그들은 그 나라로 군대를 파병했다.

If an **advertisement** is interesting, the potential customer might keep that in mind.
광고가 재미있다면 잠재적인 고객은 아마 그것을 기억할 것이다.

It is not easy to write a song that has **universal** appeal.
보편적인 호소력을 가진 노래를 쓰는 것은 쉽지 않다.

10 | tend[tense]

tend는 '뻗다'라는 뜻이었고, 과거분사로 -se뿐만 아니라 -t 형태도 사용했다. 여기서는 -se로 남아있는 단어들을 살펴보겠다. extend는 밖으로 뻗기에 '연장[확대]하다'이고, pretend는 실제로는 없지만 있는 것처럼 미리 뻗는다고 하여 '~인 체하다'이다. intense는 형용사로 남겨져 다른 곳은 신경 쓰지 않고 안으로만 뻗는다고 하여 '강렬한'이라는 의미이고, tender는 쭉 펴져서 늘어진 것을 표현하여 '부드러운', tendon은 팽팽하게 뻗어있는 '힘줄'을 뜻한다.

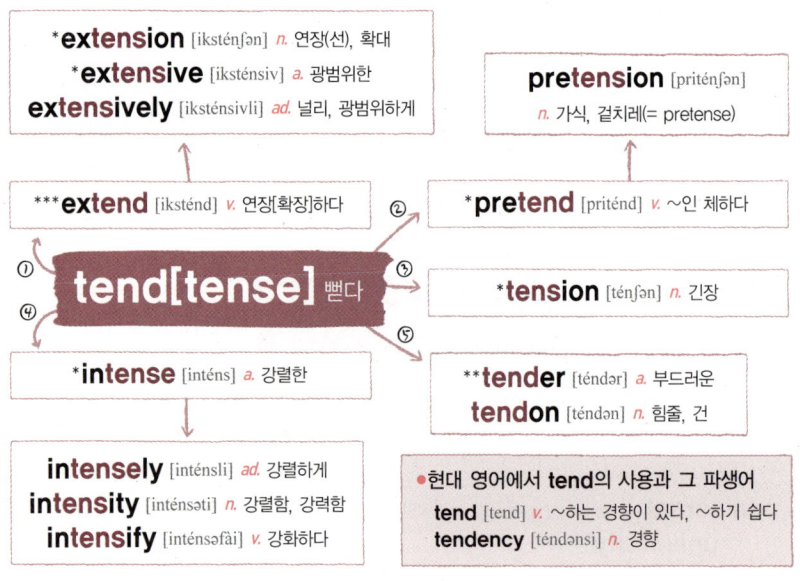

 예문

The range of vision for bee and butterfly **extends** into the ultraviolet.
벌과 나비의 시력은 자외선 범위까지도 볼 수 있다.

He's only **pretending** to be as innocent as a lamb.
그는 어린 양처럼 순진한 척하고 있을 뿐이다.

After many years of **intense** study, he received his medical degree.
수년간 집중적인 연구 끝에 그는 의학 학위를 받았다.

Your mouth will be **tender** for a few days after the operation.
수술 후 며칠 동안 입안이 부드러워질 것입니다.

11 | tend[tent]

이번에는 -t 형태로 남아있는 단어들을 살펴보겠다. contend는 함께 땅을 차지하려고 세력을 뻗는다고 하여 '다투다'라는 뜻이 되었다. intend는 자신의 생각 안에서 행동을 뻗는다고 하여 '의도하다'를 뜻하고, 명사형인 intention, intent 둘 다 '의도'라는 뜻으로 사용한다. attend는 하인이 주인을 향해 늘 시선을 뻗고 있는 '주의를 기울이다'라는 뜻과 부르면 가는 '참석하다'라는 뜻이 되었다.

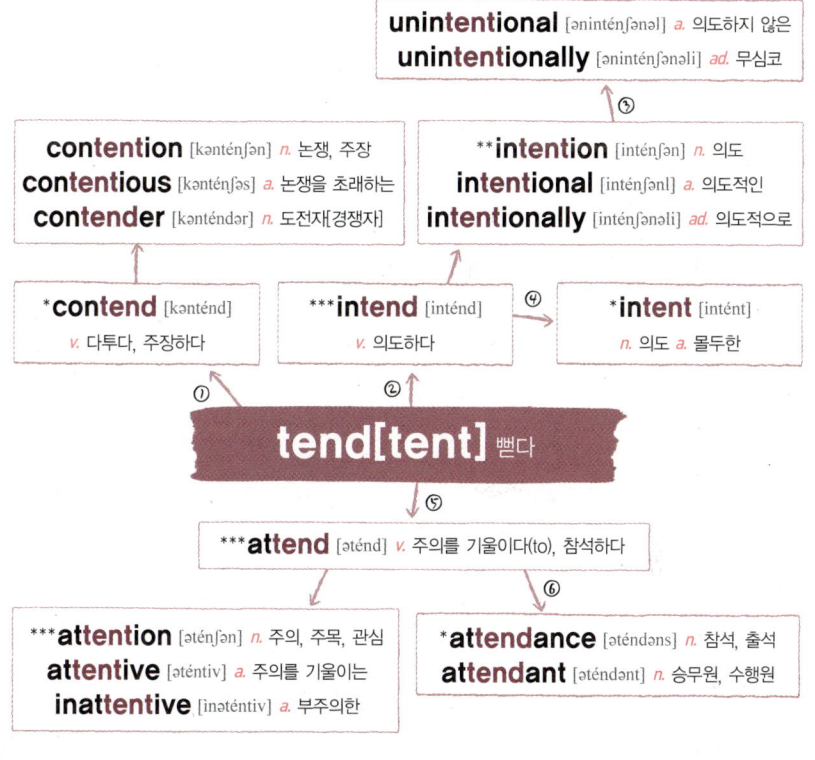

🔍 예문

These people **contend** that they have earned the right to the land.
이 사람들은 그들이 땅에 대한 권리를 얻었다고 주장한다.

People who **attend** the meeting pay attention to the person who presides at the meeting. 회의에 참석하는 사람들은 회의의 사회를 보는 사람에게 관심을 가진다.

It is not good to try to deflect **attention** from an issue rather than solve it.
항상 쟁점을 해결하는 대신에 쟁점으로부터 관심을 돌리려고 하는 것은 좋지 않다.

Exercise

정답: 457쪽

1. 다음 영어 단어의 우리말 뜻을 적어보세요.

① pervasive _____	⑥ disclose _____
② compensate _____	⑦ diverse _____
③ impulse _____	⑧ anniversary _____
④ decide _____	⑨ extension _____
⑤ supervise _____	⑩ attendance _____

2. 다음 우리말 뜻에 해당하는 영어 단어를 적어보세요.

① 개성 _____	⑥ 침략하다 _____
② 광고하다 _____	⑦ 떨쳐버리다 _____
③ 결론짓다 _____	⑧ 의도하다 _____
④ 간결한 _____	⑨ 강렬한 _____
⑤ 폭로 _____	⑩ 비싼 _____

3. 다음 빈칸에 알맞은 단어를 보기에서 찾아 넣어보세요.

보기 advertisement, convert, pervasive, expelled, pretending

① He's only _____ to be as innocent as a lamb.
② If a(n) _____ is interesting, the potential customer might keep that in mind.
③ Windmills are able to _____ mechanical energy into electrical energy.
④ They were officially _____ from the Radical Party.
⑤ Alcohol is still a _____ problem with high school students.

접두사 per- : 통과, 완전히

per-는 '통과'라는 뜻으로 사용되는 접두사이지만 끝까지 전부 통과된 것을 의미하여 '완전히'라는 뜻도 지니게 된 접두사다. 특히 앞에서 살펴본 pro-에서 파생된 pur-와 혼동하지 말자.

① **per**manent [pə́ːrmənənt] *a.* 영구적인 → **permanently** [pə́ːrmənəntli] *ad.* 영구히
= **per**(통과) + **man**(머물다) + **ent**   **mansion** [mǽnʃən] *n.* 대저택

The first **permanent** tooth usually appears in one's mouth at around six years of age.
첫 번째 영구 치아는 대개 약 6세에 입안에 나타난다.

② **per**tain [pərtéin] *v.* 관련되다(to) → **pertinent** [pə́ːrtənənt] *a.* 관련 있는, 적절한
= **per**(통과) + **tain**(잡다)   **impertinent** [impə́ːrtənənt] *a.* 무례한

You have to listen to the lecture and make notes that **pertain** to the question.
당신은 강의를 들으며 문제에 관련된 것을 필기해야 한다.

③ **per**ish [périʃ] *v.* 사라지다, 죽다 → **perishable** [périʃəbl] *a.* 소멸하기[썩기] 쉬운
= **per**(통과) + **i**(가다) + **ish**

Many ancient languages have **perished** over time.
많은 고대 언어가 시간이 지나면서 사라졌다.

④ **per**form [pərfɔ́ːrm] *v.* 수행하다, 공연[상연]하다 → **performance** [pərfɔ́ːrməns] *n.* 공연, 성과
= **per**(완전히) + **form**(제공하다)   **performer** [pərfɔ́ːrmər] *n.* 공연가

He has been unable to **perform** his duties since the accident.
그는 사고 이후 자신의 임무를 수행할 수 없었다.

⑤ **per**severe [pə̀ːrsəvíər] *v.* 인내하다 → **perseverance** [pə̀ːrsəvíərəns] *n.* 인내
= **per**(완전히) + **severe**(엄격한, 극심한)

Even though he was tired, he **persevered** and finished the race.
비록 피곤했지만 그는 인내하고 경주를 마쳤다.

DAY 16 -ss

-ss로 끝나는 단어들도 -se가 확장된 형태의 과거분사였다. 이 단어들 역시 앞에서 학습한 단어들처럼 뒤에 -ion, -ive 등을 붙여서 다른 단어들을 파생시켰다. 이번에는 아직까지 남아있는 원형의 단어들과 예전에는 과거분사였다가 현재까지 영어로 남아있는 단어들을 함께 살펴보도록 하자.

● -ss로 끝나는 동사에서 파생된 단어들의 기본 패턴

-ss	동사
-ss + **-ion** = **-ssion**	명사(행동)
-ss + **-ive** = **-ssive**	형용사
-ss + **-or** = **-ssor**	명사(사람, 사물)

● Example

possess [pəzés] v. 소유하다 → **possession** [pəzéʃən] n. 소유
　　　　　　　　　　　　　　　　possessive [pəzésiv] a. 소유욕이 강한
　　　　　　　　　　　　　　　　possessor [pəzésər] n. 소유자

01 | path 원형

현대 영어에서 path는 '길'을 의미하지만 과거에는 '느끼다'라는 그리스 단어였다. 따라서 apathy는 느끼는 것이 없기에 '무관심'이라는 뜻이 되었고, antipathy는 안 좋은 감정을 느끼는 '반감'이라는 뜻이 되었다. sympathy는 다른 사람의 아픈 감정을 함께 느끼는 '동정', empathy는 자신의 마음 안에서 느끼기에 '공감'을 뜻한다. 멀리 떨어진 상태에서도 서로 감정을 느낄 수 있는 초자연적인 현상을 가리키는 telepathy(텔레파시) 역시 이 path에서 파생된 단어다.

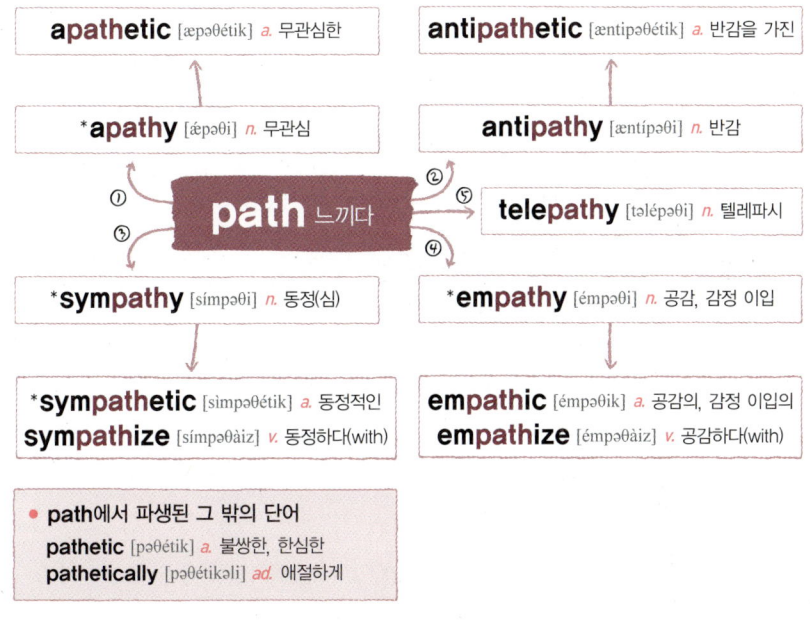

예문

Political **apathy** is public or individual indifference towards political events and movements.
정치적 무관심은 개인 또는 대중이 정치적 사건이나 운동에 무관심한 것이다.

There has always been strong **antipathy** between the two groups.
두 그룹 간에는 항상 강한 반감이 있었다.

Our government has a lot of **sympathy** for our tenant farmers.
우리 정부는 소작농들에게 동정심이 많다.

02 | pati[pass]

pati는 라틴어에서 사용된 단어로 '느끼다'라는 뜻이고, 과거분사는 pass였다. passion은 당하여서 고통을 느끼는 '고난'이라는 뜻과 고난을 이겨내는 '열정'이라는 뜻으로 사용하게 되었다. compassion은 다른 사람의 아픈 감정을 함께 느끼는 '동정'을 뜻하고, sympathy와 같은 의미다. patient는 고통받는 사람인 '환자'라는 뜻과 형용사로 '참을 수 있는'이라는 뜻이 된 단어다.

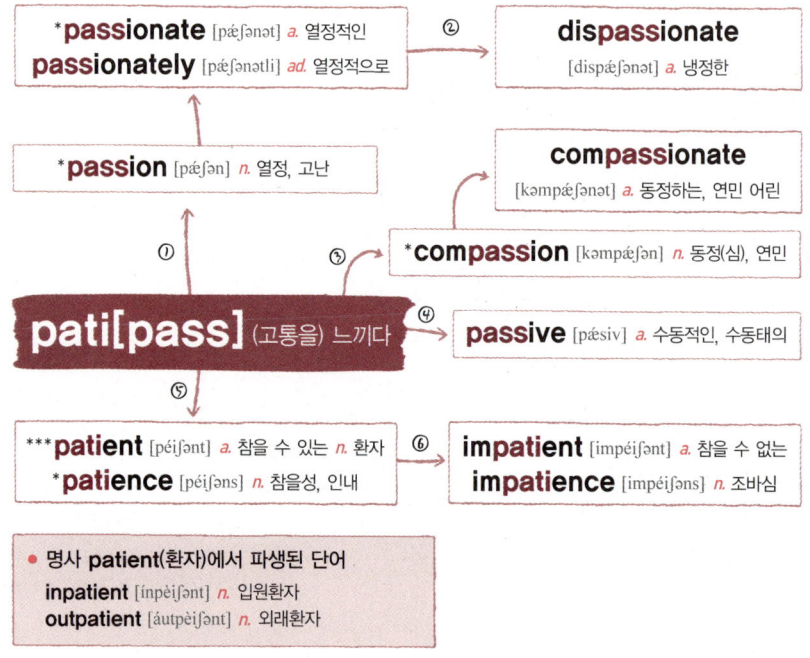

- 명사 patient(환자)에서 파생된 단어
  inpatient [ínpèiʃənt] n. 입원환자
  outpatient [áutpèiʃənt] n. 외래환자

🔍 예문

If you have a **passion** for food, then it's not late to become an apprentice chef.
음식에 대한 열정이 있다면 여러분은 지금이라도 견습 요리사가 될 수 있습니다.

The President delivered a very moving and **passionate** speech last night to the crowd.
대통령은 어제 밤에 군중들에게 매우 감동적이고 열정적인 연설을 했다.

I would choose a **compassionate** nurse rather than one whose skill is excellent.
나는 실력이 뛰어난 간호사보다는 동정심이 있는 간호사를 고르겠다.

03 | grade 원형

grade는 원래 '걷다'라는 뜻이었다. 그래서 gradual은 한 걸음씩 걸어가는 '점진적인'이라는 뜻이 되었고, graduate는 끝까지 다 걷게 되는 '졸업하다'라는 뜻으로 사용하게 되었다. upgrade는 위로 걸어간다는 의미에서 '향상시키다', degrade는 아래로 가기에 '저하시키다'라는 뜻이 되었다. 변형되어 파생된 ingredient는 음식 안으로 들어가는 것을 의미하여 '재료'를 뜻하고, degree는 온도나 각도처럼 한 칸씩 올라가고 내려오는 '도(度)'를 뜻하게 되었다.

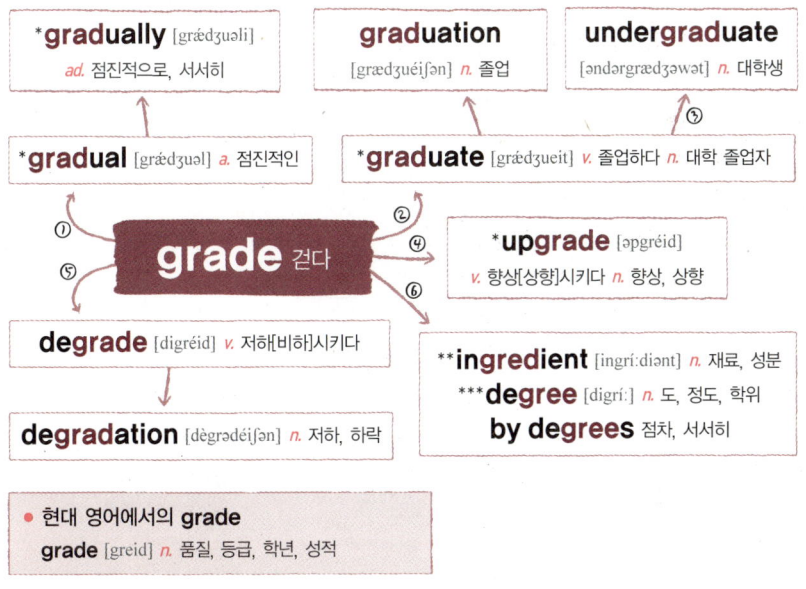

- 현대 영어에서의 grade
  grade [greid] n. 품질, 등급, 학년, 성적

예문

Graduates in fine arts with an aptitude for drawing are eligible to join as trainees.
그림에 재능이 있는 순수 미술 전공 졸업자는 교육생으로 참가할 자격이 있다.

He uses only the freshest **ingredients** in his cooking.
그는 요리에서 가장 신선한 재료만을 사용한다.

I hope I will get used to my new workplace and coworkers by **degrees**.
나 자신이 새로운 직장과 동료들에게 점차 익숙해지기를 바란다.

04 | gress

gress는 grade의 과거분사로 사용되던 단어다. aggress는 상대방을 향해 진군하여 간다고 하여 '공격하다'라는 뜻이 되었고, congress는 함께 걷는다는 의미가 확장되어 '모이다'라는 의미의 동사로 쓰였지만 현재는 의원들이 모이는 '의회, 국회'라는 뜻이 되었다. progress는 앞으로 걸어 나가는 '전진하다'와 점점 발전하는 '진보하다'라는 뜻으로 사용되고, regress는 뒤로 가는 '퇴보하다, 되돌아가다'를 뜻한다.

예문

Congress passed the bill without knowing what was in it.
의회는 그 내용이 무엇인지도 모르고 법안을 통과시켰다.

India's population explosion neutralizes whatever economic **progress** the country makes.
인도의 인구 폭발 현상은 인도가 이루고 있는 경제 발전을 모두 무력하게 해버린다.

The coaches are discussing methods and tactics not to **regress** to the old ways.
코치들은 옛 방식으로 되돌아가지 않기 위한 방법과 전략들을 논의하고 있다.

05 | cede/ceed[cess]

cede와 ceed는 '가다'라는 뜻의 단어였고 과거분사는 둘 다 cess였다. concede는 자신이 패배했기에 승리나 권리를 남에게 주고 가는 '내주다'와 이렇게 남의 승리를 받아들이는 '인정하다'라는 뜻이 되었다. recede는 뒤로 가는 '물러나다, 감소하다'라는 뜻이 되었고, precede는 미리 간다고 하여 '~보다 앞서다'로 쓰인다. ceed에서 파생된 exceed는 밖으로 넘어간다는 의미에서 '초과하다'라는 뜻이 되었고, proceed는 앞으로 간다는 의미에서 '나아가다'라는 뜻이 되었다.

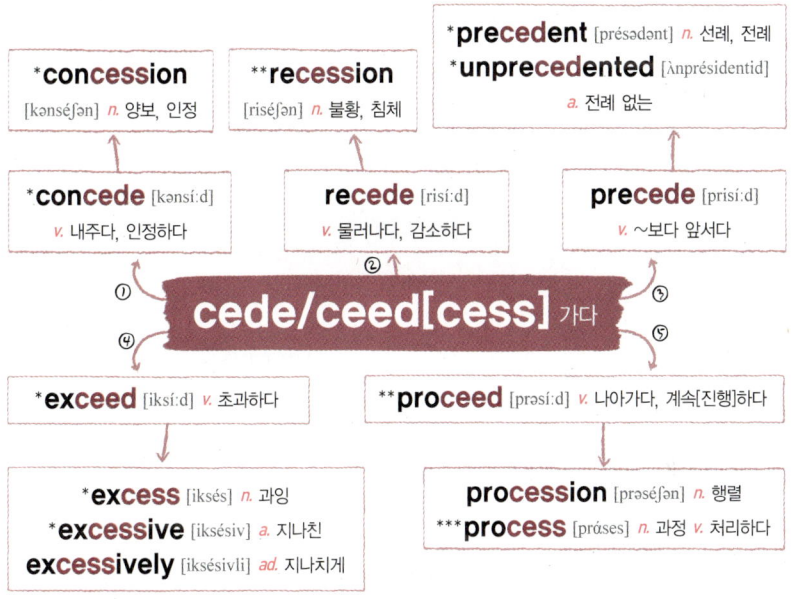

🔍 예문

The following course is urgent and mandatory, and must **precede** all others.
다음 과정은 긴급하고 의무적인 것이며 다른 모든 것보다 우선되어야 한다.

When exports **exceed** imports, a trade surplus exists.
수출이 수입을 능가할 경우 무역 흑자가 생긴다.

Before we **proceed** further, does anyone have any questions?
우리가 더 진행하기 전에, 누구든지 질문이 있습니까?

06 | mit[miss] ①

'보내다'의 의미였던 miss에서 파생된 mission은 보내서 하는 일을 가리켜 '임무'나 신이 보내서 하는 일인 '전도'를 뜻하게 되었다. emit은 밖으로 보낸다고 하여 '내뿜다', omit은 미처 다 끝내지 못하고 보낸다고 하여 '빠뜨리다'를 뜻한다. submit은 아래로 보내졌다는 의미에서 명령에 따르는 '복종하다'와 높은 사람의 명령에 그대로 바치는 '제출하다'라는 뜻이 되었고, permit은 통과시켜 보내주는 '허락[허가]하다'라는 뜻으로 쓰이게 되었다.

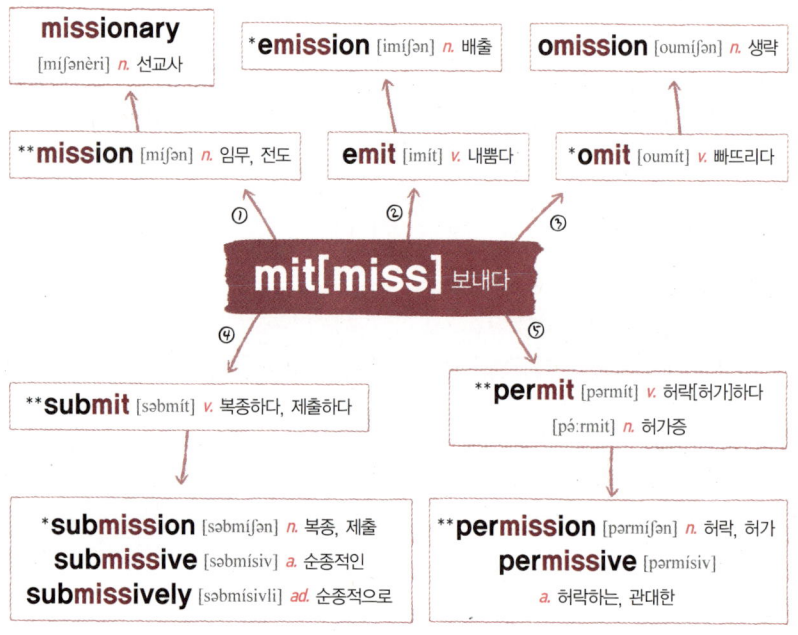

🔍 예문

The telescope can detect light **emitted** by distant galaxies.
망원경은 먼 은하에서 방출된 빛을 감지할 수 있다.

Students who **submit** term papers written by online experts will automatically fail this course.
인터넷 전문가가 작성한 보고서를 제출하는 학생은 이 과목에서 자동으로 낙제될 것이다.

The judge **permitted** the release of the prisoner.
판사는 그 수감자의 석방을 허락했다.

07 | mit[miss] ②

admit은 들어오는 사람들을 확인하고 안쪽으로 보내는 '받아들이다'와 다른 사람의 의견을 받아들이는 '인정하다'라는 뜻의 단어다. transmit은 한쪽에서 다른 쪽으로 보내는 '전송하다'와 안 좋은 것까지 보내지는 '전염시키다'라는 뜻으로 쓰인다. commit은 임무나 책임 등을 함께 맡기고 보낸다고 하여 '위임하다'라는 뜻이 되었고 위임을 맡은 사람이 자기 마음대로 한다고 하여 '저지르다'라는 뜻도 되었다. dismiss는 멀리 이탈시켜 보내는 '해고하다'를 뜻한다.

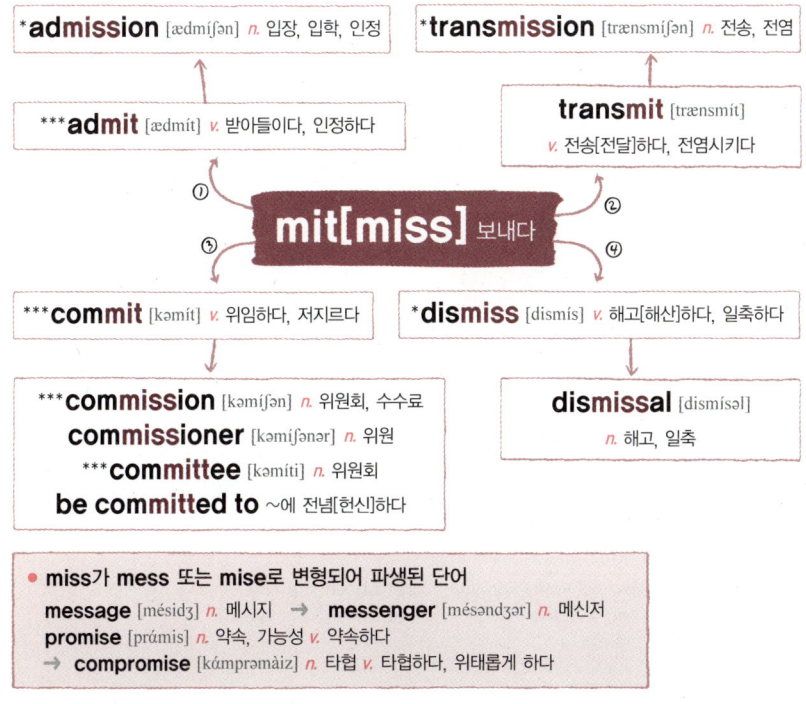

- miss가 mess 또는 mise로 변형되어 파생된 단어
  message [mésidʒ] n. 메시지 → messenger [mésəndʒər] n. 메신저
  promise [prámis] n. 약속, 가능성 v. 약속하다
  → compromise [kámprəmàiz] n. 타협 v. 타협하다, 위태롭게 하다

🔍 예문

He finally **admitted** his mistake.
그는 마침내 자신의 실수를 시인했다.

Patients may **commit** antisocial acts such as shoplifting, or become aggressive with violence.
환자들은 상점의 물건을 훔치는 반사회적 행동을 하거나 폭력을 사용하면서 공격적이 될 수도 있다.

08 | set[sess]

'놓다'라는 뜻의 set에서 과거분사 접미사 -ss가 결합되어 파생된 obsess는 떨어지지 않고 저항하며 놓인 것을 의미하여 '사로잡다'라는 뜻이 되었다. assess는 상대방에게 세금이나 벌금 등을 놓는다고 하여 '부과하다'와 얼마를 부과해야 하는지 매기는 '평가하다'로 쓰인다. setting은 놓인 '환경'을 의미하고, settle은 다른 장소로 옮겨서 짐을 놓고 산다고 하여 '정착하다'라는 뜻과 다 끝내 놓았다고 하여 '해결하다'라는 뜻이 되었다.

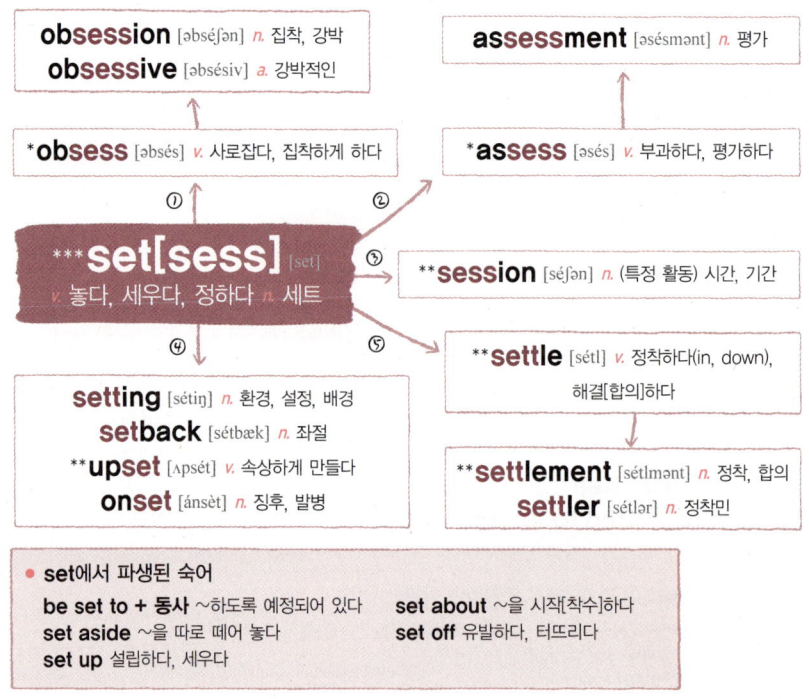

- set에서 파생된 숙어
  - **be set to + 동사** ~하도록 예정되어 있다
  - **set aside** ~을 따로 떼어 놓다
  - **set up** 설립하다, 세우다
  - **set about** ~을 시작[착수]하다
  - **set off** 유발하다, 터뜨리다

🔍 예문

A British woman who became **obsessed** with a computer game neglected her three dogs. 컴퓨터 게임에 집착한 영국의 한 여성은 자신의 세 마리 개를 소홀히 했다.

Performance **assessment** can increase students' understanding of what they need to know. 수행 평가는 학생들이 무엇을 알아야 하는지에 대한 이해도를 증대시킬 수 있다.

The President suffered a political **setback**, with the Congress unwilling to provide extra funding. 의회가 추가 예산을 주려 하지 않아서 대통령은 정치적 좌절을 겪었다.

09 | phe[fess]

'말하다'라는 뜻의 그리스어 phe가 라틴어에서 fe가 되었고, 여기서 과거분사인 fess가 생겼다. profess는 사람들 앞에서 자신 있게 말하는 '공언하다'이고, profession은 '공언'과 공언할 수 있게 잘하는 일인 '직업'을 뜻한다. confess는 자신의 죄 등을 말하는 '고백[자백]하다'이고, fess가 변형된 fascin은 과거 '주술'을 뜻했는데 이 뜻이 확장되어 fascinate는 주술로 꼬드기는 '매혹하다'라는 뜻이 되었다. prophecy는 앞으로 있을 일을 말하는 '예언'을 뜻한다.

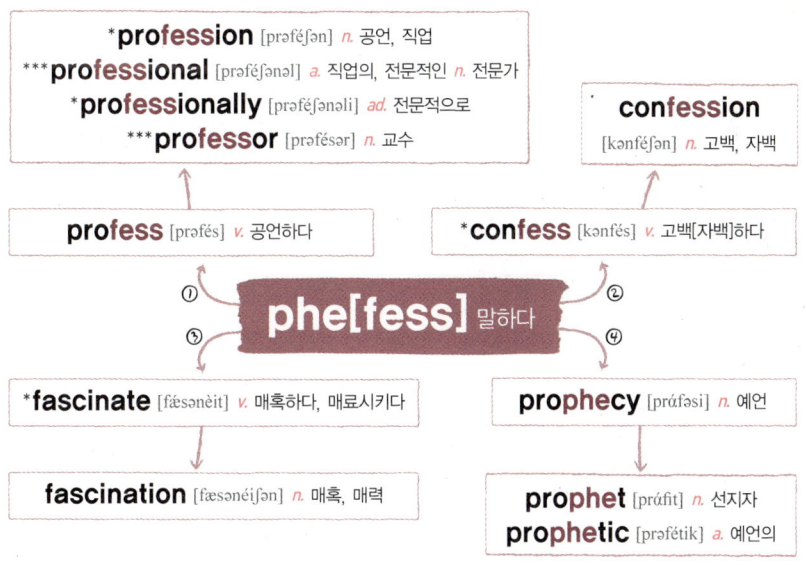

예문

She **professed** to be pleased with the outcome, but we knew the truth.
그녀는 결과에 만족한다고 공언했지만 우리는 진실을 알았다.

The judges who are implicated in the bribery issued a public **confession** of guilt.
뇌물 사건에 연루된 판사들이 공식적으로 죄를 자백했다.

He has been thinking of nothing but the witches' **prophecy**.
그는 아무것도 말고 그 마녀의 예언만을 생각해왔다.

It's a sparkling joyful show which will **fascinate** the audience from start to finish.
이것은 처음부터 마지막까지 청중을 매료시킬 흥미롭고 즐거운 공연이다.

10 | press ①

press는 '누르다'와 눌러서 인쇄를 한 '신문, 언론'이라는 뜻으로 쓰이는 단어다. press에서 파생된 compress는 모인 것을 함께 눌러버리는 '압축하다', express는 머릿속의 생각을 눌러서 밖으로 내놓는 '표현하다'와 제대로 빠르게 표현하는 '분명한, 신속한'이라는 뜻이 되었다. depress는 마음을 아래쪽으로 누른다고 하여 '우울하게 하다'와 사업이나 거래를 밑으로 누르는 '하락시키다'가 되었다.

예문

Do you know how to **compress** files before sending them via e-mail?
이메일을 보내기 전에 파일을 어떻게 압축하는지 아세요?

We are writing this letter to **express** our concern regarding the current election.
우리는 현재 진행되는 선거에 대해 관심을 표현하기 위해 이 편지를 쓴다.

By using our tactile sense, we can detect superficial and deep **pressure**.
우리는 촉각을 이용하여 표면의 압력과 압력의 깊이를 알아낼 수 있다.

11 | press ②

impress는 마음 안에 강하게 눌러 놓는다고 하여 '인상을 주다'라는 뜻이다. oppress는 저항하는 상대를 누르기에 '억압하다'이고, suppress는 통치자들이 반란을 일으킨 사람들을 아래로 누른다고 하여 '진압하다'와 마음의 감정을 터뜨리지 않고 아래로 누르는 '억제하다'가 되었다. print는 press의 원형으로 원래의 '누르다'에서 현재는 '인쇄하다'가 되었다. 그래서 fingerprint는 손가락으로 눌러서 생긴 '지문'이고, footprint는 발로 눌러서 생긴 '발자국'이다.

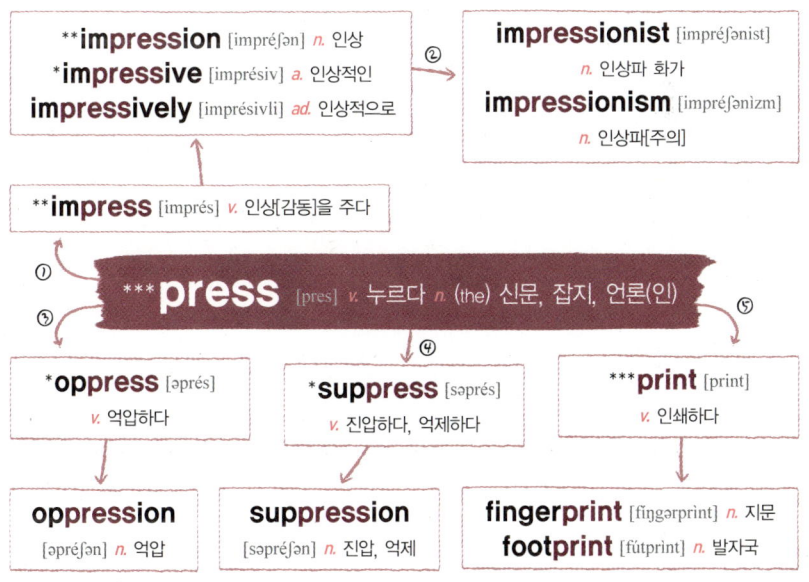

예문

I wanted to appear friendly but I think I gave the converse **impression**.
나는 다정하게 보이고 싶었지만, 그 반대의 인상을 주었다고 생각한다.

The country has long been **oppressed** by a ruthless dictator.
그 나라는 오랫동안 무자비한 독재자에 의해 억압당했다.

He struggled to **suppress** his feelings of jealousy.
그는 질투심을 억제하려 애썼다.

Exercise

정답: 457쪽

1. 다음 영어 단어의 우리말 뜻을 적어보세요.

   ① setback _____   ⑥ apathy _____
   ② graduation _____ ⑦ excessive _____
   ③ confess _____   ⑧ submissive _____
   ④ impression _____ ⑨ committee _____
   ⑤ aggressive _____ ⑩ compassion _____

2. 다음 우리말 뜻에 해당하는 영어 단어를 적어보세요.

   ① 점진적인 _____   ⑥ 집착, 강박 _____
   ② 의회 _____   ⑦ 불황 _____
   ③ 반감 _____   ⑧ 생략 _____
   ④ 열정적인 _____   ⑨ 지문 _____
   ⑤ 전송, 전염 _____ ⑩ 우울(증) _____

3. 다음 빈칸에 알맞은 단어를 보기에서 찾아 넣어보세요. (필요 시 어형 바꾸기)

   보기 antipathy, congress, exceed, compress, ingredients

   ① He uses only the freshest _____ in his cooking.
   ② There has always been strong _____ between the two groups.
   ③ _____ passed the bill without knowing what was in it.
   ④ When exports _____ imports, a trade surplus exists.
   ⑤ Do you know how to _____ files before sending them via e-mail?

접두사 de- : 아래, 완전히

de-는 원래 '아래'란 뜻으로 사용되었던 접두사이고, 그 후 가장 밑바닥인 끝까지 내려간 것을 강조하여 '완전히'란 뜻으로도 사용하게 되었다.

① **depict** [dipíkt] v. 묘사하다 → **depiction** [dipíkʃən] n. 묘사
= **de**(아래) + **pict**(그리다) **picture** [píktʃər] n. 그림, 사진

You had better **depict** a scene without creating a sense of exaggeration.
너는 과장의 느낌을 주지 않고 경치를 묘사하는 것이 낫겠다.

② **debate** [dibéit] n. 토론, 논쟁 v. 토론[논쟁]하다 → **debatable** [dibéitəbl] a. 논란의 여지가 있는
= **de**(완전히) + **bate**(치다)

Our polite chat about politics slowly turned into a heated **debate**.
정치에 관한 우리의 정중한 대화가 서서히 열띤 논쟁이 되었다.

③ **deliberate** [dilíbərèit] v. 숙고하다 [dilíbərət] a. 신중한, 고의의 → **deliberation**
= **de**(완전히) + **liber**(무게를 재다) + **ate** [dilìbəréiʃən] n. 숙고
deliberately
[dilíbərətli] ad. 고의적으로

The judges **deliberated** for a long time before choosing an overall winner.
심사위원은 종합 우승자를 고르기 위해 긴 시간동안 심사숙고하였다.

④ **detail** [ditéil] n. 세부사항, 상세 → **in detail** 상세히
= **de**(완전히) + **tail**(자르다) **tailor** [téilər] n. 재단사
retail [rí:teil] n. 소매 a. 소매의
retailer [rí:teilər] n. 소매상

Please refer to the attached sheet at the back for **details**.
세부사항은 뒤의 첨부 서류를 참고해 주십시오.

⑤ **demand** [dimǽnd] v. 요구하다 n. 요구, 수요 → **demanding** [dimǽndiŋ] a. 힘든
= **de**(완전히) + **mand**(명령하다) **command** [kəmǽnd]
n. 명령, 지휘 v. 명령하다
commander [kəmǽndər] n. 사령관

Use this document to **demand** a refund for a vehicle that has developed serious faults.
중대한 결함이 생긴 차량에 대해서 환불을 요구할 때 이 서류를 이용하세요.

DAY 17 -en

en은 접두사로 쓰여 동사를 만드는 한편 접미사로 쓰여 동사를 만들기도 한다. 특히 기존의 형용사에 동사 접미사 -en을 붙여서 동사를 만드는 경우가 많다. 이때 -en이 결합하기 전의 형용사에 -ly 또는 -ness가 붙어 파생된 형용사나 부사와 함께 익히면 암기하기가 훨씬 수월하다.

● -en으로 끝나는 동사의 기본 패턴

형용사 + **-en**	동사
형용사 + **-ly**	부사
형용사 + **-ness**	명사

● Example

bright [brait] *a.* 밝은 → **brighten** [bráitn] *v.* 밝게 하다[밝아지다]
brightly [bráitli] *ad.* 밝게
brightness [bráitnis] *n.* 밝기

01 | shorten

shear는 '자르다, 깎다'의 뜻이다. 이 단어에서 파생된 short에는 긴 것에서 잘려진 부분을 표현한 '짧은'이라는 형용사의 뜻과 '짧게'라는 부사의 뜻이 있다. -en이 결합된 shorten은 짧게 만드는 '줄이다', shortly는 부사로 쓰여 시간상 짧은 '곧'이라는 뜻이다. sharp는 자를 수 있는 뾰족한 것을 표현하여 '날카로운'을 뜻하고, 여기에 -en이 결합된 sharpen은 '날카롭게 하다'를 뜻한다. share는 잘라서 서로 가지는 '나누다'이고, shore는 바다와 땅을 나눈 '해안'을 뜻한다.

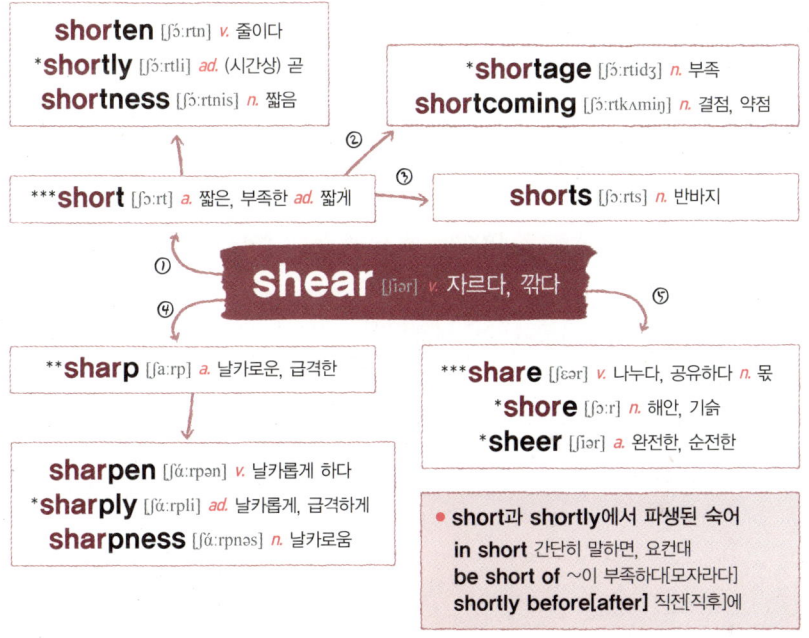

예문

Short breaks make people happier than one long vacation.
짧은 휴식들은 한 번의 긴 휴가보다 사람들을 더 행복하게 해준다.

No one can spy out and take advantage of his **shortcomings**.
아무도 그의 정보를 캐내 그의 약점을 잡을 수 없다.

Wine sales in Koreas are experiencing a **sharp** downturn due to the economic difficulties.
한국에서 와인 판매는 경제적 어려움 때문에 급격한 침체 현상을 겪고 있다.

02 | loosen

lose는 '잃다'라는 뜻과 승리를 잃은 '패하다'라는 뜻의 단어다. loose는 살짝 고정되어 잃기 쉽기에 '느슨한, 풀린'이라는 뜻이 되었고, -en이 붙은 loosen은 '느슨하게 하다'를 뜻한다. loose에서 변형되어 파생된 release는 뒤로 푼다고 하여 죄인 등을 '풀어주다'라는 뜻과 시중에 푸는 '발표하다'라는 뜻도 지니게 되었다. 여기서 변형된 lax는 규칙, 기준 등이 풀린 '느슨한'이란 뜻으로 사용되고, relax는 뒤로 몸을 느슨하게 푼다고 하여 '휴식을 취하다'라는 뜻이 되었다.

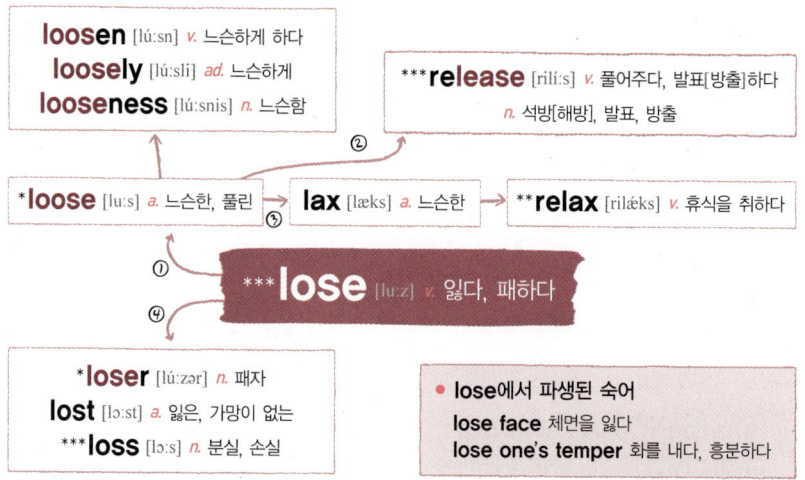

 예문

Lee said the police continued to commit misconduct, and the public has **lost** its trust in them.
리는 경찰이 계속 직권을 남용했으며, 국민은 그들에 대한 신뢰를 잃었다고 말했다.

He had forgotten to fasten the safety chain and the trailer came **loose**.
그는 안전 체인을 고정하는 것을 잊었고 트레일러는 느슨해졌다.

Western individualism defines personal liberation as **release** from the bondage of social conventions.
서구의 개인주의는 개인적 자유를 사회적 관습의 속박으로부터 해방되는 것으로 정의한다.

03 | flatten

plat는 현재 쓰이지 않는 단어로 '평평한'이라는 뜻이었는데, 이 뜻을 현재는 flat이 그대로 받아 사용되고 있다. flatter는 흥분한 사람의 마음을 평평하게 해준다고 하여 '아첨하다'라는 뜻이다. 원형인 plat에서 파생된 plot은 평평한 땅의 조그마한 '구획'이란 뜻과 땅에 계획을 적었기에 '음모, 줄거리'란 뜻도 갖게 되었다. plate는 평평한 '접시'나 '판'을 의미는 단어이고, plateau는 높은 지역에서 넓고 평평한 지역인 '고원'을 뜻한다.

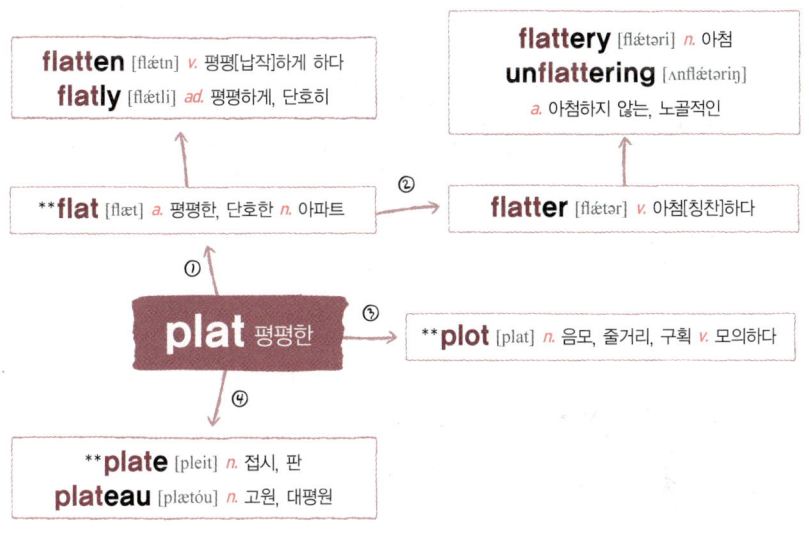

예문

Objects in paintings were **flat** and symbolic rather than real in appearance.
그림 속의 물체들은 실제 모습보다는 평면적이고 상징적이었다.

He said **flatly** that there was no chance of a reconciliation.
그는 화해의 가능성은 전혀 없다고 단호하게 말했다.

He **flattered** her with comments about her youthful appearance.
그는 젊은 모습에 대한 논평으로 그녀를 칭찬했다.

The **plot** of this story can be summed up in about two sentence.
이 소설의 줄거리는 대략 두 문장으로 요약될 수 있다.

04 | harden, soften

hard는 '단단한'이라는 뜻과 단단하게 만들기 위해 수고하는 '열심인', 그것이 쉽지 않은 '어려운'이라는 뜻을 지닌 단어다. harden(단단하게 하다)과 hardness (단단함)는 hard의 '단단한'이란 뜻에서 파생된 단어들이고, hardly는 hard의 '어려운'이란 뜻에서 파생되어 '거의 ~아니다'라는 뜻이 되었다. 이와 반대로 soft는 '부드러운'을 의미하고, 여기서 soften, softly 등의 단어들이 나왔다.

harden [há:rdn] *v.* 단단하게 하다
hardness [há:rdnis] *n.* 단단함
***hardly** *ad.* 거의 ~아니다[않다]

**hardware [hárdwèər] *n.* (컴퓨터) 하드웨어
hardworking [hárdwərkiŋ] *a.* 부지런히 일하는
*hardship [há:rdʃip] *n.* 고난, 어려움

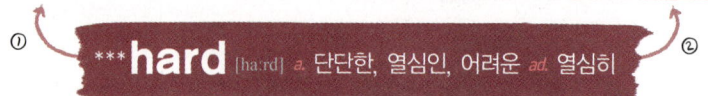

***hard** [ha:rd] *a.* 단단한, 열심인, 어려운 *ad.* 열심히

soften [sɔ́:fən] *v.* 부드럽게 하다, 완화시키다
softly [sɔ́:ftli] *ad.* 부드럽게
softness [sɔ́:ftnis] *n.* 부드러움

**software [sɔ́ftwèər]
n. (컴퓨터) 소프트웨어

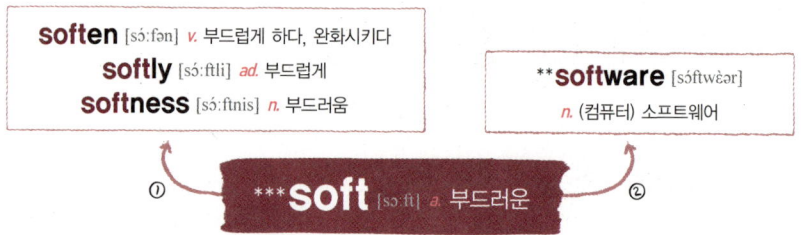

***soft** [sɔ:ft] *a.* 부드러운

 예문

Sedentary work can weaken workers' muscles as they are **hardly** exercised.
앉아서 일하는 직업은 몸을 거의 움직이지 않기 때문에 근로자의 근육을 약하게 만들 수 있다.

A new guideline on financial **hardship** has just been released to give aid to struggling borrowers.
힘들게 살아가는 채무자들에게 도움을 주기 위해 재정적 어려움에 대한 새로운 지침이 방금 발표되었다.

It is only the gentleman who can pacify an angry man with **soft** and pleasant words.
화난 사람을 부드럽고 유쾌한 말로 달랠 수 있는 사람은 그 신사뿐이다.

05 | lighten

light는 '가벼운'이라는 뜻인데, '빛'을 의미하는 light와 혼동되기 때문에 lite로도 쓰인다. light에서 파생된 lighten은 '가볍게 하다'이고, slight는 양 등이 가벼울 정도로 적은 '약간의'라는 뜻이다. '빛'을 뜻하는 light에서 파생된 lighten은 '밝게 하다'이고, 특히 앞에 en-까지 붙은 enlighten은 사람의 안을 밝히는 '이해[계몽]시키다'라는 뜻이 된다. twilight은 two와 light이 합쳐져 아침과 저녁에 발생하는 빛을 가리켰는데, 현재는 저녁의 '황혼'을 뜻한다.

● light(가벼운)에서 파생된 숙어
make light of ~을 경시하다

🔍 예문

This suitcase is **light** enough for a child to carry.
이 여행 가방은 아이가 휴대할 수 있을 정도로 가볍다.

I am **slightly** nervous at the prospect of working in a film-editing room.
나는 필름 편집실에서 일하게 될 기대에 약간 긴장해 있다.

The young were deeply moved by this **enlightening** lecture delivered by him.
젊은 사람들은 그가 한 계몽적 강의에 깊이 감동을 받았다.

06 | broaden

ride는 말이나 오토바이 위로 올라가는 '타다'라는 뜻이다. 여기서 파생된 road는 말을 타고 가는 '길'에서 현재는 자동차로 다니는 '길'로 사용되고, broad는 아주 크고 광활한 길을 표현하여 '넓은'이라는 뜻이 되었다. broaden은 동사로 '넓어지다'라는 뜻이고, 모음이 바뀐 bread에 -th가 붙어서 생긴 breadth는 '너비'를 뜻한다. 또 ride에서 파생된 ready는 이미 말을 타고 출발하려 하는 '준비가 된'이란 뜻이고, raid는 말을 타고 공격하는 '급습하다'라는 뜻이다.

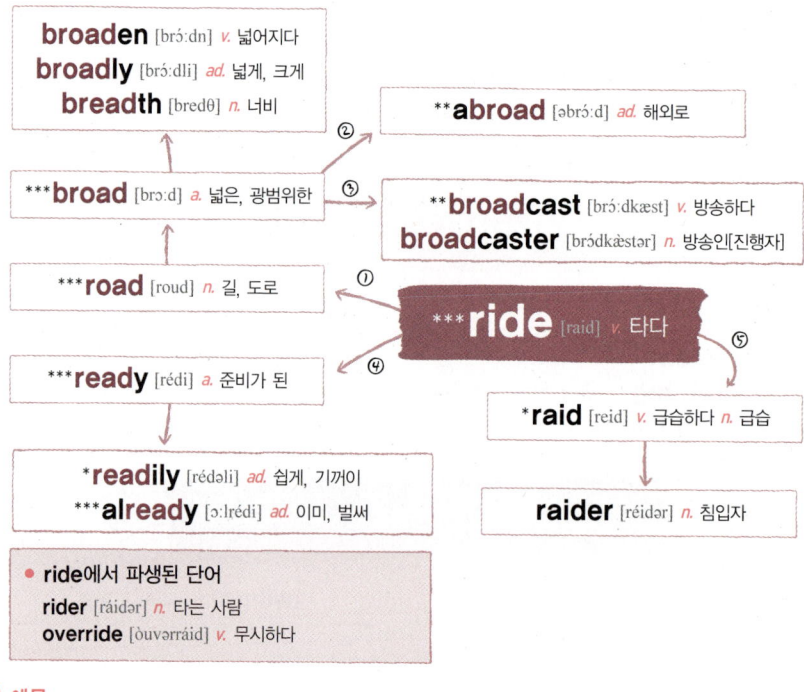

- ride에서 파생된 단어
  rider [ráidər] n. 타는 사람
  override [òuvərráid] v. 무시하다

🔍 예문

The **road** is scheduled to emerge from a tunnel through the mountainside.
도로는 산허리를 관통하는 터널을 통과해 나오도록 예정되어 있다.

The U.S Department of Commerce has a **broad** mandate to advance economic growth.
미국 상무부는 미국 경제를 성장시키기 위한 광범위한 권한을 가지고 있다.

It's time to wake up! You are **already** late for school.
일어날 시간이야! 넌 이미 학교에 늦었어.

07 | widen

wide는 broad와 같은 '넓은'이라는 뜻을 지닌 단어다. 이 단어에서 파생된 widen은 동사로 '넓어지다'라는 뜻이 되었고, 명사는 wid로 줄인 후 -th가 붙은 width(너비)다. '퍼지다, 펼치다'라는 뜻의 spread와 결합된 widespread는 '널리 퍼진'이라는 뜻이고, nation과 wide가 결합된 nationwide는 '전국적인', world와 wide가 결합된 worldwide는 '전 세계적인'이라는 뜻으로 사용된다.

- wide에서 파생된 숙어
  a wide variety of 다양한

예문

The doorway wasn't quite **wide** enough to get the piano through.
출입구는 피아노가 통과하기에 충분히 넓지 않다.

Soybean oil is **widely** used oil and is commonly called vegetable oil in the US.
콩기름은 미국에서 널리 쓰이는 기름이며 보통 식물성 기름이라고 불린다.

There was a **widespread** rumour that the former minister had died in the school.
전직 장관이 그 학교에서 죽었다는 소문이 널리 퍼져 있었다.

The smoking of cigarettes is the principal cause of lung cancer **worldwide**.
전 세계적으로 흡연이 폐암의 주요 원인이다.

08 | deepen, moisten

deep은 보이지 않을 정도로 파여 있는 '깊은'이라는 형용사와 '깊게'라는 부사로 쓰인다. -en이 붙어 '깊어지다'를 의미하는 deepen이 되었고, deeply도 부사로 '깊게'란 뜻이지만 특히 감정적으로 깊이 빠져있는 것을 표현한다. deep에서 파생된 dip은 깊은 곳에 살짝 넣어보는 '살짝 담그다'라는 뜻이고, dive는 깊은 곳으로 '뛰어들다'이다. mucus는 사람에게 있는 '점액'을 의미하고 이 단어에서 파생된 moist는 액체가 흐르는 '촉촉한', moisten은 '촉촉해지다'라는 뜻이다.

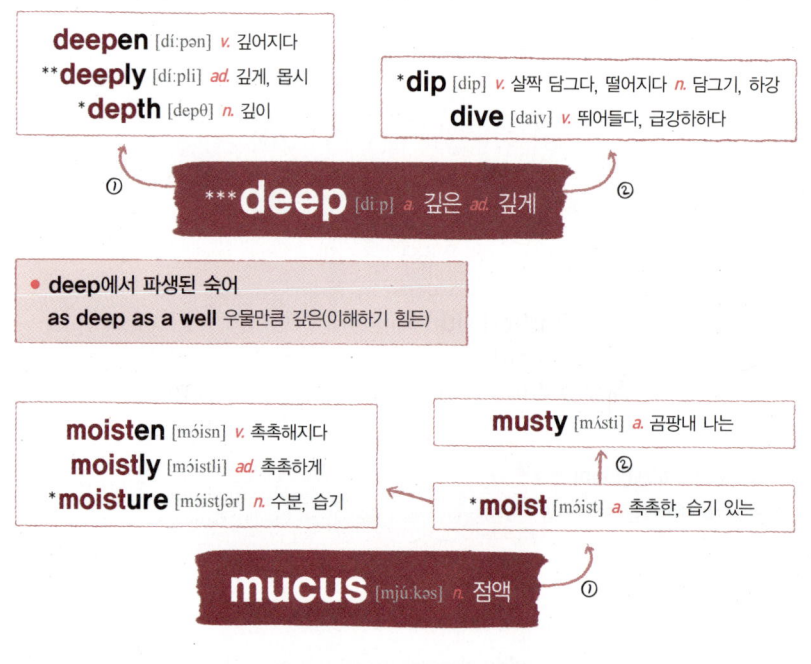

- deep에서 파생된 숙어
  as deep as a well 우물만큼 깊은(이해하기 힘든)

🔍 예문

Music creates or enhances mood and unlocks **deep** memories.
음악은 분위기를 만들어내거나 고양시켜 주며 깊은 기억들을 풀어낸다.

Anna was a peacemaker who abhorred violence and tried **deeply** to make reconciliation.
애나는 폭력을 몹시 싫어하며 화해를 위해 애쓴 중재자였다.

Make sure the soil is **moist** before planting the seeds.
종자를 심기 전에 토양이 촉촉한지 확인하십시오.

09 | lengthen

long은 '긴, 오랜'이란 뜻으로 많이 사용되지만 오랫동안 이루어지기를 바라는 '갈망하다'라는 뜻도 있다. 그래서 longing이 '갈망'이라는 뜻을 갖게 되었다. length는 '길이'를 뜻하고, -en이 결합된 lengthen은 '연장하다, 길어지다'라는 뜻이 되었다. longevity는 긴 시간 동안 삶을 누리는 '장수'를 뜻하고 longitude는 지구의 표면에서 길게 내려오는 것을 가리켜 '경도'란 뜻이 되었다.

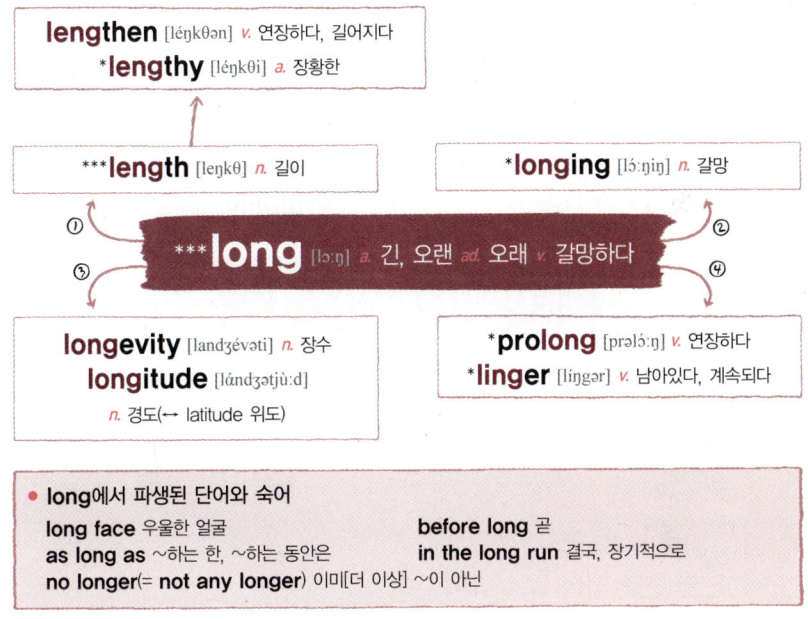

- long에서 파생된 단어와 숙어
  long face 우울한 얼굴
  as long as ~하는 한, ~하는 동안은
  no longer(= not any longer) 이미[더 이상] ~이 아닌
  before long 곧
  in the long run 결국, 장기적으로

예문

I found if the waistband is unrolled, that does **lengthen** this skirt a bit.
나는 허리 밴드가 풀어지면 이 치마가 약간 길어진다는 사실을 발견했다.

This therapy is recommended for people who wish to enjoy **longevity**.
이 치료법은 만수무강하기를 바라는 사람들에게 권장할 만하다.

The advances of modern medical science **prolonged** the human life span by many years.
현대의학의 발달은 인간의 수명을 여러 해 연장시켜주었다.

10 | heighten

high는 형용사로 '높은', 부사로 '높게'를 의미하는 단어다. highly는 특히 사람의 능력이나 업적이 높음을 표현할 때 사용하여 '매우, 크게'라는 뜻이다. high에서 변형되어 명사로 파생된 height는 '높이'나 '키'를 뜻하게 되었고, 이 단어 뒤에 -en을 붙인 heighten이 '높이다'라는 뜻의 동사로 남아있다. highway는 높은 곳에 만든 길로 '고속도로'를 뜻하고, hijack은 highway jack의 약자로 차량이나 비행기를 훔치는 '납치하다'라는 뜻으로 사용되는 단어다.

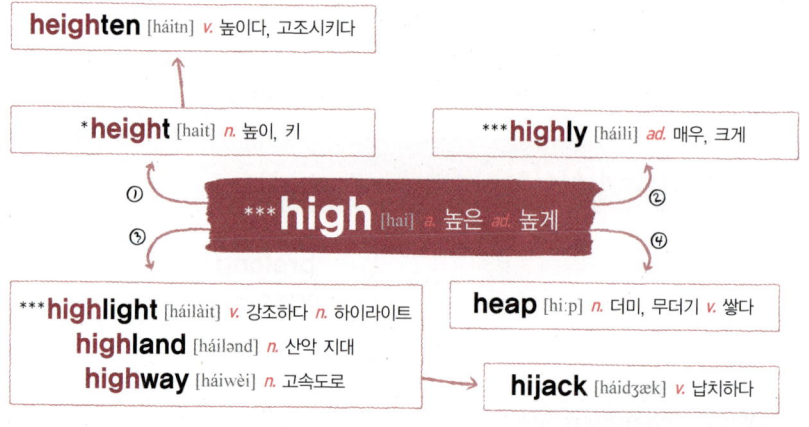

예문

When the temperature and humidity are **high**, the discomfort index is **high** as well.
온도와 습도가 높다면 불쾌지수 또한 높다.

Our national prestige will be **heightened** under the guidance of an experienced leader.
우리의 국위는 경험 있는 지도자의 지도하에 높아질 것이다.

To break the speed limit is to contravene the law which limits speed on the **highway**.
속도제한을 어기는 것은 고속도로에서 속도를 제한하는 법률을 위반하는 것이다.

11 | happen

hap은 고어로 '우연, 운'이라는 뜻이었다. 이 hap의 '우연'이란 뜻에서 파생된 happen은 우연히 사건이나 일 등이 발생하는 '일어나다'이고, perhaps는 '아마'란 뜻이 되었다. hap의 '운'이란 뜻에서 파생된 mishap은 운이 없는 '불운, 사고'라는 뜻이고, happy는 운이 있어서 기분이 좋아진 '행복한'이라는 뜻으로 사용하게 되었다.

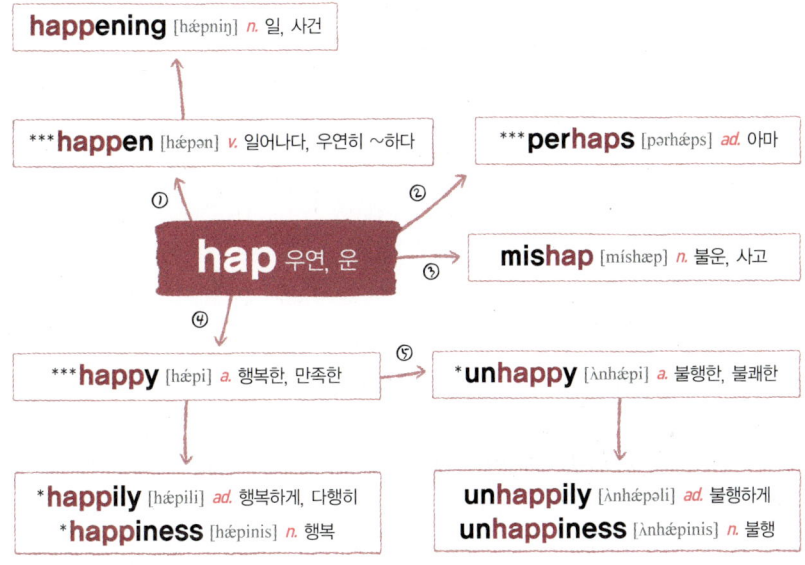

예문

Perhaps some people don't want to engage in the argument about atheism.
아마 어떤 사람들은 무신론에 대한 논쟁에 관련되기를 원치 않는다.

The government must prevent such an unfortunate **mishap** in the future.
정부는 앞으로는 이러한 불운한 사고가 일어나지 않도록 예방해야만 한다.

They were **unhappy** with racial prejudice and discrimination against them.
그들은 자신들에 대한 인종적 편견과 차별대우로 인해 불쾌했다.

Exercise

정답: 458쪽

1. 다음 영어 단어의 우리말 뜻을 적어보세요.

   ① raid _____   ⑥ mishap _____
   ② enlighten _____   ⑦ height _____
   ③ hardship _____   ⑧ length _____
   ④ flatter _____   ⑨ moisture _____
   ⑤ loss _____   ⑩ worldwide _____

2. 다음 우리말 뜻에 해당하는 영어 단어를 적어보세요.

   ① 깊이 _____   ⑥ 고속도로 _____
   ② 휴식을 취하다 _____   ⑦ 해외로 _____
   ③ 부드럽게 _____   ⑧ 불행 _____
   ④ 공유하다 _____   ⑨ 장수 _____
   ⑤ 약간의 _____   ⑩ 접시, 판 _____

3. 다음 빈칸에 알맞은 단어를 보기에서 찾아 넣어보세요.

   > 보기: widespread, moist, prolonged, enlightening, already

   ① The young were deeply moved by this _____ lecture delivered by him.
   ② It's time to wake up! You are _____ late for school.
   ③ There was a _____ rumour that the former minister had died in the school.
   ④ Make sure the soil is _____ before planting the seeds.
   ⑤ The advances of modern medical science _____ the human life span by many years.

접두사 de- : 이탈, 반대

de-는 앞에서 배웠듯이 '아래, 완전히'라는 뜻이 있고, 그 후에 밑에 떨어져 있는 것을 가리켜 '이탈'이라는 뜻과 '반대'라는 뜻으로 쓰이게 된 접두사다.

① **de**part [dipá:rt] *v.* 떠나다, 출발하다 → **departure** [dipá:rtʃər] *n.* 출발
   = **de**(이탈) + **part**(부분) **department** [dipá:rtmənt] *n.* 부서
   departmental [dipà:rtméntl] *a.* 부서의

The group is scheduled to **depart** tomorrow at 8:00 a.m.
이 단체는 내일 오전 8시에 출발할 예정이다.

② **de**spair [dispéər] *n.* 절망 *v.* 절망하다 → **desperate** [déspərət] *a.* 절망적인, 필사적인
   = **de**(이탈) + **spair**(= sper 희망) **desperately** [déspərətli] *ad.* 절망적으로, 필사적으로

"I love him, but we have so many irreconcilable differences," she told me in **despair**.
"나는 그를 사랑하지만, 우리는 타협할 수 없는 차이점이 너무 많아요." 그녀가 절망하여 내게 말했다.

③ **de**sire [dizáiər] *n.* 욕구, 욕망 *v.* 바라다 → **desirous** [dizáiərəs] *a.* 간절히 바라는
   = **de**(이탈) + **sire**(별) **desirable** [dizáiərəbl] *a.* 바람직한
   undesirable [ʌndizáiərəbl] *a.* 바람직하지 않은

It is easy for those who **desire** to be rich to fall into temptation.
부자가 되기를 바라는 사람은 유혹에 빠지기 쉽다.

④ **de**tect [ditékt] *v.* 발견하다, 탐지하다 → **detection** [ditékʃən] *n.* 발견, 탐지
   = **de**(이탈) + **tect**(덮다) **detector** [ditéktər] *n.* 탐지기
   detective [ditéktiv] *a.* 탐정의 *n.* 탐정, 형사

This type of cancer is difficult to **detect** in its early stages.
이 유형의 암은 조기 발견이 어렵다.

⑤ **de**velop [divéləp] *v.* 개발하다, 발달하다 → **development** [divéləpmənt] *n.* 개발, 발달
   = **de**(반대) + **velop**(감다) **developed** [divéləpt] *a.* 선진국의, 발달한
   underdeveloped [ʌndərdivéləpt] *a.* 저개발의, 후진국의

The various peoples of Asia each **developed** their own ethnic culture.
아시아의 여러 민족은 그들 고유의 민족 문화를 발전시켰다.

DAY 18 -ify

-ify는 '만들다, ~화하다'라는 뜻으로 사용되는 동사 접미사다. -ify로 끝나는 동사에서 파생된 명사는 -ify를 -ific로 변형시킨 후 -ation이 붙은 -ification 형태가 된다. 명사 형태가 너무 길어서 복잡해 보이지만 -ify로 끝나는 대부분의 단어들이 똑같은 패턴으로 파생되니 한 번만 제대로 학습하면 다른 단어들은 수월하게 익힐 수 있다.

● -ify로 끝나는 동사에서 파생된 단어들의 기본 패턴

-ify	동사
-ific(변형) + **-ation** = **-ification**	명사

● Example

verify [vérəfài] *v.* 확인하다, 입증하다 → **verification** [vèrəfikéiʃən] *n.* 확인, 입증

01 | humidify

hume은 과거에 '땅'을 의미했고, 여기서 파생된 humid는 젖어 있는 땅을 표현해 '습기 있는'이 되었다. humid에 -ify가 붙은 humidify는 젖게 만드는 '축이다, 적시다'이고, dehumidify는 젖은 것을 없애는 '습기를 없애다'로 쓰인다. humble은 땅처럼 낮은 태도나 상태를 표현하여 '겸손한, 미천한'이라는 뜻이다.

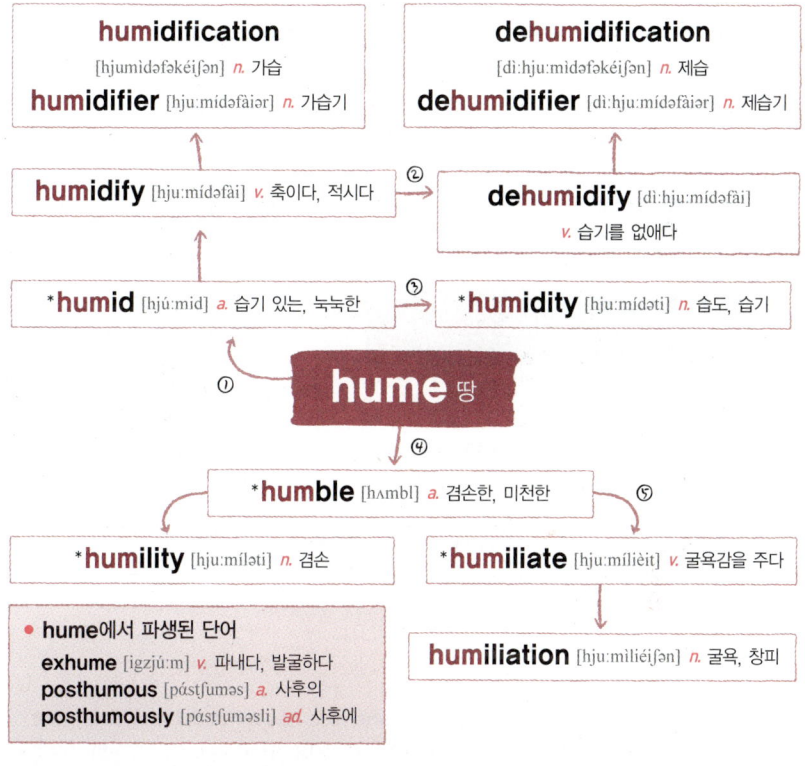

예문

The **humid** continental climate is found over great expanses in regions of the mid-latitudes. 습한 대륙성 기후는 중위도의 넓게 트인 지역에서 관찰된다.

Some plants need warmth and high **humidity**.
일부 식물들은 따뜻함과 높은 습도를 필요로 한다.

She can't deal with the **humiliation** and above all she won't lose her possessions.
그녀는 그 치욕을 참을 수가 없고, 무엇보다도 그녀는 전 재산을 잃으려 하지 않는다.

02 | purify

pure는 다른 것이 섞이지 않은 '순수한, 순결한'이란 뜻을 가진 단어다. 이 단어에서 파생된 purify는 깨끗하게 만드는 '정화하다'를 뜻하게 되었고, purification은 명사로 '정화'를 뜻한다. pure에서 변형되어 파생된 pour는 더러움을 깨끗이 하기 위해 물 등을 따르거나 흘려보내는 '붓다'라는 뜻이 되었고, pious는 특히 종교적으로 순수하고 순결한 마음을 표현하여 '경건한'이라는 뜻이 되었다.

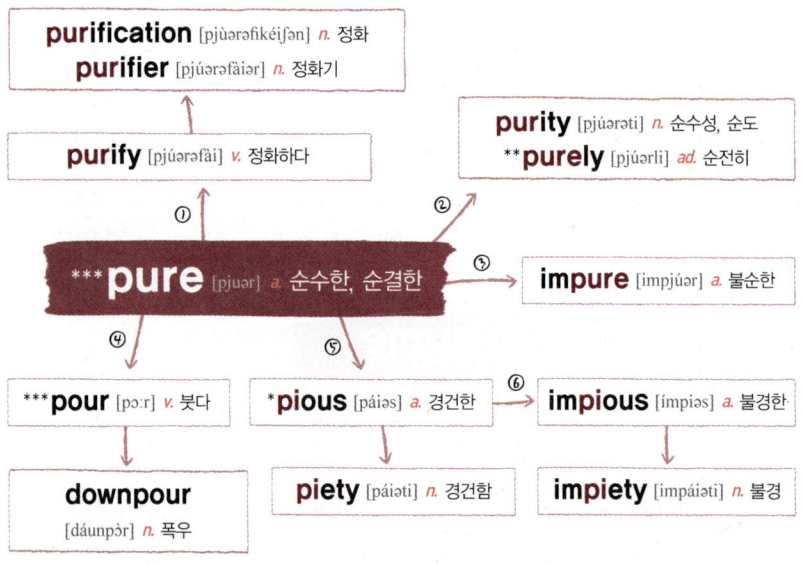

🔍 예문

While Juliet is marked innocent and **pure**, she also has a headstrong character.
줄리엣은 순진하고 순결하게 묘사되지만, 그녀는 또한 완고한 성격을 가지고 있다.

An air **purifier** will maintain the oxygen level by 22% and wash away all the bad air.
공기청정기는 산소 수치를 22%까지 유지해주며 나쁜 공기를 깨끗이 해준다.

The seasonal **downpours** frequently cause damage to property in low-lying areas.
장마는 자주 저지대 지역에서 재산 피해를 일으킨다.

Charles's parents were **pious** and well-educated folk.
찰스의 부모님은 경건하고 잘 교육받은 사람들이었다.

03 | notify

note는 원래 '알다'라는 뜻의 단어였고 현재는 알 수 있게 적은 '쪽지, 메모'라는 뜻의 명사와 '주목하다'라는 뜻의 동사로 사용되고 있다. notify는 사람들이 알게 만든다고 하여 '알리다, 통지하다'라는 뜻이 되었고, notice는 사람들이 알 수 있게 적은 '공고문'을 의미한다. notion은 가장 기본적으로 알 수 있는 생각을 의미하여 '개념, 관념'이란 뜻이 되었고, notable은 note의 '주목하다'라는 뜻에서 파생되어 '주목할 만한'이란 뜻이 된 단어다.

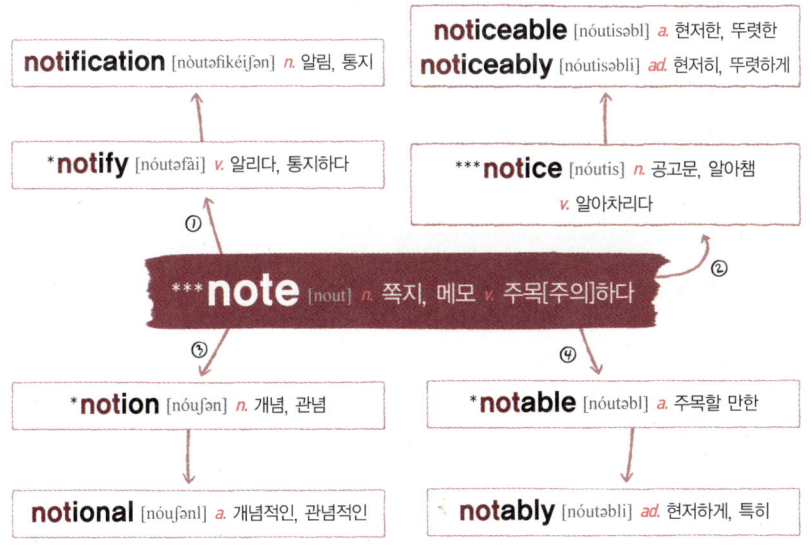

예문

You will be **notified** if a longer delay is expected.
더 긴 지연이 예상되는 경우 통보를 받는다.

I spoke with the receptionist at the hotel, who **noticed** that my bill had a problem.
나는 내 계산서에 문제가 생긴 것을 알아차린 호텔 접수계원과 이야기했다.

They have different **notions** of right and wrong.
그들은 옳고 그름에 대한 개념이 다르다.

04 | justify

just는 '딱, 단지'라는 부사로 자주 사용이 되지만 '공정한, 적절한'이라는 형용사 뜻도 있다. 이 '공정한'이라는 의미에서 파생된 justify는 공정하게 만드는 '정당화하다', justice는 '정의'라는 뜻으로 사용하게 되었다. judge는 just를 줄인 ju와 '말하다'를 의미하는 dge가 합쳐져 생긴 단어로 공정하게 말하는 '판사'라는 명사와 '판단하다'라는 동사로 사용된다. prejudice는 미리 앞서서 판단을 하기에 '편견'이라는 뜻이 되었다.

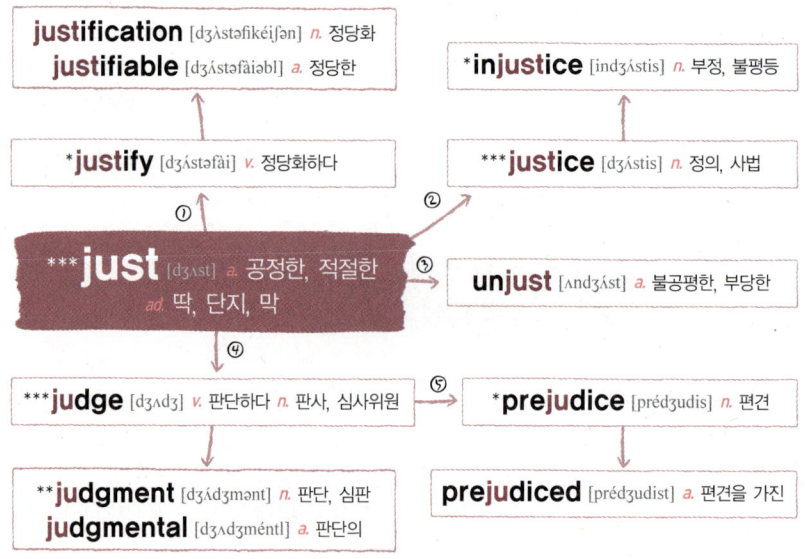

예문

I have a philosophical belief that the end does not justify the means.
나는 수단이 목적을 정당화하지 않는다는 철학적 믿음을 갖고 있다.

Judges require divorcing parents to reduce the effects of a family break-up on children.
판사들은 이혼하는 부모들이 아이들에게 미치는 가족 붕괴의 영향을 줄이도록 요청한다.

The organization fights against racial prejudice.
그 조직은 인종적 편견에 맞서 싸우고 있다.

05 | classify

class는 세금을 걷기 위해 사람들을 따로 분류한 '등급, 계층'이라는 뜻으로 사용되었다가 후에 학생들의 수준에 맞게 따로 편성한 '학급'이나 '수업'이라는 뜻도 생긴 단어다. 그래서 classify는 '분류하다'라는 뜻이 되었고, classic은 특히 가장 오랫동안 높은 등급이 매겨진 것을 표현하여 '고전적인'이라는 뜻이 되었다. classroom은 수업을 하는 방이기에 '교실'을 뜻하고, 짝이나 친구를 의미하는 mate와 합쳐진 classmate는 '급우'를 뜻하게 되었다.

🔍 예문

We separate unavailable resources into **classes** based on why they are unavailable.
우리는 이용할 수 없는 자원을 왜 이용할 수 없는가에 근거하여 등급별로 분리한다.

Students will be learning about the ways scientists **classify** animals.
학생들은 과학자들이 동물을 분류하는 방법에 대해 배우게 된다.

He always stayed at a **high-class** hotel on trips abroad.
그는 해외여행을 하면서 항상 고급 호텔에 묵었다.

06 | gratify

grate는 '기쁨'을 의미하던 단어였다. 여기서 파생된 gratify는 기쁘게 만든다고 하여 '기쁘게 하다'라는 뜻이 되었고, congratulate는 함께 기쁜 일을 나누는 '축하하다'를 뜻하게 되었다. grateful은 이러한 기쁨을 준 것에 대한 감정을 나타내어 '감사하는'이라는 뜻이 되었고, gratitude는 '감사'를 뜻한다. grace는 특히 신이 사람에게 준 기쁨을 의미하여 '은혜'를 뜻하고, 또 은혜받은 특별한 사람처럼 기품이 있는 것을 표현하여 '우아함'을 뜻한다.

예문

He used to kill the animals of the forest to **gratify** his hunger.
그는 자신의 배고픔을 충족시키기 위해 숲속의 동물들을 죽이곤 했다.

She wants to write a brief note of **congratulations** on your promotion.
그녀가 당신의 승진을 축하하기 위해 짧은 카드를 쓰고 싶어 한다.

I want to express my **gratitude** to the following people and organizations.
나는 다음의 사람들과 기관들에 감사를 표하고 싶다.

Randy, a public servant, resigned in **disgrace** after admitting to taking bribes.
공무원인 랜디는 뇌물을 받았음을 인정한 후 불명예스럽게 사임했다.

07 | certify

certain은 '확실한, 특정한'이란 뜻과 구체적이지 않은 사람이나 사물을 표현한 '어떤'이라는 뜻으로 쓰인다. certify는 certain에 -ify가 결합되어 생긴 단어로 확실히 알 수 있게 만든다는 의미의 '증명하다'를 뜻한다. certification은 '증명'이라는 뜻과 특정한 일을 할 수 있는 법적인 '자격증'을 의미하고, certificate는 공식적으로 증명되는 결혼, 출생 등의 '신고서'와 학교나 특정 교육을 마친 것을 증명하는 '증명서'를 뜻한다. ascertain은 확실한지 직접 알아보는 '확인하다'이다.

- certain에서 파생된 숙어
  for certain 틀림없이, 확실히
  to a certain extent 어느 정도까지, 다소

예문

It requires that the applicant **certify** the truth of the information.
지원자는 그 정보가 사실인지를 증명해 보이는 것이 필요하다.

A **certificate** of birth should be included with the birth reporting documents.
출생신고서는 출생 관련 문서에 포함되어야 한다.

They were unable to **ascertain** the cause of the fire.
그들은 화재의 원인을 확인할 수 없었다.

08 | qualify, quantify

qual과 quant는 둘 다 라틴어에서 유래된 단어로 qual은 어떤 종류인지를 묻는 단어였고 quant는 얼마나 큰지를 묻는 단어였다. 이 단어들이 현대 영어로 넘어오면서 quality는 물건, 사람 등의 '질, 자질'을 의미하게 되었고, qualify는 특정한 자질을 부여한다는 뜻에서 자질을 갖추게 되는 '자격을 얻다'가 되었다. quantity는 셀 수 있는 '양, 수량'이라는 뜻이고, quantify는 양을 정하는 '정량화하다'를 뜻하게 되었다.

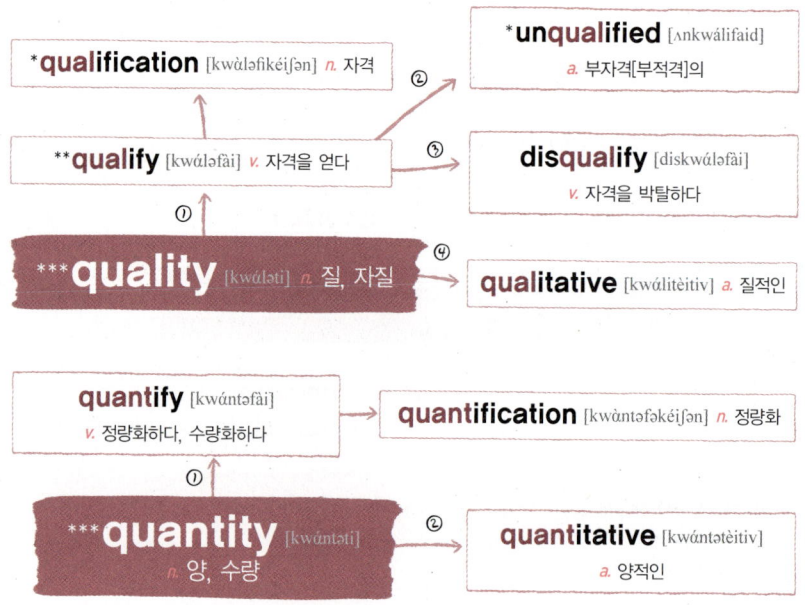

 예문

Water **quality** degradation is a considerable issue in water management.
수질 저하는 물 관리에서 중요한 사안이다.

Massive **quantities** of oil contaminated a river that was a vital water source for many people.
엄청난 양의 기름이 수많은 사람들이 먹는 중요한 식수원인 강을 오염시켰다.

It's difficult to **quantify** how long it will take to finish the project.
프로젝트를 완료하는 데 걸리는 시간을 정량화하기는 어렵다.

09 | identify, beautify

ident는 '같은'이라는 뜻을 지녔던 단어였고, 이 단어에서 파생된 identical은 '동일한'이라는 뜻이다. 또 identity도 원래 '동일성'이라는 뜻으로 쓰이다가 자신이 누구인지 알 수 있는 '신원'이라는 뜻과 자신이 다른 사람과 차별되는 성질인 '정체성'이라는 뜻이 되었다. identify는 실제 신원이 맞는지를 조사하는 '확인하다'는 뜻이다. beauty는 '아름다움, 미'를 의미하는 단어로 beautify는 '아름답게 하다'는 뜻이다.

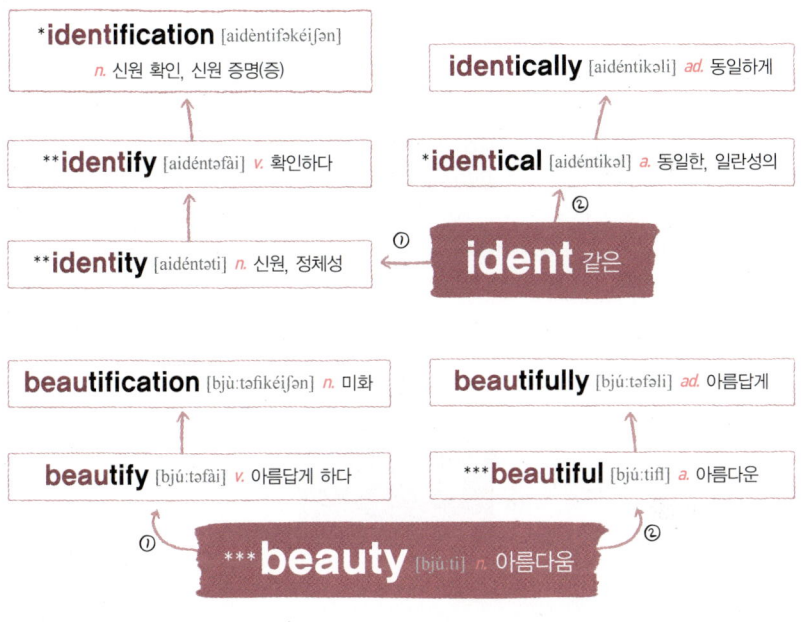

예문

It's easier to avoid pitfalls when they're clearly **identified**.
그들의 신원이 분명하게 확인되면 함정을 피하기가 더욱 쉽다.

For security, the public will have to use a fingerprint **identification** scanner to enter the museum.
보안을 위해, 일반인이 박물관에 입장하려면 지문인식 스캐너를 이용해야만 한다.

I remember her **beautiful** blonde hair, warm laugh and her kind hospitality.
나는 그녀의 아름다운 금발, 따뜻한 미소와 친절한 환대를 기억한다.

10 | terrify, horrify

terr와 horr는 둘 다 '떨다'라는 뜻이었고 파생어들의 형태도 비슷하다. terrify는 겁먹게 만드는 '무섭게 하다', terrible은 겁먹은 '무서운, 끔찍한'이라는 뜻이다. terrific은 떨릴 정도로 잘 만들어진 것을 표현해 '훌륭한', deter는 떨며 더 이상 못하게 하는 '단념시키다'를 뜻한다. horr에서 나온 horrify도 '무섭게 하다'이고, horrible과 horrific은 둘 다 공포에 떠는 '끔찍한'이라는 뜻이다. abhor는 정말 떨릴 정도로 멀리하게 되는 싫은 것을 의미해 '혐오하다'가 되었다.

예문

He has done so many **terrible** things such as murder, kidnapping, and blackmail crimes.
그는 살인, 납치, 협박 등 너무나도 많은 끔찍한 짓을 저질러왔다.

The sudden downpour **deterred** us from playing golf.
갑작스러운 호우로 우리는 골프를 단념했다.

How did the early Christians have the power to endure **horrible** torture?
초기 기독교인들은 어떻게 잔인한 고문에 견딜 수 있었을까?

11 | satisfy

sate는 현재는 많이 쓰이지 않는 '채우다'라는 뜻의 단어다. 이 단어에서 파생된 satisfy는 부족한 부분을 다 채워주는 '만족시키다'라는 뜻으로 사용되었고, 명사는 -fication이 아닌 -faction 형태인 satisfaction(만족)이다. satiable은 다 채울 수 있는 '만족시킬 수 있는'을 뜻하고, 부정의 접두사 in-이 붙은 insatiable은 '만족을 모르는'이라는 뜻이다. sate가 변형되어 생긴 asset는 자신에게 충분히 채워진 재산이라 하여 '자산'을 뜻하고, sad는 안 좋은 일이 가득 채워진 것을 표현하여 '슬픈'이라는 뜻이 되었다.

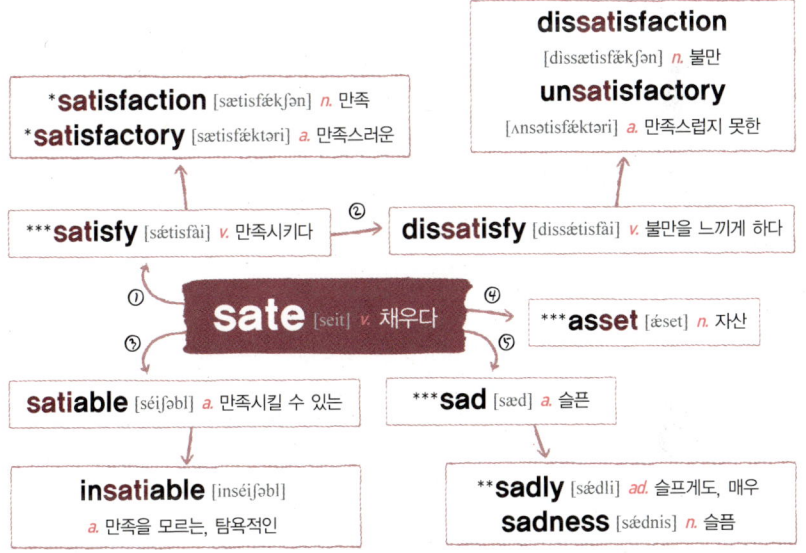

예문

The movie's ending failed to **satisfy** audiences.
그 영화의 결말은 관객을 만족시키지 못했다.

It is not possible to give a **satisfactory** answer to this abrupt question.
이렇게 갑작스러운 질문에 만족스러운 답변을 한다는 것은 불가능하다.

He has an **insatiable** curiosity about people and always wants to know what is going to happen next.
그는 사람들에 대해 만족할 줄 모르는 호기심을 가졌고 다음에 어떤 일이 일어날지 항상 알고 싶어 한다.

Exercise

정답: 458쪽

1. 다음 영어 단어의 우리말 뜻을 적어보세요.

   ① prejudice _____   ⑥ notable _____
   ② classify _____   ⑦ identity _____
   ③ humid _____   ⑧ abhor _____
   ④ grateful _____   ⑨ uncertain _____
   ⑤ pour _____   ⑩ quantity _____

2. 다음 우리말 뜻에 해당하는 영어 단어를 적어보세요.

   ① 은혜 _____   ⑥ 증명하다 _____
   ② 혐오하다 _____   ⑦ 공고문 _____
   ③ 고전 _____   ⑧ 정화 _____
   ④ 판단 _____   ⑨ 겸손 _____
   ⑤ 일란성의 _____   ⑩ 질 _____

3. 다음 빈칸에 알맞은 단어를 보기에서 찾아 넣어보세요.

   보기 purifier, high-class, certificate, deterred, prejudice

   ① The sudden downpour _____ us from playing golf.
   ② A _____ of birth should be included with the birth reporting documents.
   ③ He always stayed at a _____ hotel on trips abroad.
   ④ The organization fights against racial _____.
   ⑤ An air _____ will maintain the oxygen level by 22% and wash away all the bad air.

접두사 dis- : 이탈, 부정

dis-는 de-가 변형되어 생긴 접두사로 '이탈'이나 '부정'을 의미한다. dis-는 dif-로 바뀌거나 di-로 줄여서 사용되고, 이때는 대부분 '이탈'을 의미한다. (예: different)

① **dis**criminate [diskrímənèit] v. 차별하다, 구별하다 → discrimination [diskrìmənéiʃən]
= **dis**(이탈) + **crimin**(분리하다) + **ate**　　n. 차별, 구별

It is illegal to **discriminate** against an individual because of birthplace, ancestry, or culture. 사람을 출생지, 가문, 혹은 문화에 따라 차별하는 것은 불법이다.

② **dis**appoint [dìsəpɔ́int] v. 실망시키다 → disappointment [dìsəpɔ́intmənt] n. 실망, 낙심
= **dis**(이탈) + **appoint**(임명하다)　　disappointed [dìsəpɔ́intid] a. 실망한, 낙담한
　　　　　　　　　　　　　　　　　　disappointing [dìsəpɔ́intiŋ] a. 실망스러운

Great things were expected of this band, and they didn't **disappoint**.
이 밴드의 위대한 일들이 예상되었고, 그들은 실망시키지 않았다.

③ **dis**advantage [dìsədvǽntidʒ] n. 불리한 점, 약점 → disadvantageous
= **dis**(반대) + **advantage**(이점)　　[dìsædvəntéidʒəs] a. 불리한
　　　　　　　　　　　　　　　　　　advance [ædvǽns]
　　　　　　　　　　　　　　　　　　n. 전진, 발전 v. 진격하다, 증진하다
　　　　　　　　　　　　　　　　　　advanced [ædvǽnst]
　　　　　　　　　　　　　　　　　　a. 선진의, 고급의
　　　　　　　　　　　　　　　　　　in advance 미리, 사전에

In some fields in society, African-Americans and women are still at a **disadvantage**. 사회의 어떠한 분야에서는, 흑인과 여자는 여전히 불리한 입장에 있다.

④ **dis**appear [dìsəpíər] v. 사라지다 → disappearance [dìsəpíːərəns] n. 실종
= **dis**(반대) + **appear**(나타나다, 보이다)　　appearance [əpíərəns] n. 외모, 출현

The clamorous and loud music **disappeared** into the distance.
소란스런 군중과 큰 음악 소리가 저 멀리로 사라졌다.

⑤ **di**stress [distrés] n. 고통, 괴로움 v. 괴롭히다 → distressed [distrést] a. 괴로워하는
= **di**(이탈) + **stress**(압박, 스트레스)

Our department will give financial aids to students who are in **distress** for money. 우리 부서는 돈에 쪼들리고 있는 학생들에게 경제적인 도움을 줄 예정이다.

DAY 19 -ize

-ize는 '만들다, ~화하다'라는 뜻으로 기본적으로는 형용사나 명사 뒤에 붙어서 동사로 만드는 접미사다. -ize 형태의 단어에서 파생된 명사는 대부분 -ation을 붙인 -ization의 형태를 취하고 특별히 명사가 필요 없을 때는 굳이 명사화하지 않는 경우도 많다.

● -ize로 끝나는 동사에서 파생된 단어들의 기본 패턴

-ize	동사
-ize + **-ation** = **-ization**	명사

● Example

globalize [glóubəlàiz] v. 세계화하다
→ **globalization** [glòubəlizéiʃən] n. 세계화

01 | colonize

col은 '살다'였고, 이 단어에서 파생된 colony는 과거 로마 사람들이 정복해서 사는 땅이라고 하여 '식민지'를 뜻하게 되었다. colonize는 식민지로 만드는 '식민지화하다'라는 뜻이고, colonial은 '식민지의'라는 형용사가 되었다. cult로 변형된 후 생긴 culture는 원래 농사를 지으며 사는 것을 의미했다가 현재는 사람들이 살아가면서 얻는 생활방식이나 예술 등을 의미하여 '문화'로 쓰이게 되었다. 예전 뜻이 그대로 남아서 agriculture는 '농업', cultivate는 '경작하다'를 뜻한다.

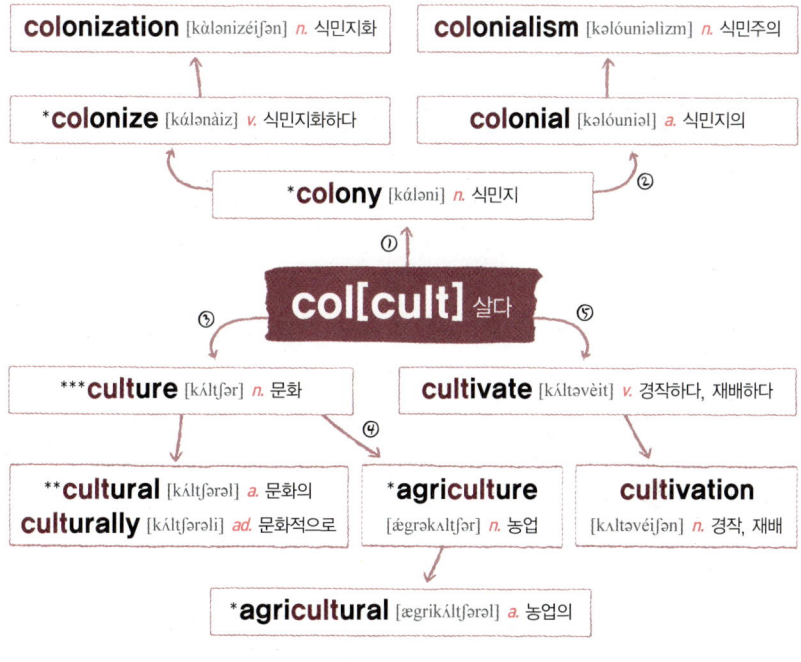

🔍 예문

The United States was once a **colony** of Great Britain.
미국은 한때 영국의 식민지였다.

Milk production accounts for almost 1/5 of the United Kingdoms total **agricultural** output.
우유 생산은 영국의 전체 농업 생산량의 거의 5분의 1을 차지한다.

Prehistoric peoples settled the area and began to **cultivate** the land.
선사시대의 사람들은 그 지역에 정착하고 땅을 경작하기 시작했다.

02 | civilize

civ는 과거 '도시'를 의미했고, 여기서 파생된 civil은 도시에 사는 사람을 표현하여 '시민의'라는 뜻과 시민으로 예의를 갖추는 '정중한'이라는 뜻이 되었다. 또한, civilize는 미개한 삶을 살던 사람을 도시에 사는 사람처럼 만든다고 하여 '문명화하다'라는 뜻이 되었다. civic은 '도시의'와 '시민의'라는 뜻이고, civ가 현대 영어에서는 city로 변형되었다.

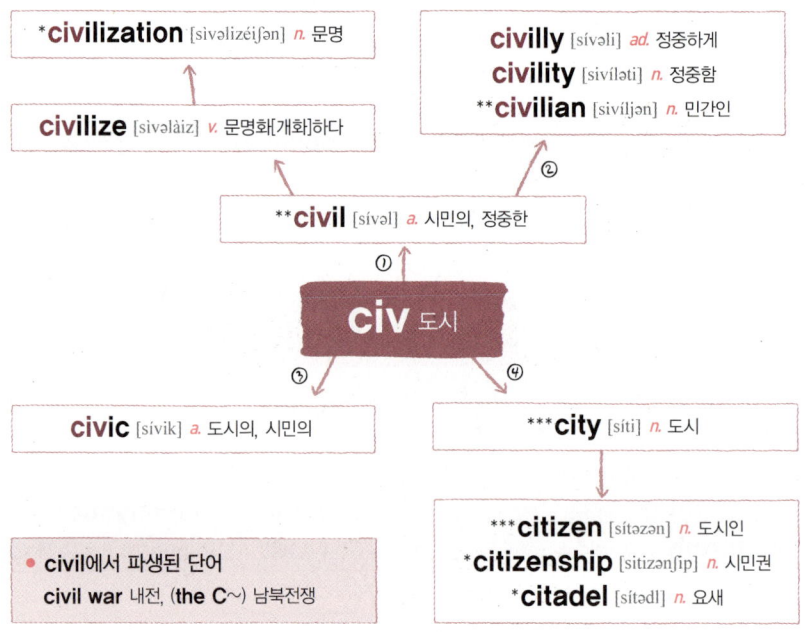

예문

Many innocent **civilians** were killed during the war.
많은 무고한 시민들이 전쟁 중에 사망했다.

The book explores the relationship between religion and **civilization**.
그 책은 종교와 문명의 관계를 탐구한다.

A **citizen** claimed that the producer of the documentaries distorted the truth.
다큐멘터리의 제작자가 진실을 왜곡했다고 한 시민이 주장했다.

03 | mobilize

mobile은 move에서 파생된 단어이기에 '이동하는'이고, mobilize는 군대에서 사람이나 물건 등을 전시 체제로 옮긴다고 하여 '동원하다'라는 뜻으로 쓰이게 되었다. mobile을 줄인 mob은 떼로 이동하는 사람들이라고 하여 '폭도'나 '집단'을 뜻한다. move에서 파생된 movement는 '움직임'이라는 뜻과 특히 어떤 목적을 위해 시위하며 활동하는 '운동'이라는 뜻도 있다. remove는 보이지 않는 뒤로 옮겨버린다고 하여 '제거하다'라는 뜻이 된 단어다.

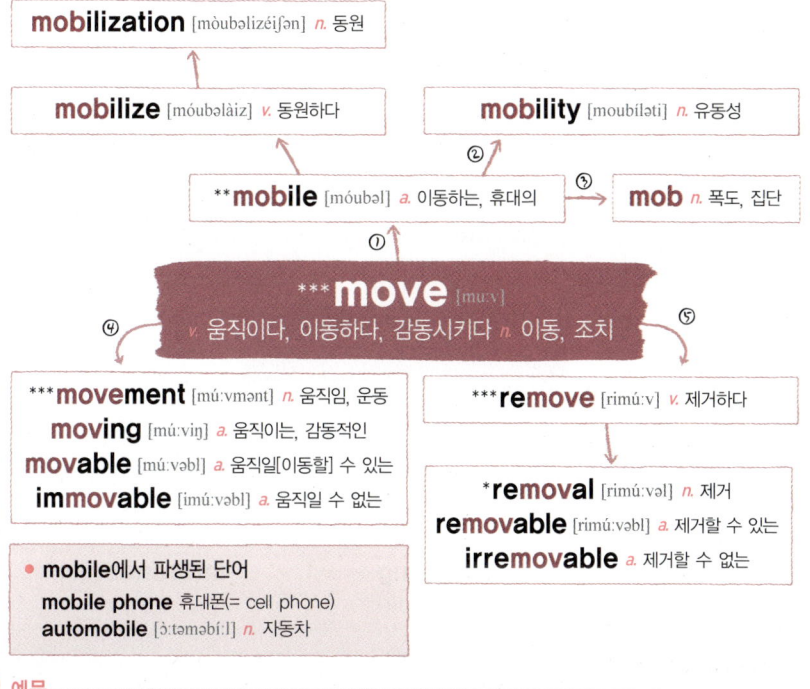

예문

The government had to mobilize the army quickly.
정부는 신속히 군대를 동원해야 했다.

Moving our company from countryside to the capital would require an incredible cost.
우리 회사를 시골에서 수도로 옮기려면 엄청난 금액이 필요할 것이다.

How can I remove adhesive tape strips even after a long time?
접착용 테이프 조각을 오랜 시간 후에 제거하려면 어떻게 해야 하지?

04 | fertilize

fer는 '옮기다'라는 뜻이었고, 이 단어에서 나온 fert는 배 밖으로 옮기는 '낳다'였다. 그래서 fert에서 파생된 fertile은 잘 낳을 수 있는 땅과 사람을 표현하여 '비옥한'과 '가임의'라는 뜻이 되었다. fer에서 파생된 offer는 원래 자신의 것을 신에게 옮기는 '바치다'를 뜻했지만, 현재는 상대방에게 건네는 '제의[제공]하다'라는 의미다. suffer는 가장 힘들고 어려운 밑바닥으로 옮겨진 것을 의미해 '겪다, 고통받다', infer는 자신의 생각 안으로 옮긴다고 하여 '추론하다'라는 뜻이다.

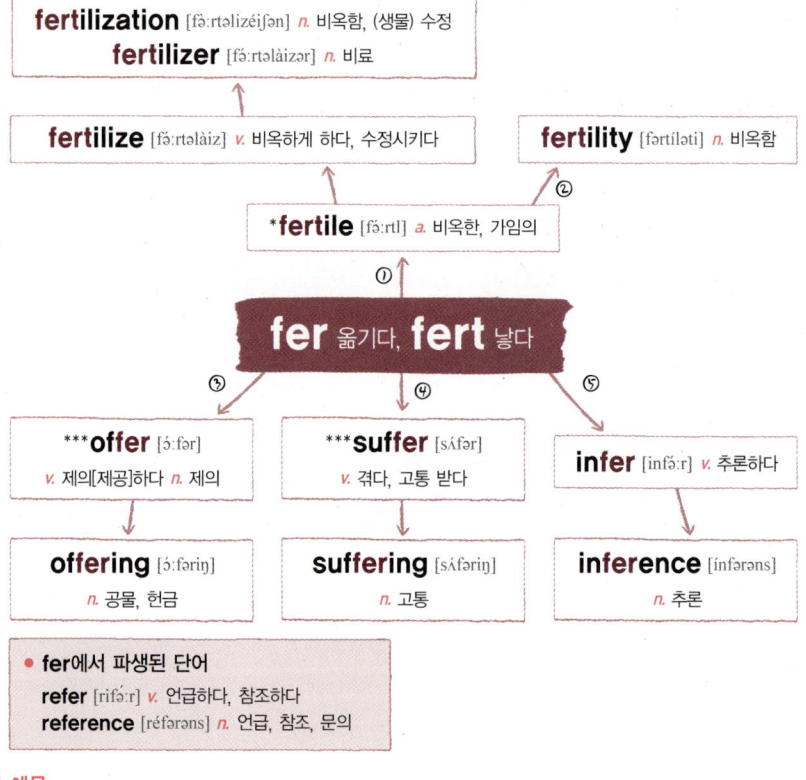

- fer에서 파생된 단어
  refer [rifə́ːr] v. 언급하다, 참조하다
  reference [réfərəns] n. 언급, 참조, 문의

🔍 예문

Fertile soil is a mixture of water, air, minerals, and organic matter.
비옥한 토양은 물, 공기, 광물, 그리고 유기물의 결합물이다.

We had to **suffer** under massive construction that transfigured the city thoroughly. 우리는 도시의 모양을 완전히 바꾸어버리는 엄청나게 큰 공사를 겪어야 했다.

05 | humanize

human은 '인간의; 인간'을 의미하는 단어이기에 humanize는 인간처럼 만드는 '인간답게 하다'라는 뜻이 되었다. humanity는 세상에 있는 모든 사람들을 의미하여 '인류'란 뜻이고, 이 단어에서 파생된 humanitarian은 인간 가치를 존중하고 다른 사람들의 삶이 더 좋아지도록 돕는 '인도주의의'라는 뜻이 되었다. humane은 '인간적인'이라는 뜻이고, 여기에 부정의 의미인 in-이 결합된 inhumane은 '비인간적인'이라는 뜻으로 쓰인다.

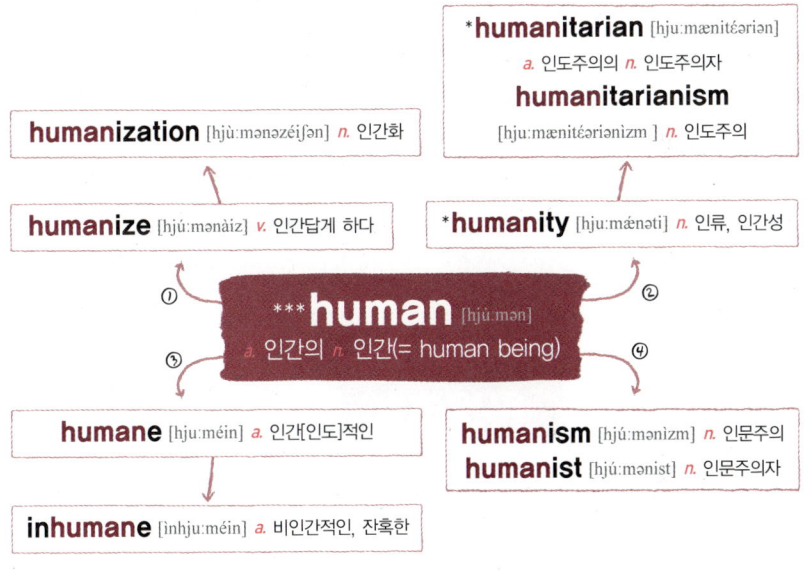

 예문

However, much remains to be done to further **humanize** prison conditions in Nigeria.
그러나 나이지리아의 감옥 상태를 더 인간답게 하기 위해서는 할 일이 많이 남아있다.

We want a clean healthy environment for all **humanity**.
우리는 모든 인류를 위한 깨끗하고 건강한 환경을 원한다.

Nobody can justify or condone the crime which is so **inhumane** that it is hard to believe.
믿기 힘들 정도로 매우 비인간적인 죄를 정당화하거나 용서할 수 없다.

06 | authorize

aug는 '키우다'라는 뜻의 단어였고, 여기서 파생된 auctor가 이야기를 키우고 만드는 사람인 '작가'라는 뜻으로 쓰였었다. 현대 영어로 넘어오면서 auctor와 actor의 철자가 헷갈리자 auctor가 author로 바뀌었다. 작가는 자신 마음대로 만들 수 있기에 authority는 마음대로 하는 '권한, 권위'를 뜻하고, authorize는 '권한을 주다'라는 뜻이 되었다. 또한 aug에서 파생된 augment가 현재 동사로 쓰여 '증가시키다'라는 뜻이 되었고, auction은 가격을 키우는 '경매'를 뜻한다.

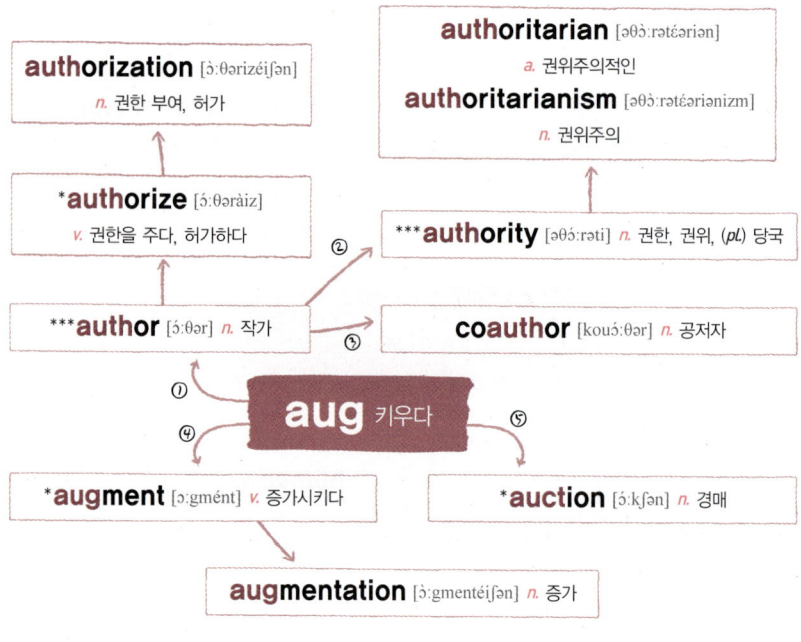

예문

Human beings naturally tend to submit to **authority** and desire someone to lead over them.
인간들은 본능적으로 권위에 복종하는 경향이 있으며, 누군가가 자신들을 이끌기를 갈망한다.

Only **authorized** personnel can enter this area.
허가된 직원만이 이 구역에 입장 할 수 있습니다.

Heavy rains **augmented** the water supply.
폭우로 인해 물 공급이 증가했다.

07 | standardize

stand는 '서다'라는 뜻이며, 보통 부정문이나 의문문으로 사용될 때 그 자리에 계속 서서 버티는 '참다'라는 뜻으로 쓰인다. standard는 세워지게 된 '기준, 표준'을 의미하고, withstand는 저항하며 서 있다고 하여 '견뎌내다'라는 뜻이 되었다. understand는 자신의 생각 아래 바로 세워지게 된 것을 의미하여 '이해하다'로 쓰이고, 여기서 파생된 misunderstand는 '오해하다'이다.

- stand에서 파생된 숙어
  stand for ~을 나타내다, 상징하다
  stand up for ~을 옹호하다
  stand up to ~에 견디다, 맞서다
  stand by ~를 지지하다, 대기하다 → standby [stǽndbài] n. 대기자, 예비품
  stand out 두드러지다, 눈에 띄다 → outstanding [autstǽndiŋ] a. 두드러진, 눈에 띄는

🔍 예문

Here is a comparative table of both WHO and EU drinking water **standards**.
여기 WHO와 EU의 식수 기준 비교표가 있다.

The princess tried to **withstand** the temptations of the evil, but gave up at the end. 공주는 악마의 유혹을 견뎌내려 했지만, 끝내 포기하고 말았다.

We have to **understand** that depression can be a mortal illness.
우리는 우울증이 치명적인 질병일 수 있다는 것을 이해해야만 한다.

08 | energize

erg[urg]는 '일하다'라는 뜻의 단어였고, 이것이 현대 영어에서는 work가 되었다. energy는 사람의 몸 안에서 활동하여 발생하는 '에너지, 힘'을 의미하고, synergy는 혼자가 아닌 함께 일하기에 '협동, 상승작용'을 뜻한다. allergy는 '다른'이라는 뜻을 지녔던 alle와 결합되어 생긴 단어로 신체에서 다른 것을 거부하는 반응을 의미하여 '알레르기'란 뜻이 되었다. surgery는 손으로 직접 일한다는 기본 뜻에서 현재는 손의 기술을 통해 병을 치료하는 '수술'로 쓰이게 된 단어다.

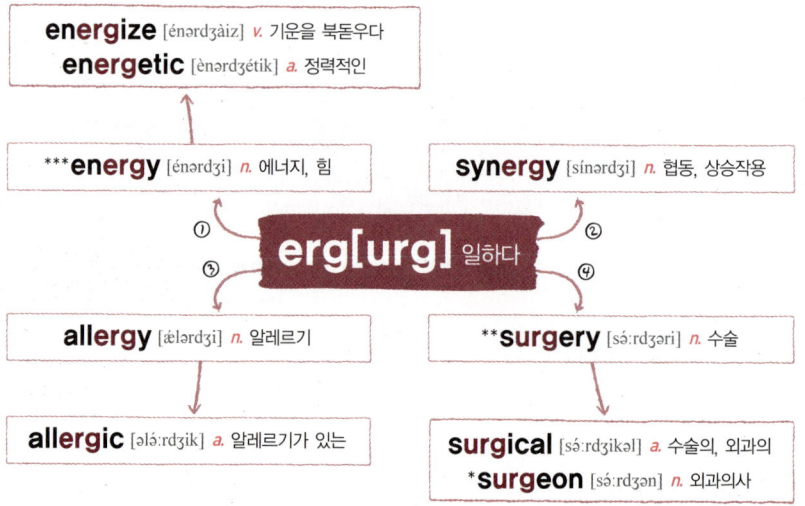

 예문

If I can work in this company, I will work hard with coworkers to create a **synergy** effect.
내가 이 회사에 근무하면 동료들과 함께 열심히 일해서 상승효과를 만들어낼 것이다.

To complicate the matters, the cancer patient had some sort of **allergic** reaction.
복잡하게도, 그 암 환자는 일종의 알레르기성 반응을 보였다.

After the **surgery** was done, the patient complained of intolerable pain.
수술이 끝난 뒤 환자는 참을 수 없는 고통을 호소했다.

09 | minimize

min은 과거 '작은'을 의미했고, 이것의 최상급이 minimum이었다. minimum은 가장 작은 것을 표현하여 '최소한도의'라는 뜻이 되었고, 여기서 -um이 빠지고 -ize를 붙인 minimize가 '최소화하다'가 되었다. minor는 min의 비교급이었으나 현재는 '작은, 소수의'라는 뜻으로 쓰인다. minute도 원래 아주 작은 것을 표현하여 '극미한'이라는 뜻과 1시간을 아주 작게 나눈 '분'이라는 뜻으로 쓰이게 되었고, diminish는 원래 있던 형태가 작게 되는 '감소하다'가 되었다.

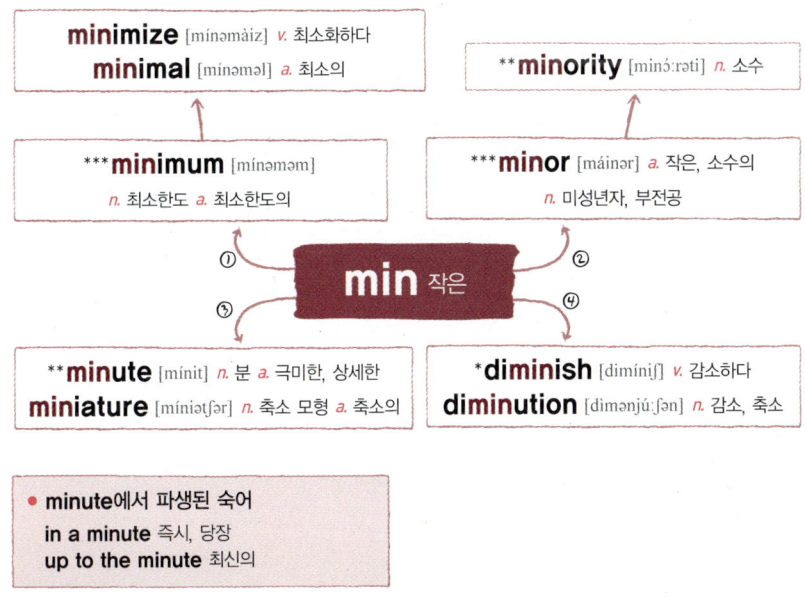

- minute에서 파생된 숙어
  in a minute 즉시, 당장
  up to the minute 최신의

예문

The **minimum** age to buy cigarettes is 18.
담배를 살 수 있는 최소 연령은 18세다.

The device can detect **minute** amounts of water that may exist on the Moon.
그 장치는 달에 존재할 수도 있는 극히 소량의 물을 탐지할 수 있다.

Thanksgiving weekend sales has **diminished** by 3% than the previous year.
추수감사절 주말 판매량은 전년도에 비해 3% 감소했다.

10 | maximize

max는 '큰'이라는 뜻이었고, 이 단어의 최상급으로 maximum을 사용했었다. 그래서 현재 maximum은 가장 크게 올라가 있는 '최고의'라는 뜻이 된 것이고, max가 변형된 maj에서 나온 major는 비교급으로 사용되어 '더 큰, 중요한'이라는 뜻이 되었다. majesty는 가장 높은 상태를 표현하여 '장엄함'이라는 뜻과 가장 높은 사람을 표현하여 '폐하'란 뜻도 지닌 단어이고, mayor는 시에서 가장 높은 사람인 '시장'을 의미한다.

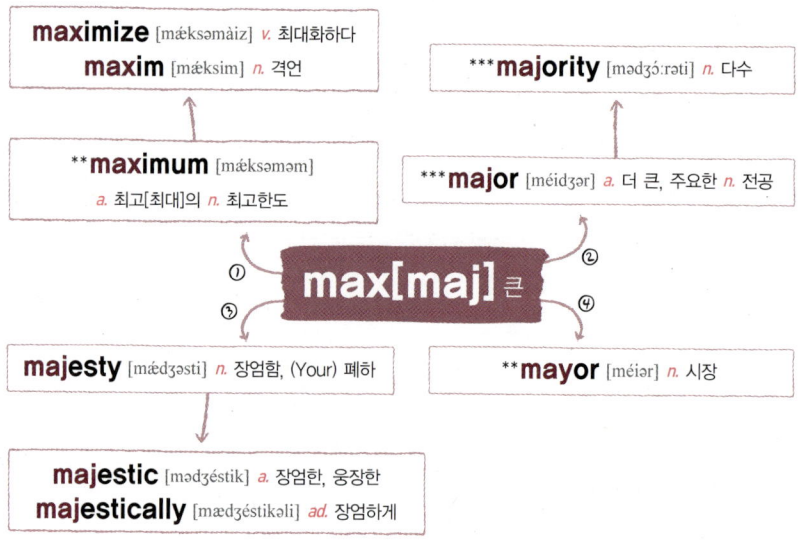

🔍 예문

You may invite a **maximum** of 10 guests to the party.
최대 10명까지 파티에 초대할 수 있다.

Decisions are adopted by the **majority** of the votes cast in the meeting.
결정은 회의에서 투표를 통해 다수결로 채택된다.

Here are some shots I took of the cathedral's **majestic** portal.
여기 내가 찍은 그 성당의 웅장한 정문 사진들이 있다.

11 | publicize

public은 라틴어로 '성인들, 사람들'을 의미했던 pubes에서 파생된 단어로, 사람들이 쓸 수 있고 관련되어 있는 것을 표현한 '공공의, 대중의'라는 뜻이 된 단어다. 이 단어에서 파생된 publicize는 대중들에게 전하는 '알리다'라는 뜻이 되었고, publicly는 '공공연하게'라는 뜻으로 쓰인다. publish는 특히 책 등을 통해 대중들에게 알릴 수 있게 하는 '출판하다'라는 뜻이 되었다. republic은 국민들이 나라의 주체가 되는 나라인 '공화국'을 뜻한다.

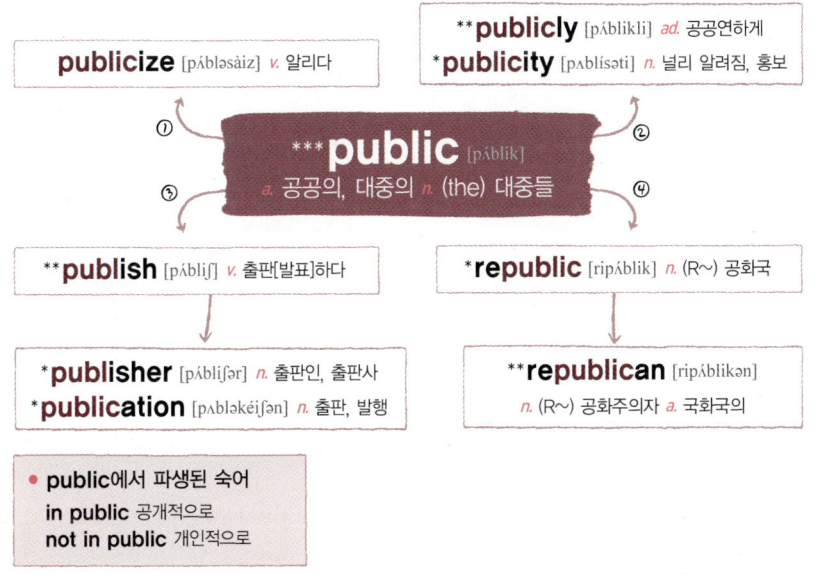

- public에서 파생된 숙어
  in public 공개적으로
  not in public 개인적으로

예문

The parade was well **publicized**, and thousands of people came to see it.
그 퍼레이드는 잘 알려졌고, 수천 명의 사람들이 그것을 보러 왔다.

It's a small company that only **publishes** about four books a year.
그곳은 1년에 약 4권의 책을 출판하는 소규모 회사다.

California for a short time was an independent **republic**.
캘리포니아는 짧은 시간 동안 독립 공화국이었다.

Exercise

1. 다음 영어 단어의 우리말 뜻을 적어보세요.

   ① republic _____ ⑥ withstand _____
   ② mayor _____   ⑦ fertile _____
   ③ diminish _____ ⑧ remove _____
   ④ surgery _____ ⑨ humanity _____
   ⑤ augment _____ ⑩ civilize _____

2. 다음 우리말 뜻에 해당하는 영어 단어를 적어보세요.

   ① 민간인 _____   ⑥ 표준 _____
   ② 다수 _____   ⑦ 정력적인 _____
   ③ 고통 _____   ⑧ 소수 _____
   ④ 식민지 _____   ⑨ 비인간적인 _____
   ⑤ 동원하다 _____ ⑩ 작가 _____

3. 다음 빈칸에 알맞은 단어를 보기에서 찾아 넣어보세요. (필요 시 어형 바꾸기)

   보기 maximum, fertile, authorized, surgery, agricultural

   ① Milk production accounts for almost 1/5 of the United Kingdoms total _____ output.
   ② _____ soil is a mixture of water, air, minerals, and organic matter.
   ③ Only _____ personnel can enter this area.
   ④ After the _____ was done, the patient complained of intolerable pain.
   ⑤ You may invite a _____ of 10 guests to the party.

접두사 sub- : 아래

sub-는 '아래'란 뜻으로 사용되는 접두사로, suf-, sug-, sup- 등 다양한 형태로 변형된다. su로 시작되는 단어 뒤에 같은 철자가 2회 반복되면 sub-에서 변형되었다고 보면 된다. (surr은 제외)

---

① **substance** [sʌ́bstəns] *n.* 물질, 실체 → **substantive** [sʌ́bstəntiv] *a.* 실질적인
   = **sub**(아래) + **st**(서다) + **ance**   **substantial** [səbstǽnʃəl] *a.* 상당한
   substantiate [səbstǽnʃièit] *v.* 입증하다, 실체화하다

These **substances** absorb water from the air and hold moisture in the skin.
이 물질들은 공기 중의 습기를 흡수하며, 그 습기를 피부에 간직한다.

---

② **subside** [səbsáid] *v.* 가라앉다, 진정되다 → **subsidence** [səbsáidns] *n.* 침하
   = **sub**(아래) + **side**(놓다, 앉다)   **subsidy** [sʌ́bsədi] *n.* 보조금

As I dug, some of the earth fell away and **subsided** into the hole below the ground.
내가 파냈더니 땅의 일부가 무너지면서 땅 속의 구멍으로 가라앉았다.

---

③ **sudden** [sʌ́dn] *a.* 갑작스러운 → **suddenly** [sʌ́dnli] *ad.* 갑자기
   = **sud**(아래) + **den**(오다)   **all of a sudden** 갑자기

We have protected environment with long-term strategies, not just from a **sudden** afterthought.
우리는 단순히 갑작스럽게 떠오른 생각이 아니라 장기적인 전략으로 환경을 보호해왔다.

---

④ **summon** [sʌ́mən] *v.* 소환하다 → **summoner** [sʌ́mənər] *n.* 소환자
   = **sum**(아래) + **mon**(경고하다)   **admonish** [ædmániʃ] *v.* 훈계하다, 꾸짖다

What happens if I do not testify before court even after I am **summoned**?
소환을 받은 뒤에도 법정에서 증언하지 않으면 어떻게 됩니까?

---

⑤ **support** [səpɔ́:rt] *v.* 지지[지원]하다 *n.* 지지, 지원 → **supporter** [səpɔ́:rtər] *n.* 지지자
   = **sup**(아래) + **port**(옮기다)

The speech is the attempts to gain public approval and **support** for their policies.
그 연설은 대중의 찬성을 얻고 정책에 대한 지지를 얻으려는 시도다.

DAY 20 -e

-e로 끝나는 단어들 중에는 동사로 쓰이는 단어들이 있는데 이 단어들은 과거 라틴어에서 사용되었던 -ere, -are 형태의 동사 접미사가 축약되어 -e만 남은 것이다. 이러한 동사에서 파생된 명사는 -ation이나 -ition 형태를 취하는 경우가 많다.

● -e로 끝나는 동사에서 파생된 단어들의 기본 패턴

-e	동사
-e + **-ation** = **-ation**	명사

● Example

compile [kəmpáil] *v.* 편집[수집]하다 → **compilation** [kàmpəléiʃən] *n.* 편집

01 | serve

conserve는 다른 사람이 해하지 못하게 지키는 것을 의미하여 '보호하다, 아끼다'이고, preserve는 미리 지킨다고 하여 '보존하다'라는 뜻이 된 단어다. reserve는 뒤로 따로 빼놓아 지키는 '비축하다'와 좌석 등을 뒤로 따로 빼놓은 '예약하다'라는 뜻으로 쓰인다. 그래서 reservation은 '예약'이 되었고, reservoir는 물을 비축해놓은 '저수지'가 되었다. observe는 경계를 서며 적이 오는지 지켜보는 '관찰하다'라는 뜻과 계속 명령을 지켜나가는 '준수하다'라는 뜻이 되었다.

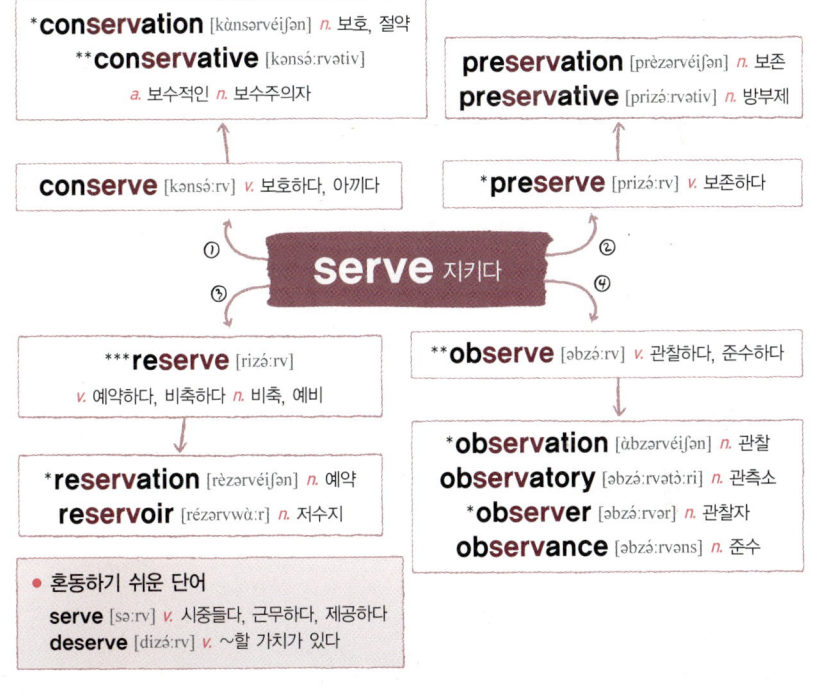

예문

Its mission is to protect and **conserve** natural resources on private lands.
그것의 사명은 사유지에서의 자연 자원을 보호하며 보존하는 것이다.

Hotel **reservation** software helps anyone **reserve** rooms at a hotel.
호텔 예약 소프트웨어는 누구든지 호텔에 방을 예약하도록 도와준다.

Observe your employees and give them positive feedback frequently.
직원들을 관찰하고 그들에게 긍정적인 피드백을 자주 하라.

02 | spire

aspire는 자신의 호흡을 원하는 쪽으로 전부 쏟는다고 하여 '열망하다'라는 뜻이 된 단어이고, inspire는 다른 사람 안에 호흡을 불어넣어 '고무시키다'라는 뜻이 되었다. ex와 spire가 결합된 expire는 원래 숨이 밖으로 다 나가 죽는다고 하여 현재는 다 끝나는 '만료되다'가 됐다. respire는 현대 영어에서 '호흡하다'라는 뜻이 되었고, conspire는 함께 호흡한다는 의미에서 안 좋은 일을 함께 하는 '음모를 꾸미다'라는 뜻으로 쓰인다.

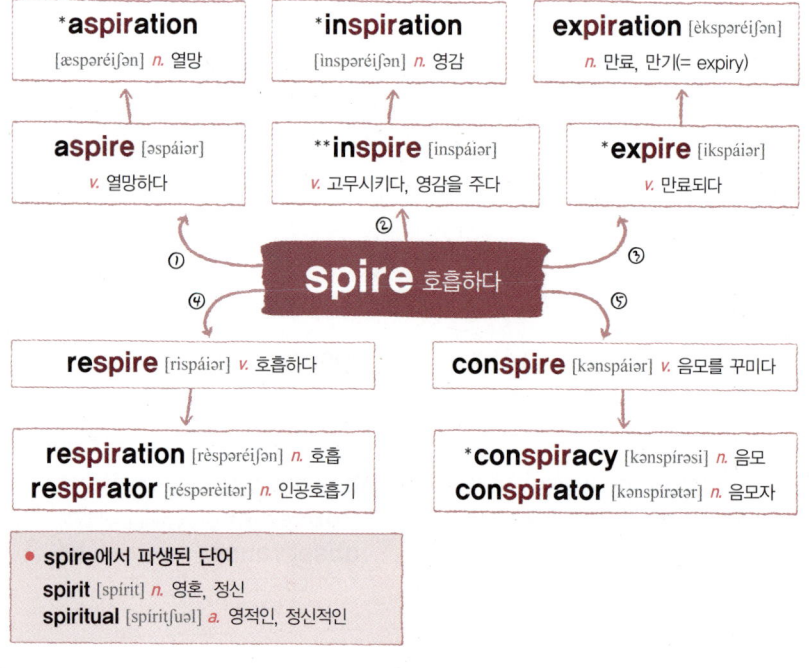

- spire에서 파생된 단어
  spirit [spírit] n. 영혼, 정신
  spiritual [spíritʃuəl] a. 영적인, 정신적인

🔍 예문

Johnson **aspires** to become the city's first woman mayor.
존슨은 시 최초의 여성 시장이 되기를 열망한다.

A reading can act like a vivid dream in that we sometimes draw **inspiration** from a novel.
가끔 우리가 소설로부터 영감을 얻는다는 점에서, 독서는 생생한 꿈의 역할을 한다.

The password had to be changed or else it will **expire** this week.
비밀번호를 바꾸어야 한다. 그렇지 않으면 이번 주에 기한이 만료될 것이다.

03 | pute

pute는 과거 '세다, 생각하다'를 뜻했던 단어였고, 여기서 파생된 compute는 숫자들을 함께 세는 '계산하다'라는 뜻으로 사용하게 되었다. impute는 다른 사람 안에 잘못된 점이 있다고 생각하는 '~에게 돌리다'라는 뜻이 되었고, reputation은 다시 생각나게 하는 사람을 의미해서 '명성, 평판'을 뜻한다. depute는 멀리 보낼 수 있는 사람을 생각해서 뽑는다고 하여 '위임하다'이고, dispute는 서로 생각이 나눠진다고 하여 '토의하다, 논쟁'이라는 뜻으로 사용하게 되었다.

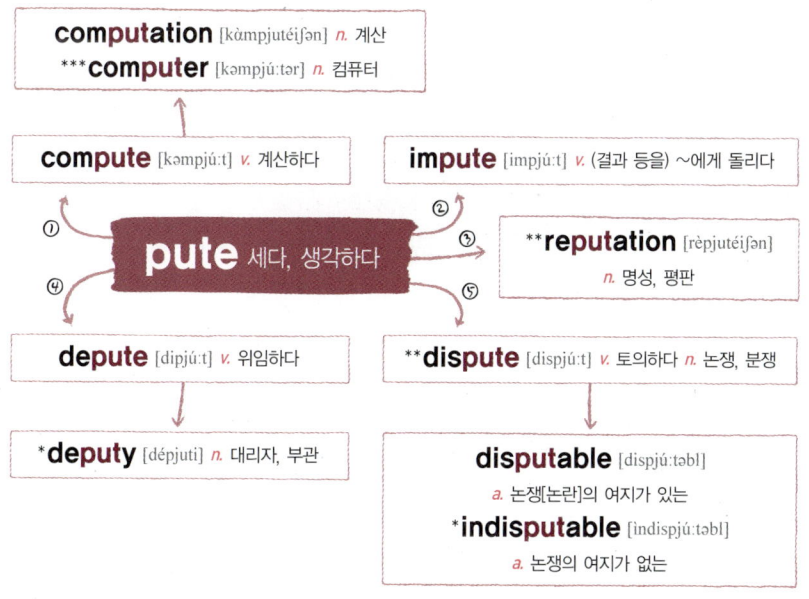

예문

Mrs. Price has offered to endow the school with **computers**.
프라이스 부인은 학교에 컴퓨터를 기부하겠다고 제안하였다.

They **impute** the accident to the bus driver's carelessness.
그들은 사고의 원인을 버스 기사의 부주의로 돌리고 있다.

The area has a really bad **reputation** but it isn't as bad as people think.
이 지역은 정말 나쁜 평판을 가지고 있지만 사람들이 생각하는 것만큼 나쁘지는 않다.

04 | cite

cite는 원래 '부르다'라는 뜻으로 사용하던 단어였다. 현대 영어로 와서 사람뿐만이 아닌 책이나 글에 있는 내용도 불러서 사용한다고 하여 '인용하다'라는 뜻이 되었다. recite는 다시 반복적으로 부르기에 '암송하다'라는 뜻으로, solicit은 다른 사람에게 간절히 도와달라고 외친다고 하여 '간청하다'라는 뜻으로 사용하게 되었다. excite는 자신 안에 있는 감정을 밖으로 불러 끄집어낸다고 하여 '흥분시키다'라는 뜻이 된 단어다.

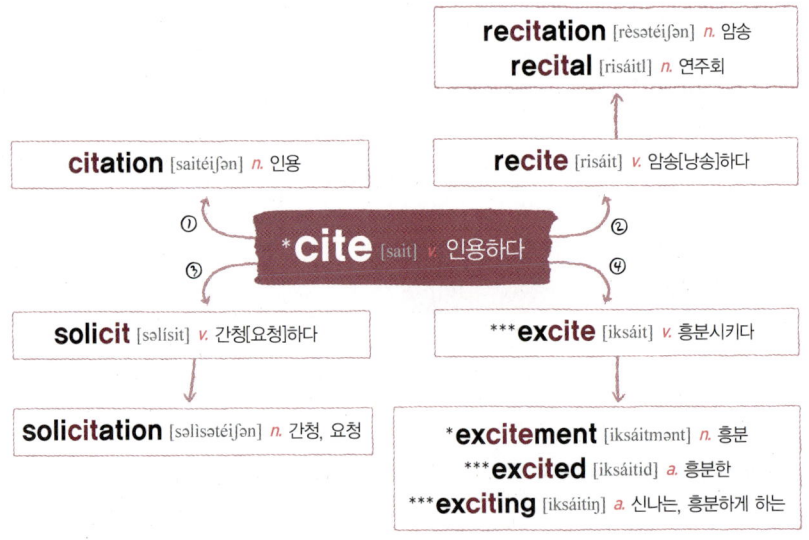

🔍 예문

Britain is often **cited** as an example of a declining industrial power.
영국은 종종 쇠퇴하는 산업 강국의 한 예로 인용된다.

They **recited** a poem that they had learnt at school.
그들은 학교에서 배운 시를 낭송했다.

I would get very **excited** one minute and sink into a deep depression the next.
나는 한순간 매우 흥분을 하다가, 다음 순간에 깊은 우울감에 빠지기도 한다.

A woman was blamed for **solicitation** of money for a local church.
한 여자가 지역 교회에 쓰일 돈을 요청해서 비난받았다.

05 | pose ①

pose의 원래 뜻은 '놓다'였기에 이 뜻이 확장되어 파생된 position은 놓인 '위치, 지위'란 뜻이 되었다. expose는 밖으로 놓아 다 알 수 있게 보여준다고 하여 '드러내다, 노출하다'로 쓰이고, 명사형은 exposition(박람회)과 exposure(노출)이다. compose는 여러 가지 것들을 함께 놓고 만든 '구상하다'라는 뜻과 음악 등을 구상하는 '작곡하다'라는 뜻이 된 단어다. 그 후 흐트러진 마음을 정리해 놓는다고 하여 '가다듬다'라는 뜻으로도 쓰이게 되었다.

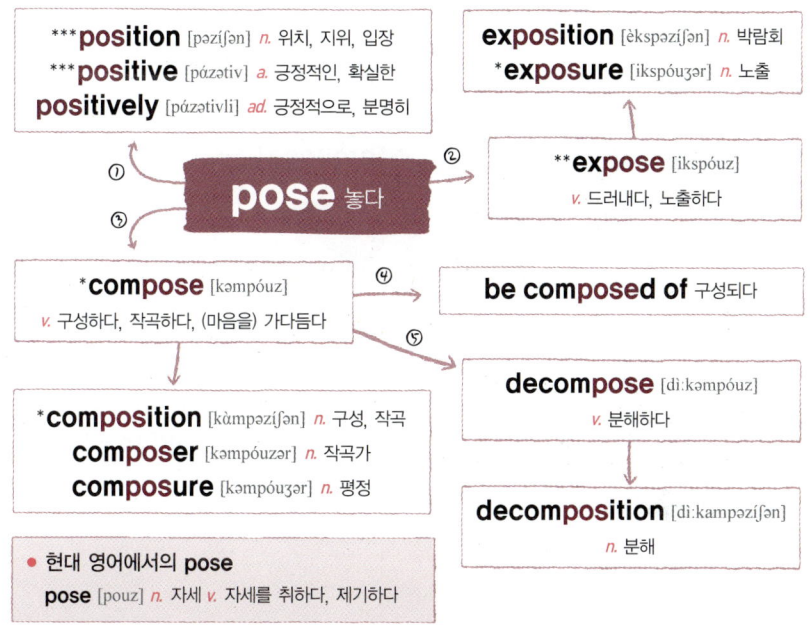

예문

We have worked very hard to solidify our **position** in the market.
우리는 시장에서 우리의 지위를 굳히기 위해 매우 열심히 일해왔다.

The **composition** of soil that has formed in a place is mostly determined by the location.
어떠한 장소에서 형성된 토양의 구성은 주로 그 지역에 따라 결정된다.

Microorganisms live in soil and **decompose** organic matter in various ways.
미생물은 토양 속에 살면서 다양한 방법으로 유기물질을 분해한다.

06 | pose ②

dispose는 마음이 한쪽으로만 따로 놓이게 하는 '경향을 갖게 하다'와 한쪽으로 전부 치워놓는 '처리하다'라는 뜻이다. propose는 앞쪽으로 의견을 놓는 '제안하다'라는 뜻과 좋아하는 사람에게 자신의 마음을 놓는다고 하여 '청혼하다'라는 뜻도 갖게 되었다. oppose는 반대로 놓기에 '반대하다'로, suppose는 의견을 자신의 생각 아래 놓기에 '추정하다'로 쓰인다.

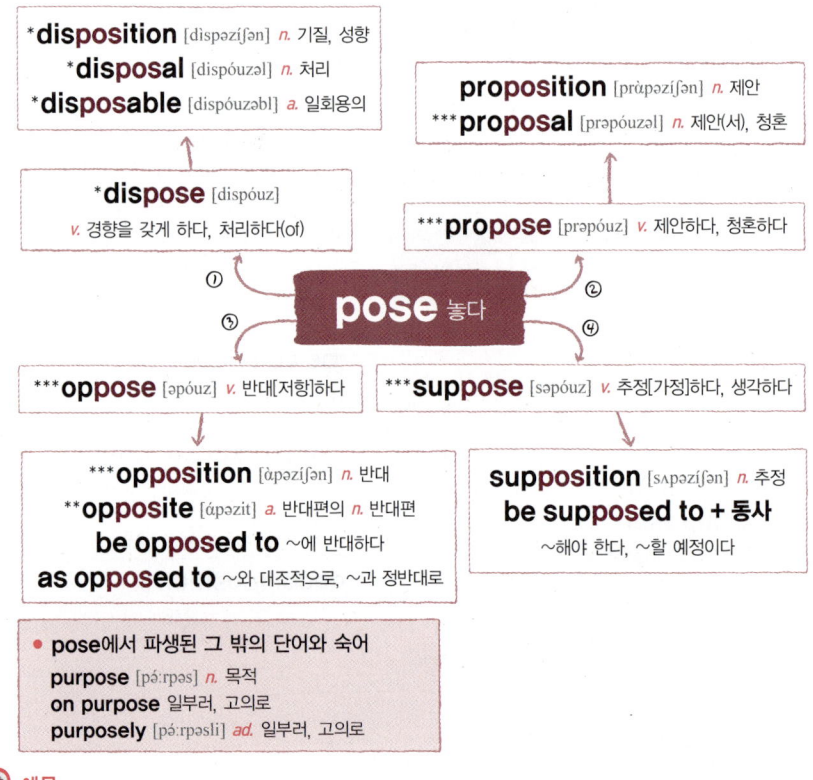

예문

There are some simple steps to keep in mind when you **dispose of** trash while hiking. 당신이 등산을 하며 쓰레기를 처리할 때 기억해야 할 간단한 몇 가지 수칙이 있다.

Jerry **proposed** to establish a university to improve schooling in Delaware. 제리는 델라웨어의 학교 제도를 개선하기 위해 대학을 설립하겠다는 제안을 했다.

I'm **opposed** to Anarchism. I'm in favor of 'limited government', not 'no government.' 나는 무정부주의에 반대한다. 나는 무정부가 아니라 제한적 정부를 지지하는 것이다.

07 | fine

fine의 원래 뜻은 '끝에 이르다'였다. 여기서 파생된 define은 완전히 끝에 도달한다는 의미가 확장되어 현재는 어떠한 것에 대한 의미를 마지막으로 정하는 '정의하다'를 뜻한다. confine은 사람이나 동물 등을 끝이 있는 제한된 곳에 두는 '가두다, 국한하다'이고, finish(끝내다)나 final(결승전)도 전부 끝에 이르는 것을 의미하여 생겨난 단어다. finite는 끝이 있기에 한계가 있는 '유한한'을 의미한다.

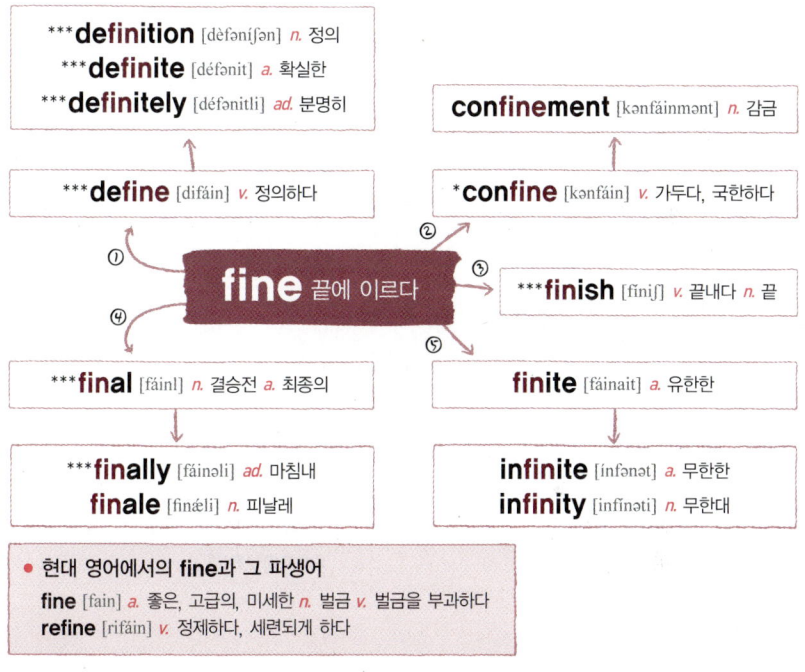

- 현대 영어에서의 fine과 그 파생어
  fine [fain] a. 좋은, 고급의, 미세한 n. 벌금 v. 벌금을 부과하다
  refine [rifáin] v. 정제하다, 세련되게 하다

예문

I've been to almost every doctor in my country, but I still haven't got a **definite** answer.
나는 우리나라의 거의 모든 의사에게 가 보았지만, 아직도 확실한 답을 얻지 못했다.

The unconventional method we experimented **finally** worked after all the trials and errors.
우리가 실험했던 그 전통적이지 않은 방법은 여러 시행착오 끝에 마침내 성공했다.

We must recognize air, water and land as **finite** resources and cherish them.
우리는 공기와 물과 땅이 유한한 자원이라는 점을 인정해야 하고 그것들을 소중히 해야 한다.

08 | quire

quire는 '찾다'라는 뜻으로 쓰였던 단어였기에 acquire는 노력을 통해 원하는 것을 찾게 되는 '습득하다'라는 뜻이 되었고, inquire는 안에서 정보 등을 찾는다고 하여 '묻다, 조사하다'라는 뜻으로 사용하게 된 단어다. require는 사람들에게 반복적으로 다시 찾아달라고 하는 '요구하다, 필요로 하다'라는 뜻이 되었고, quire가 변형되어 생긴 conquer는 자신이 원하는 땅을 찾아서 전투를 통해 차지하는 '정복하다'라는 뜻이 된 단어다.

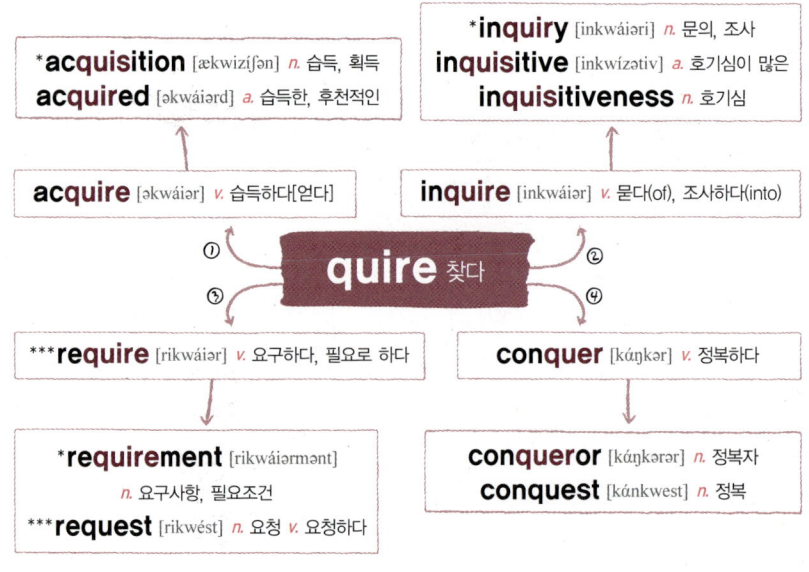

 예문

The team **acquired** three new players this year.
그 팀은 올해 3명의 신규 플레이어를 확보했다.

Please contact our office to **inquire** about costs or further services.
비용이나 기타 서비스에 대해서 문의하고 싶으시면 저희 사무실로 연락해 주십시오.

All businesses **require** time and money to succeed.
모든 사업은 성공하기 위해서는 시간과 돈을 필요로 한다.

The city was **conquered** by the ancient Romans.
그 도시는 고대 로마인들에게 정복당했다.

09 | nounce[nunci]

nounce는 '알리다'라는 뜻이었고, 여기서 파생된 announce는 사람들을 향해 알리는 '발표하다'의 뜻으로 사용하게 되었다. pronounce는 모여 있는 사람들 앞에서 알리는 '선언하다'와 똑바르게 말하며 알리는 '발음하다'라는 뜻도 지니게 되었다. 그래서 pronouncement는 '선언', pronunciation은 '발음'을 뜻한다. denounce은 공개적으로 안 좋게 알리기에 '비난하다'라는 뜻이 되었고, renounce는 더 이상 알리지 않고 뒤로 물러나기에 '포기하다'가 되었다.

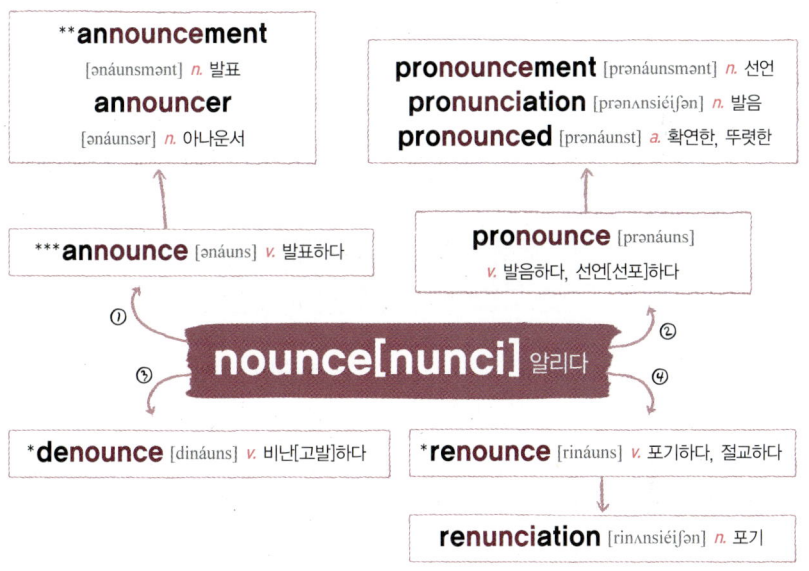

예문

The federal government has **announced** new regulations against organized crime in Canada.
연방 정부는 캐나다의 조직적인 범죄에 대한 새 규제를 발표했다.

The priest **pronounced** a blessing on their home.
사제가 그들의 가정에 축복을 선포했다.

Protest marchers have gathered across the city to **denounce** terrorists.
항의하는 행진 대열은 테러리스트를 비난하기 위해 시 전역에서 모여들었다.

She **renounced** her inheritance.
그녀는 자신의 유산을 포기했다.

10 | vince[vict]

vince는 과거 '정복하다'라는 뜻의 단어였다. 여기서 파생된 convince는 특히 말로 사람들을 정복한다고 하여 '설득[확신]시키다'라는 뜻이 되었다. province는 왕이 정복하여 얻게 된 땅을 의미하다가 현재는 '지방'이라는 뜻으로 사용된다. vincible은 '정복할 수 있는'이라는 뜻이고, 부정을 의미하는 in-이 붙은 invincible은 정복할 수 없는 아주 강한 것을 표현하여 '무적의'라는 뜻이 되었다. vince가 vict로 바뀐 후 파생된 victor는 '정복자'다.

예문

Her arguments didn't **convince** everyone, but changes were made.
그녀의 주장은 모두를 설득시키지는 못했지만 변화가 있었다.

We currently manufacture high quality agricultural implements in the North West **Province**.
우리는 현재 북서 지방에서 좋은 품질의 농기구를 제작하고 있다.

Young athletes think of themselves as **invincible**.
젊은 운동선수들은 자기 자신을 무적으로 생각한다.

11 | mute

'바꾸다, 변하다'라는 뜻이었던 mute에서 파생된 commute는 집 근처에서만 일하다가 멀리 있는 장소로 옮겨가며 일한다고 하여 '통근하다'라는 뜻이 되었다. mutate는 형태가 바뀌는 '돌연변이가 되다'이고, mutable은 '변할 수 있는'이라는 뜻이며, 부정의 의미인 im-이 붙은 immutable은 변하지 않는 '불변의'라는 뜻이다. mutual은 서로 바꾸어 가며 영향을 미치기에 '상호간의'를 의미한다.

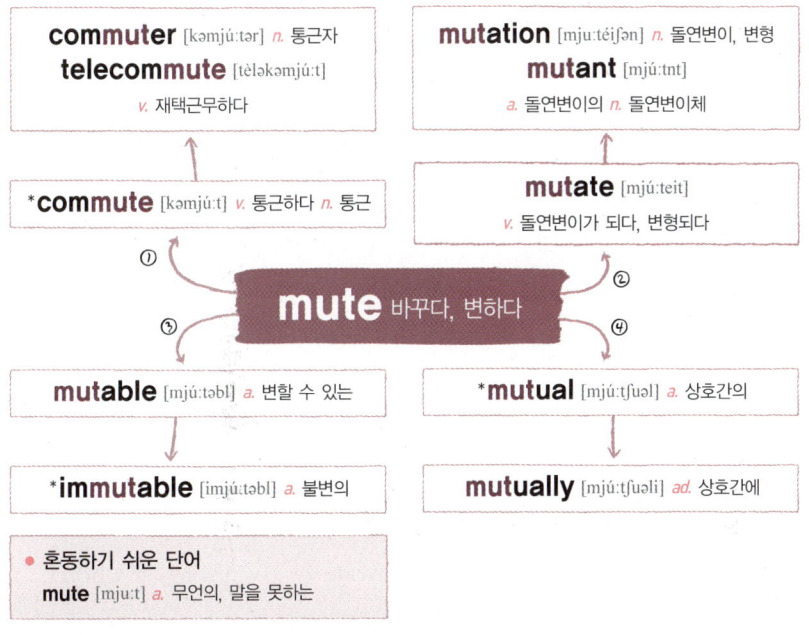

- 혼동하기 쉬운 단어
  mute [mju:t] *a.* 무언의, 말을 못하는

예문

He **commutes** to work every day by train.
그는 매일 기차로 직장에 통근한다.

The cat's short tail is the result of a **mutation**.
고양이의 짧은 꼬리는 돌연변이의 결과다.

Employer and employees have reached a wage agreement through **mutual** concession.
고용주와 종업원들은 상호양보를 통해 임금합의를 이루어냈다.

Exercise

정답: 459쪽

1. 다음 영어 단어의 우리말 뜻을 적어보세요.

① reputation	_____	⑥ invincible	_____
② citation	_____	⑦ composure	_____
③ conserve	_____	⑧ confine	_____
④ expire	_____	⑨ commute	_____
⑤ announce	_____	⑩ inquiry	_____

2. 다음 우리말 뜻에 해당하는 영어 단어를 적어보세요.

① 상호간의	_____	⑥ 발음	_____
② 정의하다	_____	⑦ 연주회	_____
③ 예약	_____	⑧ 정복하다	_____
④ 설득시키다	_____	⑨ 노출	_____
⑤ 열망	_____	⑩ 처리	_____

3. 다음 빈칸에 알맞은 단어를 보기에서 찾아 넣어보세요.

> 보기 conquered, dispose of, reputation, invincible, reserve

① Hotel reservation software helps anyone _____ rooms at a hotel.

② The area has a really bad _____ but it isn't as bad as people think.

③ There are some simple steps to keep in mind when you _____ trash while hiking.

④ The city was _____ by the ancient Romans.

⑤ Young athletes think of themselves as _____.

접두사 sur- : 위, 초과

sur-는 super-가 축약되어 만들어진 접두사다. 따라서 super-와 마찬가지로 '위'나 '초과'라는 뜻이다. sub-가 변형된 형태와 헷갈릴 수 있으니 조심하자.

① **sur**face [sə́:rfis] *n.* 표면 → **superficial** [sù:pərfíʃəl] *a.* 피상적인, 표면적인
= **sur**(위) + **face**(얼굴, 직면하다)

A woman who hurt her legs because of an uneven road **surface** is seeking compensation.
울퉁불퉁한 도로 표면 때문에 다리를 다친 여자가 보상을 받을 방법을 찾고 있다.

② **sur**prise [sərpráiz] *v.* 놀라게 하다 *n.* 놀라움 → **surprised** [sərpráizd] *a.* 놀란, 놀라는
= **sur**(위) + **prise**(잡다)　　　　　　　　　**surprising** [sərpráiziŋ] *a.* 놀라운
　　　　　　　　　　　　　　　　　　　　　　　surprisingly [sərpráiziŋli]
　　　　　　　　　　　　　　　　　　　　　　　ad. 놀랄 만큼, 대단히

He decorated the room with flowers to **surprise** his wife on their anniversary.
그는 기념일에 아내를 놀라게 해주려고 방을 꽃으로 장식했다.

③ **sur**render [səréndər] *v.* 항복하다, 넘겨주다 *n.* 항복
= **sur**(위) + **render**(주다, ~이 되게 하다)

We saw our country **surrender** to the enemy without demonstrating our power.
우리는 조국이 힘을 보여주지도 못하고 적에게 항복하는 모습을 보았다.

④ **sur**round [səráund] *v.* 둘러싸다 → **surrounding** [səráundiŋ] *a.* 인근의, 주위의
= **sur**(위) + **round**(둥근)　　　　　　　　　**surroundings** [səráundiŋz] *n.* 상황, 환경

The Korean peninsula is **surrounded** by three oceans, and the geography of Korea looks like a tiger.
한반도는 삼면이 바다로 둘러싸여 있으며, 지형이 호랑이를 닮았다.

⑤ **sur**vey [sərvéi] *n.* (설문) 조사, 측량 *v.* 조사하다, 살피다 → **surveyor** [sərvéiər] *n.* 측량사
= **sur**(위) + **vey**(보다)

We have conducted a **survey** about complaints that occurred at a car parking area.
우리는 주차장에서 발생하는 불만에 대해 조사를 했다.

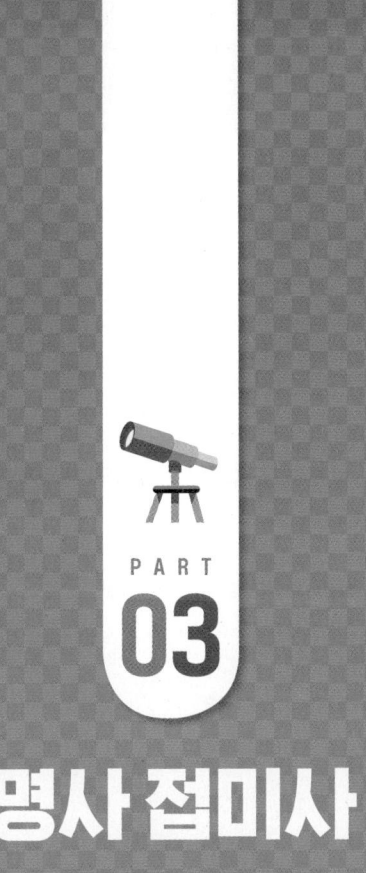

PART 03
명사 접미사

DAY 21	-er	DAY 26	-ence, -ance
DAY 22	-or	DAY 27	-al, -y
DAY 23	-ist	DAY 28	-ity, -ety, -ty
DAY 24	-ure	DAY 29	-ness, -th
DAY 25	-ment	DAY 30	-us

DAY 21 -er

접미사 -er은 사람이나 사물뿐만 아니라 상태나 성질을 나타내는 명사로도 사용된다. 또한, 가끔은 동사 접미사로 사용되기도 한다. -er 형태의 동사는 과거 라틴어에서 사용된 -ere 형태가 축약되어 현대 영어에 남아있는 것이다. 특히 이 -er은 -re로 바뀐 후 뒤에 또 다른 접미사가 붙어서 단어가 확장되는 경우가 많다.

● -er로 끝나는 명사/동사에서 파생된 단어들의 기본 패턴

-er	명사, 동사
-er → -re + 모음으로 시작되는 접미사	
-re + -ous = -rous	형용사
-re + -al = -ral	형용사
-re + -ance = -rance	명사

● Example

luster [lʌ́stər] n. 광택, 윤 → lustrous [lʌ́strəs] a. 윤이 나는, 저명한
neuter [njúːtər] v. 거세하다 a. 중성의 → neutral [njúːtrəl] a. 중립의
hinder [híndər] v. 방해하다 → hindrance [híndrəns] n. 방해

01 | center

center는 '중앙, 중심'을 의미하는 단어이고, 이것을 centre로 바꾼 후에 -al이나 -ic가 붙어 central, centric이 생기게 되었다. central에서 나온 centralize는 권력을 중앙정부에 집중하는 '중앙집권화하다'로 사용되고, centric에서 파생된 eccentric은 중앙에서 벗어난 행동을 표현하기에 '별난'이 되었다. concentrate는 모든 것을 중심으로 모으는 데서 '집중하다'라는 뜻이 되었다.

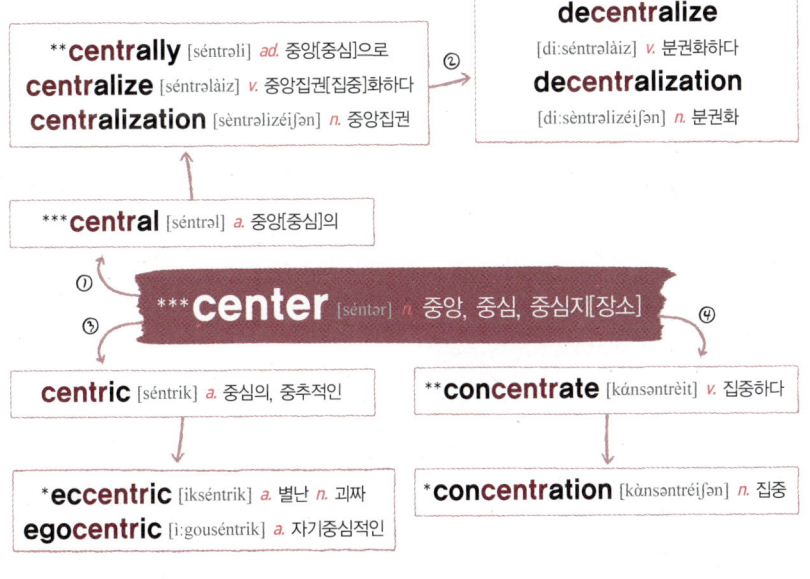

예문

The research **center** that opened yesterday will conduct stem cell experiments on primates.
어제 문을 연 연구센터는 영장류에 대한 줄기세포 실험을 진행할 것이다.

The **Central** Intelligence Agency collects and evaluates foreign intelligence to assist the president.
중앙정보국은 대통령을 보좌하기 위해 해외 정보를 수집하고 분석한다.

Mr. Withers is a little **eccentric**, but he's basically harmless.
위더스 씨는 조금 별나지만 그는 기본적으로 남을 해하지 않는다.

I have to **concentrate** my energies on my school project but I cannot do it now.
나는 학교 프로젝트에 내 모든 신경을 집중해야 하지만 지금 그렇게 되지 않는다.

02 | integer

tag는 '만지다'라는 뜻이었고 teg로 바뀐 후 파생된 integer는 아무도 손대지 않은 '완전체'와 수학에서 숫자가 소수(decimal)나 분수(fraction)처럼 만져서 깨진 상태가 아닌 '정수'라는 뜻이 되었다. integrate는 떨어져 나가는 것 없이 하나를 이루는 '통합하다'가 되었다. contagion은 함께 만져서 병 등이 옮겨지게 되는 '전염, 감염'을 뜻하고, 과거분사 접미사였던 -t와 결합한 contact는 함께 만지는 '접촉하다'를 뜻한다.

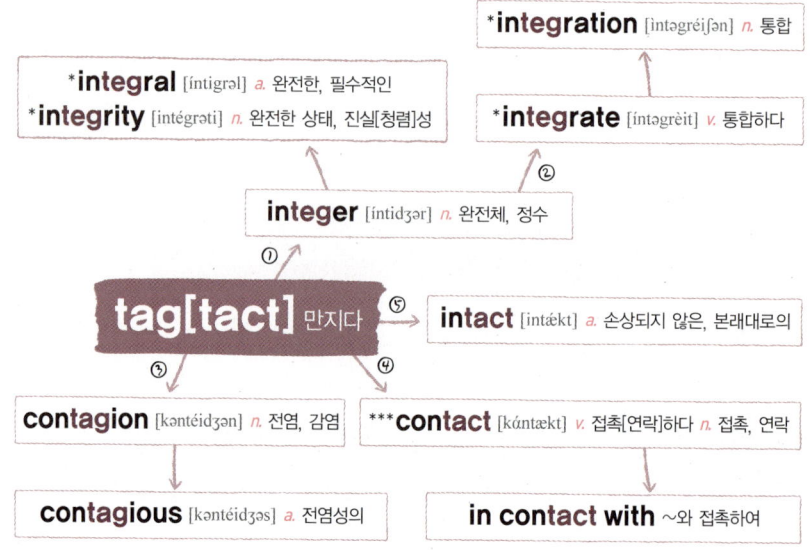

 예문

Music should be an **integral** part of children's education.
음악은 어린이 교육의 필수적인 부분이어야 한다.

An archaeologist has accidentally found the **intact** tomb of an Egyptian.
한 고고학자가 손상되지 않고 그대로 남아있는 이집트인의 무덤을 우연히 발견했다.

There were the most frequent **contacts** between the two antagonists in the talks.
회담 참가자 중 두 적대자 사이에 가장 많은 접촉이 있었다.

03 | aster

aster는 과거 '별'을 의미했고, 여기서 형용사로 파생된 astral은 '별의'라는 뜻과 현실 속에서는 상상할 수 없는 세계인 '아스트랄의'라는 뜻이 되었다. disaster는 상징적인 의미로 별(aster)이 사라지게(dis) 되는 것을 의미해 나라에 안 좋은 일이 발생하는 '재앙'을 뜻하게 되었다. aster가 astro로 바뀐 astrology는 별을 보며 운세를 맞추는 '점성술'이고, astronomy는 별이 있는 우주에 대해 연구하는 '천문학'으로 사용된다.

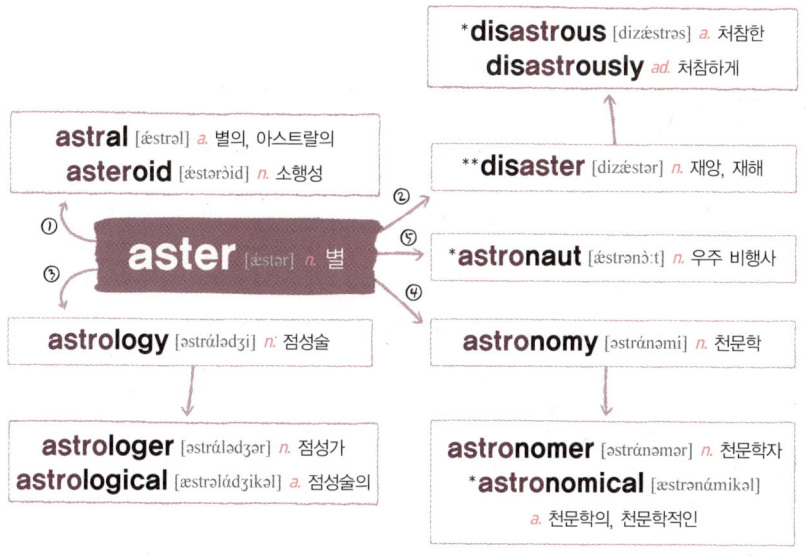

예문

The new regulations could be a **disaster** for smaller businesses.
새로운 규제는 중소 기업들에게 재앙이 될 수도 있다.

The first **astronaut** on the Moon was Neil Armstrong, captain of Apollo 11.
달에 착륙한 최초의 우주비행사는 아폴로 11호의 함장 닐 암스트롱이었다.

Satellites and powerful computers are products of the application of **astronomy**.
인공위성과 고성능 컴퓨터들은 천문학을 응용한 생산품들이다.

04 | meter

과거 meter는 '측정하다'라는 의미였던 단어고, 이 뜻이 확장되어 부피, 수량 등을 측정하는 '계량기'와 길이 단위인 '미터'라는 뜻으로도 쓰이게 되었다. symmetry는 양쪽을 똑같이(sym) 측정하여 맞춘다고 하여 '대칭'을 뜻하게 된 단어이고, asymmetry는 균형이 맞지 않는 '불균형, 비대칭'을 뜻한다. dia(통과)와 합쳐진 diameter는 원을 통과하는 '지름'을 의미하고, peri(주위)와 합쳐진 perimeter는 2차원 모양의 '둘레'를 의미한다. 원의 '둘레'는 circumference라고 한다.

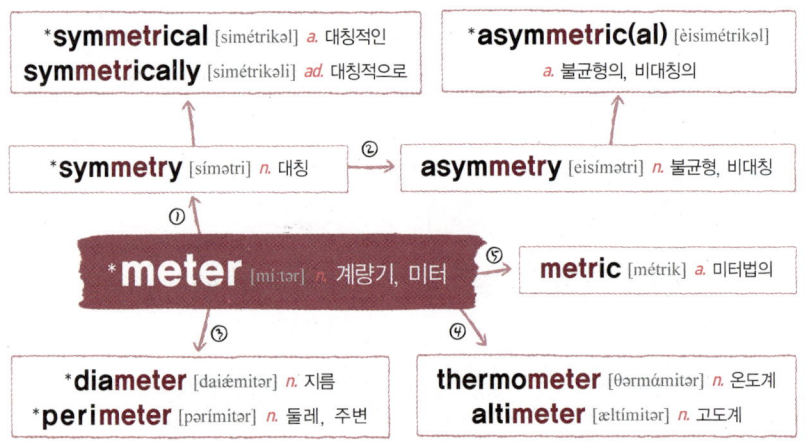

예문

More surgery can improve the **symmetry** between the two sides of the face.
좀 더 수술을 하면 얼굴 좌우 양쪽의 균형을 개선할 수 있다.

The design of the house is consciously **asymmetrical** with a large tower at one end.
그 집의 설계는 한쪽 끝의 큰 탑과 의도적으로 비대칭이다.

The lake measures 6 meters in **diameter** one way, and 4 meters in diameter the other way.
그 호수는 한쪽은 지름이 6미터이고 다른 한쪽은 지름이 4미터다.

05 | minister, monster

'작은'이라는 뜻을 지닌 min에서 파생된 minister는 왕 밑에서 나라를 이끄는 작은 사람을 의미해 '장관'이 되었다. 그래서 ministry는 나라를 이끄는 정부의 조직인 '부처', administer는 나라를 이끄는 '관리하다'라는 뜻으로 쓰인다. monster는 원래의 '보이다'라는 뜻에서 현재는 눈에 안 좋게 보이는 흉측한 '괴물'을 뜻하게 되었다. demonstrate는 완전히 보여줘서 확인시키는 '입증하다'와 눈에 보이게 사람들이 나서는 '시위하다'를 뜻하게 되었다.

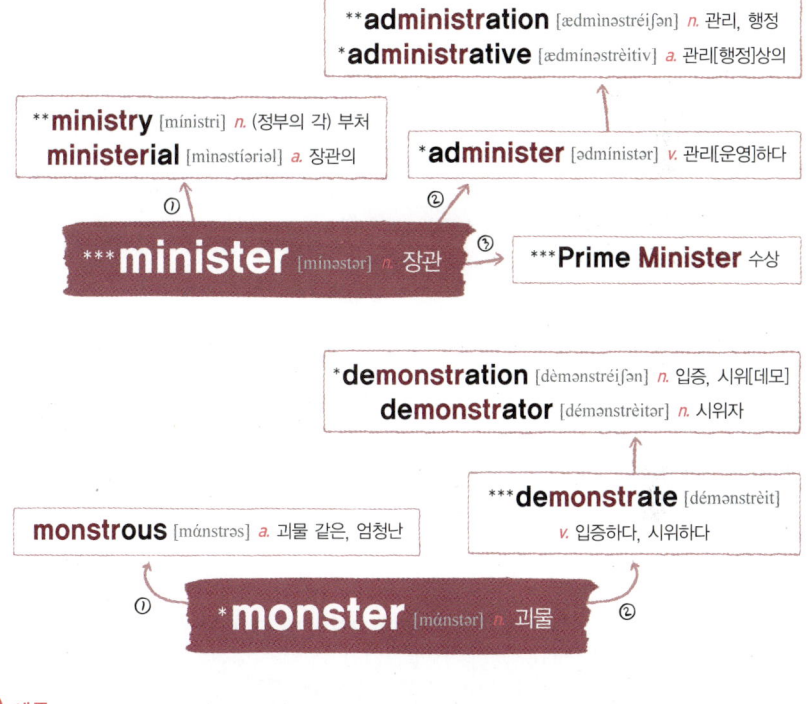

예문

The **Prime Minister**'s visit became a political breakthrough in these negotiations. 수상의 방문이 이번 협상에서 정치적 돌파구가 되었다.

Annual costs to **administer** the committee are estimated at $25,000. 위원회를 운영하기 위한 연간 비용은 2만 5,000달러로 추산된다.

Several studies have **demonstrated** a complementary relation between cigarettes and alcohol. 몇몇 연구는 담배와 술의 보완인 관계를 입증했다.

06 | barrier

'막대기'와 '술집'을 의미하는 bar에서 파생된 barrier는 막대기를 쌓아 들어오지 못하게 막은 '장벽'을 뜻한다. barrel도 막대기를 묶어서 만든 '통'을 뜻하고, barracks는 일반인이 들어오지 못하도록 막은 군대의 '막사'이다. embargo는 무역을 못하게 막는 '통상금지'가 되었고, embarrass는 아무것도 못하게 안을 다 막는다고 하여 '당황하게 하다'를 뜻한다. barista는 이탈리아어로 원래 술집에서 일하는 사람을 의미했지만 현재 커피를 만드는 '바리스타'를 뜻하고, bartender가 술집에서 일하는 사람을 가리킨다.

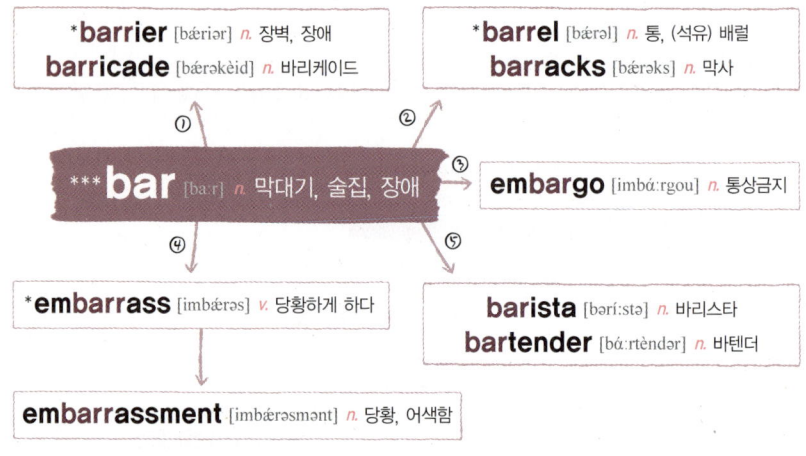

 예문

World Bank suggests the removal of trade **barriers** to boost South Asian trade.
세계은행은 남아시아 무역을 장려하기 위하여 무역 장벽을 없앨 것을 제안한다.

The wine will be aged in oak **barrels** for the production of superior quality wines.
질 높은 와인을 생산하기 위해 와인을 참나무통에서 숙성시킬 예정이다.

The revelations in the press have **embarrassed** the government.
언론의 폭로는 정부를 당황스럽게 만들었다.

There was a relaxation of the American trade **embargo**.
미국의 무역 통상금지가 완화되었다.

07 | charger

car는 원래 물건 등을 옮기는 것을 가리켰는데 현재는 '자동차'를 의미한다. charge는 옮겨서 채워진다고 하여 '충전하다'와 남에게 돈 등을 채우는 '청구하다'가 되었고, 또 안 좋은 일들이 채워져서 생긴 '비난[기소]하다'라는 뜻까지 생겼다. discharge는 채워진 것을 빼내기에 '배출하다, 내보내다'가 되었다. carry는 car의 원래 뜻에서 나와 '옮기다, 휴대하다'가 되었고, career는 옮겨서 쌓인 것처럼 직장에서 쭉 겪어온 것을 의미하여 '경력'으로 쓰인다.

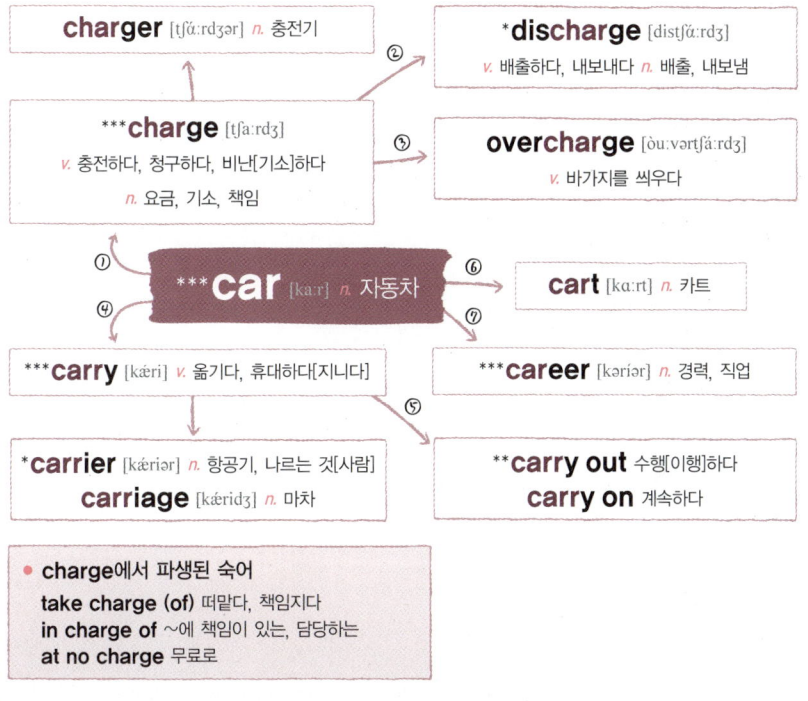

- **charge**에서 파생된 숙어
  take charge (of) 떠맡다, 책임지다
  in charge of ~에 책임이 있는, 담당하는
  at no charge 무료로

예문

Politicians are **in charge of** the economy in the same way as a sailor is in charge of a boat. 선원이 배를 책임지는 것처럼 정치가들이 경제를 책임진다.

What was the reason the off-duty cop was **carrying** a gun?
비번인 경찰이 총을 휴대하는 이유가 무엇인가요?

Turn off the water supply before **carrying out** repairs.
수리를 하기 전에 물 공급을 차단하십시오.

08 | lever

lev는 '올리다, 가볍게 하다'라는 뜻의 단어였고, lever는 올릴 때 사용하는 기구인 '지렛대'다. elevate는 밖으로 올린다고 하여 '높이다'와 위치를 올리는 '승진시키다'가 되었다. levy는 세금을 올린다고 하여 '부과하다'라는 뜻이 된 단어이고, lev가 변형되어 파생된 leaven은 부풀리기 위해 빵 등에 사용되는 '효모'를 뜻한다. alleviate는 '가볍게 하다'라는 뜻에서 나와 고통이나 어려움에 처한 것들을 가볍게 한다고 하여 '완화하다'가 되었다.

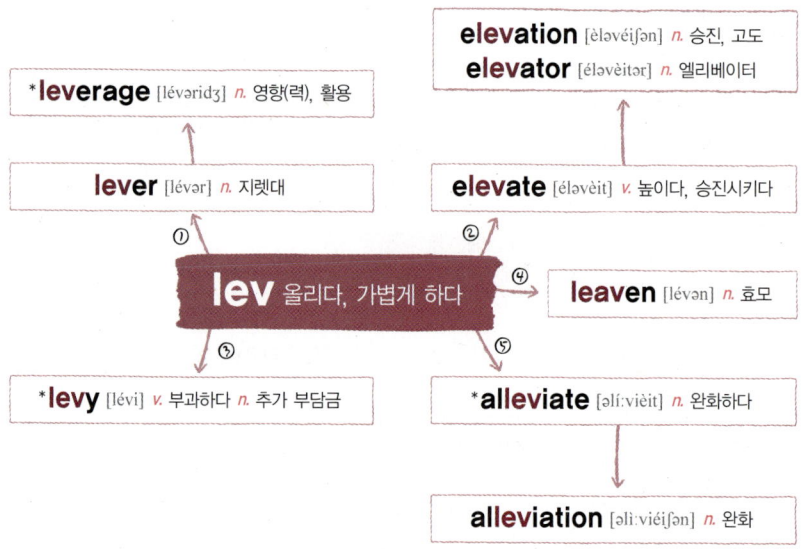

 예문

The union's size gave it **leverage** in the labor contract negotiations.
노조의 규모는 노동 계약 협상에 영향을 주었다.

This drug tends to **elevate** body temperature.
이 약물은 체온을 상승시키는 경향이 있다.

The government will **levy** a fine on the company.
정부는 회사에 벌금을 부과할 것이다.

You can't cure a common cold, but you can **alleviate** the symptoms.
감기는 치료할 수 없지만 증상을 완화시킬 수는 있다.

09 | passenger

pass는 '통과하다'를 뜻하기에 passage는 통과할 수 있는 길인 '통로'란 뜻과 여러 내용 중 자신에게 꼭 필요한 내용인 '구절'이 되었다. passenger는 배나 비행기의 통로를 통과하는 사람을 의미해 '승객'을 뜻하고, passerby는 옆으로 지나가는 사람인 '통행인'이다. compass는 여러 명이 함께 큰 원을 그리며 걷는 것을 의미하여 현재 제도용 '컴퍼스'라는 뜻으로 쓰이게 되었고, surpass는 다른 사람 위로 넘어서 통과하기에 '능가하다'를 뜻한다.

- pass에서 파생된 숙어
  pass away 사망하다, 돌아가시다
  pass on 전달하다, 넘겨주다
  pass over 무시하다
  pass by 지나가다
  pass out 의식을 잃다, 분배하다

예문

My paternal grandmother unexpectedly **passed away** last night in her home.
나의 친할머니가 갑작스럽게 어젯밤 댁에서 돌아가셨다.

US airplane **passengers** should be allowed to use cell phones as foreign airlines do so.
외국의 항공사들이 허락하는 것처럼, 미국 항공사도 승객이 휴대폰을 사용하도록 허락해야 한다.

Man **surpasses** other living things only in superior mental powers.
우수한 정신력에 있어서만 인간은 다른 생물을 능가한다.

10 | border

board는 널찍하게 나무로 만든 '판'을 뜻하고 판을 놓고 회의를 했기에 '위원회'라는 뜻이 생겼다. 나중에는 나무로 만든 판을 밟고 배로 올라간다고 하여 '탑승하다'라는 뜻도 생겼다. border는 판의 끝부분을 의미하여 끝에 있는 '경계'나 나라의 끝인 '국경'을 뜻하게 되었다. blackboard나 keyboard 등도 '판'을 뜻하는 board에서 나온 단어들이고, aboard와 overboard는 '탑승하다'의 의미에서 파생되었다. 후에 판을 놓고 식사도 같이 하였기에 boarding house는 식사를 함께하는 집이라 하여 '하숙집'을 의미한다.

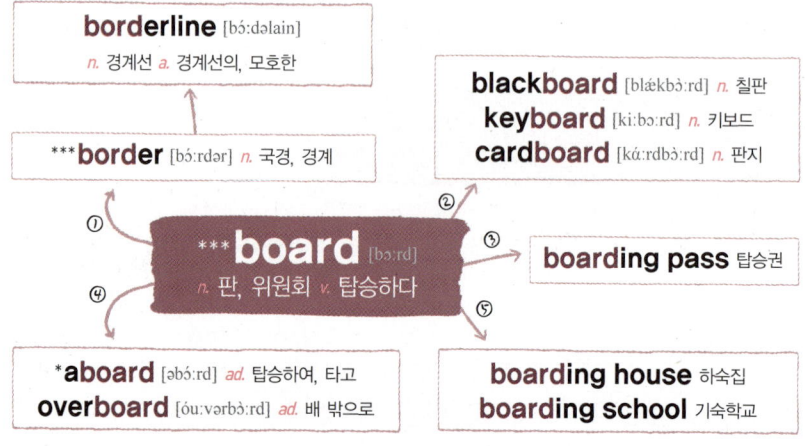

예문

The border guards gave fire warnings to make them retreat from the **border**.
국경 경비병들은 그들을 국경에서 물러나게 하기 위해 총으로 경고를 해주었다.

Welcome **aboard**! On behalf of the entire staff of officers, I welcome you all.
승선을 환영합니다. 전체 장교를 대표하여 여러분 모두를 환영합니다.

Our **boarding house** provides a quiet retreat to travelers looking for a higher level of comfort.
우리 하숙집은 보다 높은 차원의 편안함을 찾는 여행자들에게 조용한 휴식처를 제공합니다.

11 | alter

ali는 과거 '다른'이라는 뜻이었고, 변형되어 파생된 alter는 다른 것으로 만드는 '바꾸다, 변경하다'가 되었다. alternate는 바꾸어 가며 하는 '번갈아 하다'이고, alter가 ulter로 바뀌어 파생된 adultery는 상대를 바꾸어 동거하기에 '간통'이라는 뜻이다. 원형인 ali에서 파생된 alibi는 다른 곳에 있는 것을 증명하는 '알리바이', alien은 다른 땅에 사는 사람이나 생명체를 의미하여 '외계인'을 뜻한다.

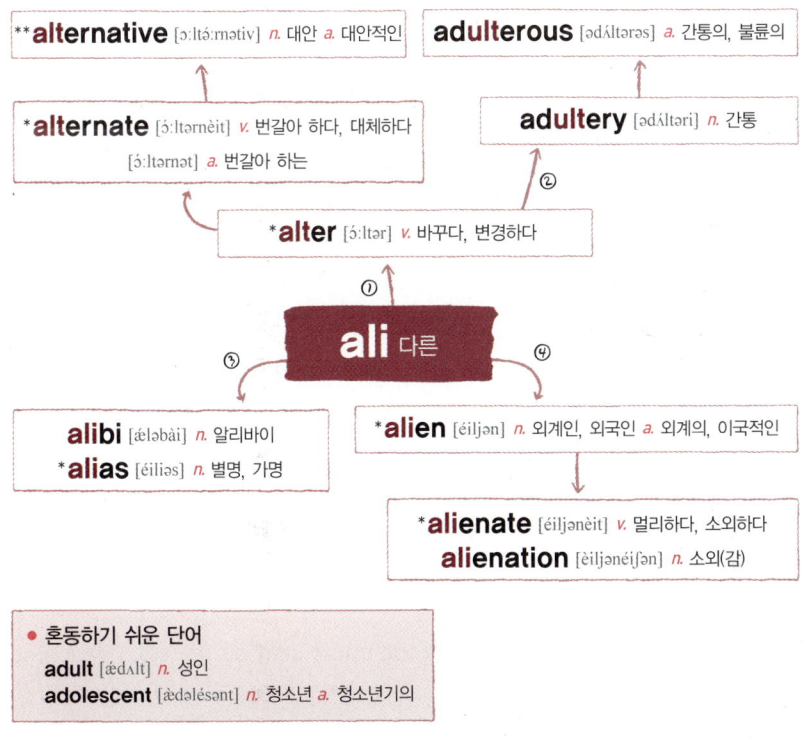

● 혼동하기 쉬운 단어
  adult [ǽdʌlt] *n.* 성인
  adolescent [ӕdəlésənt] *n.* 청소년 *a.* 청소년기의

예문

This one small event **altered** the course of history.
이 작은 사건 하나가 역사의 과정을 바꾸었다.

The **alternative** plan was unveiled during a Wednesday press conference.
수요일 기자회견에서 대안이 발표되었다.

Her position on this issue has **alienated** many former supporters.
이 문제에 대한 그녀의 입장은 많은 이전 지지자들을 소원하게 했다.

Exercise

정답: 460쪽

1. 다음 영어 단어의 우리말 뜻을 적어보세요.

① administer _____   ⑥ levy _____
② barrier _____   ⑦ disaster _____
③ concentrate _____   ⑧ symmetry _____
④ contagious _____   ⑨ passenger _____
⑤ charger _____   ⑩ border _____

2. 다음 우리말 뜻에 해당하는 영어 단어를 적어보세요.

① 능가하다 _____   ⑥ 접촉 _____
② 완화하다 _____   ⑦ 천문학자 _____
③ 대안 _____   ⑧ 막사 _____
④ 탑승하여 _____   ⑨ 괴물 같은 _____
⑤ 경력 _____   ⑩ 별난 _____

3. 다음 빈칸에 알맞은 단어를 보기에서 찾아 넣어보세요.

보기 Prime Minister, altered, surpasses, aboard, contacts

① This one small event _____ the course of history.
② Welcome _____! On behalf of the entire staff of officers, I welcome you all.
③ Man _____ other living things only in superior mental powers.
④ There were the most frequent _____ between the two antagonists in the talks.
⑤ The _____'s visit became a political breakthrough in these negotiations.

접두사 re- : 다시, 뒤 ①

re-는 '다시'나 '뒤'를 의미하는 접두사다. 여기서는 '다시'를 의미하는 re-와 결합된 단어들을 살펴보겠다.

① **re**fresh [rifréʃ] v. 상쾌하게 하다 → refreshments [rifréʃmənts] n. 다과
   = re(다시) + fresh(상쾌한, 신선한)   freshman [fréʃmən] n. 신입생

He took regular naps to **refresh** his mind.
그는 기분을 상쾌하게 하기 위해 규칙적으로 낮잠을 잤다.

② **re**mark [rimάːrk] n. 발언, 말 v. 언급하다, 주목하다 → remarkable [rimάːrkəbəl]
   = re(다시) + mark(표시, 표시하다)   a. 주목할 만한, 놀랄 만한
                                      remarkably [rimάːrkəbli]
                                      ad. 두드러지게, 현저하게

He made a tongue-in-cheek **remark** to Ashley, and she got mad.
그는 애실리에게 웃자고 하는 말을 던졌는데, 그녀는 화가 나버렸다.

③ **re**store [ristɔ́ːr] v. 회복[복구]하다 → restoration [rèstəréiʃən] n. 회복, 복구, 복원
   = re(다시) + store(세우다, 현재: 상점)   restorative [ristɔ́ːrətiv] a. 회복의, 복구의

Dr.Charcot hopes to **restore** speech to tongue-tied patients by surgery.
차코트 박사는 수술을 통해 말이 안 나오는 환자가 다시 말을 할 수 있게 만들고 싶어 한다.

④ **re**search [risə́ːrtʃ] v. 연구하다, 조사하다 n. 연구 → researcher [risə́ːrtʃər] n. 연구원
   = re(다시) + search(찾기, 검색; 찾다)

After carefully **researching** the matter, he reversed his skeptical view.
그는 그 문제를 조심스럽게 연구한 뒤에 그의 회의적 시각을 뒤집었다.

⑤ **re**view [rivjúː] n. 평가, 논평 v. 검토하다 → reviewer [rivjúːər] n. 논평가
   = re(다시) + view(보다, 광경, 견해)

His album received negative **reviews**. In contrast, my album received positive ones.
그의 앨범은 부정적인 평가를 받았다. 그에 반해 내 앨범은 긍정적인 평가를 받았다.

DAY 22 -or

-or은 여러 가지 형태로 남아있는 접미사다. 첫째, -or은 -er과 마찬가지로 사람이나 사물을 지칭하는 단어에 붙이는 접미사로 쓰이는데, 앞에서 살펴보았듯이 -or은 예전에 과거분사로 사용되던 단어에 주로 결합되었다. 둘째, 영국 영어에서 상태나 성질을 표현할 때 사용했던 명사 접미사 -our이 미국 영어에서는 -or로 바뀌어 쓰이게 되었다. 예를 들면 '색깔'을 의미하는 단어가 미국과 영국에서 각각 color와 colour인 것처럼 미국과 영국에서 사용되는 단어들 중에는 의미는 같지만 형태가 조금씩 다른 경우들이 있다. 마지막으로, 과거 라틴어에서 비교급으로 -or을 사용했었는데 그때의 단어들이 아직까지 남아서 사용되고 있다.

● -or로 끝나는 단어들의 패턴

-or	명사(사람 또는 사물)
-or / -our	명사
-or	형용사(과거에 비교급으로 사용됨)

● Example

ancestor [ǽnsestər] n. 조상 → **ancestral** [ænséstrəl] a. 조상의
  ancestry [ǽnsestri] n. 혈통

flavor[flavour] [fléivər] n. 맛 v. 맛을 내다 → **flavorful** [fléivərfəl] a. 맛있는

prior [práiər] a. ~앞서의, 전의, ~에 우선하는 (to) → **priority** [praiɔ́(:)rəti] n. 우선사항
  prioritize [praiɔ́:ritàiz]
  v. 우선시하다

01 | doctor 사람, 사물

doc[doct]은 '가르치다'라는 뜻의 단어였다. doctor는 환자의 아픈 곳을 가르쳐 주는 사람이라고 하여 '의사'와 대학에서 학생들을 가르칠 수 있도록 가장 높은 학위가 필요한 '박사'가 되었다. docile은 가르침을 잘 따라오는 사람을 표현하여 '유순한'으로, document는 가르칠 것을 정리한 '문서'로 쓰인다. doc이 변형되어 파생된 dogma는 가르침을 굳게 믿고 지키는 '신조'와 그것을 지나칠 정도로 믿기에 '독단'이라는 뜻도 지니게 됐다.

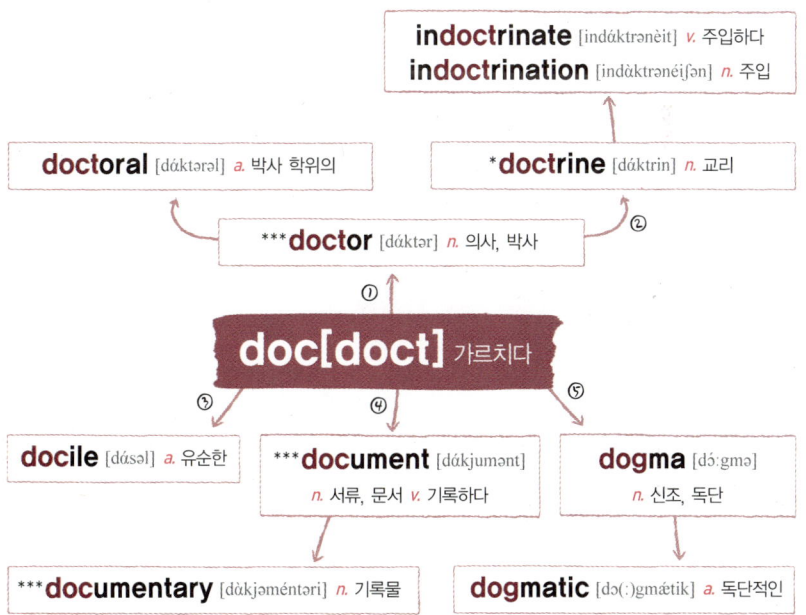

🔍 예문

Dr. Sloboda has been granted an honorary **doctor**'s degree in his retirement.
슬로보더 박사는 은퇴할 때 그의 학교로부터 명예박사 학위를 받았다.

The government was founded on a **doctrine** of equality for all people.
정부는 모든 사람의 평등이라는 교리를 기반으로 설립되었다.

His students were **docile** and eager to learn.
그의 학생들은 유순하고 배우고 싶어 했다.

02 | moderator 사람,사물

mode의 원뜻은 '알맞게 맞추다'였고, 이 뜻을 통해 현재 딱 맞게 하는 '방식, 방법'이라는 뜻이 되었다. moderate는 동사로 치우치지 않게 맞춰간다고 하여 '완화[조정]하다'와 형용사로 알맞게 된 '적당한'이라는 뜻이 되었고, moderator는 중심을 지키는 '조정자'가 되었다. modest는 자신의 업적이나 성과에 치우치지 않게 말하는 '겸손한', modify는 알맞게 맞추기 위해 작은 변화를 주는 '수정하다'이다. modern은 시기를 지금으로 알맞게 맞춘 '현대의'라는 뜻이다.

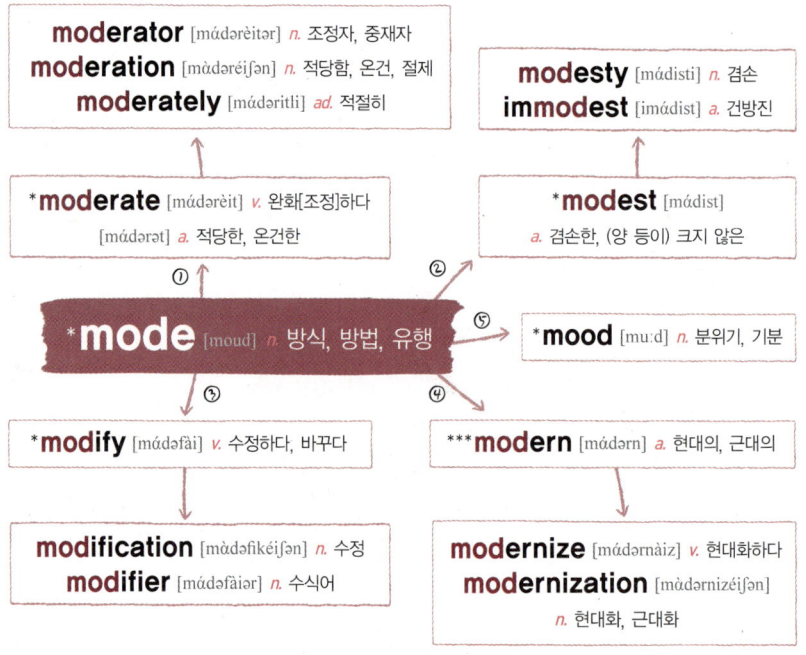

🔍 예문

- Their rude and **immodest** behavior completely ruined the pleasant party.
그들의 무례하고 건방진 행동은 그 유쾌한 파티를 완전히 망쳐버렸다.

- We can **modify** the design to make it suitable for commercial production.
우리는 상업적 생산에 적합하도록 디자인을 수정할 수 있다.

- **Modern** architecture is characterized by the simplification of form and creativity.
현대적 건축 양식은 단순한 모양과 창조성이 특징이다.

03 | mentor 사람, 사물

ment는 '정신, 마음'을 의미했고, 이것이 현대 영어에서는 mind로 변형되었다. ment에서 파생된 mentor는 정신적으로 도움이 되는 말을 해주는 '조언자'를 뜻하고, mention(언급)이나 comment(논평)는 '조언자가 해주는 말'에서 나온 단어들이다. demented는 정신이 이탈되었기에 '미친'이라는 뜻으로 쓰이고, mind에서 파생된 remind는 마음속에 다시 기억나게 '상기시키다'라는 뜻이다.

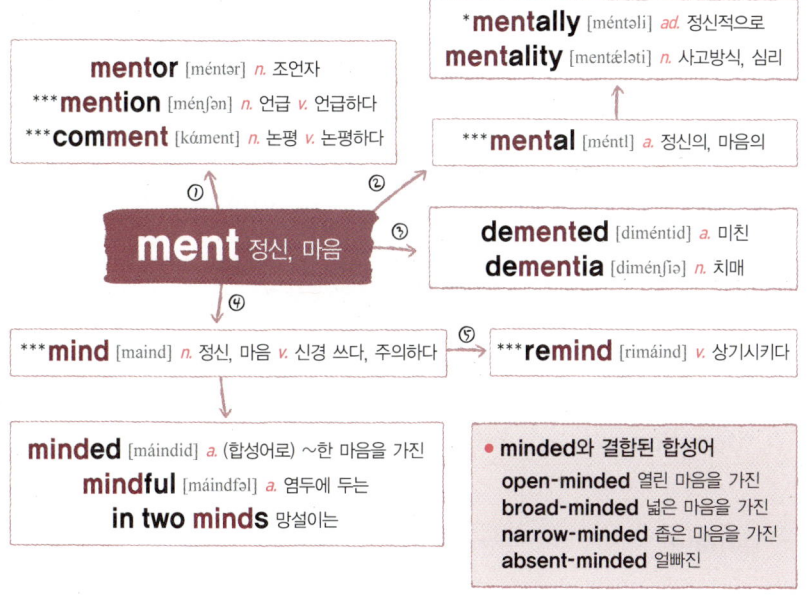

예문

In this course, you will learn how to train for both physical and **mental** endurance.
이 수업에서 당신은 육체적·정신적 인내심을 얻기 위한 훈련법을 배울 것이다.

If they haven't accepted the apology, it's because they are **narrow-minded** men.
만약 그들이 사과를 받아들이지 않았다면, 그것은 그들이 도량이 좁은 사람들이기 때문이다.

I am sympathetic to the momentary misbehavior of young kids because they **remind** me of my son.
나는 어린아이들의 순간적인 비행에는 동정심이 든다. 그들은 내 아들을 떠올리게 하기 때문이다.

04 | tutor, donor 사람, 사물

tut[tuit]은 '보다'라는 뜻이었기에 tutor는 아이들을 돌보고 가르치는 '가정교사'가 되었다. tuition은 가르침을 볼 수 있는 '수업(료)'을 뜻하고, intuit은 마음 안에서 본다고 하여 '직감[직관]하다'를 뜻한다. done은 과거 '주다'라는 뜻이었는데, 여기서 파생된 donate는 돈 등을 주는 '기부하다'로 사용되고, 원래 '기부자'는 donator였지만 현재는 줄여서 donor로 사용한다. pardon과 condone은 둘 다 남이 잘못한 것을 완전히 없애준다고 하여 '용서하다'를 뜻하게 되었다.

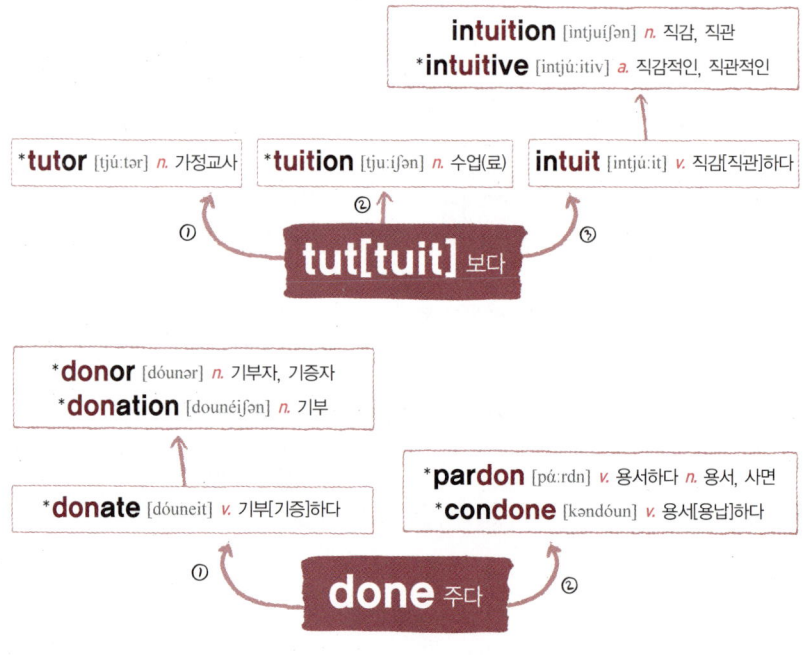

예문

Tuition will increase $100, but the total **tuition** per semester will be $1,600.
수업료가 100달러 오를 것이지만, 한 학기당 총 수업료는 1600달러일 것이다.

By listening to our hearts, we know by **intuition** that the loving action leads to happiness.
우리가 마음에 귀를 기울이면, 사랑이 담긴 행동은 행복을 가져온다는 사실을 직관적으로 안다.

You can also make a **donation** directly to the Red Cross in your country.
당신은 또한 당신 나라의 적십자에 직접 기부할 수도 있다.

05 | governor, bachelor 사람, 사물

govern은 '통치하다'라는 뜻이다. 이 단어에서 나온 governor는 미국에서 주를 통치하는 사람을 가리켜 '주지사'가 되었고, government는 나라를 통치하기 위해 만들어진 '정부'를 뜻한다. bach는 과거 '방망이'를 의미했었고, 여기서 파생된 bachelor는 처음 칼이 아닌 방망이를 든 '막내 기사'를 뜻했었는데, 현대 영어에서는 막내처럼 아직 결혼하지 않은 사람을 의미하여 '미혼 남성'과 이제 막 사회에 진출하는 대학교의 '학사'를 뜻하게 되었다.

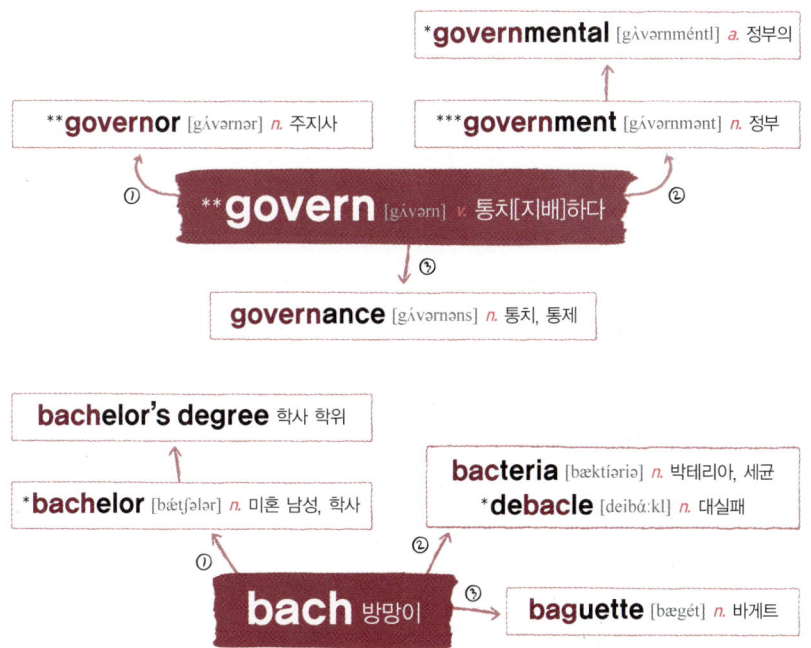

🔍 예문

The minister prevented a vote of non-confidence by asking the **governor**, the head of state. 그 장관은 주의 최고권자인 주지사에게 부탁함으로써 불신임 투표를 막았다.

The new system will enable **governmental** institutions to share and exchange data. 이 새로운 체계는 정부 기관들이 정보를 공유하고 교환할 수 있게 할 것이다.

He graduated in 1951 with a **bachelor's degree** in horticulture.
그는 1951년에 원예 학사 학위로 졸업했다.

06 | counselor 사람, 사물

consult는 '함께 모으다'라는 원뜻에서 현재 모인 사람들에게 의견을 묻는 '상담하다'가 된 단어이다. 이 단어가 변형된 counsel은 '상담, 조언', counselor는 '상담원, 고문'이다. counsel과 철자와 발음이 비슷한 council은 '함께 부르다'라는 뜻에서 법이나 규칙을 정하기 위해 모인 '의회'를 뜻한다. 여기서 파생된 conciliate는 싸우지 않고 함께 부르고 달래는 '조정하다, 회유하다', reconcile은 다시 만나 서로 받아들일 수 있게 만드는 '화해[조화]시키다'를 의미한다.

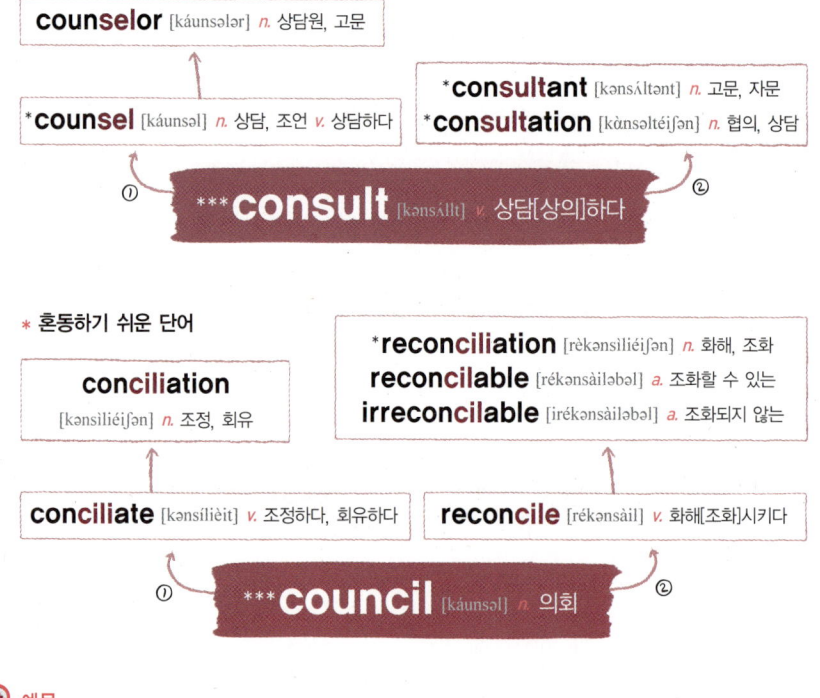

예문

Always **consult** a physician before changing medication.
투약을 바꾸기 전에는 항상 의사와 상담해야 한다.

The **council** recognized the contribution of Dr. Smith, and conferred a medal on her. 의회는 스미스 박사의 기여를 인정했으며, 그녀에게 메달을 수여했다.

The United Nations has helped **reconcile** disputes among many countries.
UN은 많은 나라들의 분쟁을 해결하는 데 도움이 되어왔다.

07 | honor 상태, 성질

honor는 사람들로부터 얻게 되는 '명예'나 '영예'를 의미하는 단어다. 이 단어에서 파생된 honorable은 이렇게 명예가 있는 사람을 묘사하는 '존경할 만한, 훌륭한'이라는 뜻이고, honorary는 명예로운 칭호, 지위, 학위 등이 주어진 것을 표현하여 '명예의'라는 뜻으로 사용된다. honest는 honor에서 파생되어 사람들로부터 존경을 받을 정도로 거짓 없는 바른 행동을 표현하는 '정직한'이라는 뜻으로 쓰이게 되었다.

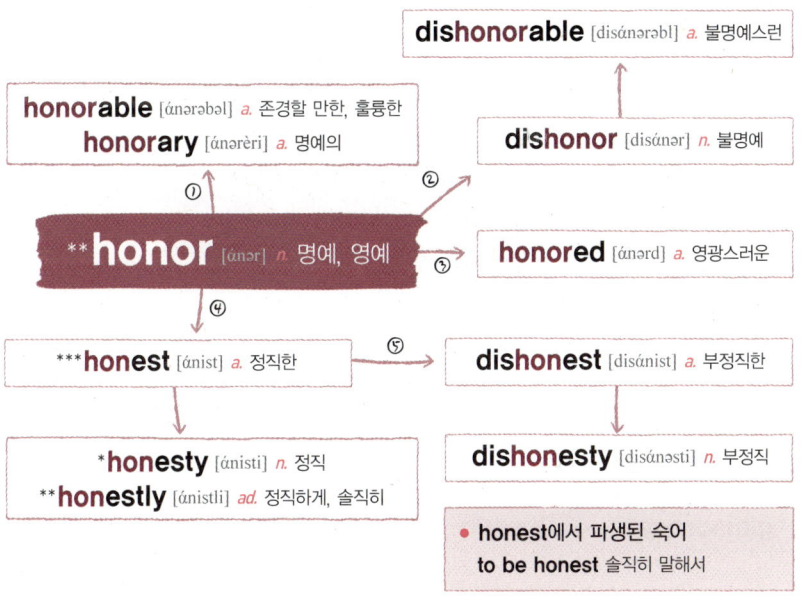

예문

He was awarded an **honorary** degree from the university.
그는 대학에서 명예박사 학위를 받았다.

His wife believed that resigning from his position would be a **dishonor** to his family.
그의 아내는 그가 사임하는 것은 가족에게 불명예가 될 것이라고 믿었다.

I detest **dishonest** people no matter what favors they would show me.
사람들이 내게 무슨 혜택을 준다고 해도 나는 부정직한 사람이라면 몹시 싫다.

To be honest, I never have speculated about my future seriously.
솔직히 말해서, 나는 지금까지 내 장래에 대해 진지하게 심사숙고한 적이 없다.

08 | favor, glamor 상태, 성질

favor는 자신이 좋아하는 사람에게 친절을 베푸는 것을 의미하여 '호의'란 뜻과 동사로 '선호하다'를 뜻한다. 그래서 favorable은 '호의적인'이라는 뜻이고, favorite는 '매우 좋아하는'이라는 뜻이 됐다. grammar는 '문법'을 의미하는 단어인데, 이것이 많은 변형을 거쳐 파생된 glamor는 마법처럼 말로 사람을 홀리게 하는 '매력'을 의미하게 되었다.

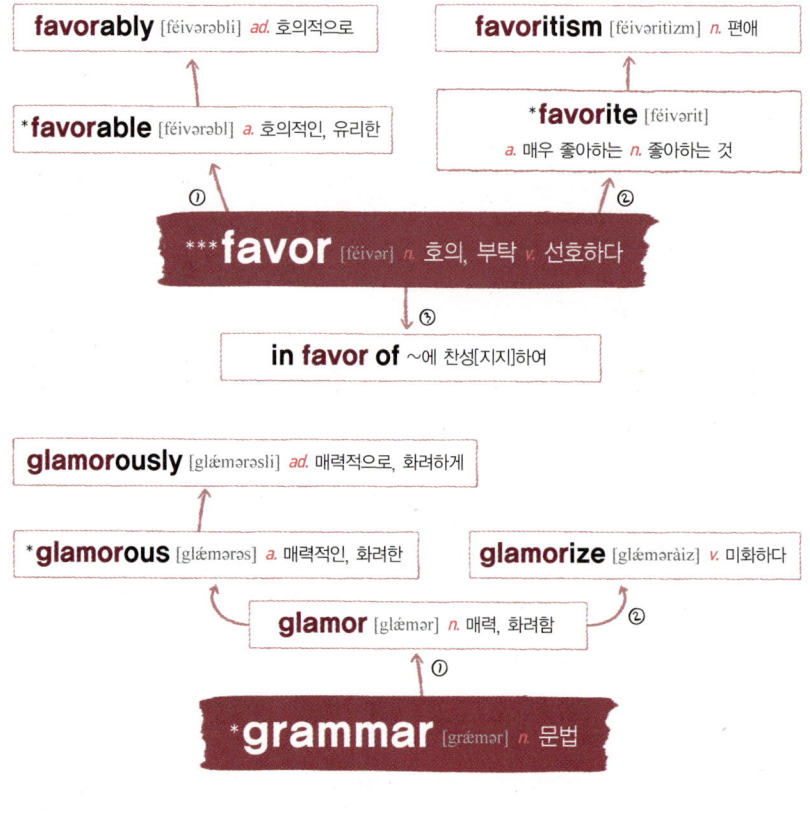

예문

Viewed from an international perspective, Swiss economy is in a relatively **favorable** position. 국제적 관점에서 봤을 때, 스위스 경제는 상대적으로 유리한 위치에 있다.

Students' essays will be graded for **grammar** and spelling.
학생들의 에세이는 문법과 철자에 따라 점수가 결정된다.

09 | exterior, interior 비교급

'밖'을 의미하는 ex에서 확장된 exter는 '밖으로'라는 뜻이었다. exterior나 extreme은 비교급과 최상급으로 파생되어 '외부의'라는 뜻과 가장 밖으로 향하는 '극도의'라는 뜻이 되었다. '안'을 의미하는 in에서 확장된 inter는 '안으로'라는 뜻이었고, 여기서 파생된 interior는 '외부의'라는 뜻이 되었다. intimate는 최상급에서 파생되어 가장 안으로 가깝게 다가간다고 하여 '친밀한'을 의미한다.

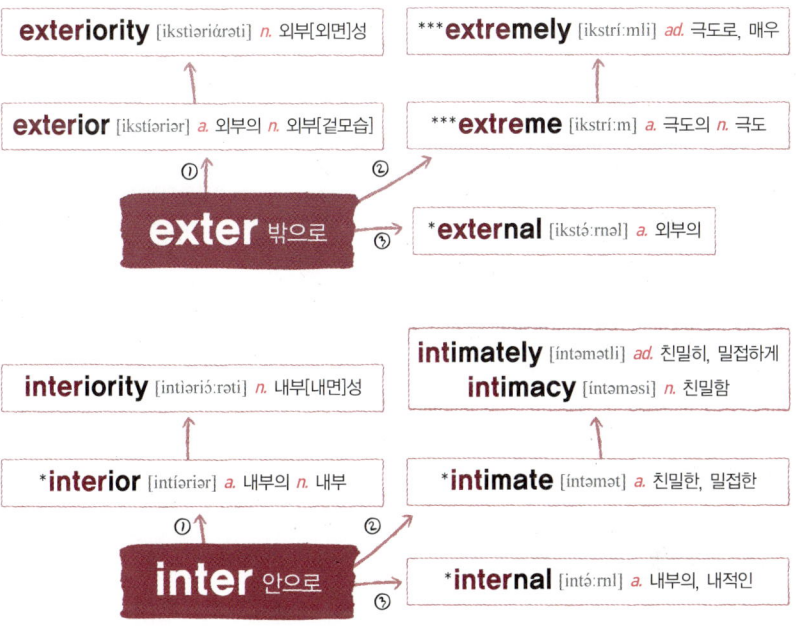

예문

Behind the nice **exterior** of the man is actually a cruel tyrant.
그 사람의 멋진 겉모습 뒤에는 실제로는 잔인한 폭군의 모습이 있다.

The actress has been in an **extremely** run-down condition, so her doctors prescribed a long rest.
그 여배우는 극도로 피곤한 상태로 지내왔기 때문에, 그녀의 의사들은 장기 안정을 권했다.

My eyes gradually became accustomed to the gloomy **interior** of the store.
내 눈은 점차 우울한 가게 내부에 익숙해져갔다.

Social status is **intimately** linked with health-related risk factors.
사회적 신분은 건강 관련 위험 요소들과 밀접하게 관련되어있다.

10 | superior, inferior, ulterior 비교급

'위, 초과'를 의미하는 super에서 파생된 superior는 어떤 것보다 우위에 있는 '우수한'을 의미하는 단어로, 최상급 supreme은 가장 위에 있는 것인 '최고의'라는 뜻이다. infer는 '아래'를 의미하기에 inferior는 어떤 것보다 아래 있는 것을 표현한 '하위의, 열등한'을 뜻한다. ulter는 '넘어서'를 의미하므로 ulterior는 기존에 보이는 면 너머로 숨겨져 있는 것을 가리켜 '이면의', 최상급인 ultimate는 넘기 위해 가장 끝으로 도달한다고 하여 '최후의'라는 뜻이 되었다.

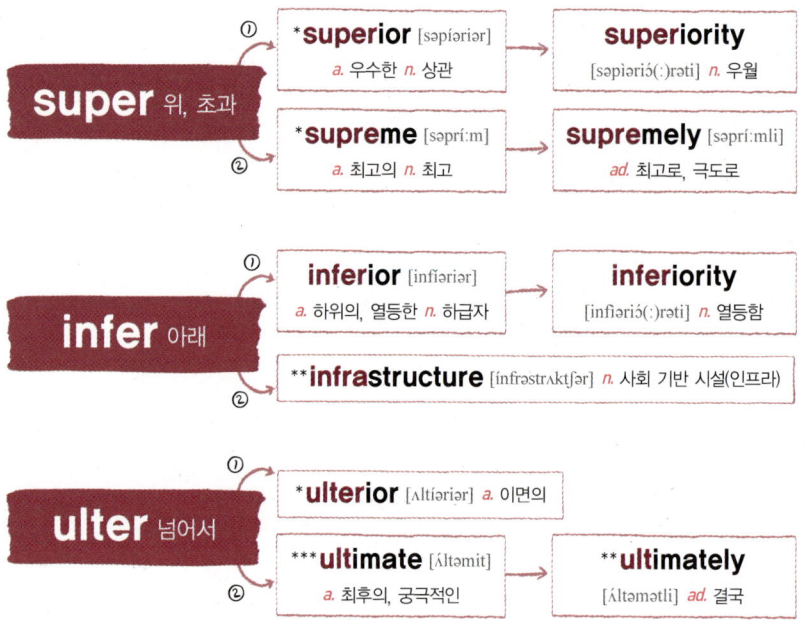

🔍 예문

In most cases bus system is **superior** to automobile travel within the downtown area.
대부분의 경우 도심 지역 안에서는 버스운행 체계가 자동차 통근보다 낫다.

You may have a real **inferiority** complex and a little bit of selfishness.
당신은 아마 심한 열등의식과 약간의 이기심을 가지고 있을 것이다.

The rebel was **ultimately** captured and confined to jail.
그 반역자는 결국 붙잡혀 감옥에 수감되었다.

11 | junior, senior 비교급

jun은 '젊은'이라는 뜻의 단어였고, 이 단어가 현대 영어에서는 young으로 쓰인다. junior는 어떤 것보다 아래에 있다는 의미에서 밑에 있는 계급인 '하급의'라는 뜻이 생겼으며, 대학교에서 가장 높은 학년 바로 아래 학년인 '3학년'을 가리킨다. sen은 '늙은'이라는 뜻의 단어였기에 senior는 다른 사람보다 연장자인 '손위의'라는 뜻을 가지며 특히 대학에서 가장 높은 '최종 학년'을 뜻한다. senate는 가장 높은 의원을 의미하여 '상원'이라는 의미다.

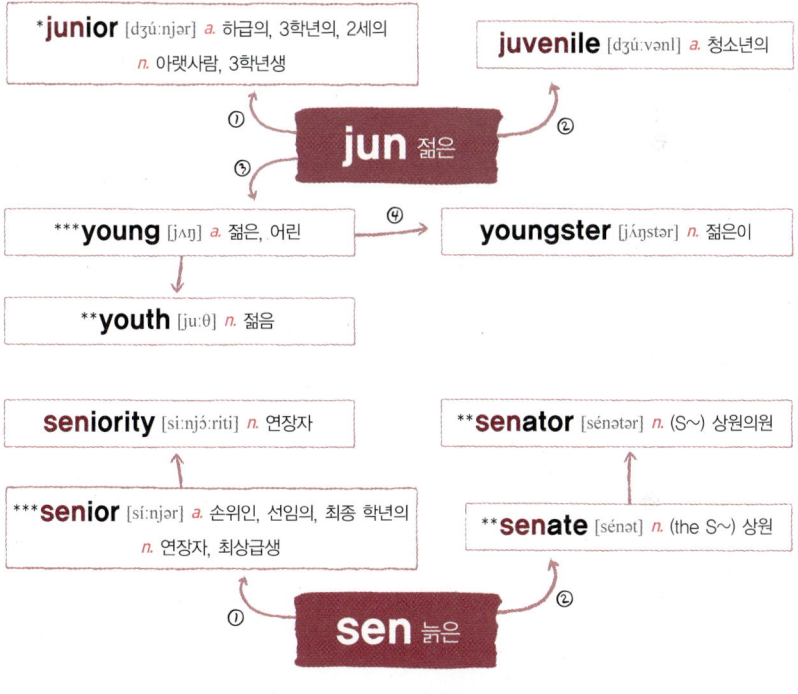

🔍 예문

The most **junior** officers wore a red stripe on their sleeves.
가장 하급 장교들은 소매에 빨간 줄무늬가 있는 옷을 입었다.

Juvenile crime is an increasing problem in big cities.
청소년 범죄는 대도시에서 증가하는 문제다.

She flushed with anger and started to make a sharp retort to the **senior**.
그녀는 화가 나서 얼굴을 붉혔고 선배에게 날카롭게 반박하기 시작했다.

Exercise

정답: 460쪽

1. 다음 영어 단어의 우리말 뜻을 적어보세요.

① favorite _____   ⑥ dishonor _____
② extreme _____   ⑦ remind _____
③ dogma _____   ⑧ tuition _____
④ modesty _____   ⑨ juvenile _____
⑤ bachelor _____   ⑩ ultimate _____

2. 다음 우리말 뜻에 해당하는 영어 단어를 적어보세요.

① 정직 _____   ⑥ 조화되지 않는 _____
② 현대의 _____   ⑦ 매력적인 _____
③ 결국 _____   ⑧ 미친 _____
④ 기부 _____   ⑨ 친밀한 _____
⑤ 정부 _____   ⑩ 주입하다 _____

3. 다음 빈칸에 알맞은 단어를 보기에서 찾아 넣어보세요. (필요 시 어형 바꾸기)

> 보기 grammar, reconcile, modern, to be honest, superior

① In most cases bus system is _____ to automobile travel within the downtown area.
② Students' essays will be graded for _____ and spelling.
③ The United Nations has helped _____ disputes among many countries.
④ _____, I never have speculated about my future seriously.
⑤ _____ architecture is characterized by the simplification of form and creativity.

접두사 re- : 다시, 뒤 ②

re-는 앞에서 살펴본 '다시'라는 뜻 외에도 '뒤'라는 뜻도 지니고 있다. 여기서는 '뒤'를 뜻하는 re-와 결합하여 파생된 단어들을 살펴보도록 하자.

① **re**late [riléit] v. 관련[연관]시키다 → **relation** [riléiʃən] n. 관계
= **re**(뒤) + **late**(옮기다) **relationship** [riléiʃənʃip] n. 관계
relative [rélətiv] a. 비교[상대]적인 n. 친척
relatively [rélətivli] ad. 비교적

Pregnant women are at high risk for problems **related to** high-protein, low-carbohydrate diets.
임신한 여성은 고단백 저탄수화물 식사와 관련된 문제를 가질 위험이 높다.

② **re**ly [rilái] v. 의지하다, 믿다(on) → **reliance** [riláiəns] n. 의존, 의지
= **re**(뒤) + **ly**(묶다) **reliable** [riláiəbəl] a. 믿을[신뢰할] 수 있는
liable [láiəbəl] a. 책임이 있는, ~하기 쉬운
liability [làiəbíləti] n. 책임, (pl.) 부채, 골칫거리

Many working women **rely on** relatives to help take care of their children.
많은 직장 여성들은 자녀들을 돌볼 수 있도록 친척들에게 의지하고 있다.

③ **re**flect [riflékt] v. 반영하다, 반사하다 → **reflection** [riflékʃən] n. 반영, 반사
= **re**(뒤) + **flect**(구부리다) **reflective** [rifléktiv] a. 반영하는, 반사하는

Street signs often carry interesting tales that **reflect** the rich history and culture of the city.
도로 표지들은 가끔 도시의 풍부한 역사와 문화를 반영하는 흥미 있는 사연들을 전해준다.

④ **re**tire [ritáiər] v. 은퇴하다, 퇴직하다 → **retirement** [ritáiərmənt] n. 은퇴, 퇴직
= **re**(뒤) + **tire**(끌다)

She **retired** from her position in 2011.
2011년에 그녀는 자신의 직책에서 은퇴했다.

⑤ **re**veal [riví:l] v. 드러내다, 밝히다 → **revelation** [rèvəléiʃən] n. 폭로
= **re**(뒤) + **veal**(덮다) **veil** [veil] n. 면사포 v. 가리다
unveil [ʌnvéil] v. 덮개를 벗기다, 발표하다

Sara **revealed** an artistic temperament, loving to write, to paint, and especially to act.
사라는 글쓰기, 그림 그리기, 그리고 특히 연기하기를 좋아하는 예술가적 기질을 드러내 보였다.

DAY 23 -ist

-ist는 전문적인 일을 하는 사람을 나타내는 접미사이기 때문에 '학문'이나 '이론'을 의미하는 -ology 뒤에 자주 결합되어 사용된다. -ology에 -ical이 붙게 된 -ological은 형용사로 사용된다. 또 특정 사상이나 이론을 믿는 사람을 뜻하는 '~주의자'를 표현할 때도 -ist라고 하는데, 이때 뒤에 -ic를 붙여 형용사로 종종 사용되고 '~주의'를 의미하는 -ism을 붙인 단어도 같이 파생되는 경우가 많다.

● -ist로 끝나는 단어의 생성 과정 및 그 파생어들의 기본 패턴

-ist	명사(전문직에 종사하는 사람)
-ology + **-ist** = **-ologist**	명사
-ology + **-ical** = **-ological**	형용사

-ist	명사(~주의자)
-ist + **-ic** = **-istic**	형용사(~주의의)
-ist → **-ism**	명사(~주의)

● Example

meteorology [mìːtiərάlədʒi] *n.* 기상학
→ **meteorologist** [mìːtiərάlədʒist] *n.* 기상학자
　meteorological [mìːtiərəlάdʒikəl] *a.* 기상(학)의

material [mətíəriəl] *a.* 물질의 *n.* 재료, 물질
→ **materialist** [mətíəriəlist] *n.* 물질(만능)주의자
　materialistic [mətìəriəlístik] *a.* 물질(만능)주의의
　materialism [mətíəriəlizm] *n.* 물질(만능)주의

01 | biologist

bio는 살아있는 '생[생명]'을 의미하는 단어였다. 그래서 biology는 살아있는 생물을 연구하는 학문인 '생물학'이 되었고, biologist는 '생물학자'가 된 것이다. antibiotic은 해로운 생물체가 살아가지 못하게 막는 '항생물질'이라는 뜻의 단어이고, biography는 사람의 삶을 적는다고 하여 '전기', autobiography는 자신의 삶을 직접적은 '자서전'이란 뜻이다. amphibian은 물과 땅 양쪽에 살 수 있는 생물인 '양서류'를 뜻한다.

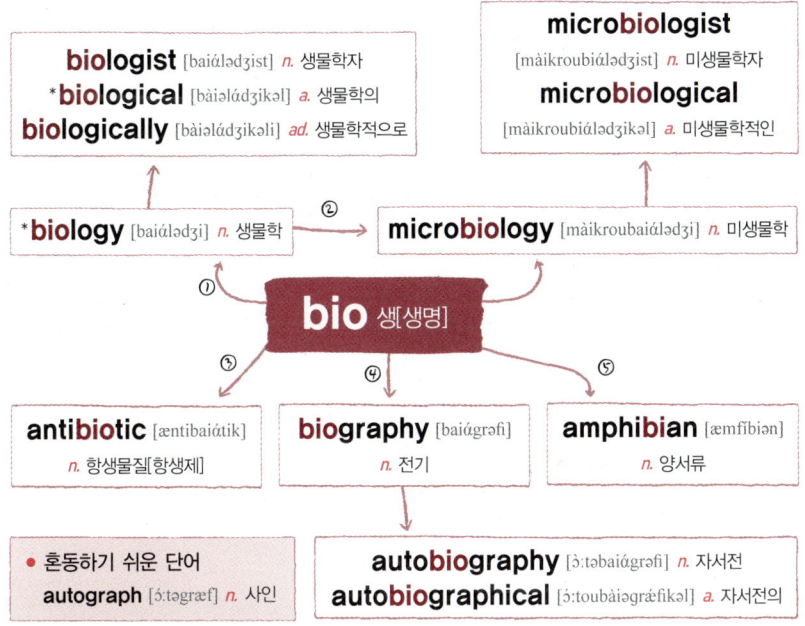

예문

Today in **biology** class, I learned how a body circulates blood.
나는 오늘 생물시간에 몸이 어떻게 피를 순환시키는지에 대해서 배웠다.

Many hospitals overuse **antibiotics** when treating patients for the common cold.
일반적인 감기 환자에게 항생제를 과다하게 처방하는 병원들이 많다.

One of her sons later became a writer and an author of the **biography** about his father.
그녀의 아들 중 한 명은 나중에 작가가 되어 그의 아버지의 전기를 썼다.

02 | geologist

geo는 과거 '땅, 지구'를 의미했던 단어였다. 여기서 파생한 geology는 지구의 역사에 관해 연구하는 학문인 '지질학'이 되었고, 이러한 것을 연구하는 '지질학자'를 geologist라고 한다. geography는 땅을 그린다는 원뜻에서 현재는 땅의 위치나 기후 등의 상태를 연구하는 '지리학'으로 사용된다. geometry는 땅을 측정한다는 의미가 확장되어 현재는 공간이나 도형의 성질을 연구하는 '기하학'이 되었고, geothermal은 땅의 열을 표현한 '지열의'라는 뜻이다.

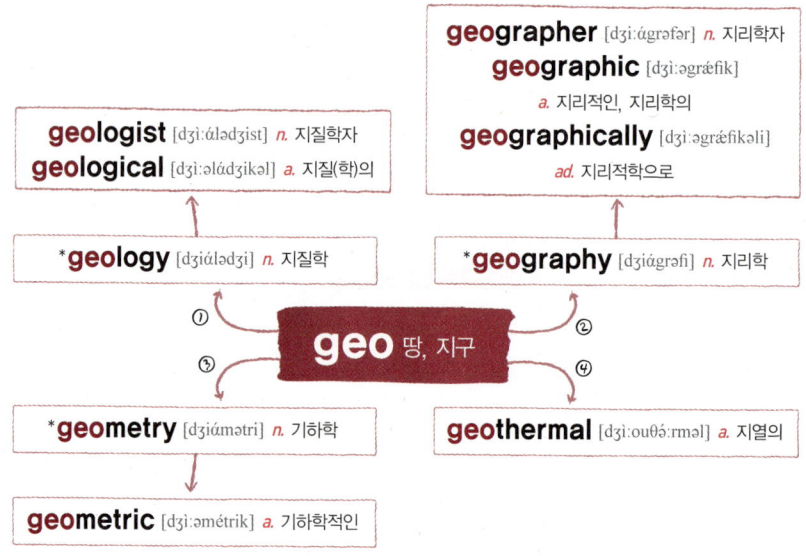

예문

He is a **geologist** specializing in marine **geology** and environmental science.
그는 해양지질학과 환경과학을 전공하는 지질학자다.

Plane **geometry** is all about shapes that can be drawn on a flat surface called a plane.
평면 기하학은 평면이라고 불리는 편평한 면에 그려질 수 있는 모양에 관한 모든 것이다.

In 1911, the world's first commercial **geothermal** power plant was built.
1911년 세계 최초의 상업적 지열발전소가 세워졌다.

03 | archaeologist

archae는 '시작'이라는 뜻과 처음 시작한 사람이 이끄는 '지배'라는 뜻의 단어였다. archaeology는 처음 시작되었을 때부터 존재했던 유물을 연구하는 학문을 가리켜 '고고학'을 뜻한다. archaic은 오래된 것을 표현하여 '고대의, 낡은'을 뜻하고, archive는 오래된 것을 모아둔 '기록 보관소'를 뜻하게 되었다. '지배'라는 뜻이 확장된 monarch는 혼자서(mono) 지배하는 사람인 '군주'라는 뜻으로 쓰이고, anarchy는 지배하는 정부가 없는(an) '무정부상태, 무질서'를 의미한다.

예문

The company needs to update its **archaic** computer systems.
회사는 낡은 컴퓨터 시스템을 업데이트해야 한다.

The **monarchy** is seen by many people as an idea of anachronism in the modern world.
현대 세계에서는 많은 사람들이 군주제를 시대착오적인 생각으로 여긴다.

When the teacher was absent, there was **anarchy** in the classroom.
선생님이 안 계실 때 교실은 난장판이 되었다.

04 | psychologist, anthropologist

psycho는 '정신'을 의미했기에 psychology는 사람의 정신과 그에 따른 행동을 연구하는 '심리학'이 되었고, psychopath는 흔히 말하는 사이코, 즉 정신적인 병이 있는 사람을 가리키는 '사이코패스'다. 과거 '사람'을 의미했던 anthropo에서 파생된 anthropology는 사람이 살아온 사회 및 문화에 대해 연구하는 '인류학'이고, philanthropy는 어려운 사람을 사랑하고 돕는 '박애, 자선'을 의미한다.

🔍 예문

All these things may be **psychological** warfare to make us give in, but we will never surrender.
이 모든 것들은 우리를 항복시키려는 심리전일지 모르지만, 우리는 절대 항복하지 않을 것이다.

The family's **philanthropy** made it possible to build the public library.
그 가족의 자선 활동으로 공공 도서관을 건설할 수 있었다.

05 | anatomist, pharmacist

tom은 '자르다'를 의미했다. 그래서 anatomy는 신체의 가장 위에서부터 잘라 연구하는 '해부(학)'이 되었고, atom은 자를 수 없는 가장 작은 것을 의미해 '원자'를 뜻한다. temple은 세상과 단절하고 신을 모시는 공간이라고 하여 '신전', contemplate는 신전에서 스스로에 대해 깊이 생각하는 '숙고하다'라는 뜻이다. '약'을 의미했던 pharm에서 파생된 pharmacy는 현재 '약국'으로 사용되고 있다.

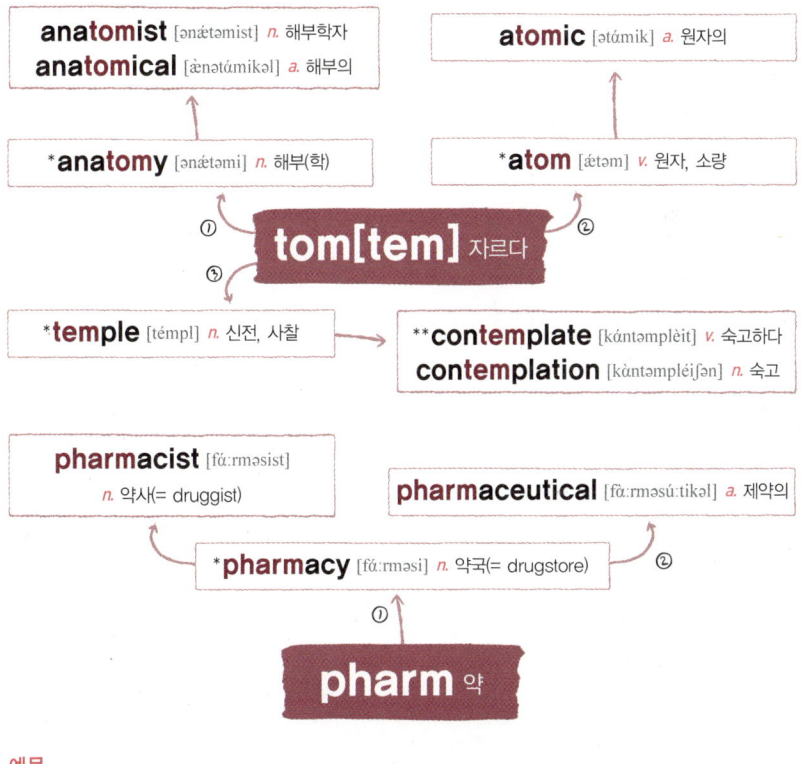

예문

There is not an **atom** of truth to what he said.
그가 말한 것에 진실은 조금도 없다.

I will travel to ancient Indian **temples** to disclose a hidden treasure.
나는 숨겨진 보물을 발견하기 위해 고대인도 신전들을 탐사할 것이다.

They are available at **pharmacies** for a suggested price of $19.
그것들은 약국에서 19달러의 권장 가격으로 구입할 수 있다.

06 | linguist

lingua는 '혀'를 의미했고, 혀를 움직여 발음을 하기에 '언어'라는 뜻도 있었다. linguist는 언어를 연구하는 사람인 '언어학자'로 쓰이게 되었고, lingual은 '언어의'라는 뜻이다. bi(둘)-가 결합된 bilingual은 '두 개 언어를 하는'이라는 뜻이고, multi-(많은)와 결합된 multilingual은 '다중 언어의'라는 뜻이다. 현대 영어에서는 '언어'를 language로 표현하게 되었고, tongue이 lingua의 뜻을 받아 '혀'와 '언어'를 뜻하는 단어가 되었다. mother tongue은 '모국어'를 뜻한다.

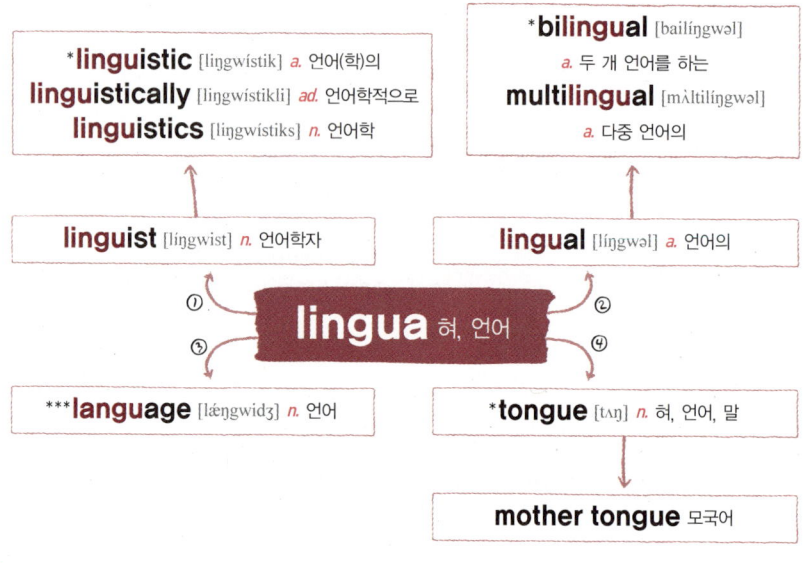

 예문

But **linguists** use the term very differently.
그러나 언어학자들은 그 용어를 매우 다르게 사용한다.

A **multilingual** person can speak more than two languages very fluently.
다중언어 사용자는 두 개 이상의 언어를 유창하게 말할 수 있다.

Amy had an ineptitude for mathematics, while she showed an aptitude for **languages**.
에이미는 수학에 소질이 없었다. 반면 그녀는 언어에 소질이 있음을 보여주었다.

More than one-fifth of the population has German as their **mother tongue**.
인구의 1/5 이상이 모국어로 독일어를 사용한다.

07 | journalist, idealist

jour은 프랑스어로 '하루, 날'을 의미한다. journ으로 확장되어 영어에서는 journal로 변형되었는데, 하루 동안 있던 일을 적은 '일지'와 그것을 발행하여 판매하는 '잡지'를 뜻한다. journey는 하루 동안 다른 장소로 이동한다고 하여 '여행', adjourn은 회의를 다 끝내지 않고 하루를 연장한다고 하여 '휴정[휴회]하다'로 쓰인다. '생각'을 의미하는 idea에서 파생된 ideal은 이루어지기를 바라는 생각을 나타내는 '이상적인'이고, 그것을 신봉하는 사람을 idealist(이상주의자)라고 한다.

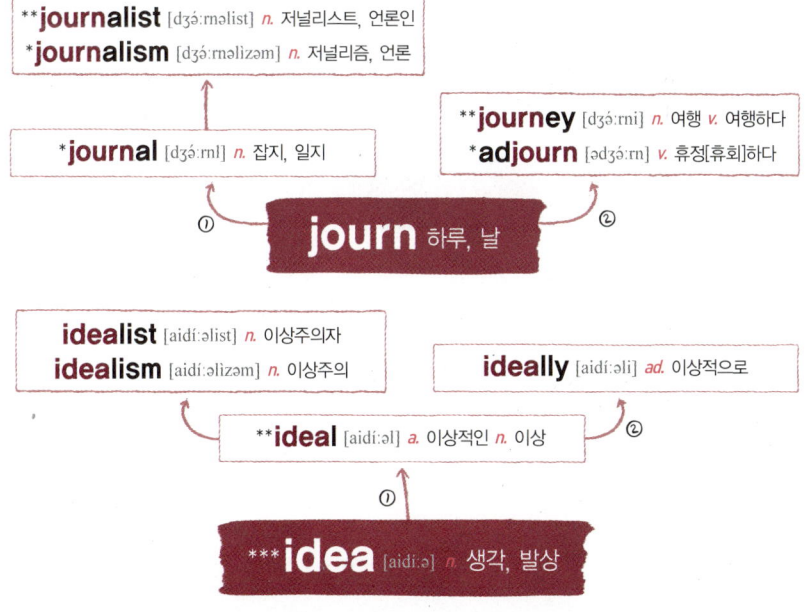

🔍 예문

There are some historical **journalists** who risked their lives to fight injustice.
목숨을 걸고 불의와 맞서 싸운 역사적인 언론인들이 있다.

In stories, the travelling companion the hero is accompanied by helps him accomplish his **journey**.
이야기에서 영웅과 함께하는 일행은 그가 그의 여정을 마치도록 돕는다.

Mac proposed that it was a good **idea** to use lavender oil to repel mosquitoes.
맥은 라벤더 오일로 모기를 퇴치하는 것이 좋은 생각이라고 제안했다.

08 | capitalist

cap은 과거 '머리'를 의미했기에 capital은 나라의 머리에 해당하는 '수도'와 사업에서 가장 중요한 '자본'을 뜻한다. captain은 배의 우두머리인 '선장'과 팀의 우두머리인 '주장', cabbage는 사람의 머리를 닮은 채소인 '양배추'다. cap이 변형되어 파생된 chief는 가장 높은 사람인 '우두머리'이고, chef는 주방에서 가장 높은 '주방장'이다. achieve는 가장 머리인 끝까지 도달하게 되는 '달성하다'이고, mischief는 원래 가장 나쁜 행동을 가리켰는데 현재는 '장난'을 뜻한다.

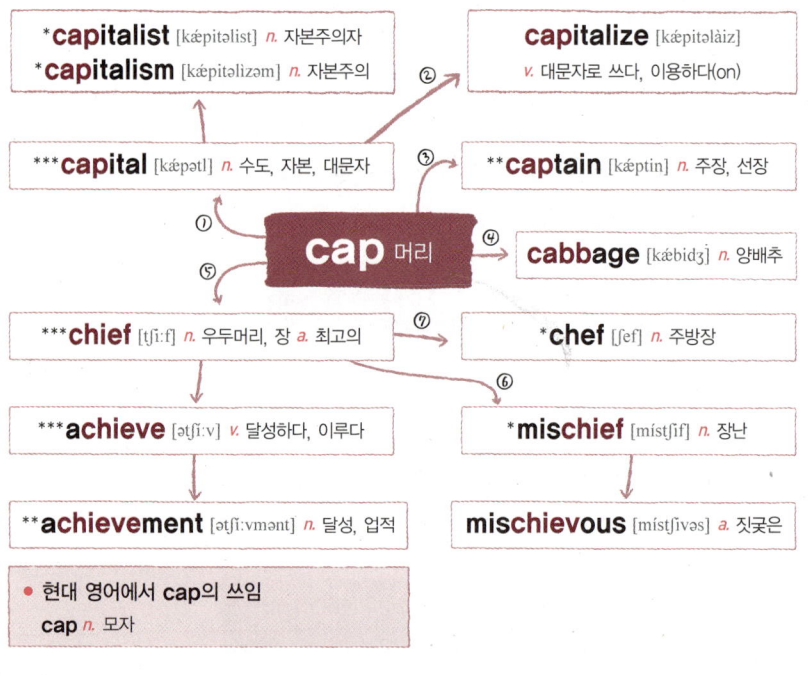

- 현대 영어에서 cap의 쓰임
  cap n. 모자

예문

Washington, D.C. has been the **capital** of the United States since 1800.
워싱턴 DC는 1800년 이래 미국의 수도였다.

We look forward to working together to **achieve** the objectives of our ambitious plan.
우리는 우리의 야심찬 계획의 목표를 이루기 위하여 함께 일할 것을 기대한다.

It is almost impossible to keep my dog out of **mischief** while I am away at work.
내가 출근하고 없는 동안 내 개가 장난치지 않게 하는 것은 거의 불가능하다.

09 | communist

common은 함께 묶여 있기에 '공동의'와 함께 있어 자주 접하는 '흔한'이라는 뜻이 되었다. communist는 개인의 재산이 인정되지 않고 정부가 모든 생산수단을 제어하는 공산주의를 신봉하는 '공산주의자'이고, commonplace는 누구나 흔히 볼 수 있는 장소를 표현하여 '아주 흔한'이라는 뜻이다. communicate는 함께 공통된 주제를 말한다고 하여 '의사소통하다'이고, immune은 세금 등이 묶여 있지 않은 '면제된'과 각종 질병으로부터 벗어난 '면역의'라는 뜻이다.

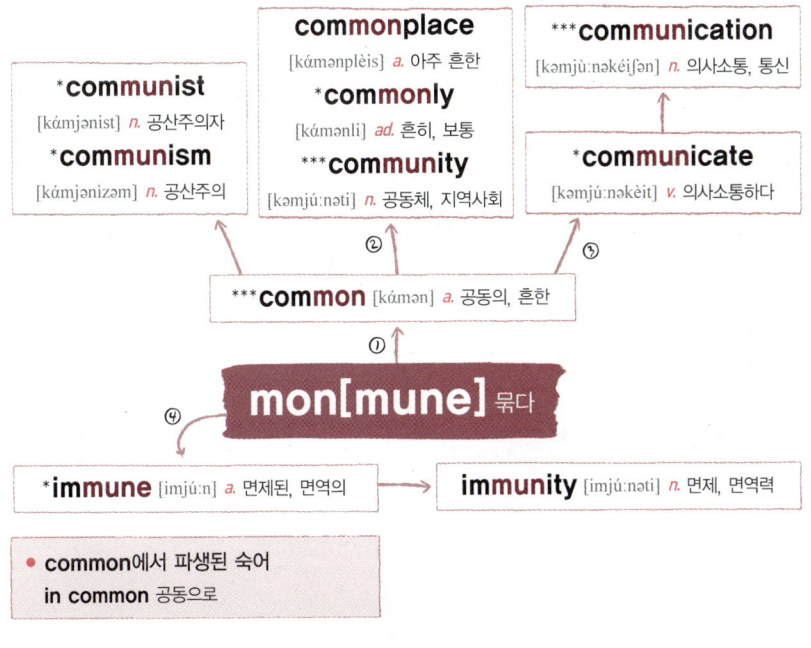

- common에서 파생된 숙어
  in common 공동으로

예문

Throwaway diapers make up the third most **common** item in our landfill spaces.
일회용 기저귀는 쓰레기 매립 공간에서 세 번째로 흔한 물건이다.

Animals also have to learn a special means of **communication**.
동물들 또한 의사소통을 하기 위한 특별한 수단을 배워야 한다.

Vitamin supplements will help fight flu and boost your **immune** system.
비타민 보충제는 독감에 걸리지 않도록 도와주며 면역체계를 높여줄 것이다.

10 | pessimist, optimist, racist

pess는 '나쁜'이라는 뜻의 단어였고, 이 단어에서 최상급 형태로 파생된 pessimist는 자신의 상황을 가장 나쁘다고 여기는 '비관주의자'를 뜻하게 되었다. opt는 '좋은'이라는 뜻의 단어였기에 optimist는 자신의 상황을 가장 좋다고 여기는 '낙관주의자'가 된 것이다. race는 '민족, 인종'을 의미하고, racist는 다른 인종을 무시하고 낮게 여기는 '인종차별주의자'로 쓰인다.

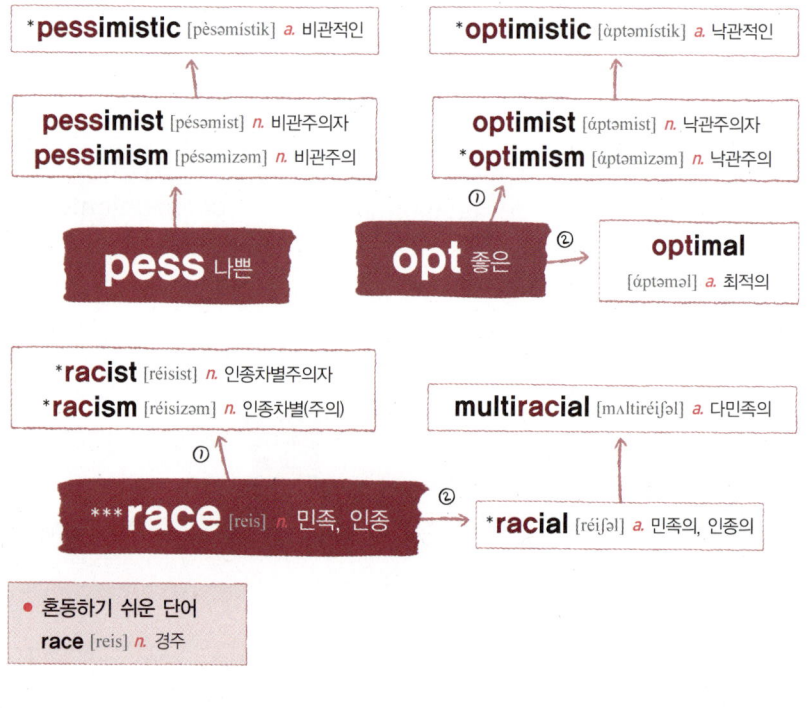

- 혼동하기 쉬운 단어
  race [reis] n. 경주

🔍 예문

He's quite **pessimistic** about his chances of getting another job.
그는 다른 일자리를 얻을 수 있는 가능성에 대해 상당히 비관적이다.

I'm pretty **optimistic** about our chances of winning here today.
나는 오늘 여기서 승리할 수 있는 가능성에 대해 매우 낙관적이다.

Martin Luther King Jr. devoted himself to achieving **racial** equality for African-Americans.
마틴 루터 킹 주니어는 미국의 흑인을 위해 인종적 평등을 쟁취하는 데 헌신했다.

11 | tourist

tor는 '돌다'라는 뜻이었고, 여기서 '관광하다'라는 뜻의 tour가 나왔다. tor에서 변형된 trau에 과거에 명사로 쓰였던 ma가 결합된 trauma는 내부적으로 뒤틀린 '정신적 외상'이라는 뜻이다. turn은 tor의 뜻을 그대로 받아 '돌다'와 돌면서 다른 것이 되는 '바뀌다'와 '~이 되다'로 쓰인다. overturn은 위로 돌려 뒤집는 '전복시키다', return은 뒤로 다시 도는 '돌아오다'라는 뜻이다.

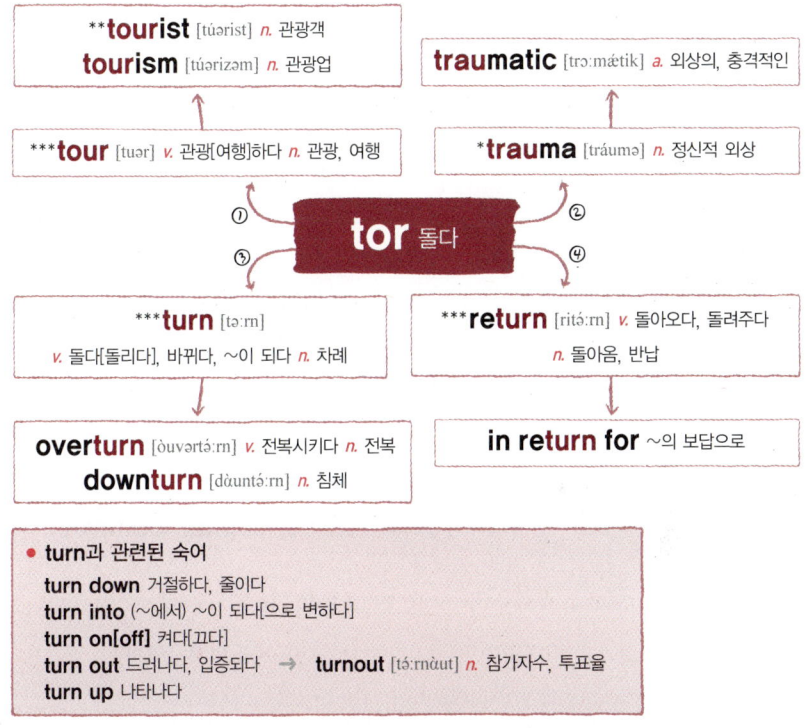

- **turn과 관련된 숙어**
  turn down 거절하다, 줄이다
  turn into (~에서) ~이 되다[으로 변하다]
  turn on[off] 켜다[끄다]
  turn out 드러나다, 입증되다 → **turnout** [tə́:rnàut] n. 참가자수, 투표율
  turn up 나타나다

예문

I hope you are ready to be on this long-term **tour** of the world.
네가 이 장기간의 세계 여행을 위한 준비가 되어있기를 바란다.

She never fully recovered from the **traumas** she suffered during her childhood.
그녀는 어린 시절에 겪었던 정신적 고통에서 완전히 회복하지 못했다.

Upon his **return** to this country the people acclaimed the hero enthusiastically.
그가 이 나라로 돌아오자 사람들은 그 영웅을 열광적으로 환호하며 맞았다.

Exercise

정답: 461쪽

1. 다음 영어 단어의 우리말 뜻을 적어보세요.

① biologist	_____	⑥ journey	_____
② bilingual	_____	⑦ immune	_____
③ pharmacy	_____	⑧ racist	_____
④ geology	_____	⑨ anthropology	_____
⑤ archaic	_____	⑩ cabbage	_____

2. 다음 우리말 뜻에 해당하는 영어 단어를 적어보세요.

① 이상주의자	_____	⑥ 기하학	_____
② 달성	_____	⑦ 무정부주의자	_____
③ 의사소통	_____	⑧ 심리학	_____
④ 낙관주의자	_____	⑨ 언어학자	_____
⑤ 정신적 외상	_____	⑩ 원자	_____

3. 다음 빈칸에 알맞은 단어를 보기에서 찾아 넣어보세요.

보기 multilingual, immune, pharmacies, capital, optimistic

① A _____ person can speak more than two languages very fluently.

② I'm pretty _____ about our chances of winning here today.

③ Vitamin supplements will help fight flu and boost your _____ system.

④ They are available at _____ for a suggested price of $ 19.

⑤ Washington, D.C. has been the _____ of the United States since 1800.

접두사 ob- : 방향, 저항

ob-는 앞쪽으로의 방향성을 나타내고, 또 기존의 것에 반대하는 '저항'의 의미도 있는 접두사다. ob-도 oc-나 op- 등으로 변형되어 쓰이는데, 알파벳 o 다음에 같은 철자가 두 개 연달아 나오면 ob-와 같은 의미라고 생각하면 된다.

---

① **ob**lige [əbláidʒ] v. 의무적으로 하게 하다 → obligation [àbləgéiʃən] n. 의무
= ob(방향) + lige(묶다)   obligatory [əblígətɔ̀:ri] a. 의무적인

We were **obliged** to go on shore because we had not a bottle left in the boat.
물 한 병도 배에 남아 있지 않았기 때문에 우리는 상륙할 수밖에 없었다.

---

② **ob**vious [ábviəs] a. 명백한, 분명한 → obviously [ábviəsli] ad. 명백히
= ob(방향) + via(길) + ous   previous [prí:viəs] a. 이전의
   previously [prí:viəsli] ad. 미리

It is **obvious** to me that the media would rather reflect on public opinion than change it.
나는 분명히 매체가 여론을 바꾸려 하기보다는 반영을 해야 한다고 생각한다.

---

③ **oc**cupy [ákjupài] v. 차지하다, 점령하다 → occupation [àkjəpéiʃən] n. 직업
= oc(방향) + cup(잡다) + y   occupational [àkjəpéiʃənəl] a. 직업의
   occupant [ákjəpənt] n. 거주자, 점유자
   be occupied with ~으로 바쁘다

Someone was **occupying** my place at the table.
누군가가 테이블에 내 자리를 차지하고 있었다.

---

④ **oc**casion [əkéiʒən] n. 경우, 행사 → occasional [əkéiʒənəl] a. 가끔의
= oc(방향) + case(경우, 사건)   occasionally [əkéiʒənəli] ad. 가끔

There are some **occasions** in which you need to wear some sort of formal dress.
당신이 정장을 입어야 하는 특별한 경우가 있다.

---

⑤ **op**ponent [əpóunənt] n. 반대자 = op(저항) + pone(놓다) + ent

The opposition was an important element in politics therefore a political **opponent** was not an enemy.
야당은 정치에서 중요한 요소이므로 정치적 반대 세력은 적군이 아니다.

DAY 24 -ure

-ure는 처음에는 과거분사에 결합되어 사용되는 명사 접미사였지만 현재는 일반적인 동사 뒤에 붙어서 명사로 확장시키는 역할을 한다. 또한 기존의 동사는 사라지고 -ure 형태 자체가 동사로 쓰이는 경우도 있다.

● -ure로 끝나는 단어의 기본 패턴

| 라틴어 과거분사 + **-ure** | 명사 |
| 동사 + **-ure** | 명사 |

● Example

punct 찌르다 → **puncture** [pʌ́ŋktʃər] n. 펑크 v. 구멍을 내다
seize [siːz] v. 잡다, 압수하다 → **seizure** [síːʒər] n. 압수

01 | nature

nate는 '태어나다'라는 뜻이었고, 이 단어에서 파생된 nature는 태어나서 있는 그대로 자란다고 하여 '자연'이 되었다. native는 처음 태어난 장소에서 계속 살아가는 '토착의, 현지의'라는 뜻이고, 이것이 변형되어 생긴 naive는 한 곳에만 있어 세상에 대해 잘 모르는 '순진한'이라는 뜻이다. innate는 태어날 때부터 내면에 능력을 지니고 있다고 하여 '타고난'이라는 뜻이다. (앞에서 배운 nation도 이 nate에서 파생된 것이다.)

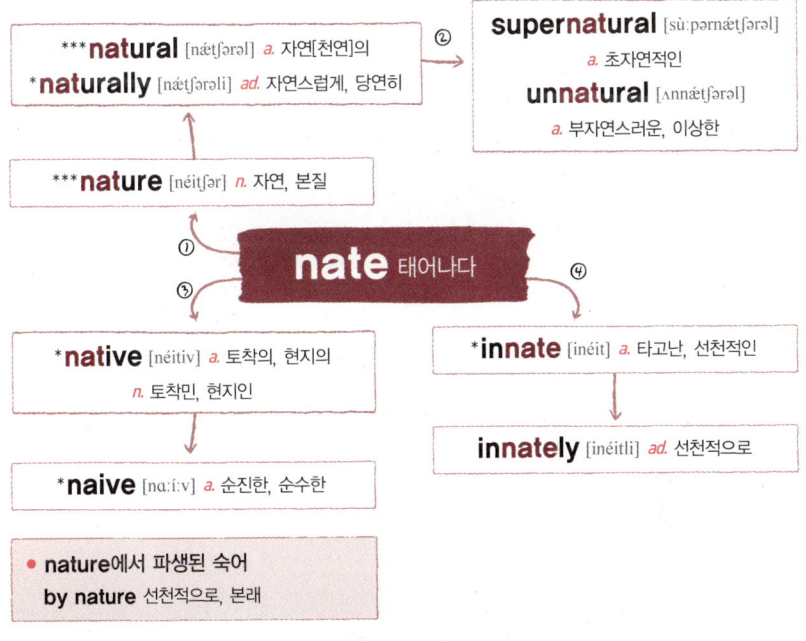

- **nature**에서 파생된 숙어
  by nature 선천적으로, 본래

예문

Consider using only **natural** products in your garden to save the Earth and your health.
지구와 당신의 건강을 지키기 위해 정원에 천연 산물만 쓰는 것을 고려해보라.

Our **native** land attracts us with some mysterious charm which is unforgettable.
우리의 조국은 절대 잊을 수 없는 신비한 매력으로 우리를 끌어당긴다.

The primary task as a young adult was to overcome his **innate** shyness.
이제 갓 성인이 된 그가 먼저 해야 할 일은 타고난 부끄러움을 극복하는 것이었다.

02 | fracture

frag는 '부수다, 깨다'라는 뜻의 단어였고, 과거분사는 fract였다. fract에서 파생된 fracture는 신체가 부서진 '골절'을 뜻하고, fraction은 정수가 아닌 숫자가 부서진 형태인 '분수'와 '일부'를 뜻한다. refract는 빛이 곧바로 가지 않고 부서져 뒤로 꺾이는 '굴절시키다'이다. 원형인 frag에서 파생된 fragile은 잘 부서지는 '깨지기 쉬운, 연약한'이고, 이 단어가 축약된 frail도 역시 '연약한'이라는 뜻으로 쓰인다. fragment는 부서져 남겨진 '조각'이나 '단편'을 의미한다.

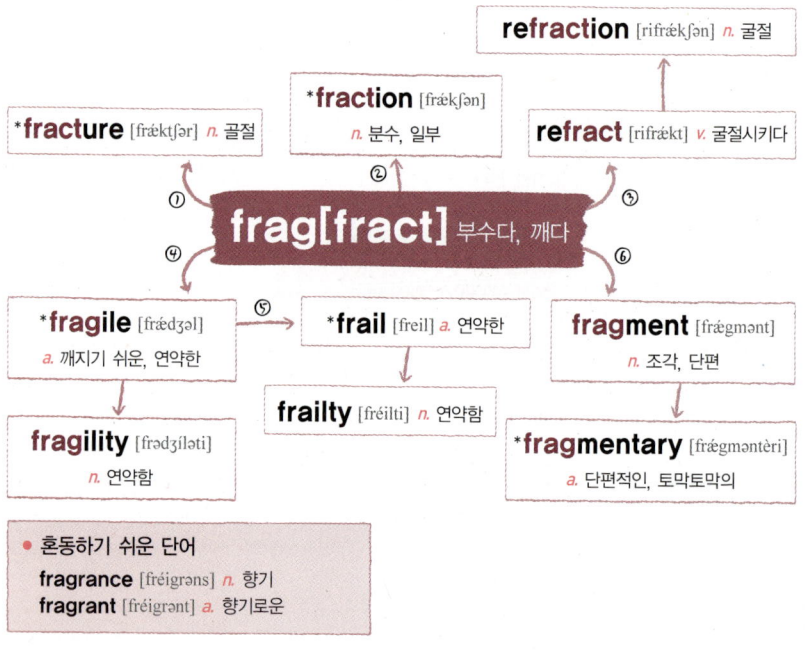

● 혼동하기 쉬운 단어
fragrance [fréigrəns] n. 향기
fragrant [fréigrənt] a. 향기로운

 예문

We've described only a small **fraction** of the available options.
우리는 사용 가능한 옵션의 일부만 설명했다.

I had never been sick, but school opened my eyes to the **fragilities** of the human body.
나는 아파본 적이 없지만, 학교 수업에서 인체의 연약함을 알게 되었다.

Gas released from **frail** parts ruptured the shell of the heater.
약한 부분에서 방출되는 가스로 인해 난로 통이 터져버렸다.

03 | break 확장

frag는 라틴어에서 쓰던 단어이고, 이것이 현대 영어로 넘어오면서 break으로 변형되었다. breakfast의 fast는 '빠른'이 아닌 '단식하다'라는 뜻으로 과거 종교적으로 행했던 아침의 단식을 깬다고 하여 '아침식사'가 되었고, breakthrough는 부수며 뚫고 나온다고 하여 '돌파구'를 뜻한다. heartbreak은 가슴이 부서지도록 아픈 '비통'을 의미한다. frag가 변형되어 파생된 debris는 부서져 떨어져 나온 '부스러기', brick은 부서진 조각이라는 의미에서 전체 벽의 일부인 '벽돌'이 되었다.

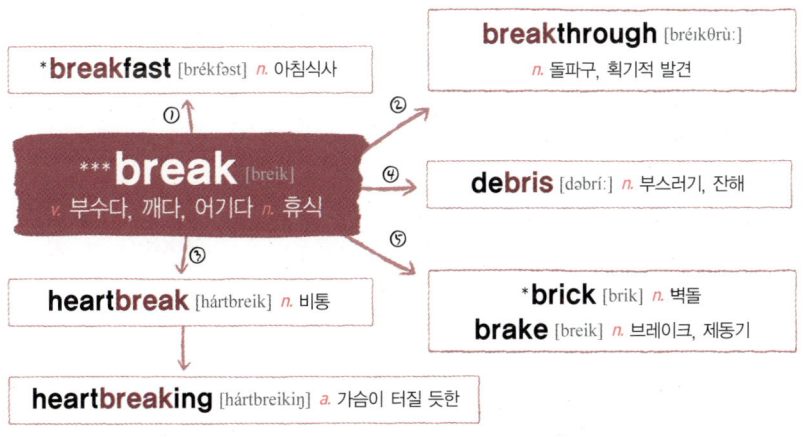

- break에서 파생된 숙어와 단어
  break down 고장 나다, 나빠지다 → **breakdown** [bréikdàun] n. 고장, 붕괴, 신경쇠약
  break even 본전치기를 하다
  break in ~에 침입하다, ~을 길들이다
  break into 침입하다
  break out (전쟁 등이) 발발하다 → **outbreak** [áutbrèik] n. 발발 cf) **breakout** [bréikàut] n. 탈출
  break up 헤어지다

예문

She withheld her payment until the landlord fixed the **broken** windows.
그녀는 집주인이 고장 난 창문을 고쳐줄 때까지 집세를 내지 않았다.

Her mother had a nervous **breakdown** and was put into a mental hospital.
그녀의 어머니는 신경쇠약에 걸려서 정신병원에 입원했다.

04 | torture

tor[tort]는 '비틀다'라는 뜻의 단어였다. 그래서 torture는 사람을 비트는 '고문'이라는 뜻으로 쓰이고, distort는 신체 등을 '뒤틀다'라는 뜻과 내용을 비트는 '왜곡하다'라는 뜻이 되었다. extort는 비틀어서 밖으로 빼낸다고 하여 '강탈하다'가 되었고, retort는 다른 사람이 한 얘기에 대해 다시 비틀어준다고 하여 '반박하다'로 쓰인다. 원형인 tor에서 파생된 torment는 '고통'을 뜻하고, torch는 지푸라기 등을 비틀어 꼰 다음 불을 붙인 '횃불'을 의미한다. (tour를 파생시킨 tor와는 철자가 같고 뜻이 상당히 유사하지만 다른 어근이다.)

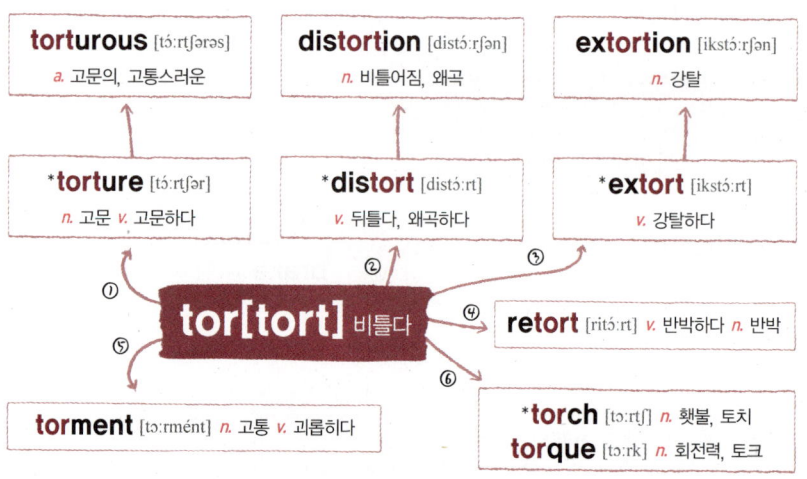

예문

How did the early Christians have the power to endure horrible **torture**?
초기 기독교인들은 어떻게 잔인한 고문에 견딜 수 있었을까?

My wife doesn't **torment** me with questions about where I went, who I was with, etc.
나의 아내는 내가 어디를 갔는지, 누구와 있었는지 등의 질문으로 나를 괴롭히지 않는다.

The magician transformed a flaming **torch** of fire into a beautiful red rose.
마법사가 타오르는 횃불을 아름다운 붉은 장미로 바꾸어버렸다.

05 | nurture

nur[nurt]는 '먹이다'라는 뜻이었고, 여기서 파생된 nurture는 아이를 먹이고 키우는 '양육; 양육하다'로 쓰이게 되었다. nurt를 잘못 사용하여 nutr로 쓴 후 -ition이 붙어서 생긴 nutrition는 건강히 자랄 수 있게 올바른 음식을 먹고 소화하는 과정인 '영양'이 되었다. 원형인 nur에서 파생된 nurse는 원래 아이를 돌보고 먹이는 '보모'를 의미했지만 현재는 환자를 돌보는 '간호사'로 쓰이고, nourish는 사람, 식물 등에 필요한 음식을 제공하는 '영양분을 주다'라는 뜻이다.

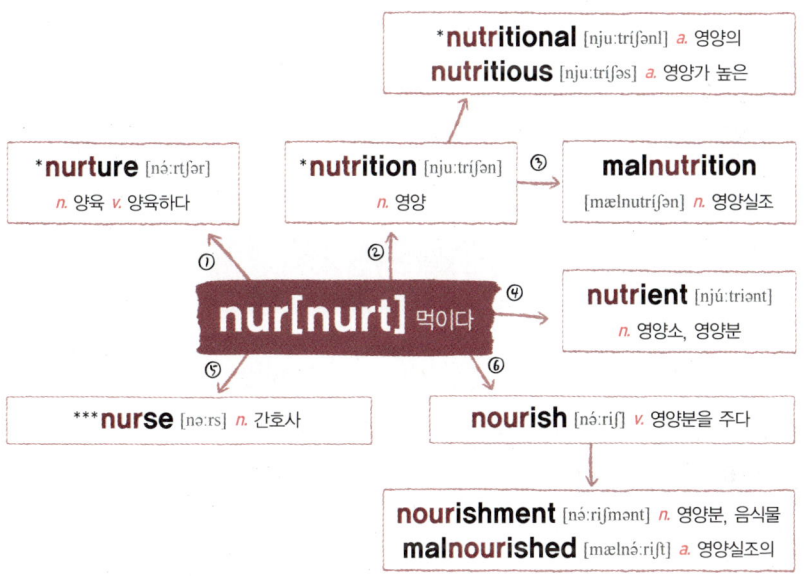

예문

She continued to work hard for the shop and **nurture** her children.
그녀는 계속해서 가게를 위해 일을 열심히 하고 아이들을 양육했다.

Many essential **nutrients** can be toxic in large doses.
필수 영양소 중 다수는 다량 섭취할 경우에는 몸에 해로울 수 있다.

Severely **malnourished** infants require the systematic drug treatment.
심각하게 영양실조인 유아들은 체계적인 약물 치료를 필요로 한다.

06 | figure

fig[fict]는 '만들다, 하다'라는 뜻이었다. figure는 하나의 만들어진 '모습'과 눈에 띄는 모습을 한 '인물'로 쓰이게 되었고, 또 만들어진 자료의 '수치'라는 뜻도 남겨졌다. fiction은 만들어낸 이야기인 '허구'나 '소설'이 되었고, facile은 '하다'의 뜻에서 나와 쉽게 잘하는 '손쉬운', facility는 손쉽게 이용할 수 있는 '시설'을 뜻하게 되었다. facile에서 파생된 faculty는 손쉽게 잘하는 '능력'과 능력 있는 사람들인 '교수단', difficulty는 능력이 없기에 힘든 '어려움'을 의미한다.

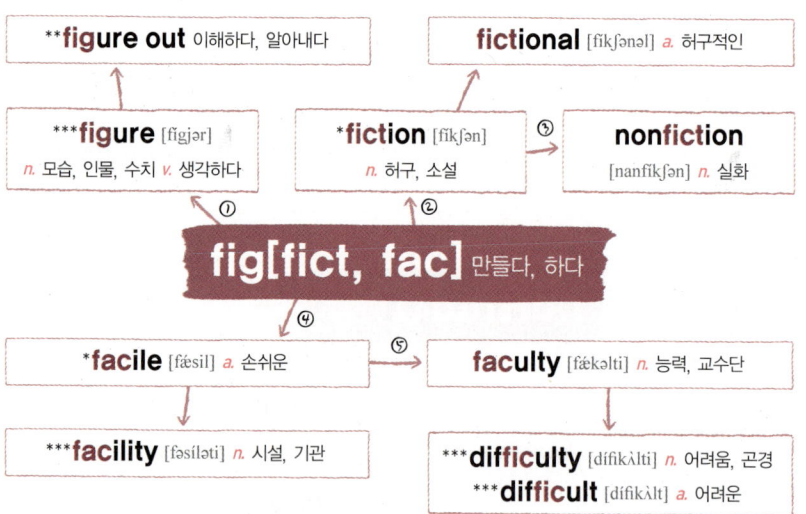

 예문

He detached himself from the group to examine that strange **figure**.
그는 그 이상한 모습을 자세히 보려고 무리에서 떨어져 나왔다.

There are child care **facilities** on the campuses or in the shopping malls in Europe.
유럽의 대학 캠퍼스나 쇼핑몰에는 아동보육시설이 있다.

I think it is possible to request a time extension since the task is very **difficult**.
과제가 매우 어려우므로 기한 연장을 요청할 수 있다고 생각한다.

07 | feature

feat[fit]은 앞에서 다룬 fict가 변형되어 생긴 것이기에 '만들다, 하다'로 그 뜻도 같다. 이 단어에서 나온 feature는 처음 보이기 위해 꾸민 '용모'란 뜻이었고, 그 후 다른 사람과 구별되게 보이기 위해 꾸민 얼굴의 '특징'이 되었다. defeat은 어떠한 일을 제대로 못하다는 원뜻에서 현재는 전쟁에서 제대로 못해 지게 되는 '패배'로 쓰인다. benefit은 사업을 잘해서(fit) 얻게 되는 '이익'과 '혜택'을 뜻하게 되었고, profit도 앞으로(pro) 잘해서(fit) 얻은 '수익, 이익'의 의미로 쓰인다.

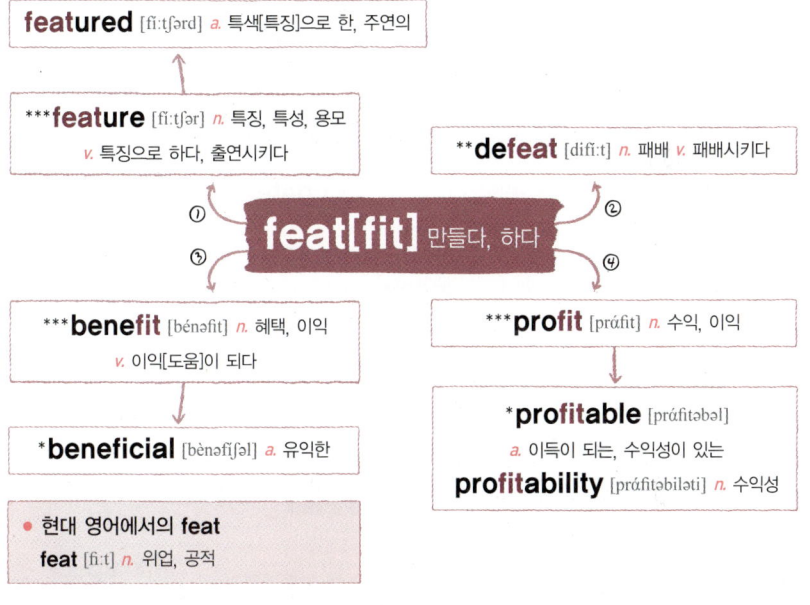

예문

Do social outcasts have shared **features** that cause them to become a social outcast?
사회적 추방자들은 그들이 사회적으로 추방되도록 한 공통된 특징이라도 있나요?

After the rebel was **defeated**, he was forced to flee for refuge to the mountains.
반란이 실패한 뒤 그는 산으로 피난할 수밖에 없었다.

Partners may have an agreement regarding the partition of **profits** and individually pay their taxes.
동업자들은 이익을 분배하는 것에 합의를 할 것이고, 개인적으로 자신들의 세금을 납부할 것이다.

08 | texture, mixture

text는 원래 실을 이용하여 직물을 '짜다'라는 뜻이었고, 이렇게 짠 직물에 글씨를 적었기에 현재는 '글, 본문'이라는 뜻으로 사용하게 되었다. '짜다'의 의미가 확대되어 생겨난 texture는 직물의 '질감'을 뜻하고, textile은 '직물'이라는 뜻으로 쓰이게 되었다. '글'이라는 의미에서 파생된 textbook은 '교과서', context는 글의 앞뒤가 함께(con) 연결되는 '문맥'이 되었다. '혼합하다'를 뜻하는 mix에서 파생된 mixture는 '혼합물'로 쓰이고, mixer는 섞을 때 쓰는 '믹서'를 뜻한다.

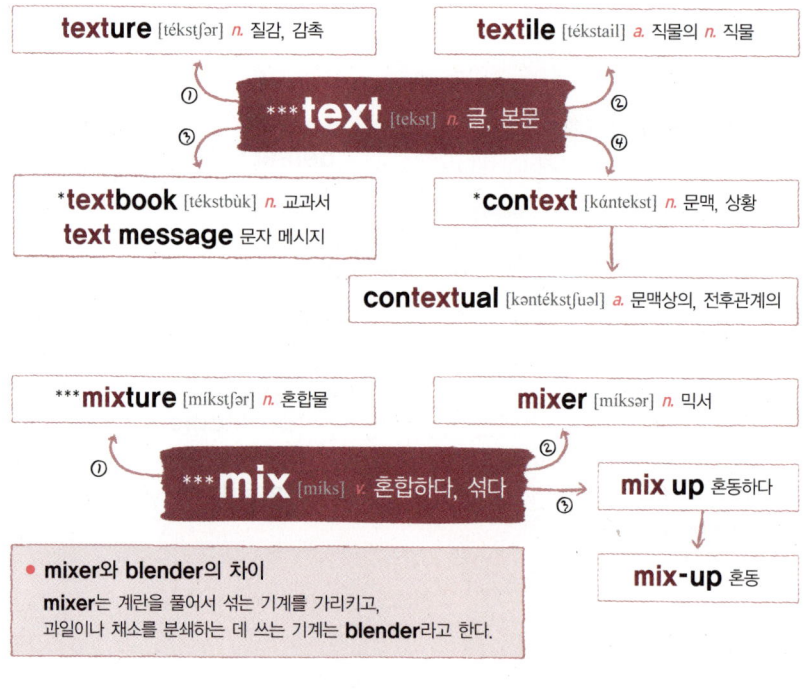

예문

They import fine silk **textiles** from China.
그들은 중국에서 고급 실크 직물을 수입합니다.

To really know a word, you must be able to use it in **context**.
단어를 실제로 알기 위해서는 문맥에서 단어를 사용할 수 있어야 한다.

You can make purple by **mixing** the colors red and blue.
빨간색과 파란색을 혼합하여 보라색을 만들 수 있다.

09 | posture

post는 철자는 같지만 의미가 다른 여러 단어가 존재했었다. 우선, post는 원래 '놓다'였는데, 현대 영어에서는 어떠한 자리나 위치에 놓인 '지위'가 되어 posture(자세)와 compost(혼합물) 같은 단어가 파생되었다. 다음으로 post는 '우편'이라는 뜻으로 쓰였기 때문에 post office는 '우체국'이 되었다. 또한 '기둥'을 의미하는 post에서 goalpost(골대)와 poster(포스터)가 파생되었다. 끝으로 '나중에'를 뜻했던 post에서 '연기하다'의 postpone과 '후손'을 뜻하는 posterity가 생겼다.

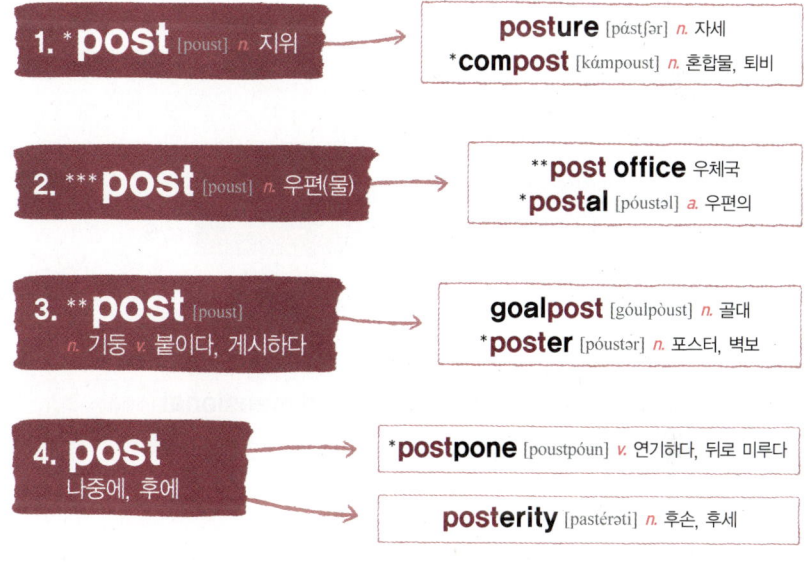

예문

An erect **posture** looks very nice, but it is impossible to sit this way for a long time. 똑바른 자세는 매우 좋아 보이지만, 이런 자세로 오래 앉는 것은 불가능하다.

You can deposit and withdraw money at any **post office**, and pay your public utility bills. 아무 우체국에서나 입출금을 할 수 있으며 공공요금을 납부할 수도 있다.

Mark **posted** a note on the bulletin board hoping to find his lost wallet. 마크는 자신의 지갑을 되찾고 싶은 심정으로 게시판에 쪽지를 붙였다.

This is only the second time that illness forced him to **postpone** a performance. 그가 질병으로 인해 공연을 연기할 수밖에 없었던 것은 단지 이번이 두 번째다.

10 | measure

mease는 '측정하다'라는 뜻이었고, 이 단어에서 파생된 measure가 현재 '측정하다, 재다'라는 뜻과 상황에 맞게 대책을 세우는 '조치, 수단'이라는 뜻이 되었다. mease가 변형된 mense에서 파생된 immense는 측정할 수 없을 정도로 많은 양을 표현하여 '엄청난'이란 뜻이고, dimension은 측정되어진 전체적인 '크기'와 '치수'라는 뜻과 수학에서의 '차원'이라는 뜻으로 사용하게 되었다.

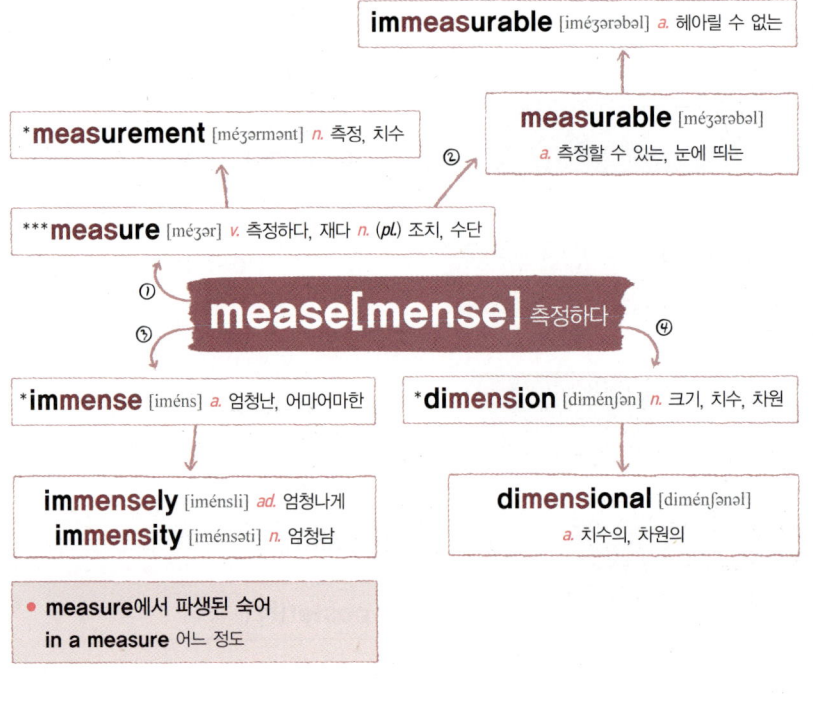

- measure에서 파생된 숙어
  in a measure 어느 정도

🔍 예문

I'd like to find a way to **measure** distance through radio waves.
우선 전파를 이용해서 거리를 잴 수 있는 방법을 알고 싶다.

The plague caused **immeasurable** damage to human lives.
흑사병은 인간의 삶에 헤아릴 수 없는 피해를 일으켰다.

On my first day of school, I was shocked at the huge **dimensions** of the school playground.
학교를 간 첫날에 나는 학교 운동장의 어마어마한 크기에 깜짝 놀랐다.

11 | pleasure

please는 '제발, 부디'라는 뜻뿐만 아니라 '기쁘게 하다'라는 동사의 뜻도 지니고 있다. 따라서 pleasure는 명사로 '기쁨'이라는 뜻이 되었고, pleasant는 사람을 기쁘게 하는 것을 표현하여 '유쾌한, 상냥한'이라는 뜻이 되었다. plea는 please의 '제발, 부디'의 뜻에서 파생된 단어로 제발 도와달라고 요청하는 '애원, 탄원'이라는 뜻으로 쓰인다.

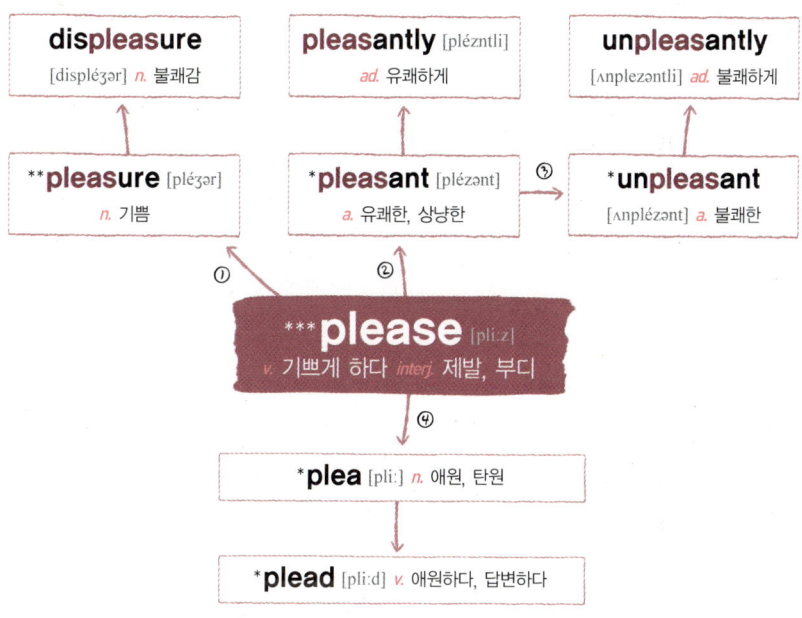

 예문

I'm **pleased** with the grade I got in the class.
나는 수업에서 내가 받은 성적에 기뻤다.

Agriculture was his fixed occupation, and intercourse with friends was his **pleasure**.
농업이 그의 고정 직업이었고, 친구들과 교제하는 것이 그의 기쁨이었다.

We are making a **plea** to all companies to stop polluting the environment.
우리는 환경오염을 막기 위해 모든 회사에 탄원을 하고 있다.

Exercise

정답: 461쪽

1. 다음 영어 단어의 우리말 뜻을 적어보세요.

① naive _____   ⑥ nourish _____
② torture _____   ⑦ texture _____
③ fracture _____   ⑧ posture _____
④ defeat _____   ⑨ difficult _____
⑤ breakthrough _____   ⑩ immeasurable _____

2. 다음 우리말 뜻에 해당하는 영어 단어를 적어보세요.

① 왜곡 _____   ⑥ 연기하다 _____
② 벽돌 _____   ⑦ 소설 _____
③ 분수 _____   ⑧ 영양실조 _____
④ 애원 _____   ⑨ 문맥 _____
⑤ 조치, 수단 _____   ⑩ 수익 _____

3. 다음 빈칸에 알맞은 단어를 보기에서 찾아 넣어보세요.

보기 pleased, postpone, posture, mixing, innate

① The primary task as a young adult was to overcome his _____ shyness.
② I'm _____ with the grade I got in the class.
③ This is only the second time that illness forced him to _____ a performance.
④ An erect _____ looks very nice, but it is impossible to sit this way for a long time.
⑤ You can make purple by _____ the colors red and blue.

접두사 ab- : 이탈

ab-는 '이탈'을 의미하는 접두사로, t로 시작되는 단어 앞에서는 s가 붙은 abs-로 변형된다.

① **ab**olish [əbáliʃ] *v.* 폐지하다 → **abolition** [æbəlíʃən] *n.* 폐지
= **ab**(이탈) + **ol**(자라다) + **ish**

He is in favor of **abolishing** the death penalty.
그는 사형 제도의 폐지를 지지한다.

② **ab**sorb [æbsɔ́:rb] *v.* 흡수하다, 빨아들이다 → **be absorbed in** ~에 열중하다
= **ab**(이탈) + **sorb**(빨다) **absorption** [æbsɔ́:rpʃən] *n.* 흡수, 몰두

Water is **absorbed** by plants through their roots.
물은 뿌리를 통해 식물에 흡수된다.

③ **ab**ort [əbɔ́:rt] *v.* 낙태하다 → **abortion** [əbɔ́:rʃən] *n.* 낙태
= **ab**(이탈) + **ort**(뜨다)

The deep-rooted social preference for male babies made women **abort** unborn girls in 1960s.
1960년대에는 뿌리 깊은 남아선호사상으로 산모들이 여자아이를 낙태하도록 내몰았다.

④ **abs**tain [æbstéin] *v.* 자제하다, 기권하다 → **abstinence** [ǽbstənəns] *n.* 자제, 금욕
= **abs**(이탈) + **tain**(잡다)

He promised his family that he would **abstain** from smoking on New Year's Day.
그는 담배를 끊기로 가족들과 새해 첫날에 약속했다.

⑤ **abs**tract [æbstrǽkt] *a.* 추상적인 *v.* 추출하다, 요약하다 → **abstraction** [æbstrǽkʃən]
= **abs**(이탈) + **tract**(끌다) *n.* 추출, 추상개념

Human beings are the only creatures capable of **abstract** thought.
인간은 추상적인 사고를 할 수 있는 유일한 존재다.

DAY 25 -ment

-ment는 명사를 만드는 접미사이고, 특히 어떠한 결과나 동작을 표현할 때 많이 쓰인다. 기본적으로 동사 뒤에 -ment를 붙여서 명사가 되고, 여기서 다시 형용사와 부사를 파생시킬 때는 각각 -al과 -ally를 붙이지만 파생어 없이 그냥 명사만 남아있는 경우도 많다.

● -ment로 끝나는 명사에서 파생된 단어들의 기본 패턴

동사 + **-ment**	명사
동사 + **-ment** + **-al** = **-mental**	형용사
동사 + **-ment** + **-al** + **-ly** = **-mentally**	부사

● Example

environ [inváiərən] v. 둘러싸다
→ **environment** [inváiərənmənt] n. 환경
　environmental [invàiərənméntl] a. 환경의
　environmentally [invàiərənméntli] ad. 환경적으로

01 | sentiment

sent는 '느끼다'라는 뜻의 단어였다. 이 단어에서 파생한 sentiment는 마음으로 느끼는 '심정, 감상'이라는 뜻이 되었고, resent는 다시 안 좋은 감정을 느낀다고 하여 '분개하다'로 쓰인 단어다. sentence는 자신이 느낀 것을 적는다고 하여 '문장'이라는 뜻이지만, 또 판사가 자신이 느낀 것을 결정하여 알린다고 하여 '선고'란 뜻도 있다. assent와 consent는 둘 다 다른 사람의 의견을 같이 느끼기에 '동의'를 뜻하게 된 단어이고, dissent는 '반대'라는 뜻이다.

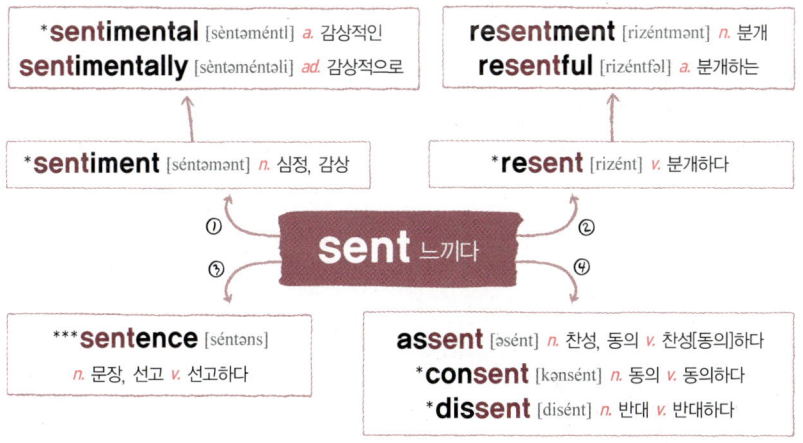

 예문

After he heard the bad rumor, he left with bitter **resentment** toward all of his coworkers.
그 나쁜 소문을 듣고, 그는 모든 동료들에 대해 심하게 분개하며 떠났다.

Few people are expecting her death **sentence**, because it was obviously self-defense.
그것은 분명히 정당방위였기 때문에, 그녀의 사형선고를 예상하고 있는 사람은 거의 없다.

Once the directors have given their **assent** to the proposal, we can begin.
이사들이 그 제안에 동의하면 우리는 시작할 수 있다.

02 | management

라틴어로 manus는 '손'을 의미했고, 여기에서 us를 생략한 후 age가 결합된 manage는 손을 이용하여 말을 제어한다는 뜻에서 현재는 회사를 제어하는 '경영하다'가 되었다. manner는 손을 이용하여 일을 하는 '방식'과 사람을 대할 때의 '태도'라는 뜻으로 사용하고 복수형은 '예의'라는 뜻이다. manual은 '손으로 하는, 수동의'라는 뜻과 명사로 손으로 직접 작성한 '설명서'란 뜻이 되었고, manufacture는 손으로 직접 만든 '제조'라는 뜻의 단어다.

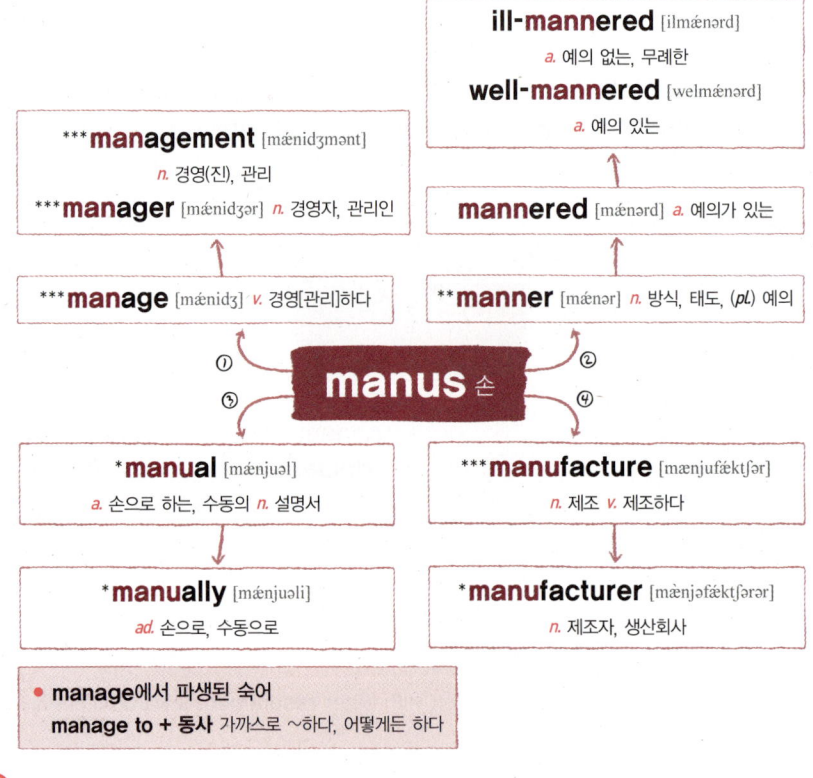

- manage에서 파생된 숙어
  manage to + 동사 가까스로 ~하다, 어떻게든 하다

🔍 예문

Companies should focus on information **management** to achieve objectives.
기업들이 목표를 성취하기 위해서는 정보 관리에 중점을 두어야 한다.

Manual input devices are used by people to enter data by hand.
수동 입력 장치는 사람들이 손으로 자료를 입력하기 위해 사용된다.

03 | discernment

cern은 '거르다'라는 뜻이었고, discern은 사물을 구별하여 따로 걸러내는 '분별하다'라는 뜻과 제대로 알고 이해하는 '알아차리다'라는 뜻이 된 단어다. 이 단어에서 두 가지 형태의 과거분사가 나왔는데, 하나는 discrete로 따로 떼어내는 '분리된, 별개의'란 뜻이 되었고, 나머지는 discreet으로 '분별 있는, 신중한'으로 쓰이게 되었다. concern은 걸러져 필요한 부분이 연결되는 '관련되다'와 관련된 사람을 신경 쓰는 '염려하다'가 되었다.

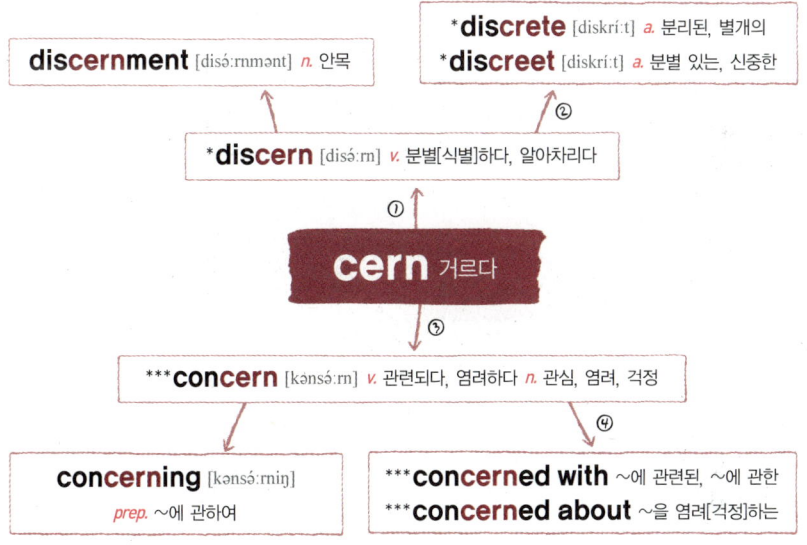

예문

The incompetent king didn't **discern** the syndrome of discontent everywhere.
그 무능한 왕은 도처에 있는 불만의 징후를 알아차리지 못했다.

He assured her that he would be **discreet**.
그는 그녀에게 신중하겠다고 확신시켰다.

A high turnover rate has become a cause for **concern** for many companies.
높은 이직률은 많은 회사들의 걱정거리가 되었다.

Cause and effect essays are **concerned with** why things happen, and what happens as a result.
인과관계의 글은 왜 사건이 일어나고 그 결과로 무엇이 일어나는지에 관한 것이다.

04 | armament

arm에는 '팔'이란 뜻 외에 '무기'나 '무장하다'라는 뜻도 있다. 이 무기란 뜻이 확장되어 armament는 군대에서 전쟁에 대비해 갖춘 시설인 '군비'가 되었고, army는 무기를 가지고 있는 '군대'로 사용하게 되었다. alarm도 무기를 가지고 출동하라고 신호를 보내는 '경보'란 뜻으로 쓰였고, 여기에서 '놀람'이란 뜻도 생겼다. armpit은 팔에 있는 구멍, 즉 '겨드랑이'가 되었고, armchair는 팔을 놓는 의자인 '안락의자'와 경험 없이 앉아서 얘기하는 '탁상공론의'를 뜻한다.

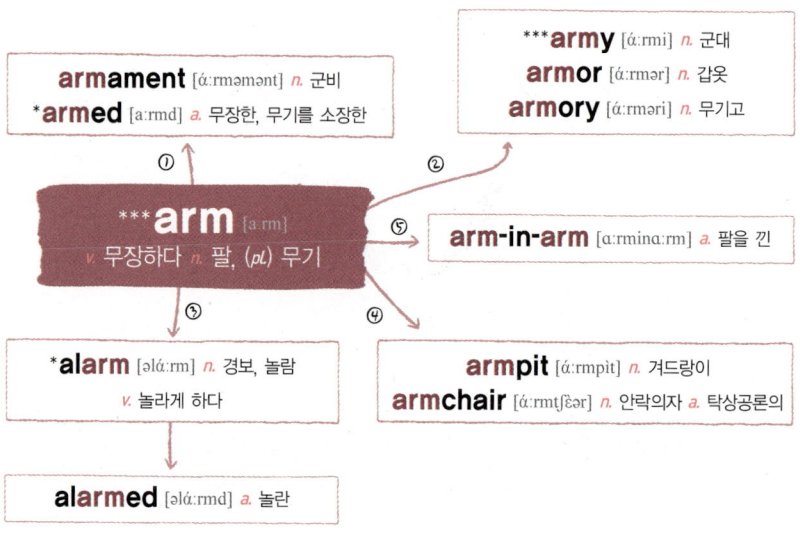

 예문

The organization has promoted public understanding and support for **arms** control policies.
그 단체는 무기 제한 정책에 대한 대중의 이해와 지지를 이끌어냈다.

By 1863, the confederate **army** began to use a common uniform design.
1863년에 연합군은 통일된 제복 디자인을 사용하기 시작했다.

I was **alarmed** at the pace of the fire fighters' rush to the all-out war against fire.
나는 소방관들이 화재진압 총력전에 박차를 가하는 속도를 보고 놀랐다.

05 | agreement, argument

agree는 '동의하다'이기에 agreement는 '동의'가 되었다. agreeable은 언제든지 쉽게 동의를 하는 '선뜻 동의하는'이라는 뜻과 잘 받아주는 성격인 '쾌활한'이라는 뜻으로 쓰인다. argue는 다른 사람의 의견에 반박하는 '논쟁하다'와 '주장하다'라는 뜻이고 이것의 명사형이 argument이다. arguable은 '논쟁의 여지가 있는'을 뜻하고, unarguable은 '논란의 여지가 없는'이라는 뜻이다.

예문

When we discoursed on education, we **agreed** education is an affair of the government.
우리가 교육에 관해 대화할 때, 우리는 교육이란 정부가 관여해야 할 문제라고 동의했다.

He **argues** that the motive of a crime should be independent from the crime itself. 그는 범죄의 동기를 범죄 자체와는 분리하여 고려해야 한다고 주장한다.

From an objective viewpoint, his **argument** was far from being rational.
객관적으로 볼 때 그의 주장은 전혀 이치에 맞지 않았다.

06 | containment

contain은 안쪽에서 떨어지지 않게 함께 잡고 있다고 하여 '포함하다'라는 뜻과 터져 나오는 감정을 나가지 못하게 잡는 '억제하다'라는 뜻이 된 단어다. 이 단어에서 '억제'를 의미하는 명사인 containment가 나왔고, content는 포함된 '내용(물)'과 내용물에 흡족해 하는 '만족하는'이라는 뜻이 되었다, entertain은 사람과 사람 사이의 관심을 잡고 있다고 하여 '즐겁게 하다'가 되었고, attain은 자신이 이루고자 하는 것을 잡는 '달성하다'로 쓰이게 되었다.

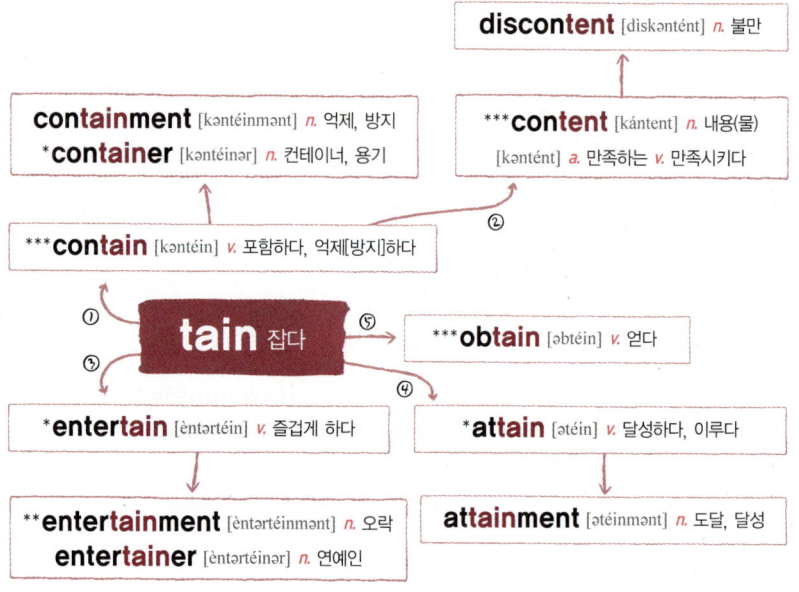

🔍 예문

The ABC Newsletter **contains** photos, articles and up-to-date information.
ABC 소식지는 사진, 기사와 최신 정보를 담고 있다.

If the customer is still not **content** with the result, we will give her a full refund.
소비자가 여전히 결과에 만족하지 않는다면 우리는 전액 환불을 해줄 것이다.

To **obtain** a real estate broker license, you must pass a written examination.
부동산 중개업 자격증을 따기 위해서는 먼저 필기 시험을 통과해야 한다.

07 | tain 어근 tain에서 파생된 기타 어휘

maintain은 원래 손으로 잡는다는 의미였으나 현재는 원래의 상태를 계속 지키고 있는 '유지하다'라는 뜻이 되었고, sustain은 밑에서부터 잡고 계속 버틴다는 의미에서 현재는 생활이나 상황을 계속 유지하는 '지속하다'라는 뜻이 되었다. retain은 뒤를 잡는다는 의미에서 자신이 소유하게 된 것을 계속 가지고 있는 '보유[유지]하다'라는 뜻이 된 단어다. detain은 따로 잡아 놓는다고 하여 '구금하다'라는 뜻으로 사용된다.

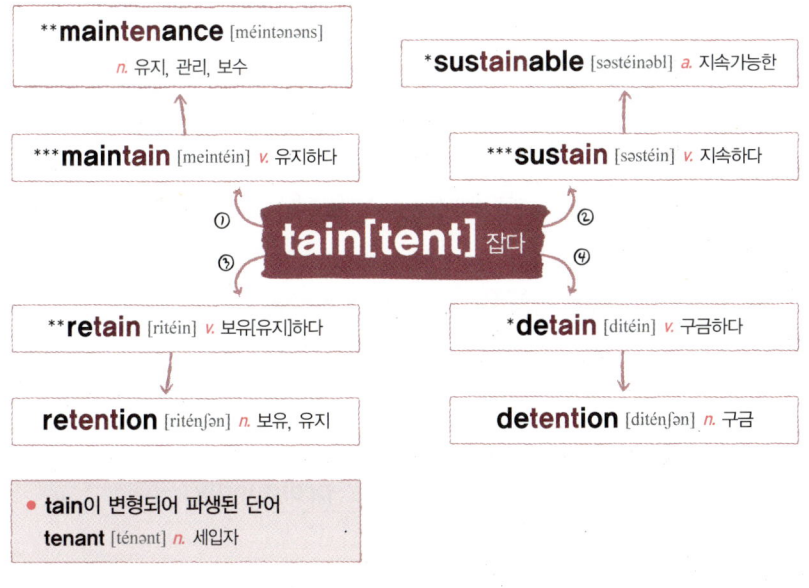

- tain이 변형되어 파생된 단어
  tenant [ténənt] n. 세입자

예문

The flexibility of a joint is **maintained** or improved when that joint is regularly exercised.
관절의 유연성은 관절의 규칙적인 운동을 통해 유지되거나 개선된다.

In an attempt to **retain** his job, he tried to maintain a good relationship with his boss.
직장을 유지하기 위해, 그는 그의 상사와 좋은 관계를 유지하려 노력했다.

The building was used to **detain** prisoners because the prison was full.
감옥이 다 찼기 때문에 그 건물은 죄수들을 구금하기 위해 사용되었다.

08 | fundament

found는 '바닥'이라는 원래 뜻에서 현재는 '세우다, 설립하다'라는 뜻이 된 단어다. 이 단어가 fund로 바뀐 후 파생된 fundament는 많이 사용되지는 않지만 '기초, 근본'을 의미하고, fundamental은 형용사로 '근본적인'이라는 뜻이 되었다. fund는 사업에 기반이 되는 '자금'과 어떤 목적을 위한 자금인 '기금'으로 쓰인다. foundation은 설립되어진 '재단'과 바닥을 세운 '토대'라는 뜻이고, profound는 바닥에서 더 앞으로 향해 가기에 '깊은, 심오한'이라는 뜻으로 쓰인다.

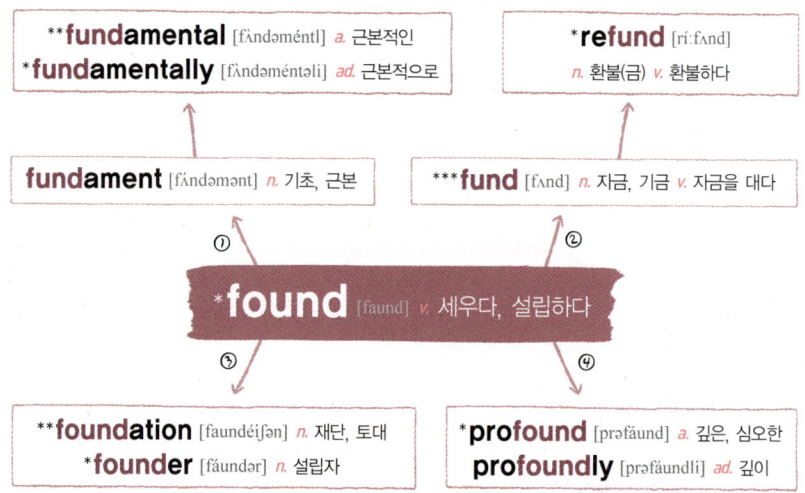

 예문

The concept of fair play is a **fundamental** part of the game of football.
공정한 경기라는 개념은 미식축구의 근본적인 부분이다.

Most **funds** were used to comfort the sick or inspire the downhearted.
대부분의 기금은 아픈 사람들을 위로하거나 낙담한 사람들을 격려하기 위해 사용되었다.

They left a bequest of $300 million to the Children's **Foundation**.
그들은 3억 달러의 유산을 그 어린이 재단에 남겼다.

09 | found fundament의 어근과 혼동하기 쉬움

여기서 다룰 found는 '붓다'라는 뜻을 지녔던 단어였고, 이것의 과거분사는 fuse였다. 여기서 파생된 foundry는 금속을 녹인 후 부어 쇠로 만드는 장소인 '주조 공장'이고, fusion은 부어서 섞기에 '융합, 결합'이라는 뜻으로 쓰인다. confuse는 여러 개를 함께 부어 무엇인지 제대로 알 수 없는 '혼동하다'를 뜻하고, diffuse는 이탈시켜 멀리 붓는다고 하여 '퍼뜨리다'라는 뜻이 되었다. refuse는 나중에 생긴 단어로 붓지 않고 뒤로 물러나기에 '거절하다'가 되었다.

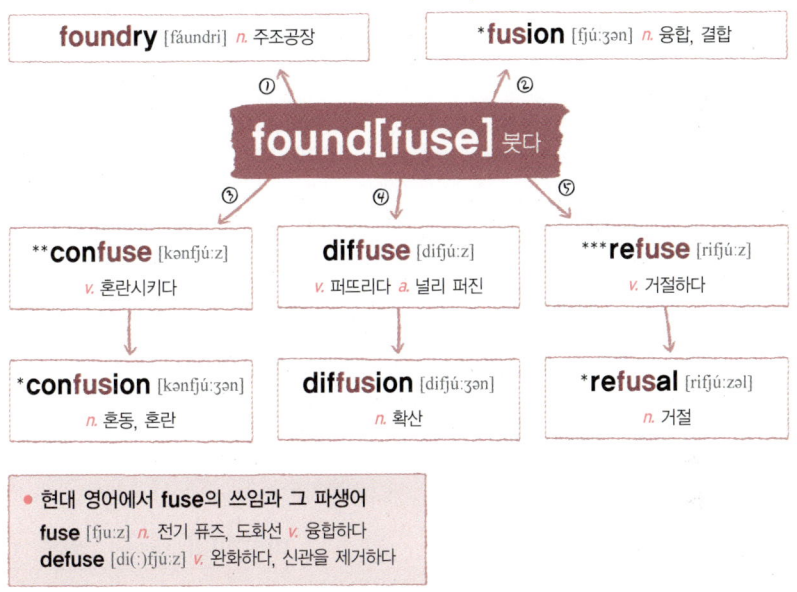

- 현대 영어에서 fuse의 쓰임과 그 파생어
  fuse [fju:z] n. 전기 퓨즈, 도화선 v. 융합하다
  defuse [di(:)fjú:z] v. 완화하다, 신관을 제거하다

예문

Enjoy the perfect **fusion** of image and sound from speakers hidden in the TV.
텔레비전에 내장된 스피커에서 나오는 소리와 영상의 완벽한 결합을 즐기십시오.

The perfume molecules spread out and **diffuse** through the air.
향수의 입자들은 흩어져서 공기로 퍼진다.

Employers cannot reprimand workers exercising their right to **refuse** unsafe work.
고용주는 근로자가 안전하지 않은 일을 거절할 권리를 행사하는 것을 질책할 수는 없다.

10 | accomplishment

ple[plen]은 '채우다'라는 뜻이었고, 현재 쓰이지 않지만 comple도 '완전히 채우다'라는 뜻이었다. comple에서 파생된 accomplish는 원하는 것을 완전히 채우는 '성취하다'이고, comply는 시키는 것을 다 채우는 '준수하다'가 되었다. 여기서 파생된 compliance는 '준수', compliment는 잘 따르기에 인정받는 '칭찬'으로 쓰인다. ple에서 파생된 supply는 밑에서부터 부족한 부분을 채우는 '공급'을 뜻하며, plen에서 파생된 plenty는 채워서 가득한 '풍부'라는 뜻으로 쓰인다.

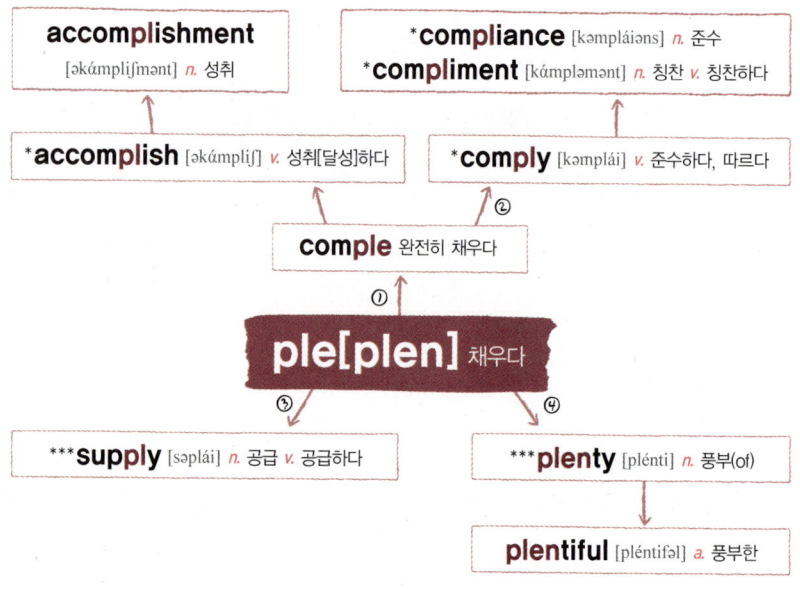

 예문

My father believes that words are powerful and should be used to **accomplish** a meaningful purpose.
아버지께서는 언어는 힘이 있으며 의미 있는 목적을 달성하기 위해 쓰여야 한다고 믿으신다.

Give your nephew and niece your happy and loving wishes and **compliments**.
당신의 조카들에게 행복과 사랑을 바라는 말과 칭찬을 보내주세요.

World hunger is not due to an insufficient **supply** of food, but to other economic factors.
세계 기아 문제는 식량 공급이 부족해서가 아니라, 다른 경제적인 요인들 때문이다.

11 | ply accomplishment의 어근과 혼동하기 쉬움

ply는 '접다'라는 뜻이었기에 apply는 구부린 후 알맞은 위치에 끼우는 '붙이다'라는 뜻으로 쓰였다. 이 뜻이 확장되어 어떤 것에 맞게 사용되는 '적용하다'와 자신과 맞는 일자리나 학교에 구성원이 되기를 요청하는 '지원하다'가 되었다. multiply는 여러 번 접었기에 '곱하다'이고, reply는 편지를 접어 다시 준다고 하여 '대답하다'가 되었으며, 여기서 파생된 replicate는 똑같이 접은 '복제하다'이다. imply는 안에 여러 가지 내용이 접혀 있기에 '함축하다'가 되었다.

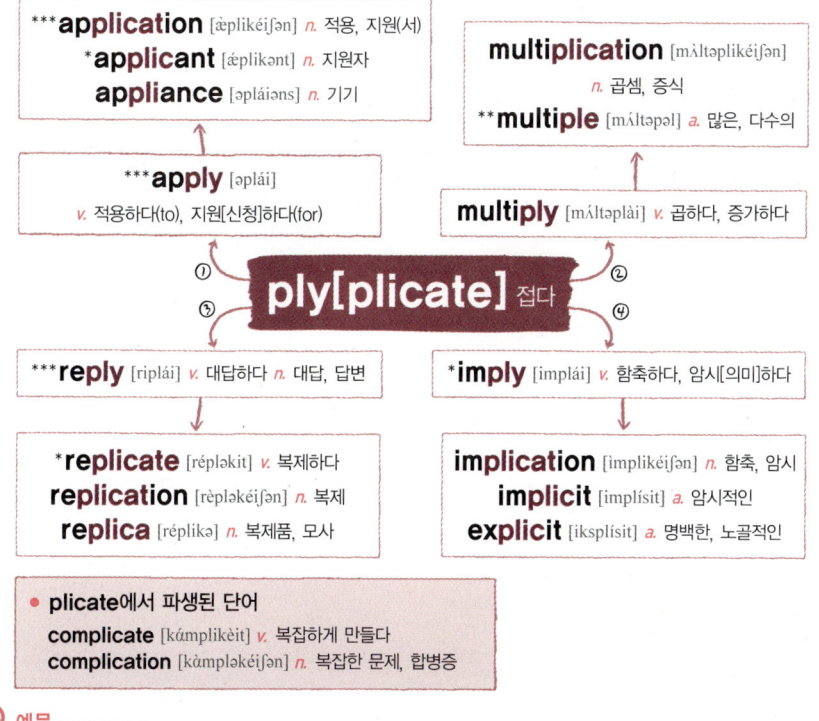

- **plicate**에서 파생된 단어
  complicate [kámplikèit] *v.* 복잡하게 만들다
  complication [kàmpləkéiʃən] *n.* 복잡한 문제, 합병증

예문

Multiplication and division should happen before addition and subtraction.
덧셈과 뺄셈에 앞서 곱하기와 나누기가 먼저 이루어져야 한다.

She gave me an illogical **reply** and left me standing there so confused.
그녀는 내게 엉뚱한 답변을 하고는 어리둥절해 서 있는 나를 두고 가버렸다.

Early reports **implied** that the judge's death was not an accident.
초기 보고서는 그 판사의 사망이 사고가 아니라고 암시했다.

Exercise

정답: 462쪽

1. 다음 영어 단어의 우리말 뜻을 적어보세요.

① resentment _____   ⑥ discreet _____
② attain _____   ⑦ armory _____
③ management _____   ⑧ argument _____
④ sustain _____   ⑨ accomplishment _____
⑤ fundamental _____   ⑩ applicant _____

2. 다음 우리말 뜻에 해당하는 영어 단어를 적어보세요.

① 구금하다 _____   ⑥ 곱하다 _____
② 연예인 _____   ⑦ 공급 _____
③ 불쾌한 _____   ⑧ 분별하다 _____
④ 군대 _____   ⑨ 거절하다 _____
⑤ 제조 _____   ⑩ 재단 _____

3. 다음 빈칸에 알맞은 단어를 보기에서 찾아 넣어보세요. (필요 시 어형 바꾸기)

보기 foundation, argues, supply, multiplication, concerned with

① Cause and effect essays are _____ why things happen, and what happens as a result.
② He _____ that the motive of a crime should be independent from the crime itself.
③ They left a bequest of $300 million to the Children's _____.
④ World hunger is not due to an insufficient _____ of food, but to other economic factors.
⑤ _____ and division should happen before addition and subtraction.

접두사 trans- : 가로질러

trans-는 한쪽에서 다른 쪽으로 가는 '가로질러'란 뜻으로 사용되는 접두사다. 이 접두사는 tra-나 tre-로 줄여서 쓰기도 하지만 (tradition을 제외하고) 대부분 고급 어휘에서만 볼 수 있기 때문에 크게 신경 쓰지 않아도 된다.

① **trans**form [trænsfɔ́:rm] v. 변형시키다 → transformation [trænsfərméiʃən] n. 변형, 변화
= **trans**(가로질러) + **form**(형태)　　　transformer [trænsfɔ́:rmər] n. 변압기

Vitamins assist the body to **transform** food into energy.
비타민은 신체가 음식을 에너지로 바꾸는 데 도움을 준다.

② **trans**late [trænsléit] v. 번역하다 → translation [trænsléiʃən] n. 번역
= **trans**(가로질러) + **late**(옮기다)　　translator [trænsléitər] n. 번역가

They can **translate** an English book or newspaper into French.
그들은 영어로 된 책과 신문을 프랑스어로 번역할 수 있다.

③ **trans**gress [trænsgrés] v. 위반하다, 넘다 → transgression [trænsgréʃən] n. 위반, 범죄
= **trans**(가로질러) + **gress**(가다)

There are legal consequences for companies that **trangress** the rules.
규칙을 위반한 회사에는 법적 결과가 있다.

④ **trans**parent [trænspɛ́ərənt] a. 투명한 → transparently [trænspɛ́ərəntli] ad. 투명하게
= **trans**(가로질러) + **par**(보이다) + **ent**　　apparent [əpǽrənt] a. 분명한, 명백한
　　　　　　　　　　　　　　　　　　　　apparently [əpǽrəntli] ad. 보아하니, 분명히

Larger and smaller raindrops are dripping along the outer side of the **transparent** window.
투명한 창문의 외부에 크고 작은 빗방울이 떨어지고 있다.

⑤ **trans**plant [trænsplǽnt] v. 이식하다 n. 이식
= **trans**(가로질러) + **plant**(심다, 식물)

Laura survived the surgery but still needed a heart **transplant**.
로라는 수술에서 깨어났지만 여전히 심장 이식을 필요로 했다.

DAY 26 -ence, -ance

-ence는 DAY 4에서 형용사 접미사 -ent가 변형된 명사 접미사로 언급했던 것을 기억할 것이다. 여기서는 -ence 형태의 명사가 먼저 파생한 후 -ent에 또 다른 형용사 접미사가 결합된 형태로 형용사가 만들어진 단어들을 살펴보겠다. 또한 형용사 접미사와 결합하지 않고 -ence와 -ance 형태로만 남아있는 단어도 집중적으로 살펴보겠다.

● -ence로 끝나는 명사에서 파생된 단어들의 기본 패턴

-ence	명사
-ent + **형용사접미사**	형용사

● Example

deference [défərəns] *n.* 존중, 경의
→ **deferential** [dèfərénʃəl] *a.* 경의를 표하는

01 | sequence

sequ는 '따르다'라는 뜻의 단어였기에 sequence는 차례대로 따라가는 '순서, 서열'이라는 뜻이 되었고, 형용사는 sequential(순차적인)이다. consequence는 함께 따라간다는 원뜻이 확장되어 어떠한 것을 했을 때 그 다음에 함께 따라 오는 것을 의미하여 '결과'를 뜻하게 된 단어다. sequel은 처음 영화의 다음 편인 '속편'을 뜻하고, prequel은 현재 줄거리보다 시간적으로 앞의 일을 다룬 '속편'을 뜻한다.

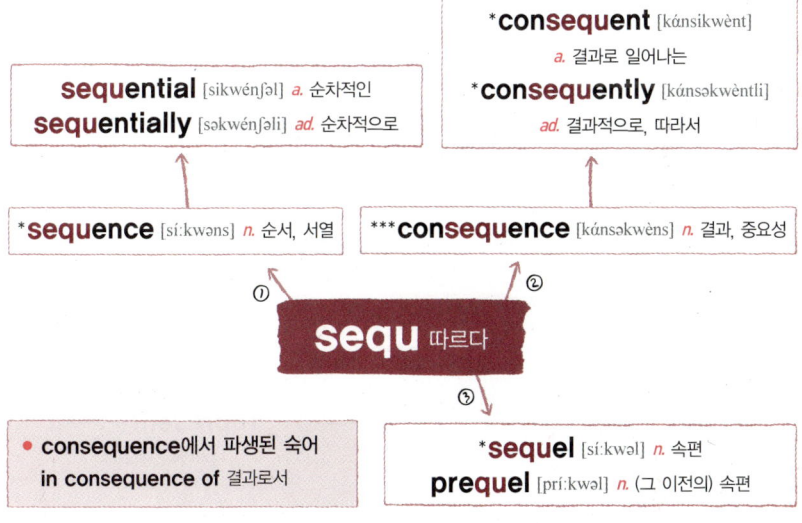

예문

I arranged the photos **sequentially**.
나는 순차적으로 사진을 배열했다.

Many believe that poverty is a direct **consequence** of overpopulation.
많은 사람들은 빈곤이 인구 과잉의 직접적인 결과라고 믿는다.

The molecules are absorbed into the bloodstream and **consequently** affect the organs.
분자는 혈류로 흡수되어 결과적으로 장기에 영향을 준다.

After the unexpected success of his first film, Rodriguez is making plans for a **sequel**.
첫 영화의 예상치 못한 성공 이후, 로드리게스는 속편에 대한 계획을 세우고 있다.

02 | essence

esse는 라틴어로 '존재'를 의미했고, 여기에서 파생된 essence는 존재처럼 가장 핵심이 되는 '본질'로 쓰이게 되었다. esse를 줄인 s와 '이탈'을 의미하는 ab-가 결합되어 생긴 absence는 존재가 이탈해 없어진 '결석'을 뜻하고, present는 앞에 있는 존재를 의미하여 '참석한'과 지금 있는 것을 표현하여 '현재의'가 되었다. represent는 참석한 모습을 확실하게 보여주는 '나타내다'와 '대표하다'라는 뜻이다.

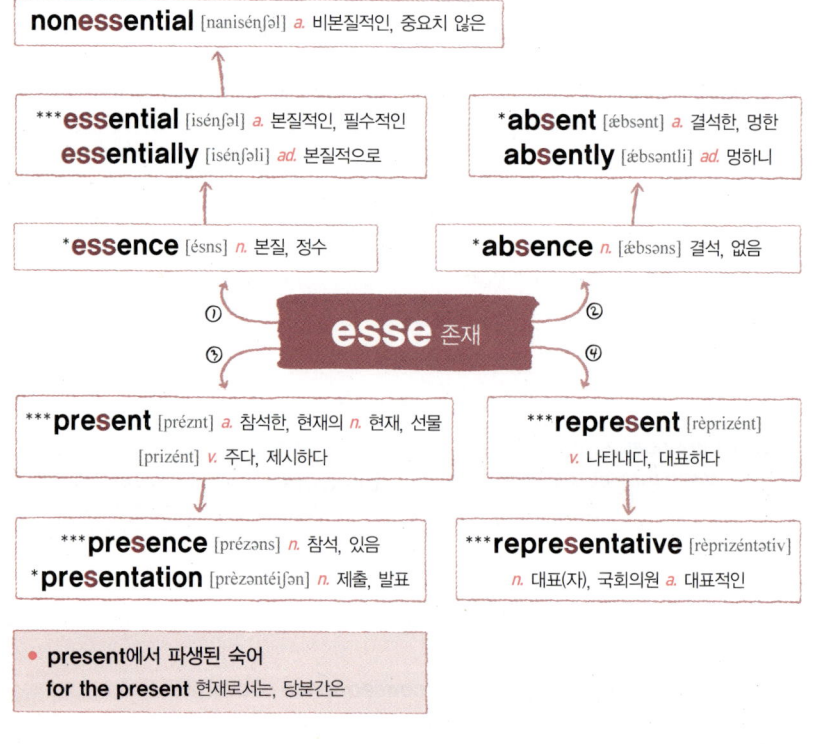

- present에서 파생된 숙어
  for the present 현재로서는, 당분간은

예문

Courtesy toward adults and fellow is an **essential** element in contented college community. 어른과 급우들에 대한 예의는 만족스러운 대학 생활에서 꼭 필수적인 요소다.

Most readers want local news **presented** in narrative form.
대부분의 독자들은 지역 뉴스가 이야기의 형식으로 제시되기를 원한다.

03 | influence

flu는 '흐르다'라는 뜻의 단어였기에 influence는 자신의 힘이 다른 사람 안으로 흘러들어간다고 하여 '영향'이라는 뜻이 된 단어다. 이 단어에서 파생된 influenza는 매우 심한 감기가 사람들에게 퍼져간다고 하여 '독감'을 뜻하게 되었고 줄여서 flu로도 사용한다. fluent는 말이 잘 흘러나오는 '유창한', affluent는 한쪽으로 재물이 흘러들어가 쌓이는 '부유한'이라는 뜻이다. superfluous는 위로 넘쳐 흐르기에 '불필요한, 과잉의'라는 뜻으로 사용된다.

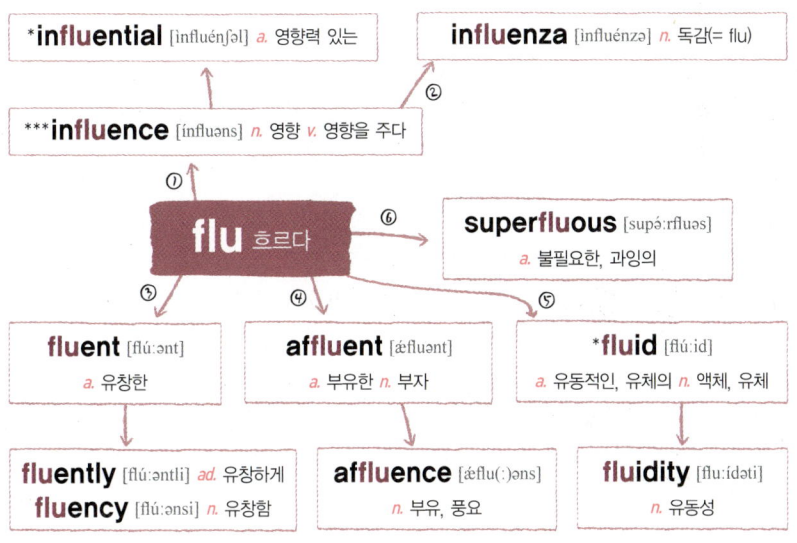

예문

The social surroundings the child is exposed to **influences** his academic achievement.
아이가 노출되어 있는 사회 환경이 학업 성취도에 영향을 미친다.

I'm looking for a **fluent** speaker of English to correct my essay.
나는 내 영어 에세이를 고쳐줄 영어를 유창하게 하는 사람을 찾고 있다.

Local geographic conditions that preclude movement of **fluid** could endanger freshwater supply.
액체를 움직이지 못하게 하는 이 지역의 지리적 조건은 민물 공급을 위험하게 할 수 있다.

04 | flu 어근 flu에서 파생된 기타 어휘

flow는 flu에서 파생되어 같은 뜻인 '흐르다'라는 뜻으로 사용된다. overflow는 위로 흐르기에 '넘치다'가 되었고, flood는 물을 흘러 쏟아진다고 하여 '홍수'가 되었다. float는 물에서 물체가 흐르는 '떠가다'와 '뜨다'라는 뜻이 된 단어이고, 떠다니는 '함대'는 fleet이다. flutter는 배의 깃발이 '펄럭이다'라는 뜻과 깃발이 펄럭이는 것처럼 새의 날개가 '펄럭이다'라는 뜻이 되었다. flee는 흘러가듯 빠져나간다고 하여 '달아나다', fly는 물이 아닌 하늘로 흐르는 '날다'라는 뜻이다.

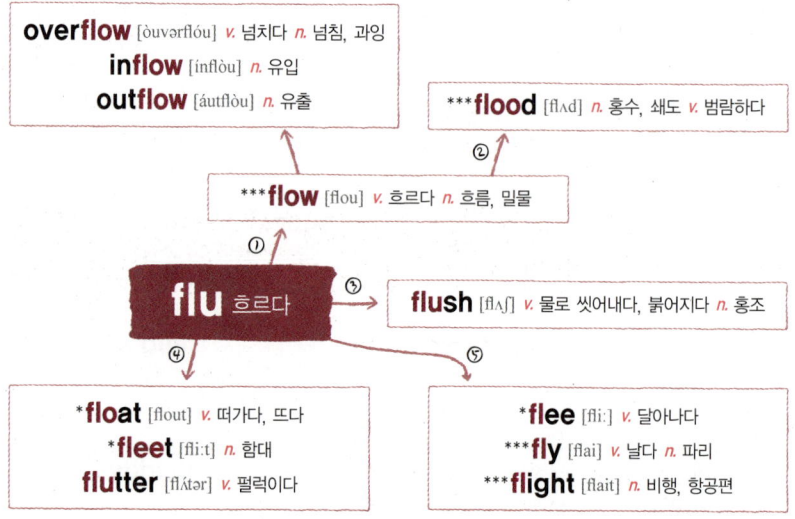

🔍 예문

Electric current strongly affects the body when it flows through it.
전류가 몸에 흘러서 통과할 때 몸에 상당히 많은 영향을 미친다.

Most of people who perish in a flood die trying to drive where they should not.
홍수로 죽는 사람의 대부분은 운전하지 말아야 할 곳에서 운전을 하려고 시도하기 때문에 죽는다.

We floated downstream very slowly on John's private boat.
우리는 존의 개인 배를 타고 천천히 강 아래로 떠내려갔다.

A man is missing after he jumped into the river in an attempt to flee from a crocodile.
한 남자가 악어로부터 도망치려고 강으로 뛰어든 뒤 실종되었다.

05 | science

science는 세상에 대해 알아가는 것이라고 하여 '과학'이 되었고, scientific이 형용사로 사용되어 '과학의'라는 뜻을 지니게 되었다. conscience는 마음속에서 옳고 그름을 아는 것이라고 하여 '양심'이라는 뜻이 된 단어다. 여기서 나온 conscientious는 '양심적인'을 뜻하고, conscious는 그것을 실제로 느낄 수 있는 것을 표현하여 '의식하는'을 뜻한다.

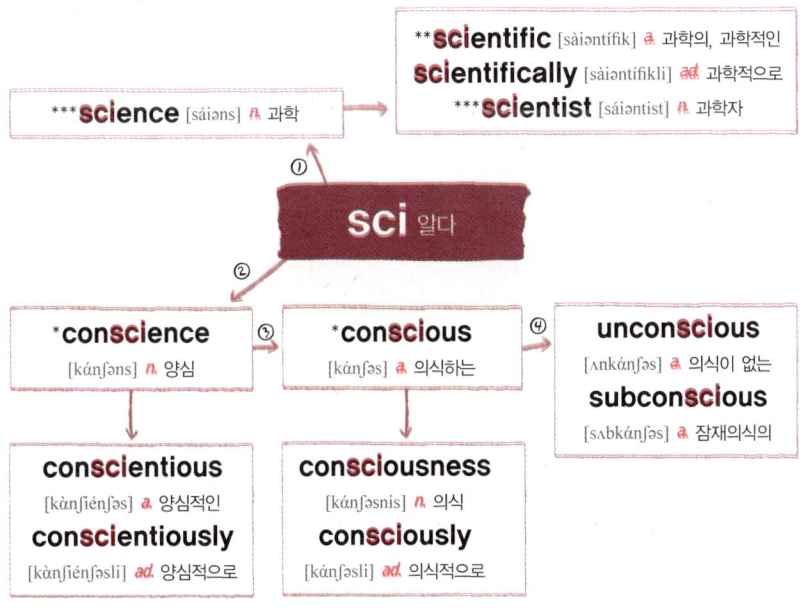

🔍 예문

The **scientific** term for smell is olfaction and for taste it is gustation.
냄새에 대한 과학적 용어는 후각, 맛에 대한 것은 미각이다.

A **conscientious** businessman is someone who earns his money rightfully.
양심적인 사업가는 돈을 정당하게 버는 사람이다.

The future is determined by the **conscious** and the **unconscious** actions of the past and present.
미래는 과거와 현재의 의식적·무의식적 행동을 통해 결정된다.

06 | occurrence

occur는 달리는 도중 적이 갑자기 나타나는 것을 의미해서 '일어나다, 발생하다'라는 뜻이 된 단어다. currency는 현재 달리고 있는 것처럼 현재 쓰이고 통하는 돈을 의미하여 '통화'가 되었고, current는 지금 달리고 있는 순간을 표현하여 '현재의'라는 뜻이 되었다. concur는 함께 달린다는 의미에서 생각이나 행동이 같은 '일치하다, 동의하다'이고, course는 교육에서 달려 나가는 '과정, 과목'이라는 뜻으로 쓰이게 되었다.

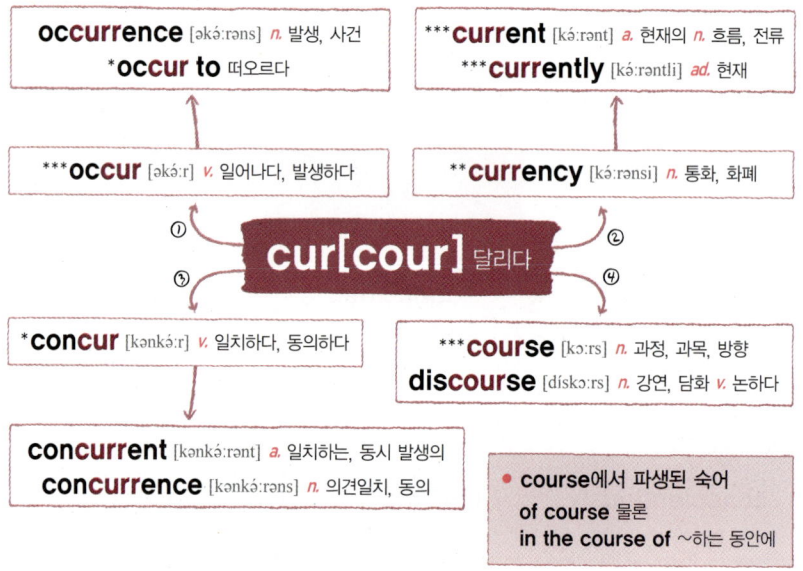

예문

All these lung cancer symptoms **occur** in the terminal stage of cancer.
이 모든 폐암 증상들은 암의 말기 단계에 발생한다.

This is a worthwhile book for those who would like to view **current** research in this field.
이 책은 현재의 이 분야 연구를 살펴보고 싶은 사람이 꼭 읽어볼 만한 책이다.

In fact, we **concur** with his view that the deep structural problems have not been solved.
사실, 우리는 심각한 구조적인 문제가 해결되지 않았다는 그의 견해에 동의한다.

07 | audience

audi는 라틴어로 '듣다'라는 뜻이고, 독일 자동차 브랜드인 '아우디'가 바로 이 단어다. audience는 듣는 사람들을 의미하여 '청중'으로 쓰이고, audio는 들을 수 있게 신호를 보낸다고 하여 '음의 송수신(오디오)'를 뜻한다. audit도 과거에는 '듣다'를 뜻했지만 현재는 듣고 조사하는 '회계감사'라는 뜻으로 사용하게 되었다. 그래서 audition은 노래 등을 들어보고 판단해서 선발을 하는 '오디션'이고, auditory는 '청각의'라는 뜻이 되었다.

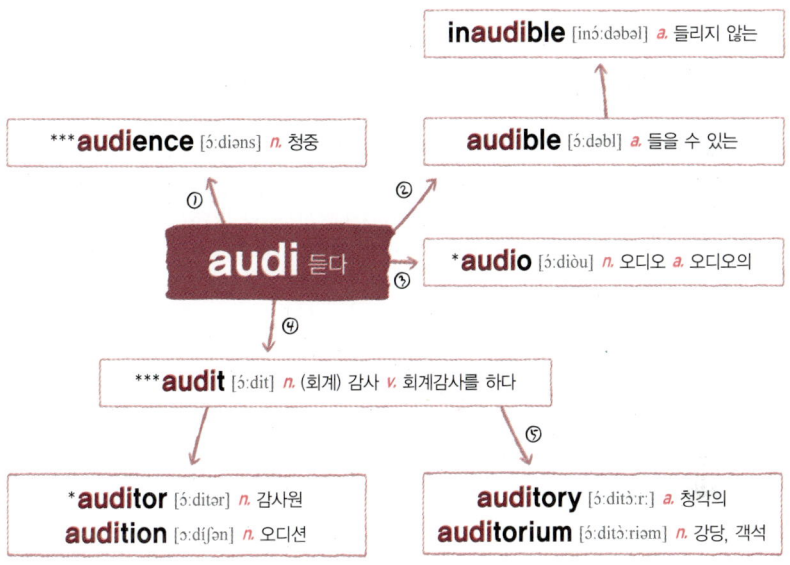

 예문

Her voice was barely **audible** over the noise.
그녀의 목소리는 소음으로 인해 거의 들리지 않았다.

Over fifty people applied for the conductor position, but just five candidates can have **auditions**.
50명이 넘는 사람들이 지휘자 자리에 지원했지만, 5명의 지원자만이 오디션을 볼 수 있다.

We gathered in an **auditorium** and watched a video tape.
우리는 강당에 모여 비디오테이프를 보았다.

08 | insurance

sure는 '확실한'이라는 뜻을 지니고 있는 단어다. insure는 사람의 마음 안을 확실하고 튼튼하게 하는 '보험에 들다'라는 뜻이 되었다. unsure는 확실하지 않는 '확신 없는'이고, surely는 부사로 '확실히'라는 뜻이다. ensure는 확실하게 만든다고 하여 '확실히 하게 하다'라는 뜻으로 사용되고, assure는 다른 사람에게 확실하다고 말하는 '확신시키다, 장담하다'라는 뜻이다.

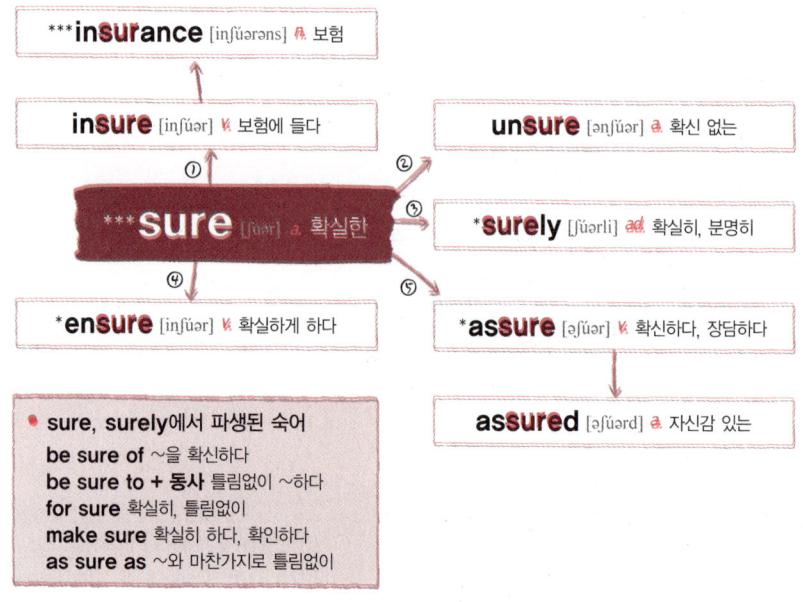

 예문

The temperature will rise up to 38°C, so **be sure to** ventilate the work area very well.
온도가 38°C까지 올라갈 것이니 틀림없이 작업장을 잘 환기시켜라.

Businesses which transport goods need to **ensure** that materials aren't damaged in transit.
화물을 수송하는 사업에서는 물건들이 운반 과정에서 손상되지 않도록 확실히 하는 것이 필요하다.

The dealer has **assured** me of its quality.
딜러는 나에게 그것의 품질을 장담했다.

09 | inheritance, guidance

heir는 '상속인'이라는 뜻인데, 이것이 herit와 hered의 두 가지 형태로 확장된 후 파생어들이 나오게 되었다. herit에서 파생된 inherit은 '상속받다, 물려받다'가 되었고, heritage는 특히 국가, 사회 등의 '유산'으로 사용된다. hered에서 파생된 heredity는 '유전'이고, 이 단어에서 파생된 hereditary는 '유전적인'이라는 뜻이다. guide는 '안내하다'라는 동사와 안내하는 사람인 '안내인'이라는 명사로 사용된다. 그래서 guidance는 명사로 '안내, 지도'라는 뜻이 되었다.

예문

At age twenty-one, she received an **inheritance** from an aunt whom she had cared for.
스물한 살에, 그녀는 자신이 돌보아왔던 숙모님으로부터 상속을 받았다.

Other factors such as **heredity** and the physical environment play a major role as well.
유전과 물리적 환경과 같은 다른 요소도 중요한 역할을 한다.

This **guideline** will not only apply to beginners, but will also help experts.
이 지침서는 초보자에게 적용될 뿐만 아니라 전문가들에게도 도움이 될 것이다.

10 | disturbance, avoidance

turb는 '흔들다'로 사용되던 단어다. 여기서 파생된 disturb는 사람들을 흔든다고 하여 '방해하다'는 뜻이고, turbulence는 폭력적이고 혼돈되게 흔드는 '격동'이라는 뜻이다. perturb는 마음을 통과시켜 흔들어 놓기에 '혼란시키다'라는 뜻이 된 단어다. void는 '빈'이라는 뜻이기에 avoid는 완전히 비워 위험으로부터 벗어나는 '피하다, 막다'이고, avoidance는 '회피, 방지'를 뜻한다.

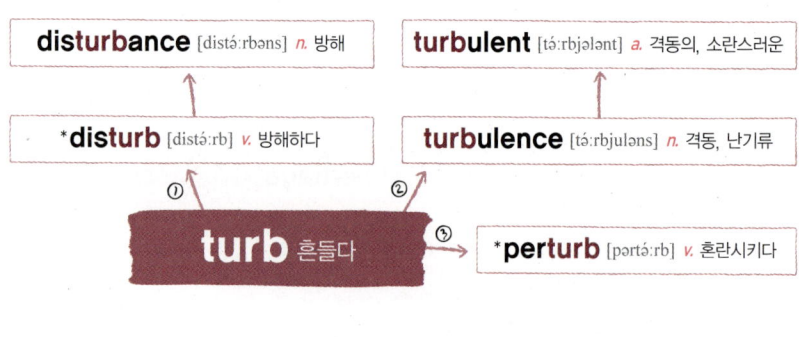

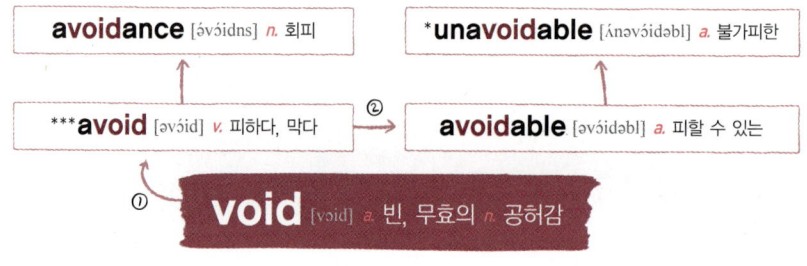

 예문

Sorry to **disturb** you, but I have an urgent message.
방해해서 미안하지만 긴급한 메시지가 있습니다.

Please fasten your seatbelts. There's **turbulence** in the clouds.
구름에 난기류가 있으니 안전벨트를 착용하시기 바랍니다.

I'm sorry that there was an **unavoidable** delay in the delivery of the documents.
서류 배송이 불가피하게 지연되어 미안합니다.

11 | allowance, annoyance, surveillance

allow는 '허락하다'라는 뜻이기에 allowance는 '허락, 허용'이라는 뜻과 부모로부터 허락되어진 돈이라고 하여 '용돈'이라는 뜻도 지니게 되었다. annoy의 an-은 en-이 변형된 것이고 noy는 '미움'이라는 뜻이었다. 그래서 미워하게 만든다는 의미에서 현재는 '짜증나게 하다'라는 뜻이 되었다. surveil은 위에서 본다는 뜻에서 '감시하다'로 쓰이고, 이 단어에서 파생된 surveillance는 '감시'이다.

예문

One ticket **allows** you to travel on the metro in Tokyo for a specific number of days. 표 한 장이면 여러분이 일정한 날짜 동안 도쿄에서 지하철로 여행을 할 수 있다.

The total distance, **allowing for** detours, is about 10 miles.
우회 길을 감안하여 총 거리는 약 10마일이다.

My neighbor who started to play the drums **annoys** me with incessant noise.
드럼을 치기 시작한 나의 이웃은 끊임없는 소음으로 나를 괴롭게 한다.

The terrorists had been kept under constant **surveillance** by us.
테러리스트들은 우리에 의해 끊임없이 감시받고 있다.

Exercise

정답: 462쪽

1. 다음 영어 단어의 우리말 뜻을 적어보세요.

   ① surveillance _____   ⑥ consequence _____
   ② inheritance _____   ⑦ avoid _____
   ③ auditorium _____   ⑧ unsure _____
   ④ flee _____   ⑨ currency _____
   ⑤ absence _____   ⑩ fluent _____

2. 다음 우리말 뜻에 해당하는 영어 단어를 적어보세요.

   ① 부유한 _____   ⑥ 본질적인 _____
   ② 함대 _____   ⑦ 청중 _____
   ③ 의견일치 _____   ⑧ 유산 _____
   ④ 양심 _____   ⑨ 방해 _____
   ⑤ 속편 _____   ⑩ 짜증 _____

3. 다음 빈칸에 알맞은 단어를 보기에서 찾아 넣어보세요.

   보기 annoys, assured, turbulence, auditorium, guideline

   ① We gathered in an _____ and watched a video tape.
   ② This _____ will not only apply to beginners, but will also help experts.
   ③ Please fasten your seatbelts. There's _____ in the clouds.
   ④ My neighbor who started to play the drums _____ me with incessant noise.
   ⑤ The dealer has _____ me of its quality.

접두사 inter- : 사이의

inter-는 가운데에 있어서 양쪽에 영향을 미치는 '사이의'라는 뜻으로 사용되는 접두사다. 드물지만 가끔씩 enter-나 entre-로 변형되어 사용되기도 한다. (예: enterprise 기업, 사업)

① **inter**change [íntərtʃèindʒ] → **interchangeable** [ìntərtʃéindʒəbl]
n. 교환, (교통) 인터체인지 *v.* 교환하다　　*a.* 교환할 수 있는
= **inter**(사이의) + **change**(바꾸다; 변화, 잔돈)

The conference provides a forum for the **interchange** of ideas and information.
학회는 아이디어와 정보의 교환을 위한 토론회를 제공한다.

② **inter**est [íntərəst] → **interested** [íntəristid] *a.* 관심[흥미] 있는(in)
n. 관심, 흥미, 이자 *v.* 관심을 갖게 하다　　**interesting** [íntəristiŋ] *a.* 흥미 있는
= **inter**(사이의) + **est**(있다)

I have no **interest** in politics.
나는 정치에 관심이 없다.

③ **inter**fere [ìntərfíər] *v.* 간섭하다, 방해하다 → **interference** [ìntərfíərəns] *n.* 간섭, 방해
= **inter**(사이의) + **fere**(뚫다)

She is sick and tired of the way he's **interfering** in her life.
그녀는 그가 그녀의 인생에 항상 방해하는 방식에 질리고 지쳤다.

④ **inter**pret [intə́ːrprit] *v.* 통역하다, 해석하다 → **interpretation** [intəːrprətéiʃən] *n.* 통역, 해석
= **inter**(사이의) + **pret**(팔다)　　**interpreter** [intə́ːrprətər] *n.* 통역사

Even a child can **interpret** a dream by knowing how to translate the symbols.
상징을 해석하는 방법만 알면 심지어 어린이도 꿈을 해몽할 수 있다.

⑤ **inter**view [íntərvjùː] *n.* 면접 *v.* 면접보다 → **interviewer** [íntərvjùːər] *n.* 면접관
= **inter**(사이의) + **view**(보다, 광경, 견해)　　**interviewee** [ìntərvjuːíː] *n.* 면접 대상자

We were impressed with your portfolio, and your **interview** went well.
귀하의 포트폴리오도 마음에 들고, 귀하의 면접 결과도 아주 좋았습니다.

DAY 27 -al, -y

영어 단어는 오랜 역사를 통해 만들어졌기에 접미사의 쓰임이 매우 다양하다. 특히 -al과 -y는 형용사 접미사로 자주 쓰이지만 실제 명사 접미사로 쓰이는 경우도 많다. 여기서는 -al 형태가 명사로만 존재하는 단어와 명사와 형용사로 모두 쓰이는 단어들을 살펴보겠다. 또한 현재 -y 형태의 명사로 남아있는 단어들도 함께 살펴보도록 하겠다.

● -al 또는 -y로 끝나는 단어의 기본 품사

-al	명사
-al	명사/형용사
-y	명사

● Example

try [trai] v. 시도하다, 애쓰다 n. 시도	→ **trial** [tráiəl] n. 시련, 재판
crime [kraim] n. 범죄	→ **criminal** [krímənl] n. 범죄자 a. 범죄의
assemble [əsémbl] v. 모으다, 조립하다	→ **assembly** [əsémbli] n. 의회, 조립
treasure [tréʒər] n. 보물	→ **treasury** [tréʒəri] n. 금고, (the T~) 재무부

01 | denial

neg는 과거 '부정하다'라는 뜻의 단어였고, 이 단어가 변형된 것이 ny였다. deny의 de-는 '완전히'라는 뜻을 지닌 접두사이기에 deny 자체가 '부정[부인]하다'로 쓰이게 되었다. 원형인 neg에 -ative를 붙인 nagative는 '부정적인'이라는 뜻이 되었고, 과거 '휴식'을 의미했던 oti와 합쳐진 negotiate는 휴식을 부정하고 계속 일한다는 원래의 뜻에서 현재는 멈추지 않고 사업을 성사시키려고 하는 '협상하다'를 뜻하게 되었다.

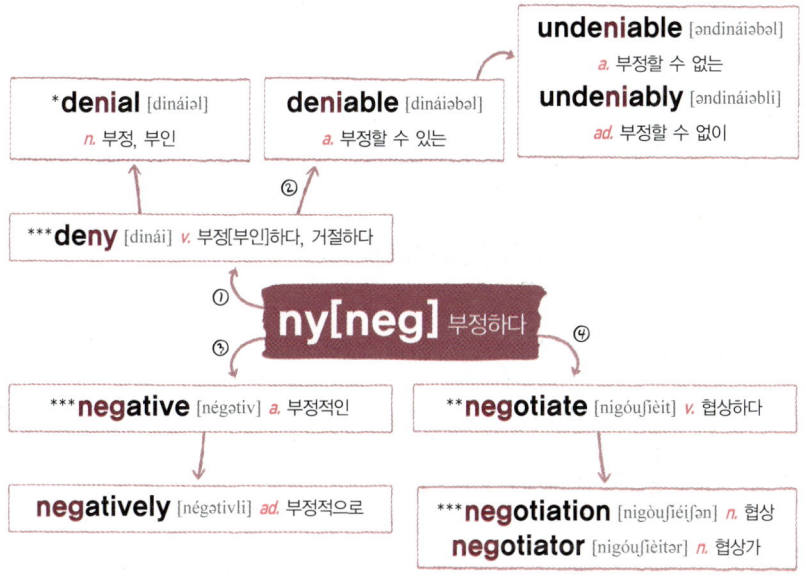

 예문

Students wearing untidy dress will be **denied** to enter classes.
단정하지 못한 옷을 입은 학생들은 교실에 들어갈 수 없다.

I think that he is **undeniably** the best both-handed hitter in the last decade.
나는 부정할 여지 없이 그가 최근 10년 중 최고의 양손잡이 타자라고 생각한다.

He answered slowly to protract **negotiation** beyond the time limit.
그는 시간 제한을 넘긴 채 협상을 질질 끌기 위해 천천히 답변을 했다.

02 | arrival

rive는 과거 '강'을 의미하는 단어였다. 이 단어에서 파생된 arrive는 강에서 육지 쪽으로 향해 가는 것이기에 '도착하다'가 되었고, derive는 과거 사람들이 강에서 살았기 때문에 강에서 시작되는 것을 의미한 '~에서 비롯되다, 끌어내다'라는 뜻이 되었다. rival은 서로 강을 사이에 두고 차지하려는 사람을 의미하여 '경쟁자'로 쓰이게 되었으며, 현대 영어에서는 river가 '강'이란 뜻으로 쓰인다.

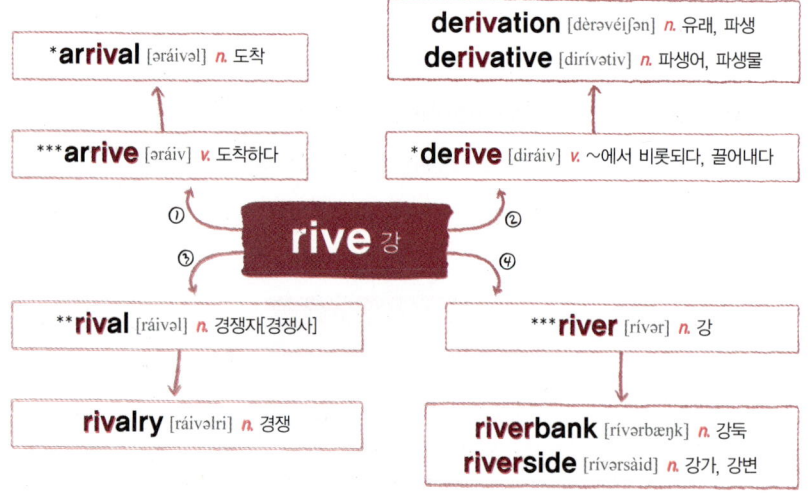

예문

Arriving at the airport, I was upset to find out that the airline misplaced my bags.
공항에 도착해서, 나는 항공사가 내 가방을 잘못 둔 것을 발견하고는 너무나 당황했다.

Bad philosophy **derives** from illogical thoughts, and it can be retorted easily.
옳지 않은 철학은 비논리적인 사고에서 비롯되며, 쉽게 반박당할 수 있다.

The depth of the **river** is constantly changing as the river transports its load of sediment.
강물이 바닥의 침전물을 운반하기 때문에 강의 깊이는 끊임없이 변한다.

03 | appraisal

'가격'을 의미하는 price에서 파생된 praise는 처음에는 '평가하다'였다. 그 후 높이 평가한다고 하여 '칭찬하다'로 쓰였고, appraise가 현재 '평가하다'라는 뜻이다. price가 prec으로 바뀐 후 파생된 precious는 가격이 높은 것을 표현하여 '귀중한'을 뜻하고, appreciate는 어떤 쪽에 있는 것의 가치를 인정하는 '진가를 알아보다'와 가치 있는 것을 보는 '감상하다', 그 진가를 알아본 것에 고마워하는 '감사하다'라는 뜻이 있는데, 특히 '감사하다'가 가장 많이 사용된다.

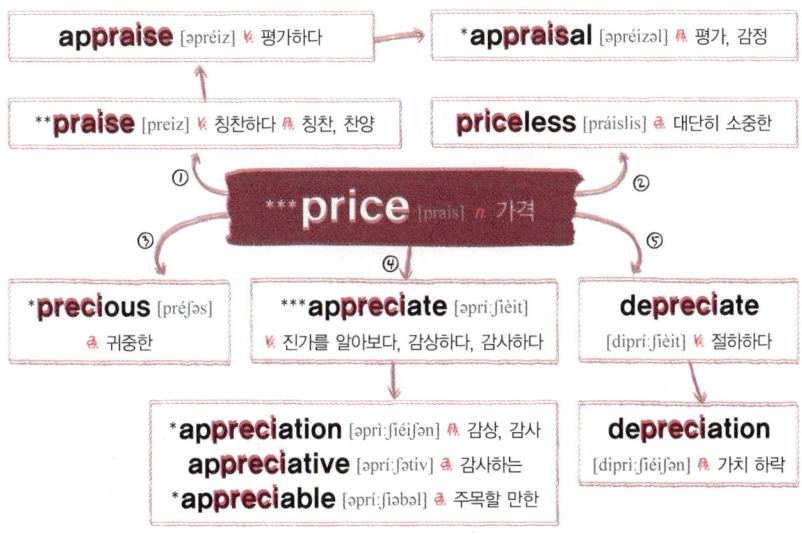

예문

What is your strategy to get an objective **appraisal** in the future from your boss?
추후에 상사에게 객관적인 평가를 받을 전략은 무엇입니까?

How many **priceless** treasures are there in those forgotten temples?
저 잊혀진 사원들에 귀중한 보물이 얼마나 많이 있습니까?

They were able to be together for only a few **precious** hours.
그들은 귀중한 몇 시간만 함께 있을 수 있었다.

I would **appreciate** it if you enclose a check with the letter to pay for the dress.
당신이 드레스 가격을 수표로 편지에 동봉한다면 감사하겠습니다.

04 | pedal

pedal은 발로 밟아 자전거를 움직이기에 '페달'이 된 것이고, pedestrian은 발로 걷는 사람을 가리켜 '보행자'로 쓰인다. impede는 가지 못하게 발 안쪽을 족쇄로 묶었기에 '방해하다'로, expedite는 반대로 발이 풀렸기에 빠르게 할 수 있는 '신속히 처리하다, 촉진시키다'가 된 단어다. expedition은 '신속'이라는 뜻도 있지만 밖으로 나가는 '탐험'이라는 뜻으로 훨씬 더 많이 쓰인다. 이 ped가 현대 영어에서는 foot으로 사용된다.

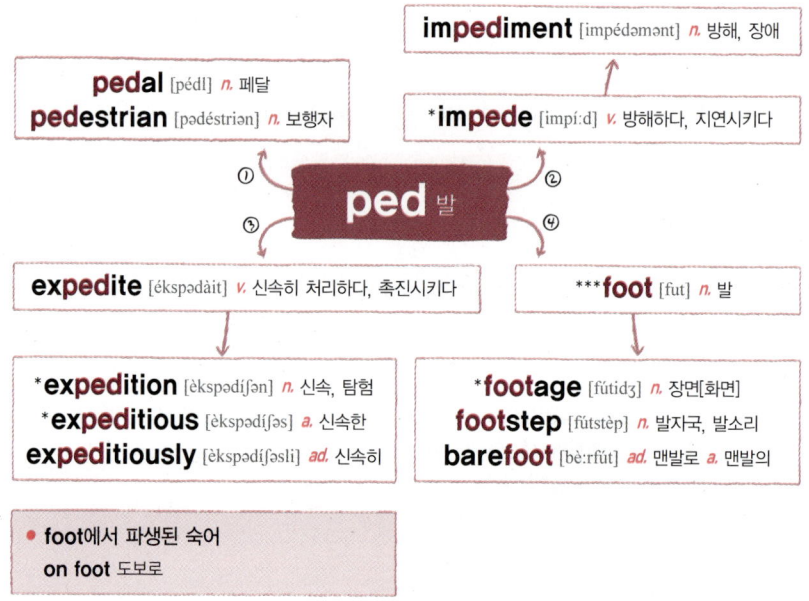

- foot에서 파생된 숙어
  on foot 도보로

예문

He placed his foot on the **pedals** of his bicycle.
그는 자전거의 페달에 발을 올려놓았다.

He claims that economic growth is being **impeded** by government regulations.
그는 정부의 규제가 경제 성장을 방해하고 있다고 주장한다.

We offer an Antarctic **expedition** with scuba diving, whale watching and kayaking.
우리는 스쿠버다이빙, 고래 관찰, 카약을 포함한 남극 탐험을 제공한다.

05 | hospital

host는 과거 '이방인'을 의미했던 단어다. 이 단어에서 파생된 hospital과 hostel은 둘 다 과거에는 이방인들이 쉬는 '숙박시설'을 의미했다. 현재 hospital은 환자들이 쉬는 '병원'이 되었지만 이 단어에서 파생된 hospitality(환대)와 hospitable(환대하는)은 과거 숙박시설에서 손님을 친절히 받는 것을 의미해서 이 같은 의미를 갖게 되었다. 이방인은 누군지 모르는 사람이기에 hostile은 '적대적인'을 뜻하고, hostage는 이방인이 잡아둔 '인질'로 쓰인다.

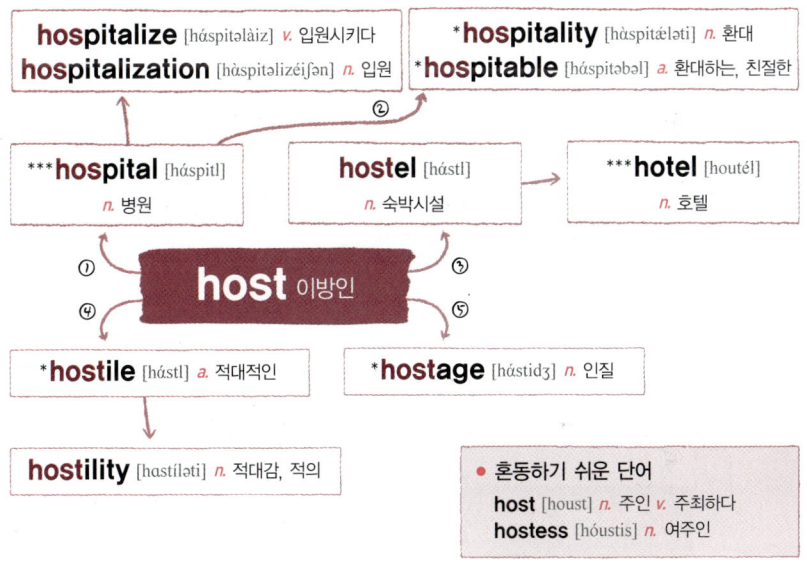

예문

This **hospital** is the original and largest teaching **hospital** of Harvard Medical School.
이 병원은 하버드 의대에서 가장 전통 있고 규모가 큰 대학병원이다.

In a **hostile** takeover, one company buys another against its will.
적대적 인수는 한 회사가 다른 회사를 그 의지에 상관없이 인수하는 것이다.

In a life or death situation to free **hostages**, you have to remain calm and avoid using force.
사느냐 죽느냐 하는 인질 석방 상황에서는, 침착해야 하고 무력 사용을 피하는 것이 중요하다.

06 | animal, festival

anim은 '숨쉬다'라는 뜻의 단어였기에 animal은 숨을 쉬는 '동물'이 된 것이다. animate는 '생기를 불어넣다'로 쓰이고, animation은 '생기'와 살아있는 것처럼 움직이는 '만화영화'가 됐다. '하나'를 의미하는 uni와 anim이 합쳐진 unanimous는 한 목소리가 되는 '만장일치의'라는 뜻이다. fest는 과거 '축제'를 의미했고 현재는 festival이 '축제'로 사용된다. fest에서 변형된 feast는 '잔치'를 뜻하고, fiesta는 특히 라틴아메리카에서의 '축제'를 가리킨다.

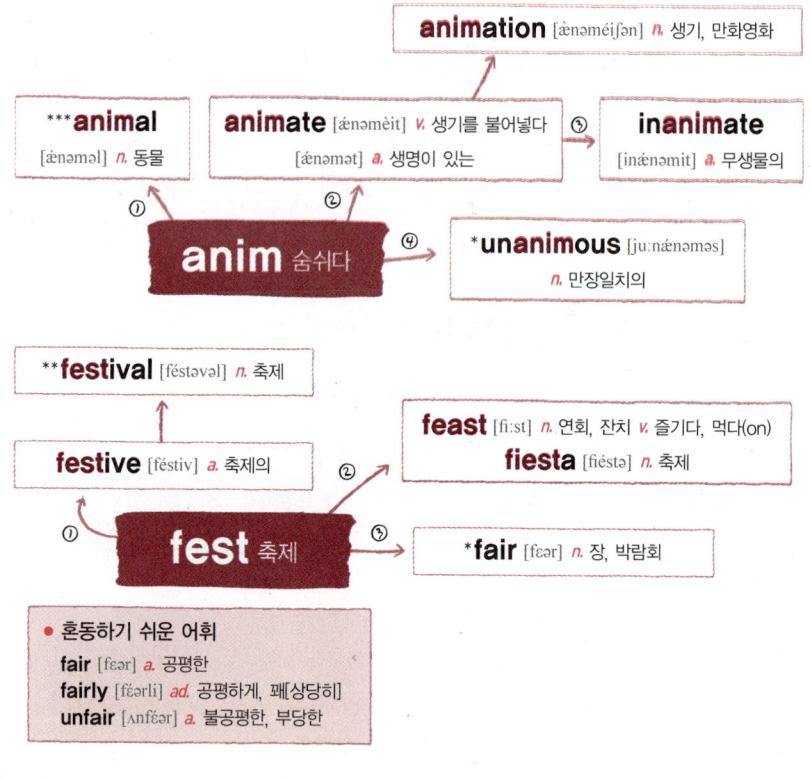

- 혼동하기 쉬운 어휘
  fair [fɛər] a. 공평한
  fairly [fɛərli] ad. 공평하게, 꽤[상당히]
  unfair [ʌnfɛər] a. 불공평한, 부당한

🔍 예문

It was decided by a **unanimous** vote that the school should close.
만장일치로 학교가 문을 닫아야 한다고 결정되었다.

It's hard to narrow down the must-see movie list at the Film **Festival**.
그 영화제에서 꼭 보아야 할 영화의 목록을 줄이는 것은 어렵다.

07 | material, official 명사/형용사

mater는 과거 '어머니'를 뜻했고, 이 단어가 현대 영어에서 mother가 되었다. material은 어머니가 자식을 낳는 것처럼 만들어진 '물질'이라는 뜻이고, matter도 발생하게 된 '문제'를 뜻한다. office는 '사무실'이라는 뜻과 정부에서 하는 권위를 가진 일인 '공직'을 뜻하기도 한다. 그래서 그러한 '공무원'이 official이고, 나라에서 일을 하는 군대의 '장교'나 '경찰'을 officer라고 한다.

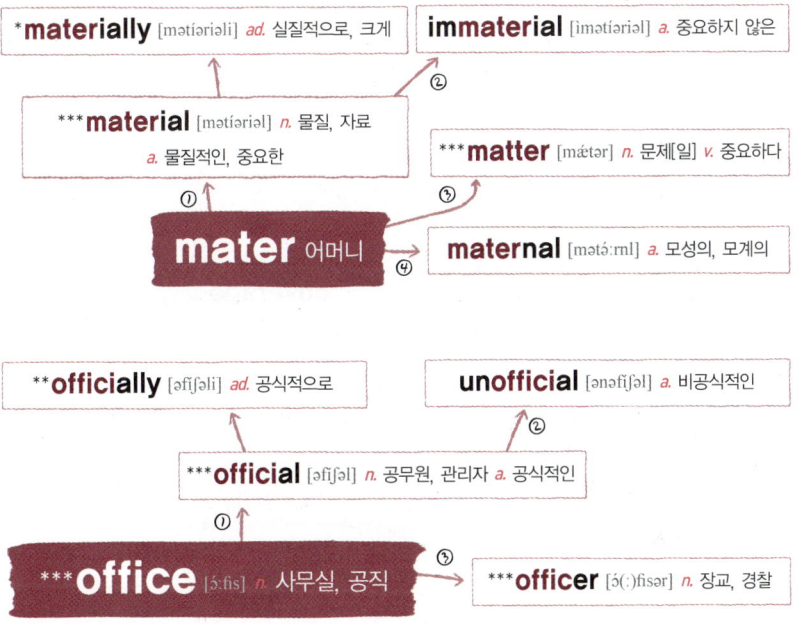

예문

He desired to intermit his lectures until the **matter** should be settled.
그는 그 문제가 정리될 때까지 강의를 중단하기를 원했다.

Officials said someone attempted to sever the tail of the fin whale that died on the beach.
관리자들은 누군가 해변에 죽어있는 핀 고래의 꼬리를 자르려고 시도했다고 말했다.

Over one hundred police **officers** were there to disperse the crowd.
군중을 해산시키기 위해 백 명도 넘는 경찰관들이 있었다.

08 | discovery

cover는 '덮다'라는 뜻과 그 범위를 담당하며 취재하는 '보도하다'라는 뜻의 단어다. discover는 덮인 것을 반대로 치운다고 하여 '발견하다'로, recover는 다시 원래대로 덮인다고 하여 '되찾다, 회복하다'라는 뜻이다. uncover는 덮인 것을 치워서 알게 되는 '적발하다, 드러내다'이고, undercover는 덮인 아래 숨어서 경찰 활동을 하는 '첩보활동의'라는 뜻이다. covert는 덮여있기에 잘 알 수 없는 '은밀한, 비밀의'라는 형용사로 쓰이는 단어다.

- cover에서 파생된 숙어
  cover up 숨기다, 감추다

🔍 예문

I've **discovered** that a sincere compliment is always a boost to someone's day.
나는 진심 어린 칭찬이 누군가의 하루에 항상 활력소가 된다는 점을 깨달았다.

After the patient had **recovered** her composure, she recalled forgotten memories.
그 환자는 평정을 되찾은 후, 잊어버렸던 기억을 되살려냈다.

Both the briber and the bribee will be punished when it's **uncovered**.
적발되면 뇌물을 준 사람과 받은 사람 모두 처벌된다.

09 | robbery

'잡다'라는 뜻의 rap에서 파생된 rob은 남의 것을 빠르게 잡아채는 '빼앗다, 도둑질하다'로 쓰이게 된 것이고, rip은 잡아서 뜯는 '찢다'가 되었다. rapid는 빠르게 잡는 행동을 표현하여 '빠른, 신속한'으로, rape는 잡아 성적인 행동을 한다고 하여 '강간하다'로 쓰이게 된 단어다. rapt는 잡혀서 빼앗긴 정신 상태를 표현하여 '황홀한'과 '몰두한'이라는 뜻이 되었다.

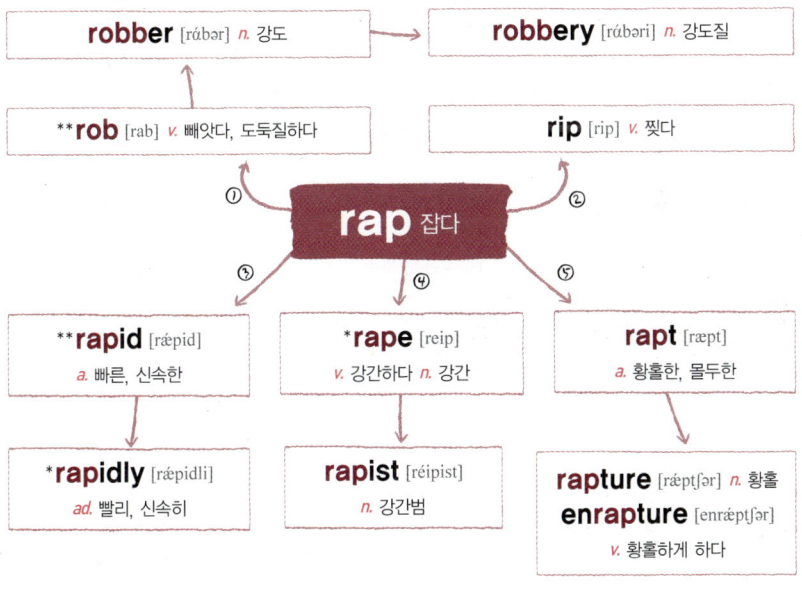

예문

They plotted to **rob** the bank and surveyed the area few weeks before the incident
그들은 은행을 털기로 모의하고 사건 전 몇 주간에 걸쳐 그 지역을 조사했다.

The dog **ripped** the pillow to shreds.
개는 베개를 갈기갈기 찢었다.

The man, with an impatient gesture, turned his back upon the house and took a **rapid** step.
그 사람은 안절부절못하는 자세로 그 집을 뒤로 빠른 걸음을 내딛었다.

The students listened with **rapt** attention.
학생들은 완전히 몰두해서 경청했다.

10 | tragedy, jury

ed[od]는 '노래하다'라는 단어였고, trag는 과거 '염소'를 의미했었다. 이 둘이 합쳐진 tragedy는 염소가 슬프게 우는 것처럼 안 좋은 상황을 표현한 '비극'을 뜻한다. comedy는 축제에서 재밌게 노래하는 '코미디'이고, melody는 음악에서 즐겁게 반복적으로 사용되는 주요 부분인 '가락'이다. jure는 '법'을 의미했기 때문에 여기서 파생된 jury는 재판에 평결을 내리는 '배심(원단)'으로, injure는 과거 법을 부순다는 뜻에서 현재는 상대방을 부수는 '부상을 입히다'가 되었다.

🔍 예문

The **comic** subtitles were aiming to amuse readers and provoke a laughter.
그 웃기는 부제는 독자를 재미있게 하고 웃음을 유발하려는 의도였다.

At the end of the trial, the **jury** brought in a guilty verdict.
재판 마지막에, 배심원단은 유죄 판결을 내렸다.

The **injured** shop worker was an innocent victim, mistaken for a gang member.
조직폭력배로 오해되어 부상당한 가게 점원은 무고한 희생자였다.

11 | warranty, navy

war[guar]는 '덮다'라는 뜻의 단어였기에 warrant는 일정 기간 동안 덮어서 보호해주는 '보증'이라는 뜻과 경찰이 체포할 수 있게 보증해주는 '영장'이라는 뜻이 되었다. warrant가 변형된 guarantee는 물건 등의 '보증'을 뜻한다. garage는 차를 덮는 공간인 '차고', garment는 사람의 몸을 덮은 '의복'이 됐다. nav는 '배'를 의미하던 단어였기에 navy는 바다를 지키는 '해군'이 되었고, navigate는 배를 몰아간다는 뜻에서 '항해하다'로 쓰이게 되었다.

🔍 예문

To obtain **warranty** service for the product you must contact Customers' Service. 제품에 대한 보증 서비스를 받기 위해서는 고객 센터에 연락해야 한다.

He **guarantees** that his goods are being sold at the lowest price.
그는 자신의 제품이 최저 가격으로 판매되고 있다는 것을 보증한다.

From 1983 to 1984 I joined the **Navy** as a mechanician on the ships.
1983년부터 1984년까지 나는 선박 수리공으로서 해군에서 근무했다.

As an experienced Arctic **navigator**, he spent four years on the ice a decade ago. 노련한 북극 탐험가로서 그는 10년 전 얼음 위에서 4년을 보냈었다.

Exercise

정답: 463쪽

1. 다음 영어 단어의 우리말 뜻을 적어보세요.

   ① festival _____   ⑥ navigation _____
   ② hospitality _____   ⑦ injury _____
   ③ footage _____   ⑧ rapid _____
   ④ precious _____   ⑨ covert _____
   ⑤ arrival _____   ⑩ matter _____

2. 다음 우리말 뜻에 해당하는 영어 단어를 적어보세요.

   ① 부정 _____   ⑥ 경쟁 _____
   ② 강도 _____   ⑦ 평가 _____
   ③ 비극 _____   ⑧ 장, 박람회 _____
   ④ 탐험 _____   ⑨ 회복 _____
   ⑤ 인질 _____   ⑩ 차고 _____

3. 다음 빈칸에 알맞은 단어를 보기에서 찾아 넣어보세요.

   보기 jury, ripped, festival, pedals, uncovered

   ① At the end of the trial, the _____ brought in a guilty verdict.
   ② The dog _____ the pillow to shreds.
   ③ Both the briber and the bribee will be punished when it's _____.
   ④ It's hard to narrow down the must-see movie list at the Film _____.
   ⑤ He placed his foot on the _____ of his bicycle.

접두사 syn- : 같이, 함께

syn-은 '같이, 함께'란 뜻으로 사용되는 접두사로, b, m, p로 시작하는 단어 앞에서는 sym-으로 바뀌어 사용된다. 현대 영어로 넘어오면서 sym-이 sim-으로 변형된 단어들도 있다.

① **syn**chronize [síŋkrənàiz] v. 동기화하다, 일치시키다 → **synchronization** [sìŋkrənizéiʃən] n. 동기화(= synch)
= syn(같이, 함께) + chron(시간) + ize
chronic [kránik] a. 만성적인

He found it nearly impossible to **synchronize** music with action in the game.
그는 시합 중 음악과 동작을 일치시킨다는 것이 거의 불가능함을 알았다.

② **syn**thetic [sinθétik] a. 합성[인조]의 → **synthesis** [sínθəsis] n. 합성
= syn(같이, 함께) + the(놓다) + tic
synthesize [sínθəsàiz] v. 합성하다
synthesizer [sínθəsàizər] n. (소리) 합성기

A primary advantage of **synthetic** fiber rope is its light weight.
합성 섬유 로프의 첫 번째 이점은 무게가 가볍다는 것이다.

③ **sym**bol [símbəl] n. 상징 → **symbolic** [simbálik] a. 상징적인
= sym(같이, 함께) + bol(던지다)
symbolically [simbálikəli] ad. 상징적으로
symbolize [símbəlàiz] v. 상징하다

Did you know a dollar bill has hidden pictures and mysterious **symbols**?
당신은 1달러 지폐에 숨은 그림과 신비로운 상징이 있다는 것을 알았는가?

④ **sym**ptom [símptəm] n. 증상, 징후 → **symptomatic** [sìmptəmǽtik] a. 증상[징후]을 보이는
= sym(같이, 함께) + ptom(떨어지다)

Common **symptoms** of diabetes are weight loss and fatigue.
당뇨병의 일반적인 증상은 체중 감소와 피로다.

⑤ **sim**ple [símpl] a. 간단한, 단순한 → **simply** [símpli] ad. 간단히, 그냥
= sim(같이, 함께) + ple(접다)
simplicity [simplísəti] n. 간단함
simplify [símpləfài] v. 간소화하다, 단순화하다
simplification [sìmpləfikéiʃən] n. 간소화, 단순화

The most powerful and **simplest** tool for the patient with low vision is a reading microscope.
시력이 나쁜 환자를 위한 가장 강력하고 간단한 도구는 작은 글씨를 읽는 현미경이다.

DAY 28 -ity, -ety, -ty

-ity는 어떠한 특성이나 성질을 나타내는 추상 명사를 만드는 명사 접미사로, -ety나 -ty 형태로 쓰일 때도 있다. thirty, forty처럼 숫자를 가리킬 때 사용되는 -ty는 '10'을 뜻하는 ten에서 변형된 것이므로 여기서 살펴볼 -ty와는 전혀 상관이 없다.

● -ity, -ety, -ty로 끝나는 명사들의 생성 과정 및 그 파생어

char 소중한 → **charity** [tʃǽrəti] n. 자선, 자선단체
　　　　　　　　 charitable [tʃǽrətəbəl] a. 자선의, 너그러운

sober [sóubər] a. 취하지 않은, 진지한 → **sobriety** [soubráiəti] n. 취하지 않음

entire [intáiər] a. 전체의, 완전한 → **entirety** [intáiərti] n. 전체
　　　　　　　　　　　　　　　　　 → **entirely** [entáiərli] ad. 완전히

01 | sensitivity

sense는 '느끼다'라는 뜻으로, 여기서 파생된 sensitive는 잘 느끼는 것을 표현한 '민감한'이라는 뜻으로 쓰이고, sensible은 잘 판단해서 느끼는 '분별 있는'이라는 뜻이 되었다. sensor는 누군가의 침입을 느끼는 도구인 '감지기'를 뜻하고, sensory는 형용사로 '감각의'라는 뜻이다. sense에 -ation이 결합되어 만들어진 sensation은 신체적으로 느끼는 '느낌'과 모든 사람들이 느낄 수 있는 흥미로운 것을 의미하여 '선풍'이라는 뜻도 지니게 되었다.

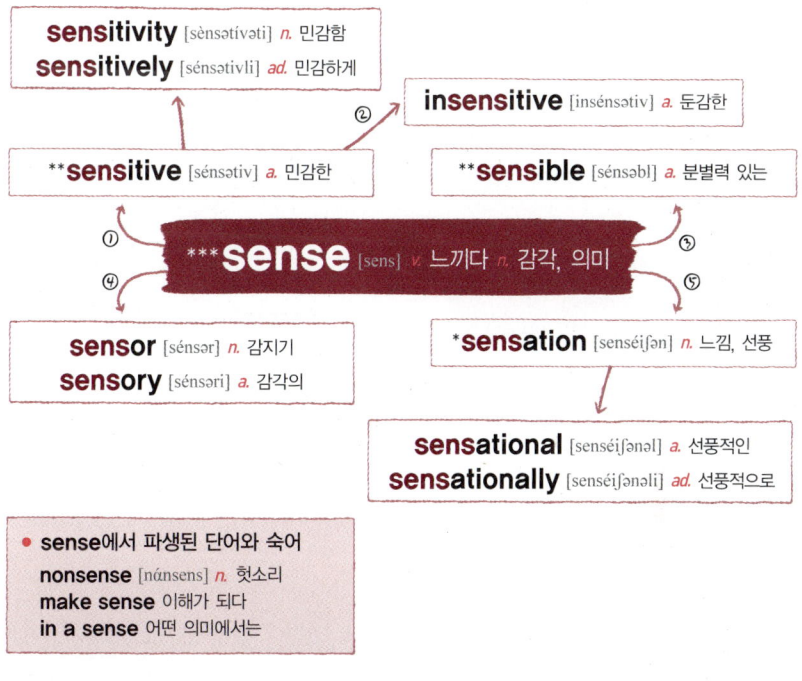

- sense에서 파생된 단어와 숙어
  nonsense [nάnsens] n. 헛소리
  make sense 이해가 되다
  in a sense 어떤 의미에서는

예문

His keen **senses** alerted him to danger behind him.
그의 예민한 감각은 그의 뒤에 있는 위험의 존재를 알려주었다.

Each **sensory** organ has a distinct structure for its function.
각각의 감각 기관은 그 기능에 따라 독특한 구조를 가지고 있다.

His posters are creating a **sensation** among netizens and moviegoers.
그의 영화 포스터가 네티즌과 영화 팬들에게 선풍적 반응을 일으키고 있다.

02 | formality

form은 하나로 구성된 '형태'를 의미하고 일정한 체계를 갖춘 서류의 '양식'으로도 사용되는 단어다. formal은 사람을 대할 때 기본적인 형태를 갖춘 것을 표현하여 '공식적인, 정중한'이라는 뜻이 된 단어다. formula는 수학이나 화학에서 체계를 갖추고 구성된 '공식'을 뜻한다. conform은 군대처럼 형태를 유지하며 나아가기에 '순응하다, 따르다'라는 뜻이 되었고, reform은 기존의 형태를 다시 새롭게 바꾸는 '개혁하다'라는 뜻으로 사용된다.

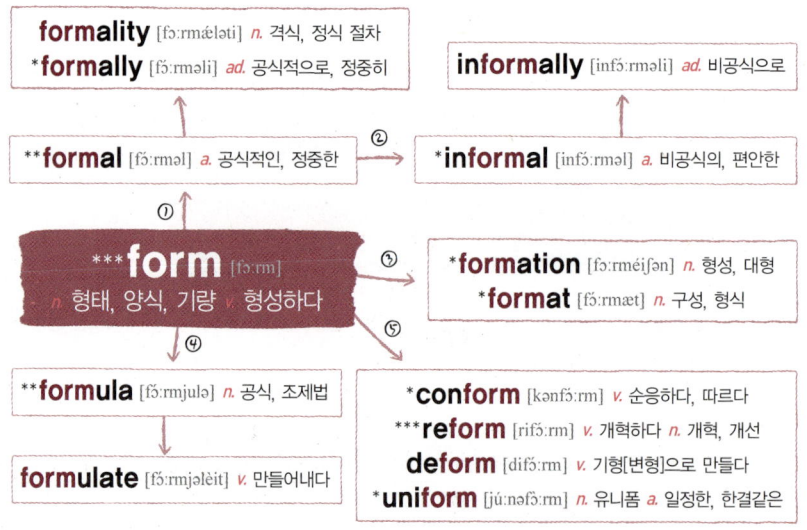

예문

I think we can dispense with the **formalities** as we are running out of time.
시간이 없으니 격식은 생략해도 될 것 같습니다.

When I was young, I learned that human beings don't always **conform** to the rules.
내가 어렸을 때, 나는 인간이 항상 규칙에 따르지는 않는다는 것을 알아챘다.

Educational **reform** must embrace deeper visions, bolder proposals, and sustained innovation.
교육 개혁은 더 심도 있는 비전과, 과감한 제안, 한결같은 혁신을 포함해야만 한다.

03 | gravity

grave의 처음 뜻은 '무거운'이었는데, 이 의미가 확장되어 지금은 무거운 상황이나 결과 등이 발생한 '중대한'과 '엄숙한'이라는 뜻으로 쓰이게 되었다. 이런 이유로 gravity가 처음 쓰일 때는 '무게'란 뜻이었고, 그 후 사물을 지구로 떨어뜨리게 하는 힘인 '중력'이 된 것이다. grieve는 안 좋은 일로 마음을 무겁게 하는 '슬퍼하다'라는 뜻이 되었다. 명사로 사용되는 grave는 땅을 판 '무덤'을 의미하고, engrave는 안을 파는 '새기다'라는 뜻이 되었다.

예문

This incident is a **grave** international issue, but it is also a national concern.
이번 사건은 중대한 국제적 쟁점이지만, 또한 국가적 관심사이기도 하다.

We went to the cemetery to visit my aunt's **grave**.
우리는 숙모의 무덤을 방문하기 위해 공동묘지에 갔다.

They will **engrave** your initials on the ring for free.
그들은 무료로 당신의 머리글자를 반지에 새겨줄 것이다.

04 | cavity

cave는 '동굴'을 의미하고, 여기서 파생된 cavity는 '구멍, 충치'를 뜻한다. excavate는 굴처럼 밖으로 파낸다고 하여 '발굴하다'라는 뜻이 되었고, excavator는 '굴착기'로 사용된다. (*포클레인은 콩글리시) cave가 변형된 cabin은 과거 굴처럼 들어가서 사는 공간을 가리킨 데서 현재 '오두막집'을 뜻하고, cabinet은 서류 등을 넣는 작은 공간을 가리켜 '장식장'과 작은 공간에 모여 중요 회의를 하는 정치인들이라고 하여 '내각'이 된 단어다. cage(새장)나 jail(감옥)도 동굴에 가두어 놓는 데서 생겨난 단어다.

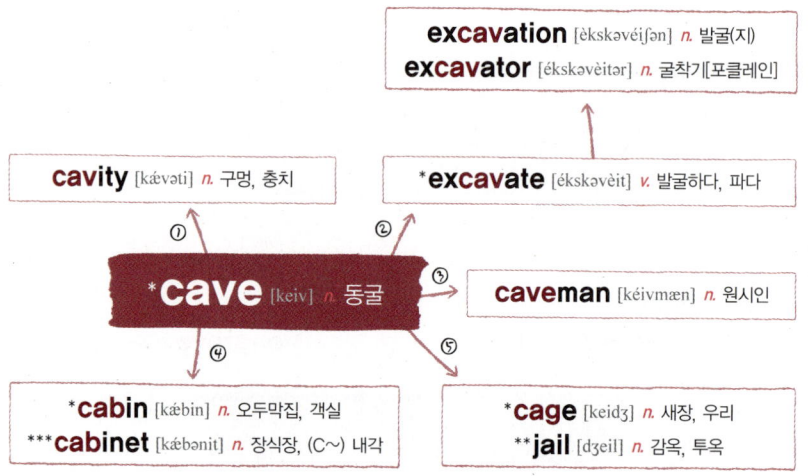

🔍 예문

The turtle **excavates** a hole in the sand and then lays its eggs in it.
거북이는 모래에 구멍을 파고 그 안에 알을 낳는다.

She was appointed to the **Cabinet** as Secretary of Commerce.
그녀는 내각의 상무장관으로 임명되었다.

He was locked up in the county **jail**.
그는 교도소에 수감되어 있었다.

05 | density, complexity

dense는 안에 꽉 차있는 것을 표현한 '밀집한, 조밀한'이란 뜻이다. 그래서 density는 '밀도, 농도'로 쓰이고, condense는 함께 밀집시킨다고 하여 '응축하다'라는 뜻으로 쓰인다. complex는 여러 가지가 함께 접혀 있는 '복합체'이고, complexion은 심적으로 복잡하게 얽혀 마음이 얼굴에 드러나는 '안색'이 된 단어다. perplex는 완전히 접혀서 막히게 된 '당황하게 하다'이고, multiplex는 많은 것이 접혀진 것을 뜻하는 단어에서 현재 여러 극장이 함께 있는 '멀티플렉스'가 되었다.

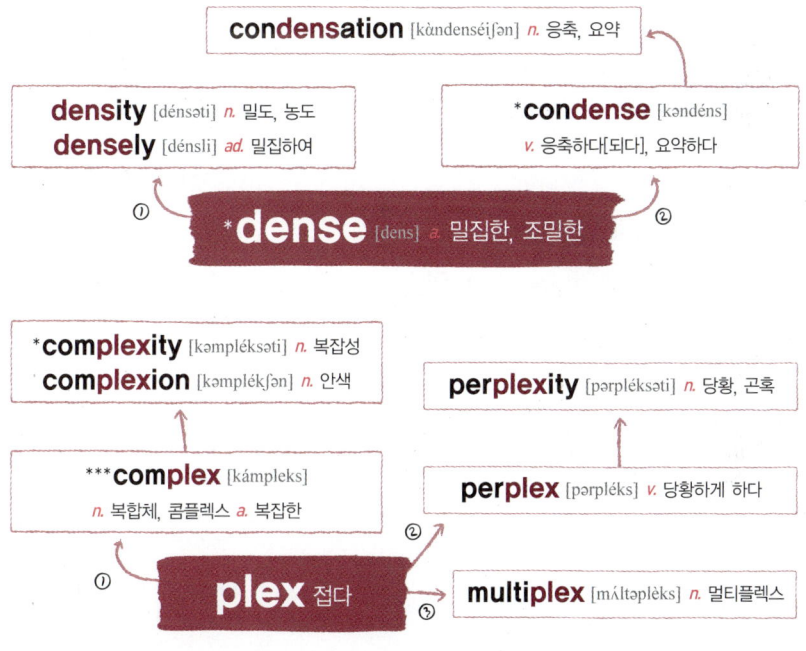

예문

Oil does not dissolve in water but floats on it as its **density** is lower than that of water. 기름은 밀도가 물보다 낮기 때문에 물에 녹지 않고 위에 떠있다.

The cooler temperatures cause the gas to **condense** into a liquid.
온도가 낮을수록 기체가 액체로 응축된다.

Questions about the meaning of life have always **perplexed** humankind.
삶의 의미에 관한 질문은 항상 인류를 당혹스럽게 한다.

06 | liquidity, obesity, brevity

liqu는 '흐르다'라는 뜻이었다. 그래서 liquid는 흐르는 '액체'와 '유동성의'라는 뜻을 갖게 되었고, liquidity는 명사로 '유동성'을 뜻한다. ese[ed]는 '먹다'라는 뜻이었고, 이 단어가 현대 영어에서 eat으로 변형되었다. obese는 정말 많이 먹은 것을 표현하여 '비만인'이라는 뜻이고, obesity는 '비만'이라는 명사다. brev는 '짧은'이라는 뜻이었고, 여기서 파생된 brevity는 '짧음, 간결'이 되었으며, 이 brev가 현대 영어에서는 brief에 해당한다.

예문

This bag is able to contain a **liquid** or fluid substance, such as water or milk.
이 가방은 물이나 우유 같은 액체나 유동물질을 담을 수 있다.

Sedentary habits are associated with the risk of **obesity**.
앉아있는 습관은 비만의 위험과 연관되어 있다.

A runaway horse has **briefly** disrupted the marching crowd.
도망친 말이 잠시 행진하는 군중을 혼란에 빠뜨렸다.

07 | propriety

proper의 원뜻은 개인마다 가지게 되는 '자신의 소유'였고, 이 뜻이 확대되어 재산이나 성향 등이 자기 자신에게만 알맞게 있는 것을 표현하여 '적절한'이라는 뜻이 되었다. proper가 propri로 바뀐 후 -ety가 결합된 propriety는 '적절성'이라는 뜻으로 사용되고, property는 proper의 원뜻을 그대로 받아 '재산'으로 쓰인다. appropriate도 proper가 변형된 propri에 '~에, ~로'를 의미하는 ap-가 결합되어 생긴 단어로 역시 '적절한'이라는 뜻이다.

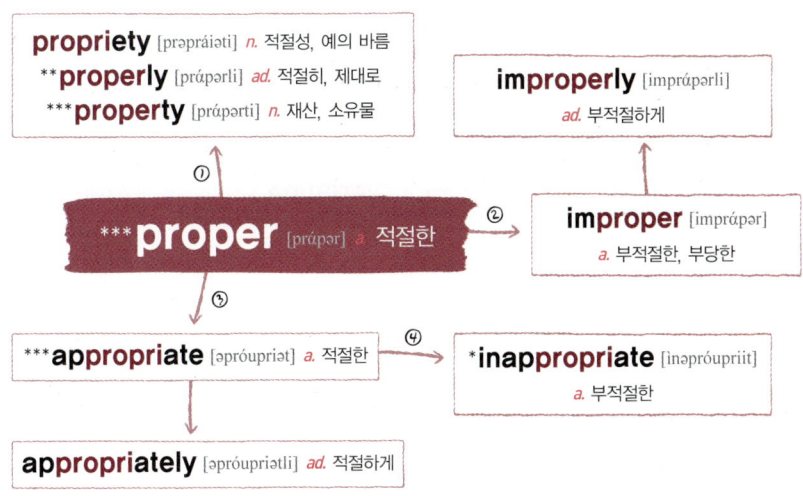

예문

It is highly important for Poland to develop **proper** negotiation tactics.
폴란드가 적절한 협상 책략을 발전시키는 것은 매우 중요하다.

There should be a fair division of money and **property** among all the members.
구성원들 사이에 돈과 소유물의 공정한 분배가 있어야 한다.

Do you think the movie is **appropriate** for small children?
당신은 그 영화가 어린 아이들에게 적합하다고 생각하는가?

08 | variety, anxiety

vary는 '다양하다'와 '변하다'라는 뜻을 지니고 있는 단어다. '다양하다'에서 확장되어 variety(다양)와 various(다양한)가 생겼고, '변하다'에서 variable(변하기 쉬운)과 variation(변화)이 파생된 것이다. anxi는 '고통'을 의미했기에 anxiety는 마음속에 고통이 가득한 '걱정, 불안'으로 쓰이게 되었다. ang으로 변형된 후 파생된 anger는 심한 고통으로 인해 감정이 터져 나오는 '분노, 화'를 뜻한다.

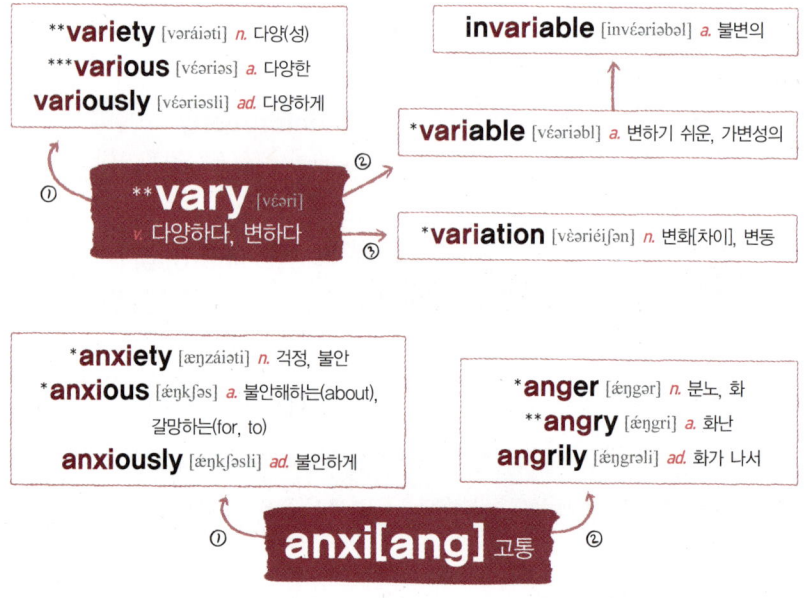

🔍 예문

The make-up of a committee **varies** from student to student and from program to program.
위원회 구성은 학생은 학생별로 프로그램은 프로그램 별로 다양하다.

She is always **anxious** about travelling alone.
그녀는 항상 혼자 여행하는 것을 불안해한다.

An exclamation mark usually expresses strong feelings, such as surprise, **anger** or joy.
느낌표는 보통 놀람, 화, 기쁨과 같은 강한 감정을 표현한다.

09 | safety

save는 위험에서 '구하다'라는 뜻과 구하기 위해 안전한 곳에 놓는 '저축[저장]하다'라는 뜻도 지니게 된 단어다. save의 '구하다'라는 뜻을 통해 '안전한'을 뜻하는 safe와 '구원자'인 savior가 나왔고, '저축하다'라는 뜻을 통해서는 '절약'을 의미하는 saving이 파생되었다. 과거 save를 salve로도 사용했기에 이 단어에서 파생된 salvation은 '구제, 구원'이고, salvage는 특히 바다에서 구하는 것을 의미하여 '구조'로 쓰인다.

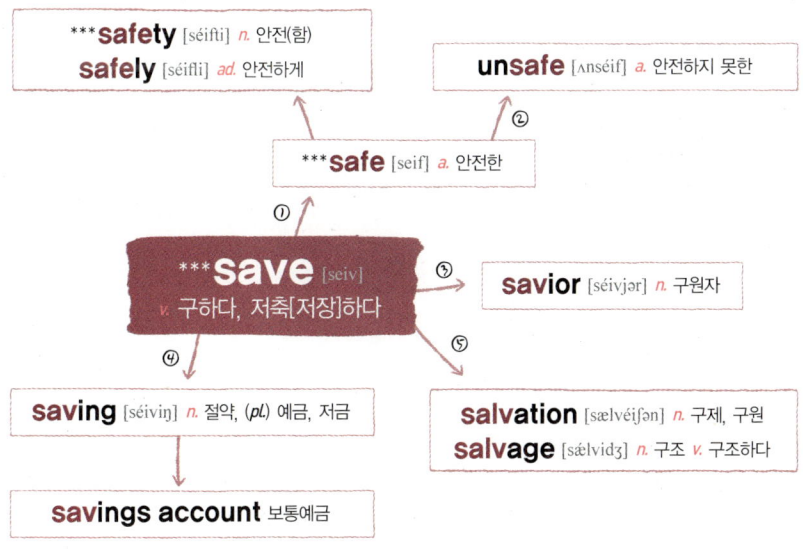

🔍 예문

Artificial respiration can **save** a life when breathing has stopped but heartbeat has not.
호흡은 멈췄지만 심장박동은 멈추지 않았을 때 인공호흡은 한 생명을 구할 수 있다.

This building is very **safe** because it is built on firm ground.
이 건물은 단단한 지면에 지어졌기 때문에 매우 안전하다.

The new system will provide a **saving** in labor.
새로운 시스템은 노동력을 절약하게 해줄 것이다.

Construction of the factory proved to be the **salvation** of the local economy.
공장 건설은 지역 경제의 구원으로 판명되었다.

10 | royalty

roy[reg]는 '왕'을 의미했기에 royal은 '왕의'라는 뜻이 되었고, royalty는 '왕족' 과 왕에게 바치는 돈처럼 창작물에 대한 권리로 받는 돈이라고 해서 '인세'가 되었다. region은 왕이 다스리는 땅에서 현재 '지방, 지역'이 되었고, regime은 왕이 나라를 지배하는 권력에서 현재는 정치적 권력인 '정권'으로 쓰인다. reign은 왕이 다스리는 '통치하다'이고, sovereign은 super가 변형된 sover와 reign이 합쳐져 생긴 단어로 위에서 통치하는 사람인 '군주'와 '주권자'를 뜻한다.

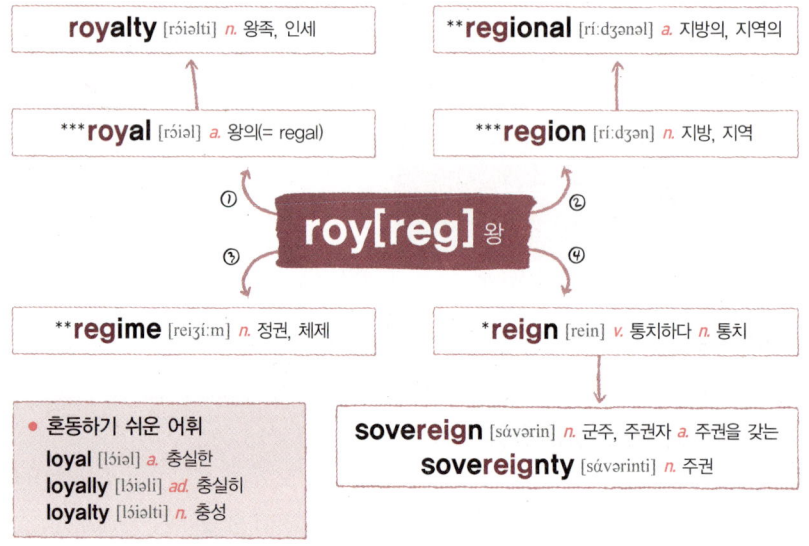

● 혼동하기 쉬운 어휘
loyal [lɔ́iəl] a. 충실한
loyally [lɔ́iəli] ad. 충실히
loyalty [lɔ́iəlti] n. 충성

🔍 예문

The crisis in one **region** can then spread by contagion to other **regions**.
한 지역의 위기는 전염으로 다른 지역에도 퍼질 수 있다.

The military **regime** refused to recognize the elections.
군사 정권은 선거를 인정하기를 거부했다.

The **sovereign** state emerged in Europe as a new and strong political entity.
그 주권 국가는 유럽의 새로운 강력한 정치적 실체로서 등장했다.

11 | duty

due는 원래 '빚지다'라는 뜻이었다. 이 뜻을 통해 빚을 날짜 안에 갚아야 하는 '예정인, 만기의'라는 뜻이 나왔다. duty는 반드시 갚아야 하는 빚처럼 반드시 해야 하는 '의무'와 상품을 구입할 때 반드시 내야하는 '관세'로 쓰인다. overdue는 예정된 날짜가 지난 '연체의'라는 뜻이 되었고, debt은 due의 원래 뜻인 '빚지다'의 의미가 그대로 이어지면서 명사로 파생되어 현재 '빚'으로 쓰인다.

- due에서 파생된 숙어
  due to ~때문에, ~로 인해

🔍 예문

You may be deducted 10% from your salary **due to** your mistake.
당신의 실수로 인해 당신은 급료에서 10퍼센트를 공제당할 것이다.

The government feels that it is its foremost **duty** to protect the life of the citizens.
정부는 시민들의 생명을 보호하는 것이 최고의 의무라고 생각한다.

You shouldn't merge with a company with a lot of **debt**.
빚이 많은 회사와는 합병하지 않는 것이 좋다.

Exercise

정답: 463쪽

1. 다음 영어 단어의 우리말 뜻을 적어보세요.

   ① conform _____   ⑥ safe _____
   ② grief _____   ⑦ region _____
   ③ cage _____   ⑧ duty _____
   ④ sensitive _____   ⑨ appropriate _____
   ⑤ condense _____   ⑩ variety _____

2. 다음 우리말 뜻에 해당하는 영어 단어를 적어보세요.

   ① 불안 _____   ⑥ 공식 _____
   ② 안색 _____   ⑦ 분별력 있는 _____
   ③ 빚 _____   ⑧ 감옥 _____
   ④ 통치하다 _____   ⑨ 비만 _____
   ⑤ 재산 _____   ⑩ 무덤 _____

3. 다음 빈칸에 알맞은 단어를 보기에서 찾아 넣어보세요.

   보기 regime, anxious about, sensory, condense, due to

   ① You may be deducted 10% from your salary _____ your mistake.
   ② The military _____ refused to recognize the elections.
   ③ She is always _____ travelling alone.
   ④ The cooler temperatures cause the gas to _____ into a liquid.
   ⑤ Each _____ organ has a distinct structure for its function.

접두사 contra-, counter- : 반대하여

contra-는 과거 '반대하여'라는 뜻의 라틴어였는데 현대 영어에서는 같은 의미의 접두사로 쓰인다. contra-가 변형된 counter-도 함께 쓰인다. 특히 counter는 형용사(반대의)와 동사(반대한다)로도 쓰인다는 것을 알아두자. 이 단어에서 파생된 encounter는 '부딪치다, 만나다'라는 뜻이다.

① **contra**ry [kάntreri] *a.* 반대의 *n.* (the) 반대 → to the contrary 그와 반대로
= **contra**(반대하여) + **ary**   contrarily [kάntrerəli] *ad.* 반대로

The risk of infection hasn't diminished. On the **contrary**, it has increased.
감염의 위험이 사라지지 않았다. 이와 반대로 위험성이 증가했다.

② **contra**st [kάntræst] *v.* 대조하다 *n.* 대조 → contrasting [kəntrǽstiŋ] *a.* 대조적인
= **contra**(반대하여) + **st**(서다)

Today's weather is quite a **contrast** to yesterday's.
오늘의 날씨는 어제와 상당히 대조적이다.

③ **contr**ol [kəntróul] *v.* 지배[통제]하다 *n.* 지배, 통제 → controller [kəntróulər]
= **contra**(반대하여) + **roll**(돌리다, 통)   *n.* 관리자, 조종 장치
controllable [kəntróuləbl]
a. 지배[통제]할 수 있는
uncontrollable [ʌ̀nkəntróuləbəl]
a. 지배[통제]할 수 없는

They could not **control** the big dog.
그들은 큰 개를 통제할 수 없었다.

④ **counter**feit [káuntərfit] *a.* 위조의 *v.* 위조하다 → counterfeits [káuntərfits] *n.* 위조품
= **counter**(반대하여) + **feit**(만들다)

He was arrested for allegedly helping the criminals circulate **counterfeit** money. 그는 범인들의 위폐 유통을 도와준 의혹으로 인해 체포되었다.

⑤ **counter**part [káuntərpɑ̀ːrt] *n.* 상대, 대응하는 사람(것)
= **counter**(반대하여) + **part**(부분)

The secretary of defense met with his **counterparts** in Asia to discuss the nuclear crisis. 국방 장관은 핵 위기를 논의하기 위해 아시아의 관계자들과 만났다.

DAY 29 -ness, -th

-ness와 -th는 앞에서 살펴본 -ity와 마찬가지로 형용사나 동사 뒤에 결합되어 추상명사를 만드는 접미사다. 그러나 예외적으로 추상명사가 아닌 다른 역할로 사용될 때도 있다. 여기서는 -ness와 -th 형태의 단어들이 일반적인 추상명사로 사용된 경우와 예외적인 역할로 쓰인 경우 모두를 전체적으로 살펴보도록 하자.

● Example

> **thorough** [θə́:rou] *a.* 철저한, 빈틈없는 → **thoroughness** [θə́:rounis] *n.* 철저함
> **dear** [diər] *a.* 소중한, ~에게[께] *interj.* 이런 → **dearth** [də:rθ] *n.* 부족

01 | awareness

ware는 적을 보며 경계하는 '조심하다'라는 뜻의 단어였고, aware는 그러한 적이 있음을 아는 '인식하는'으로 쓰인다. beware는 ware의 뜻을 그대로 받아 '조심하다', wary는 '조심하는'이 되었다. wear는 '입다'는 뜻과 아동복 또는 여성복의 '-복'을 의미하는 단어이기에 underwear는 겉옷 아래 입는 옷이라고 하여 '속옷'으로 쓰인다. wear out은 많이 입어서 다 떨어진 '닳아버리다, 지쳐버리다'가 되었고 weary는 '지친'이란 뜻이 된 단어다.

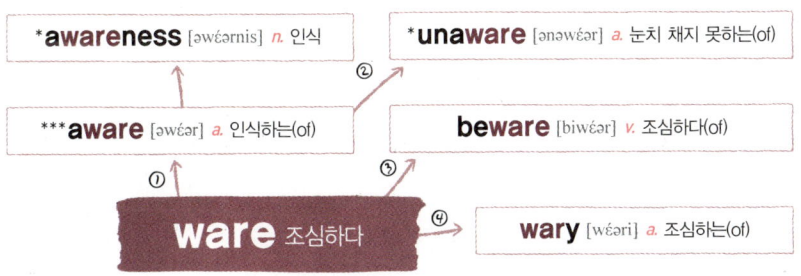

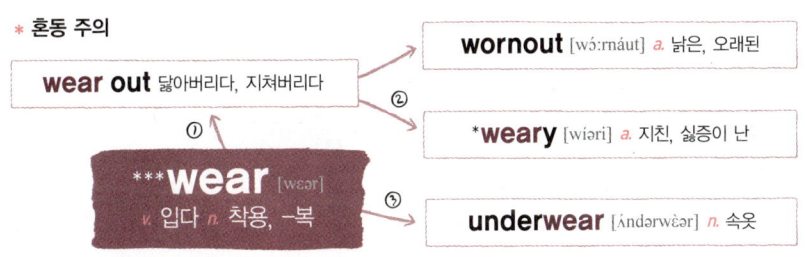

예문

You should always be **aware** of the danger of using an air gun.
공기총을 사용하는 것의 위험성에 대해 언제나 인지하고 있어야 한다.

Beware of the dog that lives across the street.
길 건너편에 사는 개를 조심하여라.

I sometimes get **weary** and long to go home but all of my work is not done.
나는 가끔 힘이 들어 집에 가고 싶지만 내 일은 끝나지 않았다.

02 | fitness

fit은 '적합한'이라는 뜻과 사람의 신체가 운동을 통해 적합해진 '건강한'이라는 뜻의 단어다. 그래서 fitness가 '적합함'과 함께 '건강'을 뜻하게 되었고, fitness club은 건강을 위해 운동을 하는 장소인 '헬스클럽'으로 쓰인다. fit은 동사로도 쓰이는데, 이때는 '적합하다'와 옷이나 물건이 적합하게 어울리는 '맞다'라는 의미다. 이 의미에서 fitting은 '맞는, 어울리는', fitting room은 '탈의실'이 된 것이다.

예문

Although we already bought a table, I want a pedestal table to **fit** the space better.
우리는 이미 탁자를 하나 샀지만, 나는 그 공간에 더 잘 맞는 외다리 탁자를 갖고 싶다.

Water in this lake is so salty that it is **unfit** for human consumption.
이 호수의 물은 너무 짜서 인간이 섭취하기에는 부적합하다.

Take time to plan your bridal **outfit**, but don't forget the groom.
시간을 들여서 신부 복장을 계획해야 하지만 신랑을 잊지 마세요.

03 | bitterness, sweetness

bite는 동물이나 곤충 등이 이빨로 무는 '물다'와 명사로 '물기, 한 입'이라는 뜻이다. bitter는 강하게 무는 '격렬한'과 아프게 된 '쓰라린'이란 뜻이 되었고, 또 맛이 '쓴'이란 뜻도 생기게 되었다. 과거 sua는 '달콤한'이란 뜻이었고, 이것이 변형되어 생긴 단어가 sweet이다. sua에서 파생된 suade가 과거에 달콤한 말로 달랜다고 하여 '설득하다'로 쓰였지만 현재는 persuade가 '설득하다'라는 뜻으로 쓰이고, dissuade는 설득하여 못하게 한다고 하여 '단념시키다'라는 뜻이 되었다.

🔍 예문

If the hops are boiled for a longer period of time, then the **bitterness** of beer increases. 홉을 좀 더 오랜 시간 끓이면 맥주 맛의 쓴 맛이 증가한다.

He is trying to develop an antitoxin for rattlesnake **bites**.
그는 방울뱀에 물린 상처를 치료할 항독소를 개발하려고 노력한다.

I **persuaded** him all night long not to commit suicide, and he finally changed his mind. 나는 그가 자살을 하지 않도록 밤새 설득했고, 마침내 그는 마음을 바꾸었다.

04 | meaninglessness

동사로 쓰이는 mean은 '의미하다'이고, meaning은 '의미'를 뜻한다. 이 meaning에 -less(~없는)가 결합된 meaningless는 '의미 없는'으로, meaningful은 '의미 있는'으로 쓰이게 되었다. 명사와 형용사로 쓰이는 mean은 '평균, 중간'을 의미한다. 그래서 meantime은 '그동안, 중간 시간'이라는 뜻이 되었고, means는 한쪽으로 치우지지 않게 맞추는 '수단, 방법'이라는 뜻이 되었다.

* 혼동 주의

• means에서 파생된 숙어
  by means of ~의 도움으로[~을 써서]
  by no means 결코 ~이 아닌
  by any means 어떻게든지, 어떤 수단을 써서라도

🔍 예문

The saying "Still waters run deep," **means** that quiet people are often very thoughtful. '깊은 물이 고요하다'는 속담은 조용한 사람들은 보통 매우 사려 깊다는 의미다.

In the **meantime**, I plan to do something today that I have not done in many years. 그러는 동안에, 나는 여러 해 동안 하지 못한 일을 오늘 할 계획이다.

05 | sleeplessness, easiness

sleep은 '자다'라는 뜻이기에 sleepless는 잠이 없는 '불면의'라는 뜻이 되었고, sleeplessness는 '불면증'으로 사용된다. sleepy는 '졸리는', asleep은 서술형 형용사로 '잠이 든'이라는 뜻이다. ease는 병 등이 없어지게 된 상태를 의미해 '편해지다'라는 뜻이 된 단어다. 그래서 easy는 '편안한'이라는 뜻과 편해서 잘할 수 있는 '쉬운'이 되었고, disease는 반대로 병 등이 다시 생기게 되는 '질병'이 되었다.

예문

Fifteen minutes in warm water before going to bed can be an ideal cure for **sleeplessness**.
자기 전 따뜻한 물에서 15분 정도 있는 것은 불면증에 이상적인 치료법이 될 수 있다.

When he fell **asleep** vertically, it took a lot of time to switch him into a horizontal position.
그가 꼿꼿하게 몸을 세우고 잠이 들었을 때, 그를 수평 자세로 바꾸는 데에 시간이 많이 걸렸다.

A chronic **disease** can be stressful and may change the way a person lives.
만성 질병은 스트레스를 많이 줄 수 있고, 한 개인이 살아가는 방식을 바꿔버릴 수도 있다.

06 | witness

wit는 원래 '알다'라는 뜻으로 사용된 단어였고, 후에 자신이 알고 있는 지식을 순간순간 발휘하는 '재치'를 뜻하게 되었다. witness는 범인이 누군지 아는 '목격자', unwitting은 본인이 직접 알지 못하는 '자신도 모르는'이라는 뜻이 되었다. wise는 아는 것이 많아 슬기롭게 판단하는 '현명한'이고, 이 단어가 변형되어 파생된 wizard는 처음에는 '현인'이라는 뜻에서 현재는 '마법사'로 쓰이게 되었다.

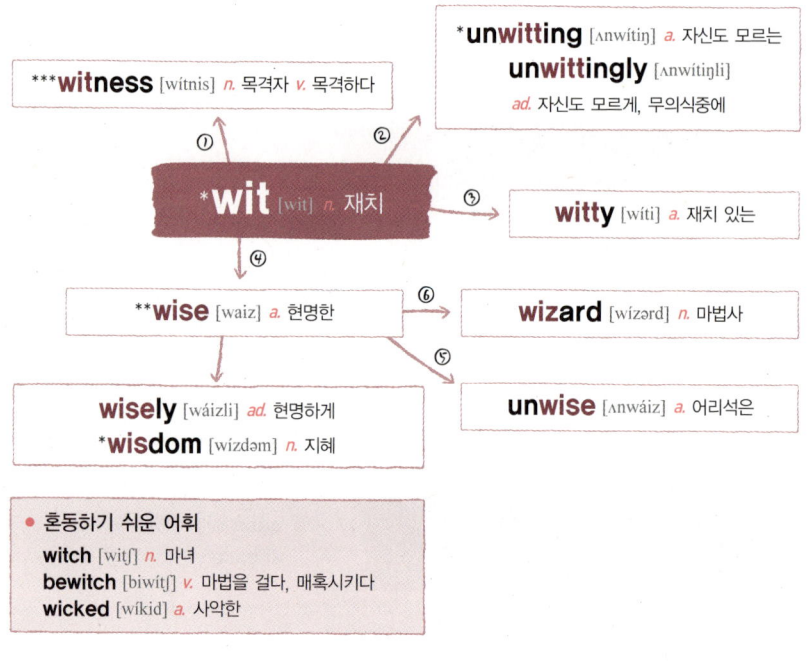

- 혼동하기 쉬운 어휘
  witch [witʃ] n. 마녀
  bewitch [biwítʃ] v. 마법을 걸다, 매혹시키다
  wicked [wíkid] a. 사악한

🔍 예문

She **unwittingly** threw away the winning lottery ticket.
그녀는 무의식적으로 당첨 복권을 버렸다.

He knew it was **unwise** in this moment to defy his superior's directions.
그가 그 순간에 자기 상관의 지시에 반항하는 것은 현명하지 못하다는 것을 알았다.

I am making up **wizard** and witch names to write a story.
나는 이야기를 쓰기 위해 마법사와 마녀의 이름을 짓고 있다.

07 | wealth

well은 '잘'이라는 부사의 뜻과 '좋은'이라는 형용사의 뜻을 가진 단어다. 변형되어 파생된 wealth는 풍요롭게 잘 살게 하는 '부, 재산'을 의미한다. unwell은 좋은 이라는 뜻의 반대로 쓰여 '좋지 않은'이 되었고, wellness는 신체 상태가 좋은 '건강'이 되었다. 과거 '가다'를 의미했던 fare(현재는 '요금')와 결합된 farewell은 잘 가라고 하는 '작별'을 뜻하기에 헤밍웨이의 소설《무기여 잘 있거라》의 원제는 *Farewell to Arms*다.

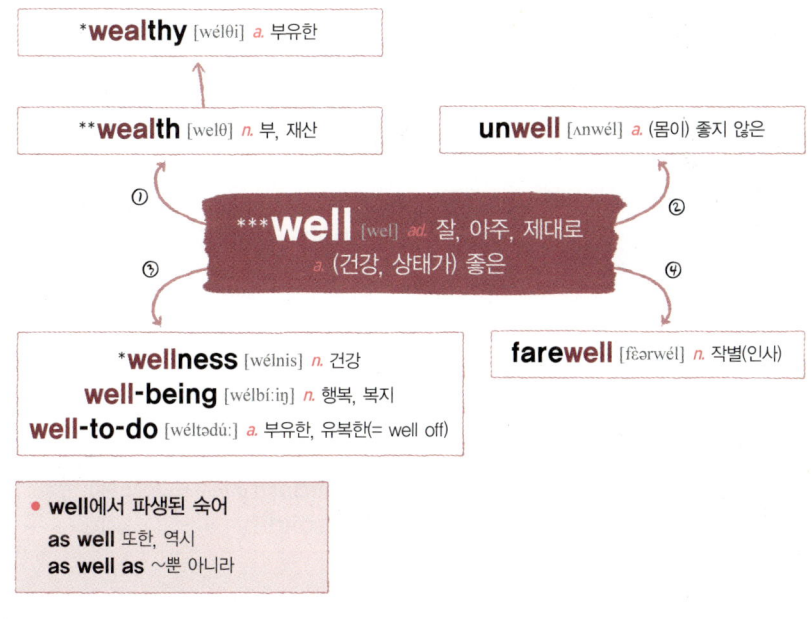

- well에서 파생된 숙어
  as well 또한, 역시
  as well as ~뿐 아니라

예문

This shift in **wealth** will result in the economic collapse of the Anglo-Saxon nations.
이러한 부의 이동은 북미 국가들의 경제적 붕괴를 초래할 것이다.

When one makes a first impression, body language **as well as** appearance plays an important role.
첫인상을 남길 때, 외모뿐 아니라 신체 언어가 중요한 역할을 한다.

In January 1961, Eisenhower delivered his **farewell** address.
1961년 1월, 아이젠하워는 작별 연설을 했다.

08 | health

whole은 '전체의, 완전한'이라는 뜻의 단어지만 여러 나라에서 사용되면서 많은 변화를 겪으면서 다양한 파생어들이 나왔다. whole이 hol로 변형되어 파생된 holy는 완전한 신을 표현하여 '신성한, 거룩한'으로 쓰이고, heal은 신체적으로 완전하게 만든다고 하여 '치유하다'라는 뜻이 된 단어다. whole이 sol로 바뀐 후 -id가 결합되어 생긴 solid는 전체가 단단하게 뭉쳐진 '고체의; 고체'를 의미한다.

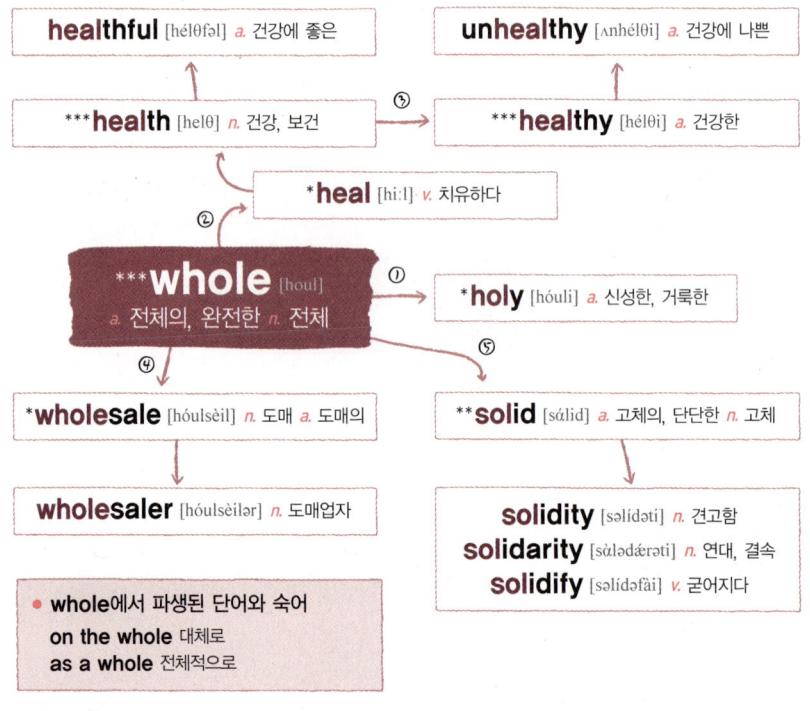

- whole에서 파생된 단어와 숙어
  on the whole 대체로
  as a whole 전체적으로

예문

You may move or delete this paragraph, but the **whole** content cannot be changed.
너는 이 문단을 이동하거나 삭제할 수는 있지만 전체 내용을 바꿀 수는 없다.

Jerusalem is a **holy** city for Jews, Christians, and Muslims.
예루살렘은 유대인, 기독교인, 이슬람교도들에게 거룩한 도시다.

I was on a liquid diet when I was sick because I couldn't digest **solid** food.
나는 단단한 음식을 소화시킬 수 없었기에 아플 때는 유동식을 먹었다.

09 | birth

동사로 쓰이는 bear는 '지니다'와 계속 지니고 버티는 '참다'라는 뜻이 있고, 또 고통을 참고 아기를 출산하는 '낳다'라는 뜻도 있다. '낳다'의 의미를 통해 파생된 birth는 '탄생'을 의미하고, bear의 과거분사 borne이 축약되어 만들어진 born은 '태어난'이란 뜻이 되었다. bear의 '참다'라는 뜻에서 나온 bearable은 '참을 만한'으로, bear의 '지니다'라는 뜻에서 파생된 burden은 지니게 된 '짐, 부담'이라는 의미로 쓰이게 되었다.

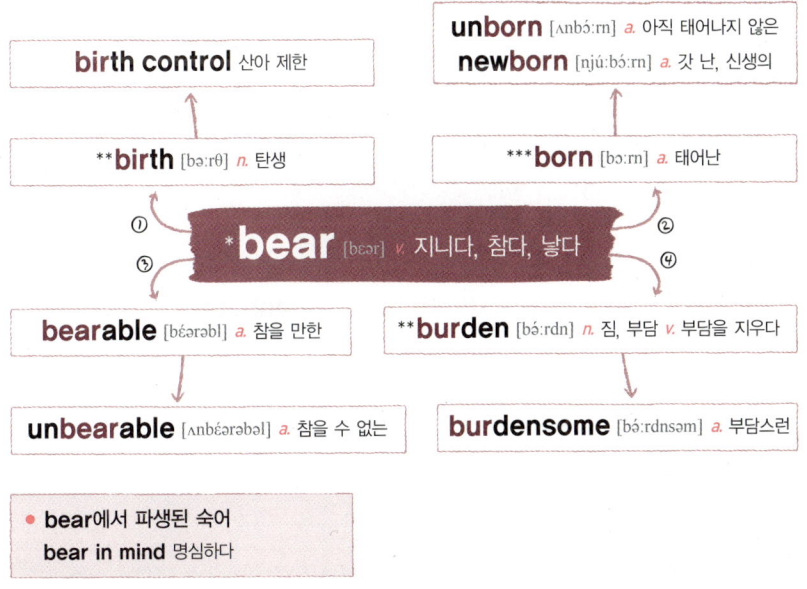

- bear에서 파생된 숙어
  bear in mind 명심하다

예문

The engineer who repaired the car **bears** responsibility for causing the rollover accident.
그 차를 수리한 기능공에게 전복 사고를 낸 책임이 있다.

China's climate varies from bitter cold in winter to **unbearable** heat in summer.
중국의 기후는 겨울의 혹독한 추위에서 여름의 견디기 힘든 열기까지 다양하다.

She had to shoulder the **burden** of caring for her aging parents.
그녀는 나이든 부모를 보살피는 부담을 견뎌야 했다.

10 | growth

gro는 과거 '싹'을 의미했던 단어였다. grow는 싹이 점점 커지는 '자라다'이고, growth는 '성장'이라는 뜻으로 쓰인다. grass는 싹이 자라서 생긴 '풀, 잔디'이고, 뛰는 것을 의미하는 hopper와 합쳐진 grasshopper는 '메뚜기'를 의미한다. green은 싹이 자라서 생긴 색을 표현해 '초록색'을 뜻하고, greenhouse는 계절에 상관없이 식물을 키우기 위해 유리로 만든 건물인 '온실'로 사용된다.

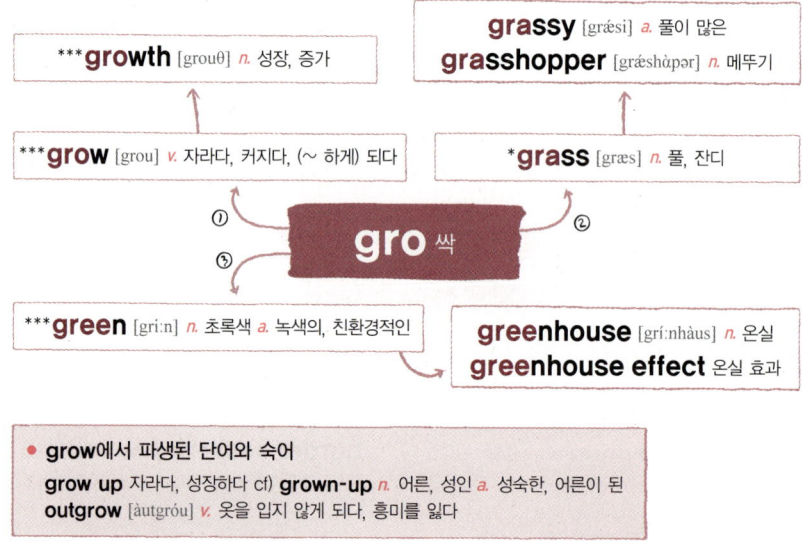

- grow에서 파생된 단어와 숙어
  grow up 자라다, 성장하다 cf) grown-up n. 어른, 성인 a. 성숙한, 어른이 된
  outgrow [àutgróu] v. 옷을 입지 않게 되다, 흥미를 잃다

🔍 예문

The vast majority of orphaned children will **grow up** in an orphanage or on the street.
고아가 된 대부분의 아이들은 고아원이나 길에서 자랄 것이다.

He led the way across the **grassy** plain, followed by all of his herd.
그는 풀이 무성한 초원을 앞장섰으며, 모든 가축 무리가 그의 뒤를 따랐다.

It seems that investors worldwide now appreciate the value of developing a **green** design.
세계의 투자자들은 이제 친환경적인 디자인을 개발하는 것의 가치를 인정하는 것 같다.

11 | wrath

wre[wer]는 '비틀다, 돌리다'라는 뜻의 단어였다. wrath는 마음이 비틀어져 터져 나오는 '분노'이고, wrap은 돌려서 감싸는 '포장하다'가 되었다. wrist는 팔에서 비틀어지는 부분이라고 해서 '손목'을 뜻하게 되었고, wrong은 무언가 맞지 않고 비틀어져 있기에 '틀린'을 의미한다. wer에서 파생된 weird는 사람의 성향이나 주변의 환경이 뭔가 비틀어져 있는 '이상한'이고, worry는 일 등이 비틀어질 것 같은 불안한 마음에서 '걱정하다'가 됐다.

예문

He was scared of incurring his father's **wrath**.
그는 아버지의 분노를 자초한 것이 두려웠다.

Their white clothing symbolizes peace in the face of **wrong** injustice.
그들의 흰 옷은 잘못된 불의에 맞서는 평화를 상징한다.

The museum has a collection of the **weirdest** sculptures I've ever seen.
그 박물관은 내가 지금까지 본 가장 이상한 조각들이 모여있다.

She had a **worried** but determined look on her face.
그녀는 걱정스러우면서도 결연한 표정을 하고 있었다.

Exercise

정답: 464쪽

1. 다음 영어 단어의 우리말 뜻을 적어보세요.

① unbearable _____   ⑥ meaningful _____
② growth _____   ⑦ farewell _____
③ weird _____   ⑧ healthy _____
④ outfit _____   ⑨ uneasy _____
⑤ persuade _____   ⑩ witty _____

2. 다음 우리말 뜻에 해당하는 영어 단어를 적어보세요.

① 미끼 _____   ⑥ 고체 _____
② 수단 _____   ⑦ 불면(증) _____
③ 인식 _____   ⑧ 지혜 _____
④ 발작 _____   ⑨ 태어난 _____
⑤ 부, 재산 _____   ⑩ 이상한 _____

3. 다음 빈칸에 알맞은 단어를 보기에서 찾아 넣어보세요.

보기 unwittingly, persuaded, farewell, solid, disease

① I _____ him all night long not to commit suicide, and he finally changed his mind.
② A chronic _____ can be stressful and may change the way a person lives.
③ She _____ threw away the winning lottery ticket.
④ In January 1961, Eisenhower delivered his _____ address.
⑤ I was on a liquid diet when I was sick because I couldn't digest _____ food.

접두사 fore-, ant- : 앞의

fore-와 ant-는 '앞의'라는 뜻으로 사용되는 접두사다. 특히 ant-가 다른 단어와 결합될 때는 ante-나 anti-로 바뀌기 때문에 '반대'를 의미하는 anti-와 헷갈릴 수 있으니 주의해야 한다.
(부정을 의미하는 anti-의 예: antipathy, antibiotic, antichrist)

① **forecast** [fɔ́ːrkæst] *v.* 예측[예보]하다 *n.* 예측, 예보 → **forecaster** [fɔ́ːrkæstər] *n.* 기상요원
= **fore**(앞의) + **cast**(던지다)

Property analysts **forecast** a fall in house prices.
부동산 분석가들은 주택 가격 하락을 예측하고 있다.

② **foretell** [fɔːrtél] *v.* 예언하다 → **foreteller** [fɔːrtélər] *n.* 예언자
= **fore**(앞의) + **tell**(말하다)

He could **foretell** people's futures by touching their hands.
그는 사람의 손을 만지기만 하면 그 사람의 미래를 예언할 수 있다.

③ **antecedent** [æntəsíːdnt] *a.* 선행의 *n.* 선행사, 선행된 것
= **ante**(앞의) + **cede**(가다) + **ent**

These **antecedent** events affected the outcome of the war.
이 선행 사건들은 전쟁의 결과에 영향을 미쳤다.

④ **anticipate** [æntísəpèit] *v.* 예상[기대]하다 → **anticipation** [æntìsəpéiʃən] *n.* 예상, 기대
= **anti**(앞의) + **cip**(잡다) + **ate**   **anticipated** [æntísəpèitid] *a.* 예상되는, 기대하는
                                             unanticipated [ʌ̀næntísəpèitid] *a.* 예기치 못한

You may **anticipate** a good vacation breakfast just like mother used to fix.
여러분은 어머니가 만들어주신 것과 똑같은 멋진 휴가 음식을 기대해도 된다.

⑤ **antique** [æntíːk] *n.* 골동품 *a.* 골동품의, 고풍의 → **antiquity** [æntíkwəti] *n.* 고대, 오래됨
= **anti**(앞의) + **que**(것)   **antiquated** [æntikwèitid] *a.* 구식인, 낡은

I spent hours and hours there at the galleries and **antique** shops.
나는 몇 시간이고 그곳 화랑과 골동품 가게를 누비고 다녔다.

DAY 30 -us

-us는 원래 라틴어에서 사용되던 명사 접미사였는데 현대 영어로 넘어와 아직까지 쓰이고 있다. -us로 끝나는 단어에서 파생된 단어들은 이 us를 모두 없애거나 또는 s만 없앤 후 다른 접미사와 결합해 만들어졌다. 여기서는 현재까지 사용되고 있는 -us 형태의 단어들과 그 파생어를 살펴보고, 과거에는 -us 형태였으나 us를 생략한 후 현재 명사로 쓰이고 있는 단어들 또한 전체적으로 살펴보도록 하자.

● -us로 끝나는 단어에서 파생된 단어들의 기본 패턴

> us 생략 + 접미사
> s만 생략 + 접미사

● Example

① us 생략 후 접미사가 결합된 경우
focus [fóukəs] *n.* 초점 *v.* 집중하다(on) → focal [fóukəl] *a.* 초점의
nucleus [njú:klias] *n.* (원자) 핵 → nuclear [njú:kliər] *a.* 핵의, 원자의

② s만 생략 후 접미사가 결합된 경우
casus(현대 영어의 case) 경우, 사건 → casual [kǽʒuəl] *a.* 우연한, 무심결의, 평상복의

01 | chorus

chor는 '둘러싸다'라는 뜻의 단어였고, chorus는 처음 둘러싸인 공간에서 노래하고 춤을 추는 것을 의미했다. 후에 chorus는 여러 명이 둘러싸고 노래를 하는 '합창'이 되었고, choreography는 음악에 맞춰 춤을 만드는 '안무'가 되었다. court는 벽으로 둘러싸인 공간인 '궁전'을 의미했다가 현재는 '법정'과 경기장인 '코트'라는 뜻으로 쓰인다. 이 '궁전'의 뜻이 확장되어 courteous는 궁전에서 예의를 갖추는 '공손한, 예의바른'이라는 형용사가 되었다.

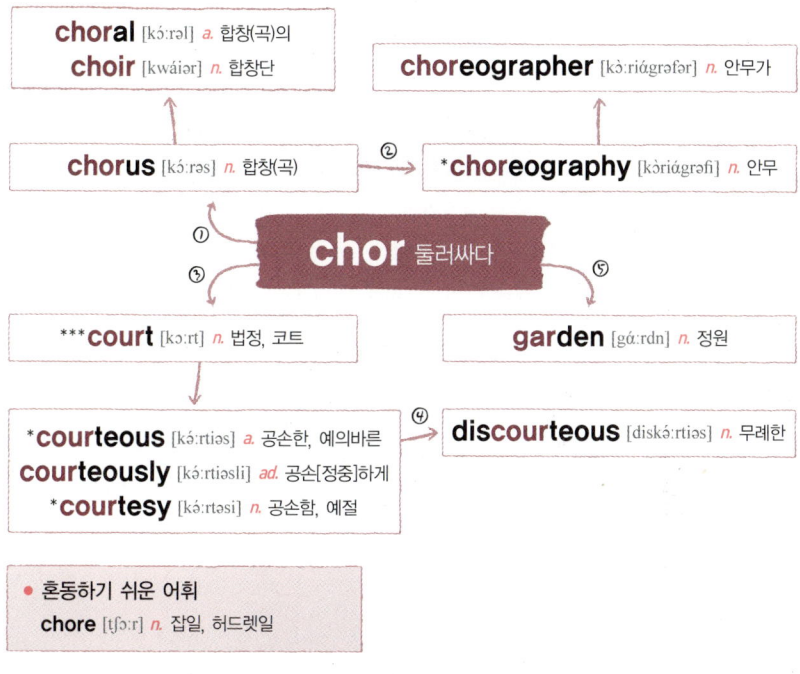

- 혼동하기 쉬운 어휘
  chore [tʃɔːr] n. 잡일, 허드렛일

 예문

She joined a church **choir** at the age of eight.
그녀는 8세 때 교회 합창단에 합류했다.

The accused minister made an inaccurate statement at the **court**.
기소된 그 장관은 법정에서 부정확한 진술을 했다.

Keeping the **garden** tidy all year round can be a laborious job.
일 년 내내 정원을 깔끔하게 유지하는 것은 고된 일일 수 있다.

02 | stimulus

stimulus는 '찌르다'라는 뜻의 stim에서 파생되어 무언가를 하게 찌르는 '자극(제)'이라는 뜻이 된 단어다. 여기서 -us가 빠지고 -ate를 붙인 stimulate는 '자극하다'이고, stimulation도 같은 뜻인 '자극'이다. stim에서 변형된 stick이 현재 '찌르다'와 찔러서 고정되는 '붙이다'가 되었고 또 명사로 찌를 수 있는 '막대기'로도 사용된다. sticky(끈적거리는)와 sticker(스티커)는 '붙이다'의 뜻에서 파생되었고, chopstick(젓가락)과 candlestick(촛대)은 '막대기'의 의미에서 파생되었다.

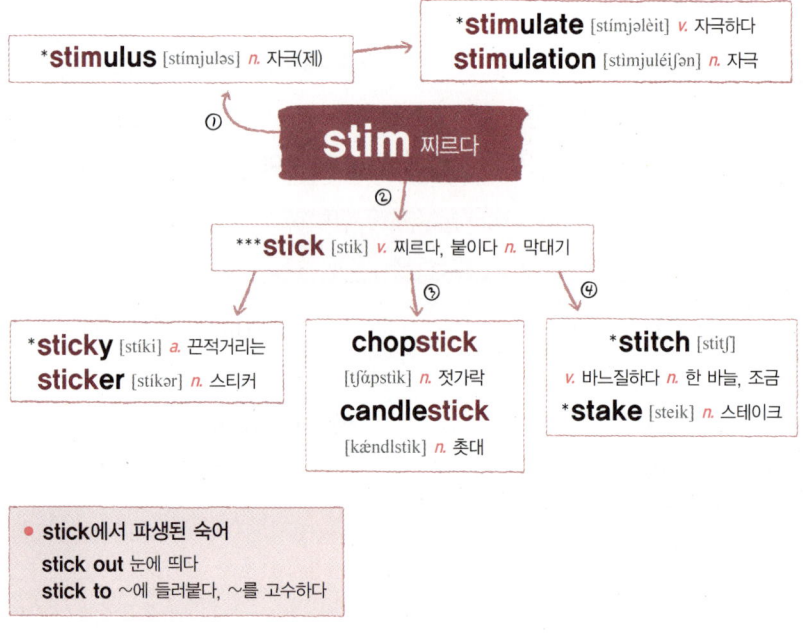

- stick에서 파생된 숙어
  stick out 눈에 띄다
  stick to ~에 들러붙다, ~를 고수하다

예문

Their discussion **stimulated** him to research the subject more.
그들의 토론은 그가 주제를 더 연구하도록 자극했다.

I grabbed some juice in the fridge and my hand stuck to the bottle which was **sticky**.
나는 냉장고에 있는 주스를 집었고 내 손은 끈적끈적한 병에 붙어버렸다.

He had to have ten **stitches** in his head.
그는 머리에 열 바늘을 꿰매야 했다.

03 | calculus, radius

calc는 '돌'을 의미했고, 여기서 변형되어 나온 단어가 '분필'을 뜻하는 chalk다. calculus는 처음에는 주판에서 사용되는 돌처럼 계산할 때 사용하는 작은 돌로 쓰이다가 현재는 수학의 '미적분학'이 됐다. radius는 원래 '빛'을 의미하던 단어였는데, 현재는 등대에서 돌면서 빛을 쏘는 것처럼 원 중심에서 원 가장자리까지의 거리를 가리키는 '반지름'이 되었다. 이 단어에서 파생된 radiate는 무언가를 쏘듯 나가는 '내뿜다'라는 뜻으로, 이것을 줄인 ray가 현재 '빛'이 되었다.

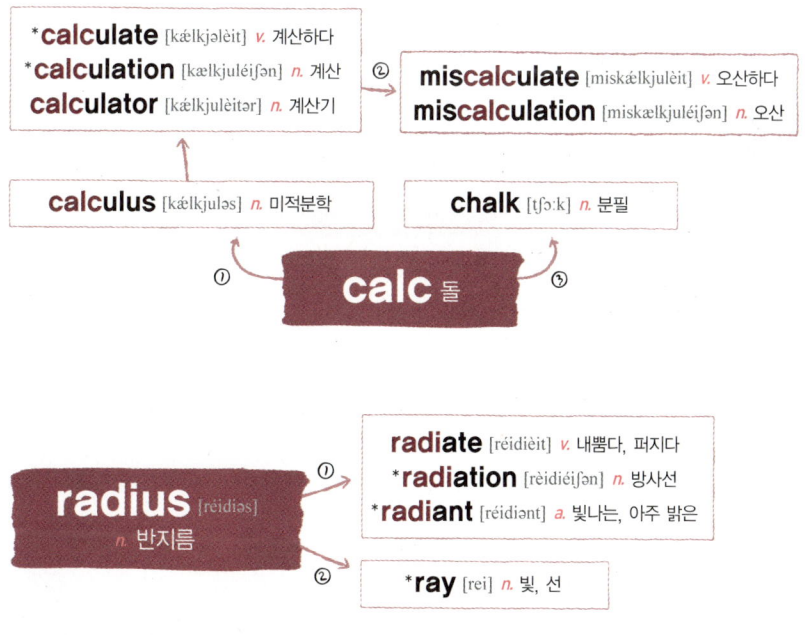

예문

First, I **calculated** the total cost to renovate my house.
먼저, 나는 집을 개조하는 데 드는 총 비용을 계산해보았다.

The old and faded lights **radiated** a feeble glow upon the walls.
오래되고 변색된 빛은 벽에 미약한 빛을 발산한다.

The room darkened as a cloud hid the sun's **rays**.
구름이 태양의 광선을 가려서 방이 어두워졌다.

04 | genus

genus는 원래 '탄생'을 의미했던 단어이고 현재 탄생된 것을 나누게 된 '종류, 속(屬)'으로 사용하게 된 단어다. genuine은 자신이 나은 친자식을 표현한 '진짜의'라는 뜻이 된 단어다. hydrogen은 물을 생산해낸다고 하여 '수소'가 되었고, 이러한 형태로 nitrogen(질소), oxygen(산소)도 만들어졌다. gene은 태어나면서부터 부모로부터 물려받은 '유전자', genre는 예술 작품에서 탄생된 것들이 나누어지는 '장르'를 의미한다.

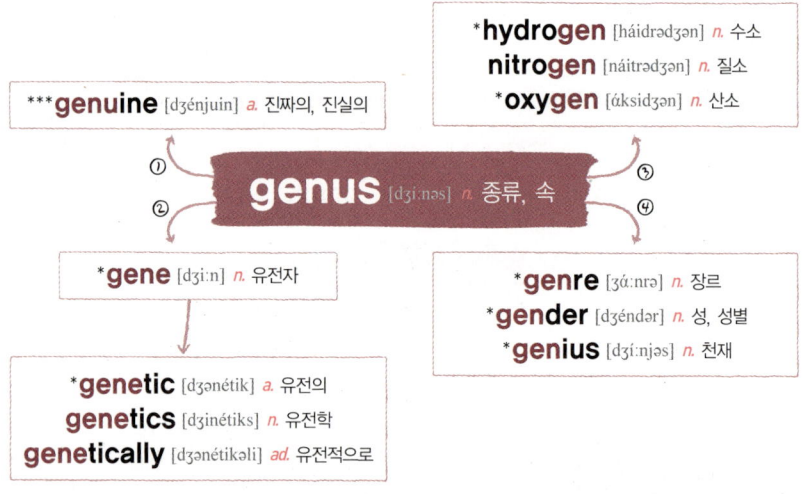

예문

Love is often hard to find, but we don't stop searching for **genuine** love that lasts.
사랑을 찾기는 힘들지만, 우리는 오래 지속되는 진실한 사랑을 찾으려는 노력을 멈추지 않는다.

Genes and hereditary characters are the reasons behind the presence of bald head.
유전자와 유전형질은 대머리가 생기는 이유들이다.

A sci-fi writer should find an editor familiar with the **genre** in order to work faster.
공상 과학 소설가가 일을 빨리 하려면 그 장르를 잘 아는 편집자를 찾아야 한다.

05 | annus

annus는 라틴어로 '년'을 의미했던 단어다. 이 단어에서 파생된 annual은 매년 돌아오는 것을 표현한 '매년의, 연례의', annuity는 매년 지급받는 돈인 '연금'을 뜻한다. ann이 변형된 enni에 '둘'을 의미하는 bi-가 붙은 biennial은 '격년의'라는 뜻이고 이탈리아어인 biennale(비엔날레) 2년마다 개최되는 행사다. '천'을 의미하는 milli와 합쳐진 millennial은 '천 년간의'라는 뜻이고, '통과'를 의미하는 per가 붙은 perennial은 매년 끝없이 통과하는 것을 의미하여 '영원한'이라는 뜻이다.

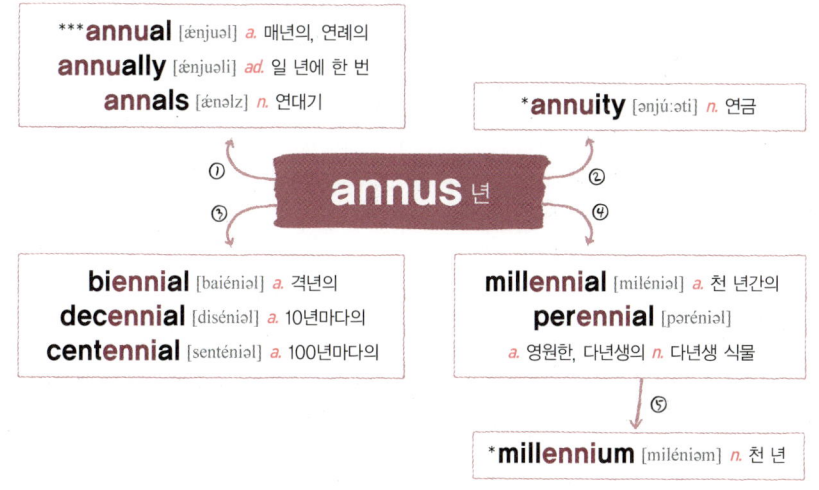

예문

The **annual** congress of the committee is a major event that takes place in spring.
그 위원회의 연례회의는 봄에 열리는 주요 행사다.

The town will celebrate its **centennial** anniversary this year for one whole week.
마을은 올해 일주일 내내 100주년 기념일을 축하할 것이다.

A **perennial** plant is a plant that lives for several years at least.
다년생 식물이란 적어도 여러 해 이상 사는 식물을 말한다.

06 | opus

op는 과거 '일하다'라는 뜻의 단어였다. 이 단어에서 파생된 opus는 음악, 미술의 '작품'이라는 뜻이고, 특히 유명 작곡가의 음악 작품의 경우 이 Opus 뒤에 작품 번호를 써서 표시한다. op에서 파생된 copy는 여러 명이 함께 일을 해서 많은 것을 만들기에 '복사'라는 뜻이 되었다. operate는 '일하다'의 의미가 확장되어 일을 진행하게 하는 '운영하다'와 '작동하다'를 뜻하게 되었고, 또 의학용어로 '수술하다'라는 뜻도 있다. cooperate은 함께 일하기에 '협력하다'가 된 단어다.

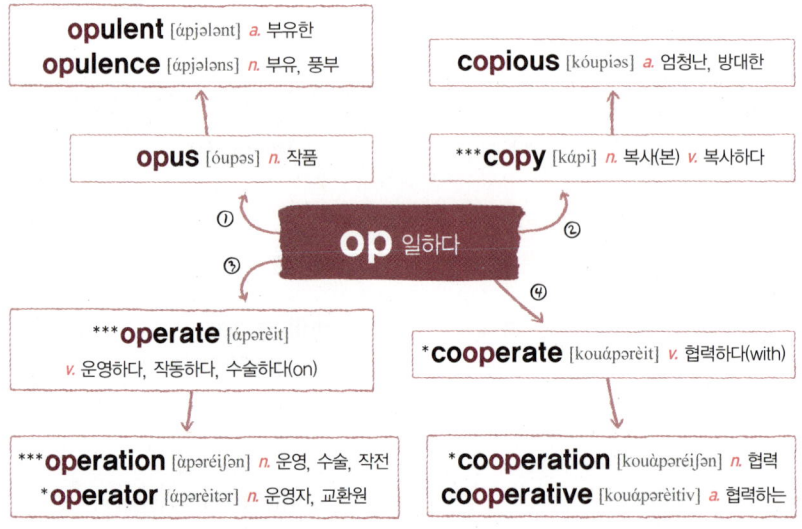

예문

The concert began with Beethoven's **Opus** 27.
그 콘서트는 베토벤의 작품 번호 27부터 시작되었습니다.

Some companies that **operate** 24 hours a day hire electricians to be around the business at all times.
24시간 운영하는 회사들은 항상 영업할 수 있도록 전기공을 고용하고 있다.

The country agreed to **cooperate** with the other nations on the trade agreement.
그 나라는 무역 협정에 따라 다른 국가들과 협력하기로 동의했다.

07 | impetus

impetus는 원하는 것을 구할 때 마음이 강하게 움직이게 하는 '자극'이나 '추동력'을 의미하는 단어이고, perpetual은 얻을 때까지 계속 구한다고 하여 '영구적인'이 되었다. appetite는 원래 음식을 간절히 구하는 것을 뜻하던 단어에서 현재 '식욕, 욕구'로 쓰이고 있고, repeat은 다시 반복적으로 구하려고 묻는다고 하여 '반복하다'로 쓰인다.

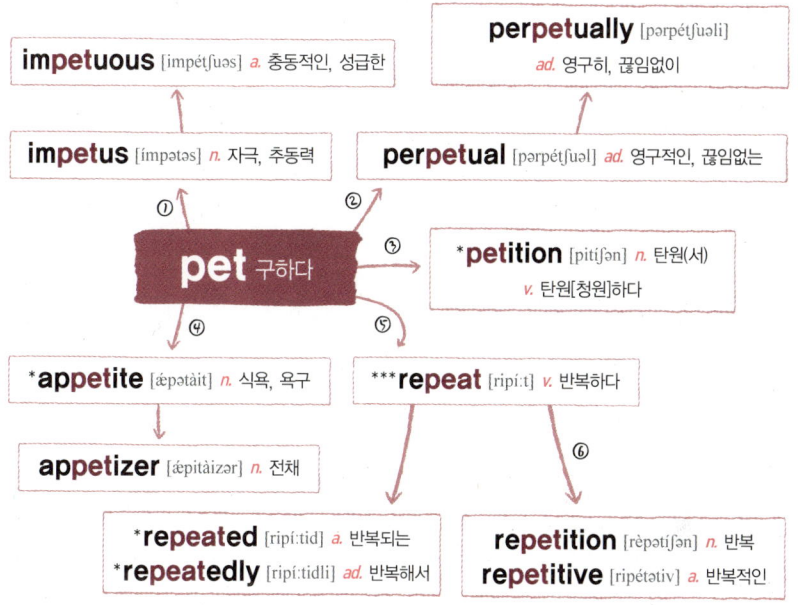

예문

His discoveries have given **impetus** to further research.
그의 발견은 더 많은 연구에 자극을 주었다.

Her husband's **perpetual** jealousy strongly affected their marriage.
그녀 남편의 끊임없는 질투는 결혼 생활에 큰 영향을 주었다.

The dog will soon learn by **repetition** what the command means and what to do.
개는 반복을 통해 명령이 무엇을 의미하고 무엇을 해야 하는지 금방 배울 것이다.

08 | virtus, factus, corpus

virtus는 '힘'을 의미했다. 그래서 virtual은 실제 힘을 써서 한 것을 표현하여 '사실상의'라는 뜻이 되었고, virtue는 도덕적으로 바르게 힘을 사용하는 행위라 하여 '미덕'을 뜻한다. fact의 원뜻은 '하다'였고, factus는 실제로 한 것을 표현한 '사실'을 의미하는 단어였다. 현대 영어로 넘어오면서 factus에서 us가 빠진 fact가 '사실'이 되었다. corpus는 '몸'을 의미했기에 corporate는 일하는 사람들이 뭉쳐서 한 몸을 이루는 '기업의', corpse는 죽은 몸이라고 하여 '시체'가 되었다.

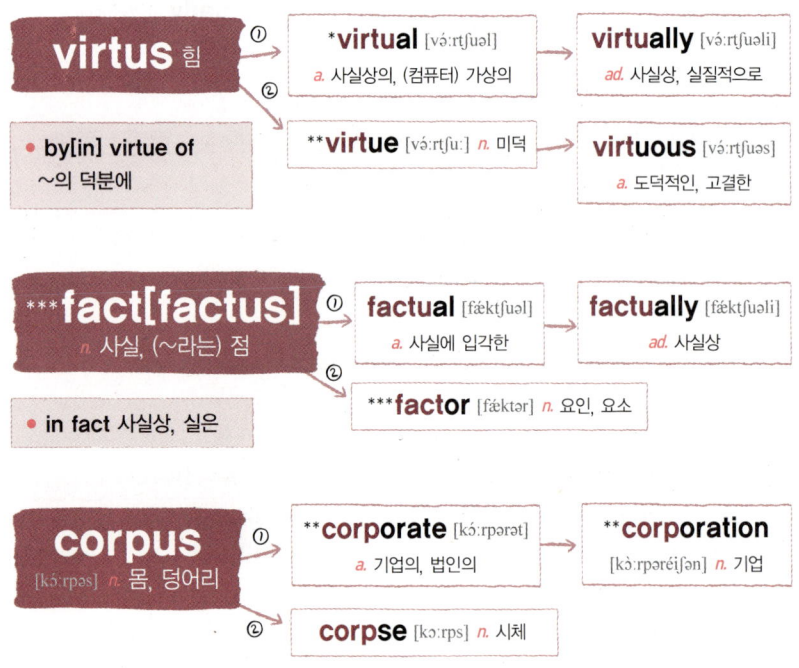

예문

This is a victory achieved at great cost to the victor; a triumph that is a **virtual** defeat. 이 승리는 승리자가 엄청난 비용을 치르고 얻은, 사실상의 패배인 승리다.

In fact, the letter was an oath of loyalty and submission to the King of Portugal.
사실상 그 편지는 포르투갈 왕에게 충성과 복종을 맹세하는 서약서였다.

Accusations of using **corporate** property for personal use are not uncommon.
법인 재산을 개인용도로 사용했다는 신고는 흔하다.

09 | advocate -us 생략

voc[voke]는 '목소리; 부르다'를 의미하던 단어였고, 이것이 변형되어 파생된 단어가 voice다. advocate는 동사로 같은 편에 목소리를 내준다고 하여 '지지하다'와 지지하는 사람인 '지지자'로 쓰이는 데, 이 명사는 과거 advocatus에서 -us가 빠지면서 만들어진 것이다. voke에서 파생된 provoke는 앞에 서서 상대를 향해 큰 목소리로 외쳐 상대를 도발하는 '자극하다'가 되었고, revoke는 자신이 말한 것을 뒤로 뺀다고 하여 '취소하다'가 되었다.

예문

Martin is a former US diplomat, who worked as a democracy **advocate** in Latin America.
마틴은 전직 미국 외교관이며, 라틴 아메리카에서 민주주의 옹호자로 일한 사람이다.

His remarks **provoked** both tears and laughter.
그의 발언은 눈물과 웃음을 유발시켰다.

I shall enjoy my **irrevocable** youth while I can!
나의 돌이킬 수 없는 청춘을 할 수 있는 동안은 즐기겠다!

10 | candidate, pirate -us 생략

cand는 '하얀'을 의미하고, 여기서 파생된 candle은 어두운 방을 하얗게 밝히는 '초'로 쓰인다. candid는 거짓 없이 하얀 마음으로 말하는 '솔직한'이고, candidate는 하얗게 만드는 사람에서 현재는 정치를 하기 위해 출마하는 '입후보자'라는 뜻으로 쓰이는 단어다. pir[per]는 '시도하다'라는 뜻이었고, 여기서 파생된 pirate는 바다에서 안 좋은 일을 시도하는 '해적'을 뜻한다. peril은 과거 직업이 정해져 있었기에 새로운 직업을 시도한다는 것은 굉장한 위험이 따른다고 생각했기에 '위험'이 된 단어다.

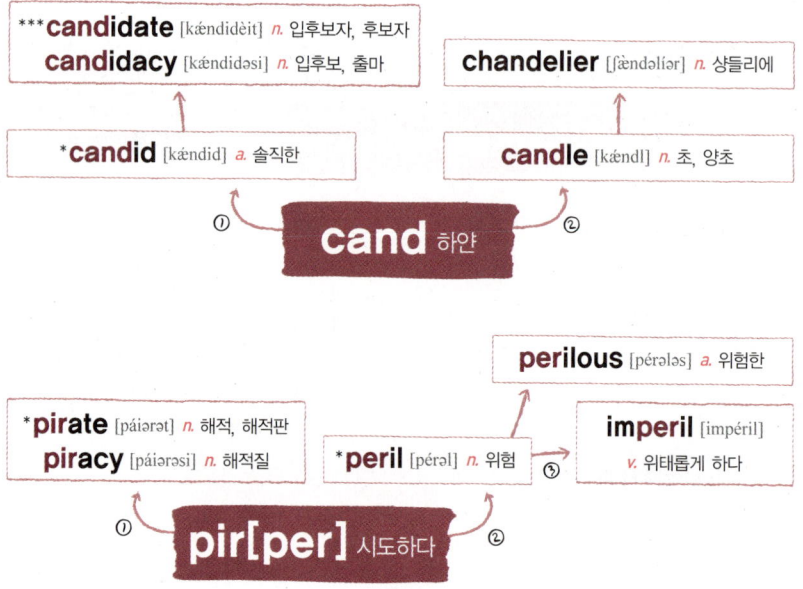

🔍 예문

At night the lessons are very practical; people are **candid** and share failures.
밤에는 수업이 매우 실용적이다. 사람들은 솔직하고 실패를 공유한다.

The only expense in charge of the **pirate** publisher is buying the original edition.
해적판 출판자가 부담해야 하는 유일한 비용은 원본 하나를 사는 금액뿐이다.

People are unaware of the **peril** these miners face each day.
광부들이 매일 직면하는 위험을 사람들은 인식하지 못한다.

11 | estimate -us 생략

estim은 '평가하다'라는 뜻이었고, 이 단어에서 파생된 estimate가 '추정하다, 평가하다'라는 동사와 '추정, 견적'이라는 명사로 쓰인다. 이때의 estimate는 명사 접미사 -us가 생략된 것이다. estim에서 변형되어 파생된 esteem은 높이 평가한다고 하여 '존중하다'라는 뜻이 된 단어이고, estim이 축약되어 변형된 aim은 원래 숫자나 크기를 평가한다는 의미였으나 현재는 자신이 원하는 만큼 이루려하는 '목표하다'라는 뜻으로 쓰이게 되었다.

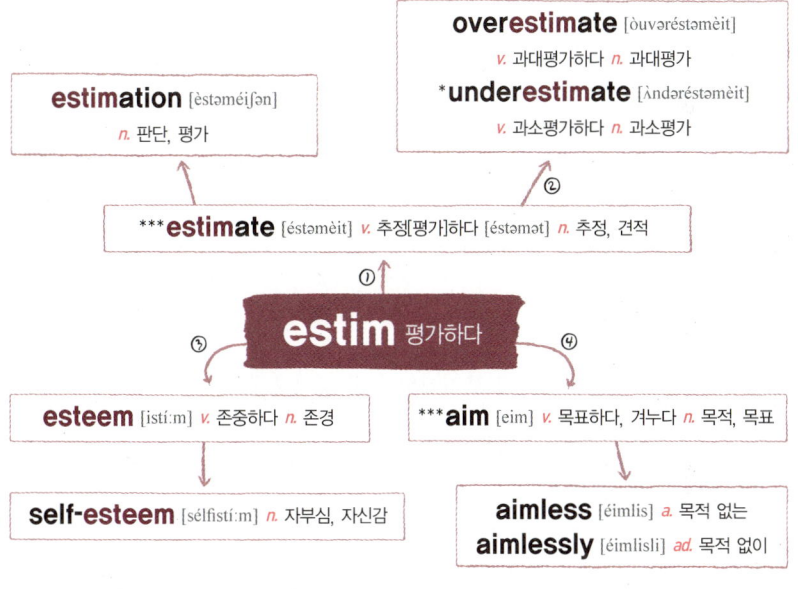

 예문

I do not **underestimate** nor depreciate his ability to write essays.
나는 그가 글을 쓰는 능력을 과소평가하지도 얕보지도 않는다.

The naive young girl with low **self-esteem** wants to be as beautiful as her mother.
자신감이 부족한 순수한 그 소녀는 자신의 어머니만큼 아름다워지고 싶어 한다.

Our **aim** is to provide you with complete peace of mind, so that you can relieve your stress.
우리의 목적은 당신이 스트레스를 해소할 수 있도록 완전한 마음의 평화를 제공하는 것이다.

Exercise

정답: 464쪽

1. 다음 영어 단어의 우리말 뜻을 적어보세요.

   ① self-esteem _____   ⑥ genetic _____
   ② peril _____   ⑦ calculate _____
   ③ revoke _____   ⑧ stimulus _____
   ④ virtual _____   ⑨ impetus _____
   ⑤ annual _____   ⑩ opus _____

2. 다음 우리말 뜻에 해당하는 영어 단어를 적어보세요.

   ① 수술 _____   ⑥ 산소 _____
   ② 식욕 _____   ⑦ 지지 _____
   ③ 시체 _____   ⑧ 입후보자 _____
   ④ 끈적거리는 _____   ⑨ 공손한 _____
   ⑤ 빛, 선 _____   ⑩ 천 년 _____

3. 다음 빈칸에 알맞은 단어를 보기에서 찾아 넣어보세요.

   보기: cooperate, stitches, provoked, rays, perennial

   ① His remarks _____ both tears and laughter.
   ② The country agreed to _____ with the other nations on the trade agreement.
   ③ A _____ plant is a plant that lives for several years at least.
   ④ The room darkened as a cloud hid the sun's _____.
   ⑤ He had to have ten _____ in his head.

448

접두사 mono- : 하나 / bi- : 둘

mono-는 one에서 배운 uni-와 마찬가지로 '하나'를 의미하는 접두사다. bi-는 '둘'을 의미하는 접두사인데, bi- 대신 di-를 사용하기도 한다.

① **monopoly** [mənápəli] *n.* 독점 → **monopolize** [mənápəlàiz] *v.* 독점하다
= mono(하나, 혼자) + pol(팔다) + y

As a government **monopoly**, the industry has many advantages of scale and efficiency.
그 산업은 정부 독점으로서 규모와 효율성 면에서 많은 유리한 면이 있다.

② **monotony** [mənátəni] *n.* 단조로움 → **monotonous** [mənátənəs] *a.* 단조로운
= mono(하나) + tone(어조, 말투) + y

He suggested a card game to relieve the **monotony** of the journey.
그는 여행의 단조로움을 덜어주기 위해 카드 게임을 제안했다.

③ **billion** [bíljən] *n.* 10억 → **billionaire** [biljənéər] *n.* 억만장자
= bi(둘) + milli(천) + on
million [míljən] *n.* 백만
trillion [tríljən] *n.* 1조

In 2007, Minnesota's total agricultural exports were estimated at $3.58 **billion**.
2007년 미네소타의 농산물 수출 총액은 35억 8천만 달러로 추산되었다.

④ **diploma** [diplóumə] *n.* 졸업장, 증서 → **diplomat** [dípləmæt] *n.* 외교관
= di(둘) + plo(접다) + ma
diplomatic [dìpləmǽtik] *a.* 외교의

He earned his high school **diploma** by attending classes at night.
그는 야간 수업에 출석하여 고교 졸업장을 받았다.

⑤ **dioxide** [daiáksaid] *n.* 이산화물 → **carbon dioxide** [ká:rbəndaiáksaid] *n.* 이산화탄소
= di(둘) + oxide(산화물)
carbon monoxide [ká:rbənmanáksaid] *n.* 일산화탄소

CO_2 is the chemical formula for carbon **dioxide**.
CO_2는 이산화탄소의 화학식이다.

Exercise 정답

DAY 01

1

① 개성, 성격
② 사기, 의욕
③ 국제적으로
④ 너그러운, 후한
⑤ 자유
⑥ 깨닫다, 실현하다
⑦ 사회주의
⑧ 전문가
⑨ 자유로운, 후한, 진보적인
⑩ 법률제정, 입법

2

① socialism
② sociologist
③ generalize
④ illegal
⑤ rationally
⑥ liberty
⑦ specialist
⑧ abnormal
⑨ immoral
⑩ legislature

3

① legal
② specify
③ the Statue of Liberty
④ realities
⑤ legislature

DAY 02

1

① 대도시의
② (판단, 결정의) 기준
③ 의학의, 의료의
④ 비논리적인
⑤ 전기 기사
⑥ 통계(학)
⑦ 신체적으로
⑧ 절약하는, 경제적인
⑨ 조직, 단체
⑩ 과학 기술의

2

① basement
② apologetic
③ technician
④ ecology
⑤ architect
⑥ policy
⑦ meditation
⑧ physics
⑨ stationary
⑩ hypocrisy

3

① physical
② stationary
③ criticized
④ metropolis
⑤ monologues

DAY 03

1
① 합리적인, 적당한
② 할 수 있게 하다
③ 소유
④ 포획[포착]하다; 포획
⑤ 찬성하다, 승인하다
⑥ 적합한
⑦ 책임이 있는
⑧ 불편한
⑨ 잘 믿는[속는]
⑩ 설립[제정]하다

2
① visitor
② reasoning
③ irresponsible
④ incredible
⑤ stable
⑥ potentially
⑦ enforce
⑧ pursuit
⑨ capacity
⑩ prove

3
① enabled
② stable
③ unsuitable
④ possess
⑤ Credit

DAY 04

1
① 사건
② 독립
③ 고집하는, 지속하는
④ 경쟁, 대회
⑤ 무관심한
⑥ 연방의
⑦ 복종하는
⑧ 위반
⑨ 불충분한
⑩ ~에서 비롯하다

2
① originality
② resident
③ consistent
④ coincide
⑤ deficit
⑥ different
⑦ dependence
⑧ disobey
⑨ violent
⑩ confident

3
① competition
② president
③ consists of
④ deficient
⑤ oriented

DAY 05

1

① 적절한, 관련 있는
② 가정의, 국내의
③ 사라지다
④ 중요한
⑤ 사소한
⑥ 참다, 용인하다
⑦ 인지하다, 인정하다
⑧ 끊임없는, 지속되는
⑨ 풍부한
⑩ 자손, 후손

2

① redundant
② instant
③ defend
④ ascend
⑤ domain
⑥ irrelevance
⑦ knowledge
⑧ vacation
⑨ toll
⑩ assignment

3

① importance
② toll
③ domesticate
④ in the distance
⑤ defendant

DAY 06

1

① 후계자
② 쓸모없는
③ 주의하는, 조심스런
④ 공들인, 힘든
⑤ 반항[무시]하다
⑥ 솔직한
⑦ 불신(하다)
⑧ 의지력
⑨ 조각하다
⑩ 다루다, 손잡이

2

① shelf
② successful
③ hand in
④ copyright
⑤ painful
⑥ horsepower
⑦ truth
⑧ fiancé
⑨ careless
⑩ landfill

3

① shelf
② manpower
③ punish
④ second-hand
⑤ upright

DAY 07

1
① 부조화, 불화
② 무언의, 말을 못하는
③ 야심 있는
④ 전염, 감염
⑤ 의심스러운
⑥ 극복하다
⑦ 익명의, 작가 불명의
⑧ 낙담시키다
⑨ 유아; 유아의
⑩ 오류, 잘못된 생각

2
① amount
② artifact
③ fault
④ perfectly
⑤ transit
⑥ respectful
⑦ diligent
⑧ fatal
⑨ courageous
⑩ nominate

3
① synonyms
② encourage
③ harmonious
④ perfectly
⑤ myopic

DAY 08

1
① 화창한
② 거지
③ 선언하다
④ 파괴하다, 철거하다
⑤ 반도
⑥ 발목
⑦ 특정한, 특별한
⑧ 유사한, 비슷한
⑨ 규칙적으로
⑩ 재활용하다

2
① participant
② molecule
③ clearly
④ solar
⑤ forebear
⑥ popular
⑦ regulate
⑧ circulation
⑨ anchor
⑩ simulation

3
① popularity
② ankle
③ similar
④ solar system
⑤ begged

DAY 09

1
① 요약
② 자발적인
③ 평범한, 보통의
④ 중지하다
⑤ 상상하다
⑥ 문학
⑦ 동시대인, 현대의
⑧ 익숙한
⑨ 기계적인
⑩ 주된, 초등교육의

2
① chemistry
② scenery
③ principle
④ illiteracy
⑤ secretary
⑥ imitation
⑦ routine
⑧ customary
⑨ willing
⑩ incessantly

3
① voluntary
② imitations
③ brew
④ scene
⑤ accustomed

DAY 10

1
① 통찰력
② 우정
③ 죽음
④ 모임, 동창회
⑤ ~할 것 같은
⑥ 주행성의
⑦ 실험
⑧ 유사한
⑨ 믿음
⑩ 부활

2
① dislike
② unique
③ sightseeing
④ diary
⑤ expertise
⑥ nightmare
⑦ vivid
⑧ frank
⑨ deadly
⑩ mankind

3
① akin
② deadline
③ nocturnal
④ believe
⑤ frank

DAY 11

1

① 삽입하다
② 방향, 지시
③ 가리키다, 나타내다
④ 거절하다, 거부하다
⑤ 산만하게 하다
⑥ 방아쇠; 유발하다
⑦ 제안하다, 제시하다
⑧ 지적 능력, 지성
⑨ 부분, 구획
⑩ 정확한

2

① actor
② agile
③ subtract
④ drawback
⑤ dissection
⑥ assert
⑦ election
⑧ direct
⑨ suggestion
⑩ subjective

3

① exactly
② correct
③ insert
④ subject
⑤ addicted

DAY 12

1

① 회전, 혁명
② 완전한, 절대적인
③ 막다, 방해하다
④ 인식하다, 지각하다
⑤ 편리한, 가까운
⑥ 생산자, 제작자
⑦ 불법행위
⑧ 추정
⑨ 구독하다
⑩ 예외

2

① intervention
② invent
③ reduce
④ education
⑤ receipt
⑥ destroy
⑦ dissolve
⑧ evolution
⑨ describe
⑩ consume

3

① evolved
② destroy
③ prescribe
④ except
⑤ abducted

DAY 13

1
① 혁신적인
② 끝내다, 종결하다
③ 기부하다, 기여하다
④ 귀중한
⑤ 위치하다, 위치를 찾다
⑥ 창조적인
⑦ 연속적인
⑧ 미신
⑨ 편집하다
⑩ 기념하다

2
① constitution
② prosecute
③ prohibit
④ tradition
⑤ tribe
⑥ crew
⑦ valid
⑧ novice
⑨ allocate
⑩ memorize

3
① renovate
② consecutive
③ attributes
④ recruiting
⑤ equivalent

DAY 14

1
① 엄격한
② 방해하다
③ 협력하다
④ 본능
⑤ 자르다, 끊다
⑥ 운, 재산, 거금
⑦ 고집 센, 완고한
⑧ 정확한
⑨ 충분한, 적절한
⑩ 맛있는

2
① unfortunate
② preparation
③ curiosity
④ necklace
⑤ destiny
⑥ laboratory
⑦ privilege
⑨ equality
⑨ abrupt
⑩ extinction

3
① abruptly
② severed
③ Unfortunately
④ necklace
⑤ equal

DAY 15

1
① 만연한, 배어있는
② 보상하다
③ 충동
④ 결정하다
⑤ 감독하다
⑥ 밝히다
⑦ 다양한
⑧ 기념일
⑨ 연장, 확대
⑩ 참석, 출석

2
① individuality
② advertise
③ conclude
④ concise
⑤ disclosure
⑥ invade
⑦ dispel
⑧ intend
⑨ intense
⑩ expensive

3
① pretending
② advertisement
③ convert
④ expelled
⑤ pervasive

DAY 16

1
① 좌절
② 졸업
③ 고백하다, 자백하다
④ 인상
⑤ 공격적인
⑥ 무관심
⑦ 지나친
⑧ 순종적인
⑨ 위원회
⑩ 동정(심), 연민

2
① gradual
② congress
③ antipathy
④ passionate
⑤ transmission
⑥ obsession
⑦ recession
⑧ omission
⑨ fingerprint
⑩ depression

3
① ingredients
② antipathy
③ Congress
④ exceed
⑤ compress

DAY 17

1
① 급습하다; 급습
② 계몽시키다
③ 고난, 어려움
④ 아첨하다, 칭찬하다
⑤ 분실, 손실
⑥ 불운, 사고
⑦ 높이, 키
⑧ 길이
⑨ 수분, 습기
⑩ 전 세계적인

2
① depth
② relax
③ softly
④ share
⑤ slight
⑥ highway
⑦ abroad
⑧ unhappiness
⑨ longevity
⑩ plate

3
① enlightening
② already
③ widespread
④ moist
⑤ prolonged

DAY 18

1
① 편견
② 분류하다
③ 겸손한, 미천한
④ 감사하는
⑤ 붓다
⑥ 주목할 만한
⑦ 신원, 정체성
⑧ 혐오하다
⑨ 불확실한
⑩ 양, 수량

2
① grace
② abhor
③ classic
④ judgment
⑤ identical
⑥ certify
⑦ notice
⑧ purification
⑨ humility
⑩ quality

3
① deterred
② certificate
③ high-class
④ prejudice
⑤ purifier

DAY 19

1
① 공화국
② 시장
③ 감소하다
④ 수술
⑤ 증가시키다
⑥ 견뎌내다
⑦ 비옥한, 가임의
⑧ 제거하다
⑨ 인류, 인간성
⑩ 문명화하다

2
① civilian
② majority
③ suffering
④ colony
⑤ mobilize
⑥ standard
⑦ energetic
⑧ minority
⑨ inhumane
⑩ author

3
① agricultural
② Fertile
③ authorized
④ surgery
⑤ maximum

DAY 20

1
① 명성, 평판
② 인용
③ 보호하다, 아끼다
④ 만료되다
⑤ 발표하다
⑥ 무적의
⑦ 평정
⑧ 가두다, 국한하다
⑨ 통근하다; 통근
⑩ 문의, 조사

2
① mutual
② define
③ reservation
④ convince
⑤ aspiration
⑥ pronunciation
⑦ recital
⑧ conquer
⑨ exposure
⑩ disposal

3
① reserve
② reputation
③ dispose of
④ conquered
⑤ invincible

DAY 21

1
① 관리하다, 운영하다
② 장벽, 장애
③ 집중하다
④ 전염성의
⑤ 충전기
⑥ 부과하다; 추가 부담금
⑦ 재앙, 재해
⑧ 대칭
⑨ 승객
⑩ 국경, 경계

2
① surpass
② alleviate
③ alternative
④ aboard
⑤ career
⑥ contact
⑦ astronomer
⑧ barracks
⑨ monstrous
⑩ eccentric

3
① altered
② aboard
③ surpasses
④ contacts
⑤ Prime Minister

DAY 22

1
① 매우 좋아하는; 좋아하는 것
② 극도의; 극도
③ 신조, 독단
④ 겸손
⑤ 미혼 남성, 학사
⑥ 불명예
⑦ 상기시키다
⑧ 수업(료)
⑨ 청소년의
⑩ 최후의, 궁극적인

2
① honesty
② modern
③ ultimately
④ donation
⑤ government
⑥ irreconcilable
⑦ glamorous
⑧ demented
⑨ intimate
⑩ indoctrinate

3
① superior
② grammar
③ reconcile
④ To be honest
⑤ Modern

DAY 23

1
① 생물학자
② 두 개 언어를 하는
③ 약국
④ 지질학
⑤ 고대의, 낡은
⑥ 여행; 여행하다
⑦ 면제된, 면역의
⑧ 인종차별주의자
⑨ 고고학
⑩ 양배추

2
① idealist
② achievement
③ communication
④ optimist
⑤ trauma
⑥ geometry
⑦ anarchist
⑧ psychology
⑨ linguist
⑩ atom

3
① multilingual
② optimistic
③ immune
④ pharmacies
⑤ capital

DAY 24

1
① 순진한
② 고문; 고문하다
③ 골절
④ 패배; 패배시키다
⑤ 돌파구, 획기적 발견
⑥ 영양분을 주다
⑦ 질감, 감촉
⑧ 자세
⑨ 어려운
⑩ 헤아릴 수 없는

2
① distortion
② brick
③ fraction
④ plea
⑤ measure
⑥ postpone
⑦ fiction
⑧ malnutrition
⑨ context
⑩ profit

3
① innate
② pleased
③ postpone
④ posture
⑤ mixing

DAY 25

1
① 분개
② 달성하다, 이루다
③ 경영(진), 관리
④ 지속하다
⑤ 근본적인
⑥ 분별 있는, 신중한
⑦ 무기고
⑧ 논쟁, 주장
⑨ 성취
⑩ 지원자

2
① detain
② entertainer
③ disagreeable
④ army
⑤ manufacture
⑥ multiply
⑦ supply
⑧ discern
⑨ refuse
⑩ foundation

3
① concerned with
② argues
③ Foundation
④ supply
⑤ Multiplication

DAY 26

1
① 감시
② 상속
③ 강당, 객석
④ 달아나다
⑤ 결석, 없음
⑥ 결과, 중요성
⑦ 피하다, 막다
⑧ 확신 없는
⑨ 통화, 화폐
⑩ 유창한

2
① affluent
② fleet
③ concurrence
④ conscience
⑤ sequel
⑥ essential
⑦ audience
⑧ heritage
⑨ disturbance
⑩ annoyance

3
① auditorium
② guideline
③ turbulence
④ annoys
⑤ assured

DAY 27

1

① 축제
② 환대
③ 장면, 화면
④ 귀중한
⑤ 도착
⑥ 항해
⑦ 상처
⑧ 빠른, 신속한
⑨ 은밀한, 비밀의
⑩ 문제, 일

2

① denial
② robber
③ tragedy
④ expedition
⑤ hostage
⑥ rivalry
⑦ appraisal
⑧ fair
⑨ recovery
⑩ garage

3

① jury
② ripped
③ uncovered
④ Festival
⑤ pedals

DAY 28

1

① 순응하다, 따르다
② 슬픔, 비통
③ 새장, 우리
④ 민감한
⑤ 응축하다, 요약하다
⑥ 안전한
⑦ 지방, 지역
⑧ 의무, 임무, 관세
⑨ 적절한
⑩ 다양(성)

2

① anxiety
② complexion
③ debt
④ reign
⑤ property
⑥ formula
⑦ sensible
⑧ jail
⑨ obesity
⑩ grave

3

① due to
② regime
③ anxious about
④ condense
⑤ sensory

DAY 29

1

① 참을 수 없는
② 성장, 증가
③ 이상한, 기묘한
④ 옷, 복장
⑤ 설득하다
⑥ 의미 있는
⑦ 작별(인사)
⑧ 건강한
⑨ 불안한
⑩ 재치 있는

2

① bait
② means
③ awareness
④ fit
⑤ wealth
⑥ solid
⑦ sleeplessness
⑧ wisdom
⑨ born
⑩ weird

3

① persuaded
② disease
③ unwittingly
④ farewell
⑤ solid

DAY 30

1

① 자부심, 자신감
② 위험
③ 취소하다, 폐지하다
④ 사실상의, (컴퓨터) 가상의
⑤ 매년의, 연례의
⑥ 유전의
⑦ 계산하다
⑧ 자극(제)
⑨ 자극, 추동력
⑩ 작품

2

① operation
② appetite
③ corpse
④ sticky
⑤ ray
⑥ oxygen
⑦ advocacy
⑧ candidate
⑨ courteous
⑩ millennium

3

① provoked
② cooperate
③ perennial
④ rays
⑤ stitches

Index

A

abduct	183	accuracy	213	advocacy	445
abduction	183	accurate	213	advocate	445
abductor	183	accurately	213	affect	119
abhor	276	accustomed	142	affection	119
abhorrence	276	achieve	346	affectionate	119
abhorrent	276	achievement	346	affectionately	119
ability	55	acknowledge	89	affluence	383
able	55	acquire	302	affluent	383
ably	55	acquired	302	agency	169
abnormal	28	acquisition	302	agent	169
abnormality	28	act	170	aggress	242
abnormally	28	action	170	aggression	242
aboard	320	activate	170	aggressive	242
aboriginal	78	active	170	aggressively	242
aborigine	78	actively	170	agile	169
abound	91	activity	170	agility	169
abroad	258	actor	170	agitate	169
abrupt	219	actress	170	agitation	169
abruptly	219	adapt	39	agonize	169
absence	382	adaptable	39	agony	169
absent	382	adaptation	39	agree	371
absently	382	add	204	agreeable	371
absolute	192	addict	179	agreement	371
absolutely	192	addiction	179	agricultural	281
absolution	192	addictive	179	agriculture	281
absolve	192	addition	204	aim	447
abundance	91	additional	204	aimless	447
abundant	91	additionally	204	aimlessly	447
abundantly	91	adequacy	212	airport	83
accept	188	adequate	212	akin	162
acceptable	188	adequately	212	alarm	370
acceptance	188	adjourn	345	alarmed	370
accident	77	administer	315	alchemist	149
accidental	77	administration	315	alchemy	149
accidentally	77	administrative	315	alias	321
accomplish	376	admission	245	alibi	321
accomplishment	376	admit	245	alien	321
accord	113	adulterous	321	alienate	321
according	113	adultery	321	alienation	321
accordingly	113	advert	233	alike	159
		advertise	233	alive	153
		advertisement	233	allergic	288

allergy	288	annually	441	arguable	371
alleviate	318	annuity	441	argue	371
alleviation	318	anonym	112	argument	371
allocate	198	anonymous	112	argumentative	371
allocation	198	antagonist	169	arm	370
allow	391	anthropological	342	armament	370
allowance	391	anthropologist	342	armchair	370
alone	160	anthropology	342	armed	370
already	258	antibiotic	339	arm-in-arm	370
alter	321	antipathetic	239	armor	370
alternate	321	antipathy	239	armory	370
alternative	321	antonym	112	armpit	370
altimeter	314	anxiety	416	army	370
ambition	118	anxious	416	arrival	396
ambitious	118	anxiously	416	arrive	396
ambitiously	118	apathetic	239	art	116
amount	111	apathy	239	artifact	116
amphibian	339	apologetic	41	artificial	116
anarchism	341	apologize	41	artificially	116
anarchist	341	apology	41	artisan	116
anarchistic	341	appetite	443	artist	116
anarchy	341	appetizer	443	artistic	116
anatomical	343	appliance	377	ascend	92
anatomist	343	applicant	377	ascent	92
anatomy	343	application	377	ascertain	273
anchor	128	apply	377	asleep	427
anger	416	appraisal	397	aspiration	296
angle	128	appraise	397	aspire	296
angrily	416	appreciable	397	assent	367
angry	416	appreciate	397	assert	176
angular	128	appreciation	397	assertion	176
animal	400	appreciative	397	assertive	176
animate	400	appropriate	415	assess	246
animation	400	appropriately	415	assessment	246
ankle	128	approval	58	asset	277
annals	441	approve	58	assign	84
anniversary	233	archaeological	341	assignment	84
announce	303	archaeologist	341	associate	34
announcement	303	archaeology	341	association	34
announcer	303	archaic	341	assume	190
annoy	391	architect	45	assumed	190
annoyance	391	architectural	45	assumption	190
annoyed	391	architecture	45	assure	388
annual	441	archive	341	assured	388

aster	313	
asteroid	313	
astral	313	
astrologer	313	
astrological	313	
astrology	313	
astronaut	313	
astronomer	313	
astronomical	313	
astronomy	313	
astrophysicist	46	
astrophysics	46	
asymmetric(al)	314	
asymmetry	314	
atom	343	
atomic	343	
attain	372	
attainment	372	
attend	235	
attendance	235	
attendant	235	
attention	235	
attentive	235	
attract	172	
attraction	172	
attractive	172	
attractively	172	
attribute	207	
auction	286	
audible	387	
audience	387	
audio	387	
audit	387	
audition	387	
auditor	387	
auditorium	387	
auditory	387	
augment	286	
augmentation	286	
author	286	
authoritarian	286	
authoritarianism	286	
authority	286	
authorization	286	
authorize	286	
autobiographical	339	
autobiography	339	
avoid	390	
avoidable	390	
avoidance	390	
aware	423	
awareness	423	

B

bachelor	329	
bacteria	329	
baguette	329	
bait	425	
bar	316	
barefoot	398	
barista	316	
barracks	316	
barrel	316	
barricade	316	
barrier	316	
bartender	316	
basically	50	
base	50	
baseless	50	
basement	50	
basic	50	
basics	50	
basis	50	
bass	50	
bear	431	
bearable	431	
beautification	275	
beautiful	275	
beautifully	275	
beautify	275	
beauty	275	
beg	135	
beggar	135	
begging	135	
belief	154	
believable	154	
believe	154	
beloved	154	
below	161	
beneficial	359	
benefit	359	
beware	423	
bicycle	127	
biennial	441	
bilingual	344	
bimonthly	158	
biochemistry	149	
biography	339	
biological	339	
biologically	339	
biologist	339	
biology	339	
biotechnology	45	
birth	431	
bit	425	
bite	425	
bitter	425	
bitterly	425	
bitterness	425	
biweekly	158	
blackboard	320	
board	320	
boarding	320	
border	320	
borderline	320	
born	431	
brake	355	
brave	149	
bravely	149	
bravery	149	
breadth	258	
break	355	
breakfast	355	
breakthrough	355	
brevity	414	
brew	148	
brewery	148	
brick	355	
brief	414	
briefing	414	

briefly	414	
broad	258	
broadcast	258	
broadcaster	258	
broaden	258	
broadly	258	
burden	431	
burdensome	431	
business-friendly	155	
bypass	319	

C

cabbage	346
cabin	412
cabinet	412
cage	412
calculate	439
calculation	439
calculator	439
calculus	439
candid	446
candidacy	446
candidate	446
candle	446
candlestick	438
capability	57
capable	57
capably	57
capacity	57
capital	346
capitalism	346
capitalist	346
capitalize	346
captain	346
captivate	57
captivation	57
captive	57
captivity	57
capture	57
car	317
cardboard	320
care	99

career	317
careful	99
carefully	99
carefulness	99
caregiver	99
careless	99
carelessly	99
carelessness	99
caretaker	99
carriage	317
carrier	317
carry	317
cart	317
cave	412
caveman	412
cavity	412
cease	139
ceasefire	139
ceaseless	139
centennial	441
center	311
central	311
centralization	311
centralize	311
centrally	311
centric	311
certain	273
certainly	273
certainty	273
certificate	273
certificated	273
certification	273
certify	273
chalk	439
chandelier	446
charge	317
charger	317
chef	346
chemical	149
chemically	149
chemist	149
chemistry	149
chief	346
choir	437

chopstick	438
choral	437
choreographer	437
choreography	437
chorus	437
circle	127
circular	127
circularly	127
circulate	127
circulation	127
citadel	282
citation	298
cite	298
citizen	282
citizenship	282
city	282
civic	282
civil	282
civilian	282
civility	282
civilization	282
civilize	282
civilly	282
claim	133
clarification	133
clarify	133
class	271
classic	271
classical	271
classically	271
classification	271
classify	271
classmate	271
classroom	271
clear	133
clearance	133
clearly	133
close	226
closely	226
closet	226
closing	226
closure	226
coauthor	286
coincide	77

Word	Page
coincidence	77
coincident	77
collaborate	218
collaboration	218
collaborative	218
collect	174
collection	174
collective	174
collectively	174
collector	174
colonial	281
colonialism	281
colonization	281
colonize	281
colony	281
comedian	404
comedy	404
comfort	61
comfortable	61
comfortably	61
comic	404
comically	404
commemorate	199
commemoration	199
commemorative	199
comment	327
commission	245
commissioner	245
commit	245
committee	245
common	347
commonly	347
commonplace	347
communicate	347
communication	347
communism	347
communist	347
community	347
commute	305
commuter	305
compass	319
compassion	240
compassionate	240
compel	231
compensate	230
compensation	230
compete	71
competence	71
competent	71
competently	71
competition	71
competitive	71
competitively	71
competitor	71
complex	413
complexion	413
complexity	413
compliance	376
compliment	376
comply	376
compose	299
composer	299
composition	299
compost	361
composure	299
compress	248
compression	248
compressor	248
compulsion	231
compulsory	231
computation	297
compute	297
computer	297
concede	243
conceive	187
concentrate	311
concentration	311
concept	187
conception	187
concern	369
concerned about	369
concerned with	369
concerning	369
concession	243
conciliate	330
conciliation	330
concise	228
concisely	228
conclude	225
conclusion	225
conclusive	225
conclusively	225
concur	386
concurrence	386
concurrent	386
condensation	413
condense	413
condone	328
conduct	183
conductor	183
confederate	74
confederation	74
confess	247
confession	247
confide	74
confidence	74
confident	74
confidential	74
confidentially	74
confidently	74
confine	301
confinement	301
conform	410
confuse	375
confusion	375
congest	177
congestion	177
congratulate	272
congratulations	272
congratulatory	272
congress	242
congressional	242
congressman	242
conquer	302
conqueror	302
conquest	302
conscience	385
conscientious	385
conscientiously	385
conscious	385
consciously	385
consciousness	385

Word	Page	Word	Page	Word	Page
consecutive	206	contention	235	corrupt	219
consecutively	206	contentious	235	corruption	219
consent	367	context	360	costume	142
consequence	381	contextual	360	council	330
consequent	381	contract	172	counsel	330
consequently	381	contradict	179	counselor	330
conservation	295	contradiction	179	courage	113
conservative	295	contribute	207	courageous	113
conserve	295	contribution	207	courageously	113
consist	75	contributor	207	course	386
consistency	75	controversial	233	court	437
consistent	75	controversy	233	courteous	437
consistently	75	controvert	233	courteously	437
conspiracy	296	convene	185	courtesy	437
conspirator	296	convenience	185	cover	402
conspire	296	convenient	185	coverage	402
constant	90	convention	185	covert	402
constantly	90	conventional	185	covertly	402
constitute	205	conventionally	185	create	197
constitution	205	converse	232	creation	197
constitutional	205	conversely	232	creative	197
construct	191	conversion	232	creatively	197
construction	191	convert	232	creativity	197
constructive	191	conviction	304	creator	197
consult	330	convince	304	creature	197
consultant	330	cooperate	442	credibility	63
consultation	330	cooperation	442	credible	63
consumable	190	cooperative	442	credibly	63
consume	190	coordinate	141	credit	63
consumer	190	copious	442	creditor	63
consumption	190	copy	442	credulous	63
contact	312	copyright	106	crew	197
contagion	312	core	113	crisis	42
contagious	312	corporate	444	criterion	42
contain	372	corporation	444	critic	42
container	372	corpse	444	critical	42
containment	372	corpus	444	critically	42
contemplate	343	correct	175	criticism	42
contemplation	343	correction	175	criticize	42
contemporarily	146	correctly	175	cultivate	281
contemporary	146	corrector	175	cultivation	281
contend	235	correspond	64	cultural	281
contender	235	correspondence	64	culturally	281
content	372	correspondent	64	culture	281

curable	99
curator	213
cure	99
curiosity	213
curious	213
curiously	213
currency	386
current	386
currently	386
custom	142
customarily	142
customary	142
customer	142
customize	142
customs	142
cycle	127

D

daily	157
database	50
day	157
daybreak	157
dead	161
deadline	161
deadly	161
death	161
debacle	329
debase	50
debris	355
debt	419
debtor	419
decease	139
deceit	187
deceive	187
decennial	441
decentralization	311
decentralize	311
deception	187
deceptive	187
decide	228
decision	228
decisive	228
decisively	228
declaration	133
declare	133
decompose	299
decomposition	299
dedicate	179
dedication	179
deep	260
deepen	260
deeply	260
default	115
defeat	359
defend	93
defendant	93
defender	93
defense	93
defensive	93
defiance	102
defiant	102
defiantly	102
deficiency	76
deficient	76
deficit	76
define	301
definite	301
definitely	301
definition	301
deform	410
defy	102
degradation	241
degrade	241
degree	241
dehumidification	267
dehumidifier	267
dehumidify	267
delicacy	214
delicate	214
delicately	214
delicious	214
deliciously	214
demented	327
dementia	327
demolish	130
demolition	130
demonstrate	315
demonstration	315
demonstrator	315
demoralization	32
demoralize	32
deniable	395
denial	395
denounce	303
dense	413
densely	413
density	413
deny	395
depend	70
dependability	70
dependable	70
dependence	70
dependent	70
dependently	70
depreciate	397
depreciation	397
depress	248
depression	248
deprivation	211
deprive	211
depth	260
depute	297
deputy	297
derivation	396
derivative	396
derive	396
descend	92
descendant	92
descent	92
describe	189
description	189
desert	176
deserted	176
desertion	176
design	84
designate	84
designation	84
designer	84
destination	215
destine	215

destiny	215	director	175	dispassionate	240
destroy	191	directory	175	dispel	231
destruction	191	disability	55	dispense	230
destructive	191	disable	55	dispense with	230
detain	373	disabled	55	displeasure	363
detention	373	disagree	371	disposable	300
deter	276	disagreeable	371	disposal	300
determination	201	disagreement	371	dispose	300
determine	201	disapproval	58	disposition	300
deterrent	276	disapprove	58	disputable	297
diagnose	89	disaster	313	dispute	297
diagnosis	89	disastrous	313	disqualify	274
dial	157	disastrously	313	disrespect	120
diameter	314	discern	369	disrespectful	120
diary	157	discernment	369	disrupt	219
dictate	179	discharge	317	disruption	219
dictation	179	disclose	226	dissatisfaction	277
dictator	179	disclosure	226	dissatisfy	277
dictatorship	179	discomfort	61	dissect	173
die	161	discontent	372	dissection	173
diet	157	discourage	113	dissent	367
dietary	157	discourse	386	dissimilar	131
differ	72	discourteous	437	dissolution	192
difference	72	discover	402	dissolve	192
different	72	discovery	402	dissuade	425
differently	72	discredit	63	distance	90
difficult	358	discreet	369	distant	90
difficulty	358	discrete	369	distantly	90
diffuse	375	disease	427	distinct	221
diffusion	375	disgrace	272	distinction	221
digest	177	disharmony	116	distinctly	221
digestion	177	dishonest	331	distinguish	221
digestive	177	dishonesty	331	distort	356
diligence	121	dishonor	331	distortion	356
diligent	121	dishonorable	331	distract	172
diligently	121	dislike	159	distraction	172
dimension	362	dismiss	245	distribute	207
dimensional	362	dismissal	245	distribution	207
diminish	289	disobedience	69	distributive	207
diminution	289	disobedient	69	distributor	207
dip	260	disobediently	69	district	220
direct	175	disobey	69	distrust	103
direction	175	disorder	141	disturb	390
directly	175	disorganized	51	disturbance	390

diurnal	157
dive	260
diverse	232
diversely	232
diversity	232
divide	227
divider	227
division	227
divisional	227
docile	325
doctor	325
doctoral	325
doctrine	325
document	325
documentary	325
dogma	325
dogmatic	325
domain	86
domestic	86
domesticate	86
domestication	86
dominance	86
dominant	86
dominantly	86
dominate	86
domination	86
donate	328
donation	328
donor	328
downpour	268
downright	106
downturn	349
drag	171
draw	171
drawback	171
drawer	171
drawing	171
due	419
dutiful	419
duty	419
dying	161

E

ease	427
easily	427
easiness	427
easy	427
eccentric	311
ecological	48
ecologically	48
ecologist	48
ecology	48
economic	48
economical	48
economically	48
economics	48
economist	48
economize	48
economy	48
ecosystem	48
edible	414
edit	204
edition	204
editor	204
editorial	204
educate	184
education	184
educational	184
educator	184
effect	119
effective	119
effectively	119
efficiency	76
efficient	76
efficiently	76
effort	61
egocentric	311
eject	178
ejection	178
elaborate	218
elaborately	218
elaboration	218
elect	174
election	174
elective	174

elector	174
electric	49
electrical	49
electrically	49
electrician	49
electricity	49
electrics	49
electron	49
electronic	49
electronically	49
electronics	49
elevate	318
elevation	318
elevator	318
embargo	316
embarrass	316
embarrassment	316
emission	244
emit	244
empathic	239
empathize	239
empathy	239
empower	100
empowerment	100
emulate	143
enable	55
encircle	127
enclose	226
enclosure	226
encompass	319
encourage	113
encouragement	113
energetic	288
energize	288
energy	288
enforce	61
engrave	411
enlighten	257
enlightenment	257
enormous	28
enormously	28
enrapture	403
ensure	388
entertain	372

entertainer	372	excision	228	expressive	248
entertainment	372	excite	298	expressly	248
environment-friendly	155	excited	298	expulsion	231
epilogue	41	excitement	298	extend	234
equal	212	exciting	298	extension	234
equality	212	exclaim	133	extensive	234
equivalent	200	exclude	225	extensively	234
erupt	219	exclusion	225	exterior	333
eruption	219	exclusive	225	exteriority	333
essence	382	exclusively	225	exterminate	201
essential	382	execute	206	extermination	201
essentially	382	execution	206	external	333
establish	56	executive	206	extinct	221
establishment	56	exert	176	extinction	221
esteem	447	exertion	176	extinguish	221
estimate	447	exhibit	203	extinguisher	221
estimation	447	exhibition	203	extort	356
evade	229	exit	118	extortion	356
evaluate	200	expedite	398	extract	172
evaluation	200	expedition	398	extraction	172
evaluator	200	expeditious	398	extractor	172
evasion	229	expeditiously	398	extraordinarily	141
evasive	229	expel	231	extraordinary	141
evasively	229	expend	230	extreme	333
event	186	expense	230	extremely	333
eventual	186	expensive	230	eyelash	214
eventually	186	expensively	230		
evolution	193	experience	163		
evolutionary	193	experienced	163	**F**	
evolve	193	experiment	163		
exact	170	experimental	163	fable	114
exactly	170	experimentally	163	fabulous	114
excavate	412	expert	163	fabulously	114
excavation	412	expertise	163	facile	358
excavator	412	expertly	163	facility	358
exceed	243	expiration	296	fact	444
except	188	expire	296	factor	444
exception	188	explicit	377	factual	444
exceptional	188	export	83	factually	444
exceptionally	188	expose	299	faculty	358
excess	243	exposition	299	fail	115
excessive	243	exposure	299	failure	115
excessively	243	express	248	fair	400
excise	228	expression	248	faith	102

474

faithful	102	figure	358	format	410
faithfully	102	fill	97	formation	410
faithless	102	final	301	formula	410
fallacious	115	finale	301	formulate	410
fallacy	115	finally	301	forthright	106
false	115	fingerprint	249	fortify	61
falsehood	115	finish	301	fortitude	61
fame	114	finite	301	fortress	61
famous	114	first-class	271	fortuitous	216
famously	114	fit	424	fortuitously	216
farewell	429	fitness	424	fortuity	216
far-sighted	156	fitting	424	fortunate	216
fascinate	247	flat	255	fortunately	216
fascination	247	flatly	255	fortune	216
fatal	114	flatten	255	found	374
fatality	114	flatter	255	foundation	374
fatally	114	flattery	255	founder	374
fate	114	flee	384	foundry	375
fateful	114	fleet	384	fraction	354
fault	115	flight	384	fracture	354
faulty	115	float	384	fragile	354
favor	332	flood	384	fragility	354
favorable	332	flow	384	fragment	354
favorably	332	fluency	383	fragmentary	354
favorite	332	fluent	383	frail	354
favoritism	332	fluently	383	frailty	354
feast	400	fluid	383	frank	155
feature	359	fluidity	383	frankly	155
featured	359	flush	384	free	155
federal	74	flutter	384	freedom	155
federally	74	fly	384	freely	155
fence	93	foot	398	friend	155
fertile	284	footage	398	friendly	155
fertility	284	footprint	249	friendship	155
fertilization	284	footstep	398	fulfill	97
fertilize	284	force	61	full	97
fertilizer	284	forceful	61	fullness	97
festival	400	forebear	135	full-time	97
festive	400	foresee	156	fully	97
fiancé	102	foresight	156	fund	374
fiancée	102	form	410	fundament	374
fiction	358	formal	410	fundamental	374
fictional	358	formality	410	fundamentally	374
fiesta	400	formally	410	fusion	375

G

garage	405
garden	437
garment	405
gender	440
gene	440
general	37
generality	37
generalization	37
generalize	37
generally	37
generate	37
generation	37
generator	37
generosity	37
generous	37
generously	37
genetic	440
genetically	440
genetics	440
genius	440
genre	440
genuine	440
genus	440
geographer	340
geographic	340
geographically	340
geography	340
geological	340
geologist	340
geology	340
geometric	340
geometry	340
geothermal	340
glamor	332
glamorize	332
glamorous	332
glamorously	332
goalpost	361
goodwill	140
govern	329
governance	329
government	329
governmental	329
governor	329
grace	272
graceful	272
gracious	272
gradual	241
gradually	241
graduate	241
graduation	241
graft	411
grammar	332
grass	432
grasshopper	432
grassy	432
grateful	272
gratification	272
gratify	272
gratitude	272
grave	411
gravestone	411
graveyard	411
gravitate	411
gravitation	411
gravity	411
green	432
greenhouse	432
greenhouse effect	432
grief	411
grieve	411
groove	411
grow	432
growth	432
guarantee	405
guidance	389
guide	389
guideline	389

H

habit	203
habitat	203
habitual	203
habitually	203
hamstring	220
hand	107
handcuff	107
handful	107
handicap	107
handkerchief	107
handle	107
handshake	107
happen	263
happening	263
happily	263
happiness	263
happy	263
hard	256
harden	256
hardly	256
hardness	256
hardship	256
hardware	256
hardworking	256
harmonious	116
harmoniously	116
harmonize	116
harmony	116
heal	430
health	430
health care	99
healthful	430
healthy	430
heap	262
heartbreak	355
heartbreaking	355
height	262
heighten	262
heir	389
hereditary	389
heredity	389
heritage	389
high	262
high-class	271
highland	262
highlight	262
highly	262
highway	262

hijack	262	
hindsight	156	
holy	430	
honest	331	
honestly	331	
honesty	331	
honor	331	
honorable	331	
honorary	331	
honored	331	
horrible	276	
horrific	276	
horrify	276	
horror	276	
horsepower	100	
hospitable	399	
hospital	399	
hospitality	399	
hospitalization	399	
hospitalize	399	
hostage	399	
hostel	399	
hostility	399	
hostile	399	
hotel	399	
human	285	
humane	285	
humanism	285	
humanist	285	
humanitarian	285	
humanitarianism	285	
humanity	285	
humanization	285	
humanize	285	
humble	267	
humid	267	
humidification	267	
humidifier	267	
humidify	267	
humidity	267	
humiliate	267	
humiliation	267	
humility	267	
hydrogen	440	
hypocrisy	42	
hypocrite	42	
hypocritical	42	
hypocritically	42	

I

idea	345
ideal	345
idealism	345
idealist	345
ideally	345
identical	275
identically	275
identification	275
identify	275
identity	275
ignorance	89
ignorant	89
ignorantly	89
ignore	89
illegal	27
illegality	27
illegally	27
illiteracy	144
illiterate	144
ill-mannered	368
illogic	41
illogical	41
illogically	41
image	143
imaginable	143
imaginary	143
imagination	143
imaginative	143
imagine	143
imitate	143
imitation	143
immaterial	401
immeasurable	362
immense	362
immensely	362
immensity	362

immodest	326
immoral	32
immorally	32
immovable	283
immune	347
immunity	347
immutable	305
impartial	129
impatience	240
impatient	240
impede	398
impediment	398
impel	231
imperceptible	187
imperfect	119
imperil	446
impersonal	29
impetuous	443
impetus	443
impiety	268
impious	268
implication	377
implicit	377
imply	377
impolitic	47
import	83
importance	83
important	83
importantly	83
impossibility	62
impossible	62
impossibly	62
impress	249
impression	249
impressionism	249
impressionist	249
impressive	249
impressively	249
improbable	58
improper	415
improperly	415
improve	58
improvement	58
impulse	231

impulsive	231	indifference	72	inhibit	203
impulsively	231	indifferent	72	inhibition	203
impure	268	indifferently	72	inhumane	285
impute	297	indigestion	177	initial	118
inability	55	indigestive	177	initially	118
inaccuracy	213	indirect	175	initiate	118
inaccurate	213	indirectly	175	initiation	118
inadequacy	212	indispensable	230	initiative	118
inadequate	212	indisputable	297	inject	178
inanimate	400	individual	227	injection	178
inappropriate	415	individuality	227	injure	404
inattentive	235	individually	227	injurious	404
inaudible	387	indoctrinate	325	injury	404
incapability	57	indoctrination	325	injustice	270
incapable	57	inedible	414	innate	353
incapacity	57	inefficient	76	innately	353
incessant	139	inequality	212	innovate	202
incessantly	139	inexpensive	230	innovation	202
incident	77	inexperienced	163	innovative	202
incidental	77	inexpert	163	inorganic	51
incidentally	77	infamous	114	inquire	302
include	225	infancy	114	inquiry	302
inclusion	225	infant	114	inquisitive	302
inclusive	225	infect	119	inquisitiveness	302
incompetence	71	infection	119	insatiable	277
incompetent	71	infectious	119	inscribe	189
incompetently	71	infer	284	inscription	189
inconsistent	75	inference	284	insect	173
inconsistently	75	inferior	334	insensitive	409
inconstant	90	inferiority	334	inseparable	217
inconvenience	185	infinite	301	insert	176
incorrect	175	infinity	301	insertion	176
incorrectly	175	inflow	384	insight	156
incredibility	63	influence	383	insignificance	84
incredible	63	influential	383	insignificant	84
incredibly	63	influenza	383	insist	75
incredulous	63	informal	410	insistence	75
incurable	99	informally	410	insistent	75
independence	70	infrastructure	334	insistently	75
independent	70	ingredient	241	inspiration	296
independently	70	inhabit	203	inspire	296
indicate	179	inhabitant	203	instability	56
indication	179	inherit	389	instance	90
indicator	179	inheritance	389	instant	90

instantly	90	interceptor	188	involvement	193
instinct	221	interior	333	irrational	31
instinctive	221	interiority	333	irrationality	31
instinctively	221	internal	333	irrationally	31
institute	205	international	30	irrecognizable	89
institution	205	internationally	30	irreconcilable	330
institutional	205	interpersonal	29	irregular	126
instruct	191	interrupt	219	irregularly	126
instruction	191	interruption	219	irrelevance	87
instructive	191	intersection	173	irrelevant	87
instructor	191	intervene	185	irremovable	283
insufficient	76	intimacy	333	irresolute	192
insular	132	intimate	333	irresponsibility	64
insulate	132	intimately	333	irresponsible	64
insulation	132	intolerable	85	irreversible	232
insulator	132	intolerant	85	irrevocable	445
insurance	388	introduce	183	island	132
insure	388	introduction	183	isle	132
insurmountable	111	introductory	183	isolate	132
intact	312	intuit	328	isolation	132
integer	312	intuition	328		
integral	312	intuitive	328	**J**	
integrate	312	invade	229		
integration	312	invader	229	jail	412
integrity	312	invalid	200	jewel	149
intellect	174	invaluable	200	jewelry	149
intellectual	174	invariable	416	journal	345
intelligence	121	invasion	229	journalism	345
intelligent	121	invasive	229	journalist	345
intelligently	121	invent	186	journey	345
intend	235	invention	186	judge	270
intense	234	inventive	186	judgment	270
intensely	234	inventor	186	judgmental	270
intensify	234	inventory	186	junior	335
intensity	234	inversion	232	juror	404
intent	235	invert	232	jury	404
intention	235	invincibility	304	just	270
intentional	235	invincible	304	justice	270
intentionally	235	invisibility	65	justifiable	270
interact	170	invisible	65	justification	270
interaction	170	invisibly	65	justify	270
interactive	170	involuntarily	140	juvenile	335
intercept	188	involuntary	140		
interception	188	involve	193		

K

keyboard	320
kin	162
kind	162
kindergarten	162
kindly	162
kindness	162
kinship	162
know	89
knowledge	89

L

labor	218
laboratory	218
laborer	218
laborious	218
lace	214
landfill	97
language	344
lash	214
lax	254
leaven	318
legal	27
legality	27
legalization	27
legalize	27
legally	27
legislate	27
legislation	27
legislative	27
legislator	27
legislature	27
length	261
lengthen	261
lengthy	261
letter	144
lever	318
leverage	318
levy	318
liar	135
liberal	36
liberality	36
liberalization	36
liberalize	36
liberally	36
liberate	36
liberation	36
liberator	36
liberty	36
lie	135
life	153
light	257
lighten	257
lighthouse	257
lightly	257
lightness	257
lightning	257
like	159
likelihood	159
likely	159
likewise	159
linger	261
lingual	344
linguist	344
linguistic	344
linguistically	344
linguistics	344
liquid	414
liquidity	414
liquor	414
literacy	144
literal	144
literally	144
literary	144
literate	144
literature	144
live	153
lively	153
local	198
locally	198
locate	198
location	198
locomotion	198
locomotive	198
logic	41
logical	41
logically	41
lone	160
loneliness	160
lonely	160
long	261
longevity	261
longing	261
longitude	261
loose	254
loosely	254
loosen	254
looseness	254
lose	254
loser	254
loss	254
lost	254
love	154
lovely	154
lover	154
low	161
lower	161
lowly	161

M

machine	148
machinery	148
macroeconomic	48
macroeconomics	48
maintain	373
maintenance	373
majestic	290
majestically	290
majesty	290
major	290
majority	290
malnourished	357
malnutrition	357
manage	368
management	368
manager	368
manner	368

mannered	368	mental	327	misunderstanding	287
manpower	100	mentality	327	mix	360
manual	368	mentally	327	mixer	360
manually	368	mention	327	mixture	360
manufacture	368	mentor	327	mix-up	360
manufacturer	368	meter	314	mob	283
material	401	metric	314	mobile	283
materially	401	metropolis	47	mobility	283
maternal	401	metropolitan	47	mobilization	283
matter	401	microbiological	339	mobilize	283
maxim	290	microbiologist	339	mode	326
maximize	290	microbiology	339	moderate	326
maximum	290	microeconomic	48	moderately	326
mayor	290	microeconomics	48	moderation	326
mean	426	microorganism	51	moderator	326
meaning	426	midday	157	modern	326
meaningful	426	midnight	158	modernization	326
meaningfully	426	millennial	441	modernize	326
meaningless	426	millennium	441	modest	326
meaninglessly	426	mind	327	modesty	326
meaninglessness	426	minded	327	modification	326
means	426	mindful	327	modifier	326
meantime	426	miniature	289	modify	326
meanwhile	426	minimal	289	moist	260
measurable	362	minimize	289	moisten	260
measure	362	minimum	289	moistly	260
measurement	362	minister	315	moisture	260
mechanic	148	ministerial	315	molecular	130
mechanical	148	ministry	315	molecule	130
mechanically	148	minor	289	monarch	341
medic	43	minority	289	monarchy	341
medical	43	minute	289	monologue	41
medically	43	miscalculate	439	monster	315
medicare	99	miscalculation	439	monstrous	315
medication	43	mischief	346	month	158
medicine	43	mischievous	346	monthly	158
meditate	43	misconception	187	mood	326
meditation	43	misconduct	183	moon	158
melody	404	misfortune	216	moral	32
memorable	199	mishap	263	morale	32
memorial	199	mission	244	moralist	32
memorization	199	missionary	244	morality	32
memorize	199	mistrust	103	moralize	32
memory	199	misunderstand	287	morally	32

mores	32
mother tongue	344
motorcycle	127
mound	111
mount	111
mountain	111
mountainous	111
movable	283
move	283
movement	283
moving	283
mucus	260
multilingual	344
multinational	30
multiple	377
multiplex	413
multiplication	377
multiply	377
multiracial	348
musty	260
mutable	305
mutant	305
mutate	305
mutation	305
mute	117
mutual	305
mutually	305
myopia	117
myopic	117
mysterious	117
mysteriously	117
mystery	117
mystic	117
mystical	117
mysticism	117

N

naive	353
name	112
nation	30
national	30
nationalism	30
nationalist	30
nationalistic	30
nationality	30
nationalization	30
nationalize	30
nationally	30
nationwide	259
native	353
natural	353
naturally	353
nature	353
naval	405
navigate	405
navigation	405
navigator	405
navy	405
near-sighted	156
necessarily	139
necessary	139
necessity	139
necklace	214
negative	395
negatively	395
neglect	174
negligence	121
negligent	121
negligently	121
negotiate	395
negotiation	395
negotiator	395
new	202
newborn	431
night	158
nightly	158
nightmare	158
nitrogen	440
nocturnal	158
nominal	112
nominate	112
nomination	112
nominee	112
nonessential	382
nonfiction	358
non-violence	73

non-violent	73
norm	28
normal	28
normality	28
normalization	28
normalize	28
normally	28
notable	269
notably	269
note	269
notice	269
noticeable	269
noticeably	269
notification	269
notify	269
notion	269
notional	269
notwithstanding	287
noun	112
nourish	357
nourishment	357
novel	202
novelist	202
novelty	202
novice	202
nowadays	157
nurse	357
nurture	357
nutrient	357
nutrition	357
nutritional	357
nutritious	357

O

obedience	69
obedient	69
obediently	69
obeisance	69
obese	414
obesity	414
obey	69
object	178

objection	178		opposite	300		oxygen	440
objective	178		opposition	300			
objectivity	178		oppress	249		**P**	
obliterate	144		oppression	249			
obliteration	144		optimal	348			
observance	295		optimism	348		pain	101
observation	295		optimist	348		pain reliever	87
observatory	295		optimistic	348		painful	101
observe	295		opulence	442		painfully	101
observer	295		opulent	442		painless	101
obsess	246		opus	442		painstaking	101
obsession	246		order	141		parade	217
obsessive	246		orderly	141		paramount	111
obstinacy	215		ordinarily	141		parasol	134
obstinate	215		ordinary	141		pardon	328
obstinately	215		organ	51		parent	217
obstruct	191		organic	51		parental	217
obstruction	191		organically	51		part	129
obstructive	191		organism	51		partial	129
obtain	372		organization	51		participant	129
occur	386		organizational	51		participate	129
occur to	386		organize	51		participation	129
occurrence	386		orient	78		particle	129
offend	93		oriental	78		particular	129
offender	93		orientation	78		particularly	129
offense	93		oriented	78		pass	319
offensive	93		origin	78		passage	319
offer	284		original	78		passenger	319
offering	284		originality	78		passerby	319
office	401		originally	78		passion	240
officer	401		originate	78		passionate	240
official	401		otter	91		passionately	240
officially	401		outfit	424		passive	240
omission	244		outflow	384		passport	83
omit	244		outlive	153		past	319
one	160		overboard	320		patience	240
only	160		overcharge	317		patient	240
onset	246		overdue	419		pedal	398
operate	442		overestimate	447		pedestrian	398
operation	442		overflow	384		penal	101
operator	442		overnight	158		penalty	101
opportune	83		overpopulation	125		peninsula	132
opportunity	83		oversee	156		peninsular	132
oppose	300		overturn	349		pension	230

people	125	philanthropic	342	possibility	62
perceive	187	philanthropist	342	possible	62
perceptible	187	philanthropy	342	possibly	62
perception	187	physical	46	post	361
perceptive	187	physically	46	post office	361
perennial	441	physician	46	postal	361
perfect	119	physicist	46	poster	361
perfection	119	physics	46	posterity	361
perfectly	119	physique	46	postpone	361
perhaps	263	piety	268	posture	361
peril	446	pious	268	potent	62
perilous	446	piracy	446	potential	62
perimeter	314	pirate	446	potentially	62
permission	244	plate	255	pour	268
permissive	244	plateau	255	power	100
permit	244	plea	363	powered	100
perpetual	443	plead	363	powerful	100
perpetually	443	pleasant	363	powerfully	100
perplex	413	pleasantly	363	powerless	100
perplexity	413	please	363	praise	397
persist	75	pleasure	363	precede	243
persistence	75	plentiful	376	precedent	243
persistent	75	plenty	376	precious	397
persistently	75	plot	255	precise	228
person	29	police	47	precisely	228
personal	29	policy	47	predict	179
personality	29	politic	47	prediction	179
personalization	29	political	47	predominant	86
personalize	29	politically	47	predominantly	86
personally	29	politician	47	prejudice	270
persuade	425	politics	47	prejudiced	270
persuasion	425	popular	125	premier	145
persuasive	425	popularity	125	preparation	217
perturb	390	popularly	125	preparatory	217
pervade	229	populate	125	prepare	217
pervasive	229	population	125	prequel	381
pervasively	229	populism	125	prescribe	189
pessimism	348	populous	125	prescription	189
pessimist	348	port	83	presence	382
pessimistic	348	position	299	present	382
petition	443	positive	299	presentation	382
pharmaceutical	343	positively	299	preservation	295
pharmacist	343	possess	62	preservative	295
pharmacy	343	possession	62	preserve	295

preside	79	
presidency	79	
president	79	
presidential	79	
press	248, 249	
pressing	248	
pressure	248	
presume	190	
presumption	190	
pretend	234	
pretension	234	
prevent	186	
preventable	186	
prevention	186	
preventive	186	
price	397	
priceless	397	
primarily	145	
primary	145	
prime	145	
primeval	145	
primitive	145	
principal	145	
principally	145	
principle	145	
print	249	
pristine	215	
privacy	211	
private	211	
privately	211	
privatization	211	
privatize	211	
privilege	211	
probability	58	
probable	58	
probably	58	
probe	58	
proceed	243	
process	243	
procession	243	
proclaim	133	
produce	184	
producer	184	
product	184	
production	184	
productive	184	
productively	184	
productivity	184	
profess	247	
profession	247	
professional	247	
professionally	247	
professor	247	
profit	359	
profitability	359	
profitable	359	
profound	374	
profoundly	374	
progress	242	
progression	242	
progressive	242	
progressively	242	
prohibit	203	
prohibition	203	
prologue	41	
prolong	261	
pronoun	112	
pronounce	303	
pronounced	303	
pronouncement	303	
pronunciation	303	
proof	58	
propel	231	
proper	415	
properly	415	
property	415	
prophecy	247	
prophet	247	
prophetic	247	
proposal	300	
propose	300	
proposition	300	
propriety	415	
propulsion	231	
prosecute	206	
prosecution	206	
prosecutor	206	
prospect	120	
prospective	120	
prove	58	
provide	227	
province	304	
provincial	304	
provision	227	
provocation	445	
provoke	445	
psychological	342	
psychologically	342	
psychologist	342	
psychology	342	
psychopath	342	
public	291	
publication	291	
publicity	291	
publicize	291	
publicly	291	
publish	291	
publisher	291	
punish	101	
punishment	101	
pure	268	
purely	268	
purification	268	
purifier	268	
purify	268	
purity	268	
pursue	60	
pursuit	60	

Q

qualification	274	
qualify	274	
qualitative	274	
quality	274	
quantification	274	
quantify	274	
quantitative	274	
quantity	274	

R

race	348	reasoning	59	regional	418
racial	348	recede	243	register	177
racism	348	receipt	187	registration	177
racist	348	receive	187	regress	242
radiant	439	reception	187	regression	242
radiate	439	receptionist	187	regular	126
radiation	439	receptive	187	regularly	126
radius	439	recession	243	regulate	126
raid	258	recital	298	regulation	126
raider	258	recitation	298	regulator	126
rape	403	recite	298	regulatory	126
rapid	403	reclaim	133	reign	418
rapidly	403	recognition	89	reinforce	61
rapist	403	recognize	89	reinforcement	61
rapt	403	reconcilable	330	reject	178
rapture	403	reconcile	330	rejection	178
rate	31	reconciliation	330	relax	254
ratio	31	record	113	release	254
ration	31	recording	113	relevance	87
rational	31	recover	402	relevant	87
rationalism	31	recovery	402	relevantly	87
rationalist	31	recruit	197	relief	87
rationality	31	recruiter	197	relieve	87
rationalization	31	rectangle	128	relieved	87
rationalize	31	rectangular	128	reliever	87
rationally	31	recycle	127	religion	121
ray	439	recycling	127	religious	121
readily	258	redistribute	207	religiously	121
ready	258	redistribution	207	remedy	43
real	33	reduce	183	remember	199
realism	33	reduction	183	remembrance	199
realist	33	redundancy	91	remind	327
realistic	33	redundant	91	removable	283
realistically	33	refill	97	removal	283
reality	33	reform	410	remove	283
realization	33	refract	354	renew	202
realize	33	refraction	354	renewable	202
really	33	refund	374	renewal	202
reason	59	refusal	375	renounce	303
reasonability	59	refuse	375	renovate	202
reasonable	59	regenerate	37	renovation	202
reasonably	59	regeneration	37	renown	112
		regime	418	renowned	112
		region	418	renunciation	303

repeat	443	restriction	220	royal	418
repeated	443	resume	190	royalty	418
repeatedly	443	résumé	190	rule	126
repetition	443	retain	373		
repetitive	443	retention	373		
replica	377	retort	356	**S**	
replicate	377	return	349		
replication	377	reunion	160	sad	277
reply	377	reverse	232	sadly	277
represent	382	reversible	232	sadness	277
representative	382	revise	227	safe	417
republic	291	revision	227	safely	417
republican	291	revival	153	safety	417
reputation	297	revive	153	salad	147
request	302	revocable	445	salary	147
require	302	revocation	445	salt	147
requirement	302	revoke	445	salty	147
resent	367	revolution	193	salvage	417
resentful	367	revolutionary	193	salvation	417
resentment	367	revolutionize	193	same	131
reservation	295	revolve	193	sate	277
reserve	295	ride	258	satiable	277
reservoir	295	right	106	satisfaction	277
reside	79	righteous	106	satisfactory	277
residence	79	righteously	106	satisfy	277
resident	79	righteousness	106	save	417
residential	79	rightful	106	saving	417
resolute	192	rightfully	106	savings account	417
resolutely	192	rip	403	savior	417
resolution	192	rival	396	saw	173
resolve	192	rivalry	396	scalpel	105
respect	120	river	396	scan	92
respectable	120	riverbank	396	scandal	92
respectful	120	riverside	396	scandalous	92
respiration	296	road	258	scanner	92
respirator	296	rob	403	scenario	148
respire	296	robber	403	scene	148
respond	64	robbery	403	scenery	148
respondent	64	rotary	146	scenic	148
response	64	rotate	146	scholar	135
responsibility	64	rotation	146	scholarship	135
responsible	64	rote	146	school	135
responsibly	64	route	146	science	385
restrict	220	routine	146	scientific	385

scientifically	385	sensor	409	signature	84
scientist	385	sensory	409	significance	84
scribble	189	sentence	367	significant	84
sculpt	105	sentiment	367	significantly	84
sculptor	105	sentimental	367	signify	84
sculpture	105	sentimentally	367	similar	131
seat	79	separate	217	similarity	131
seatbelt	79	separately	217	similarly	131
seclude	225	separation	217	simulate	131
secluded	225	sequel	381	simulation	131
seclusion	225	sequence	381	simultaneous	131
second	206	sequential	381	simultaneously	131
secondary	206	sequentially	381	sit	79
secondly	206	session	246	skill	105
secret	147	setback	246	skilled	105
secretary	147	setting	246	skillful	105
secretly	147	settle	246	skillfully	105
section	173	settlement	246	sleep	427
sector	173	settler	246	sleepless	427
secure	213	sever	217	sleeplessness	427
securely	213	several	217	sleepy	427
security	213	severally	217	slight	257
see	156	share	253	slightly	257
seem	131	sharp	253	social	34
segment	173	sharpen	253	socialism	34
select	174	sharply	253	socialist	34
selection	174	sharpness	253	socialistic	34
selective	174	shear	253	sociality	34
selector	174	sheer	253	socialization	34
self-esteem	447	shelf	105	socialize	34
semicircle	127	shelve	105	socially	34
semiconductor	183	shoelace	214	society	34
senate	335	shore	253	sociological	34
senator	335	short	253	sociologically	34
senior	335	shortage	253	sociologist	34
seniority	335	shortcoming	253	sociology	34
sensation	409	shorten	253	soft	256
sensational	409	shortly	253	soften	256
sensationally	409	shortness	253	softly	256
sense	409	shorts	253	softness	256
sensible	409	sight	156	software	256
sensitive	409	sightly	156	solar	134
sensitively	409	sightseeing	156	solar eclipse	134
sensitivity	409	sign	84	solar energy	134

solar system	134	
solicit	298	
solicitation	298	
solid	430	
solidarity	430	
solidify	430	
solidity	430	
solution	192	
solve	192	
sovereign	418	
sovereignty	418	
special	35	
specialism	35	
specialist	35	
speciality	35	
specialization	35	
specialize	35	
specially	35	
specific	35	
specifically	35	
specification	35	
specify	35	
spectacle	130	
spectacles	130	
spectacular	130	
spectacularly	130	
spectator	130	
spend	230	
stability	56	
stabilization	56	
stabilize	56	
stable	56	
stably	56	
stake	438	
stance	90	
stand	287	
standard	287	
standardize	287	
state	44	
statement	44	
statesman	44	
station	44	
stationary	44	
statist	44	

statistic	44	
statistical	44	
statistically	44	
statistician	44	
statistics	44	
statue	44	
status	44	
stick	438	
sticker	438	
sticky	438	
stimulate	438	
stimulation	438	
stimulus	438	
sting	221	
stitch	438	
strength	220	
strengthen	220	
strict	220	
strictly	220	
string	220	
strong	220	
strongly	220	
structure	191	
subconscious	385	
subject	178	
subjective	178	
subjectivity	178	
submission	244	
submissive	244	
submissively	244	
submit	244	
subordinate	141	
subscribe	189	
subscriber	189	
subscription	189	
substitute	205	
substitution	205	
subtract	172	
subtraction	172	
succeed	104	
success	104	
successful	104	
successfully	104	
succession	104	

successive	104	
successor	104	
sue	60	
suffer	284	
suffering	284	
suffice	76	
sufficiency	76	
sufficient	76	
sufficiently	76	
suggest	177	
suggestion	177	
suit	60	
suitability	60	
suitable	60	
suitably	60	
suitor	60	
sum	147	
sum up	147	
summarize	147	
summary	147	
summit	147	
sun	134	
sunburn	134	
sunlight	134	
sunny	134	
sunrise	134	
sunscreen	134	
sunset	134	
superfluous	383	
superior	334	
superiority	334	
supernatural	353	
superstition	205	
superstitious	205	
supervise	227	
supervision	227	
supervisor	227	
supervisory	227	
supply	376	
suppose	300	
supposition	300	
suppress	249	
suppression	249	
supreme	334	

supremely	334	
sure	388	
surely	388	
surgeon	288	
surgery	288	
surgical	288	
surmount	111	
surmountable	111	
surpass	319	
surpassing	319	
surveil	391	
surveillance	391	
survival	153	
survive	153	
suspect	120	
suspend	230	
suspension	230	
suspicion	120	
suspicious	120	
sustain	373	
sustainable	373	
sweet	425	
sweetly	425	
sweetness	425	
symmetrical	314	
symmetrically	314	
symmetry	314	
sympathetic	239	
sympathize	239	
sympathy	239	
synergy	288	
synonym	112	

T

talent	85
talented	85
technical	45
technically	45
technician	45
technique	45
technological	45
technologically	45
technology	45
telecommute	305
telepathy	239
temple	343
tempo	146
temporarily	146
temporary	146
tender	234
tendon	234
tension	234
term	201
terminal	201
terminate	201
termination	201
terminator	201
terrible	276
terrific	276
terrify	276
terror	276
terrorist	276
text	360
textbook	360
textile	360
texture	360
thermometer	314
tolerable	85
tolerance	85
tolerant	85
tolerantly	85
tolerate	85
toll	85
tongue	344
tonight	158
torch	356
torment	356
torque	356
torture	356
torturous	356
tour	349
tourism	349
tourist	349
trace	171
track	171
tradition	204
traditional	204
traditionally	204
tragedy	404
tragic	404
tragically	404
transcend	92
transit	118
transition	118
transmission	245
transmit	245
trauma	349
traumatic	349
trek	171
triangle	128
triangular	128
tribe	207
tribute	207
trigger	171
true	103
truly	103
trust	103
trustworthy	103
truth	103
truthful	103
truthfully	103
tuition	328
turbulence	390
turbulent	390
turn	349
tutor	328
twilight	257

U

ulterior	334
ultimate	334
ultimately	334
unable	55
unacceptable	188
unaccustomed	142
unanimous	400
unarguable	371
unavoidable	390

unaware	423	university	233	usefully	98
unbearable	431	unjust	270	usefulness	98
unbelievable	154	unkind	162	useless	98
unborn	431	unkindly	162	uselessly	98
uncertain	273	unknown	89	user	98
uncertainty	273	unlike	159	usual	98
uncomfortable	61	unlikely	159	usually	98
uncomfortably	61	unnatural	353		
unconscious	385	unnecessarily	139		
uncover	402	unnecessary	139	**V**	
undeniable	395	unofficial	401		
undeniably	395	unpleasant	363	vacancy	88
undercover	402	unpleasantly	363	vacant	88
underestimate	447	unpopular	125	vacantly	88
undergraduate	241	unprecedented	243	vacate	88
understand	287	unqualified	274	vacation	88
understanding	287	unreal	33	vain	88
underwear	423	unrealistic	33	valid	200
undue	419	unrealistically	33	valuable	200
undying	161	unreasonable	59	valuables	200
uneasy	427	unreasonably	59	value	200
unequal	212	unsafe	417	valueless	200
unfaithful	102	unsatisfactory	277	vanish	88
unfit	424	unsightly	156	vanity	88
unflattering	255	unstable	56	variable	416
unfortunate	216	unsuccessful	104	variation	416
unfortunately	216	unsuccessfully	104	variety	416
unfriendly	155	unsuitable	60	various	416
unhappily	263	unsuitably	60	variously	416
unhappiness	263	unsure	388	vary	416
unhappy	263	untruthful	103	version	232
unhealthy	430	unusual	98	victor	304
uniform	410	unusually	98	victorious	304
unify	160	unwell	429	victory	304
unimaginable	143	unwilling	140	vincible	304
unimportant	83	unwillingly	140	violate	73
unintentional	235	unwise	428	violation	73
unintentionally	235	unwitting	428	violative	73
union	160	unwittingly	428	violator	73
unique	160	upgrade	241	violence	73
unite	160	upright	106	violent	73
unity	160	upset	246	violently	73
universal	233	use	98	virtual	444
universe	233	useful	98	virtually	444

virtue	444	well-being	429		
virtuous	444	well-mannered	368		
visibility	65	wellness	429	young	335
visible	65	well-to-do	429	youngster	335
visibly	65	wet	91	youth	335
vision	65	wetland	91		
visionary	65	whole	430		
visit	65	wholesale	430		
visitor	65	wholesaler	430		
visual	65	wide	259		
visually	65	widely	259		
vivid	153	widen	259		
vocal	445	widespread	259		
vocation	445	width	259		
vocational	445	will	140		
voice	445	willing	140		
void	390	willingly	140		
volume	193	willingness	140		
voluntarily	140	willpower	100		
voluntary	140	wisdom	428		
volunteer	140	wise	428		
		wisely	428		
		wit	428		
W		withdraw	171		
		withdrawal	171		
warrant	405	withstand	287		
warranty	405	witness	428		
wary	423	witty	428		
wash	91	wizard	428		
water	91	worldwide	259		
wealth	429	wornout	423		
wealthy	429	worry	433		
wear	423	wrap	433		
weary	423	wrath	433		
week	158	wrist	433		
weekday	158	wrong	433		
weekend	158	wrongdoer	433		
weekly	158	wrongdoing	433		
weird	433	wrongly	433		
well	429				

이 책을 미리 체험한 독자들의 생생한 후기!

2017년 11월 어느 토요일과 일요일 양일간 오전 9시부터 오후 4시까지 스파르타 식 "2일에 2천 단어 베타테스터 강의"에 참여한 독자들의 리얼 후기입니다.

정선엽 (대학생, 20대)

저는 대학 졸업을 앞두고 있는데요, 늘 영어 때문에 걱정하던 저를 보아온 남자친구의 신청으로 《신상현 영단어》 베타테스터에 참여하게 되었습니다. 일찍 일어나기 힘들어하는 제가 아침 일찍부터 제대로 공부할 수 있을까 걱정이 많았는데 선생님의 쉽고 친절한 설명과 중간중간 들려주신 경험담 덕분에 집중력을 잃지 않으면서 즐겁게 공부할 수 있었어요.
테스트라고 생각하면 압박감 때문에 금방 흥미를 잃었을 텐데 셀프테스트로 제 자신의 실력을 확인해볼 수 있어 좋았습니다. 또한 다른 어휘 교재와는 달리 한 단어로 동사, 형용사, 부사 그리고 반대의 의미를 가진 어휘까지 다양한 단어를 한 번에 익힐 수 있었어요. 무엇보다 이 강의를 듣고 난 후 제게 생긴 변화는 모르는 단어가 있으면 피하거나 그저 머리에 암기해서 넣으려는 버릇이 고쳐졌다는 것입니다. 제가 선생님의 비법대로 단어를 분석하고 있더라고요!
수업 내용을 기억하며 단어를 보니 정말 힘들게 억지로 외우지 않아도 뜻이 유추되고 오래 기억에 남았어요. 강의를 듣는 이틀간 영어에 대한 흥미가 다시 생겼어요. 영어에 흥미가 없는 사람 또는 영어 공부를 막 시작한 사람들에게 딱이라는 생각이 들어요. 다음에도 좋은 강의와 교재 만들어주세요!

김충호 (직장인, 40대)

현재 금융권 구매총무부서 차장으로, 외국인 임원이 지휘하는 부서에서 근무하고 있는 직장인입니다. 대부분의 문서를 영어로 작성하며 외국인 임원에게 하는 보고 역시 주로 영어로 진행합니다. 모든 직장인에게 영어가 필수이겠지만 특히 저같이 보고서나 이메일을 읽고 작성하며 밤낮으로 일과 공부에 매진하는 셀레던트 분들에게 꼭 필요한 영어 단어 학습법으로 이 책을 추천드립니다.
바쁜 회사 생활 틈틈이 따로 시간을 내어 머릿속에 넣어놓은 영어 단어들이 순식간에 증발해버리곤 했었습니다. 이러다 행여나 알고 있던 단어까지 잊어버리는 것은 아닐까 불안했어요. 특히 보고서와 이메일을 작성할 때 매번 같은 단어를 나열하게 되고, 빈약한 단어와 단조로운 표현으로는 제 풍부한 감성과 지식을 드러내는 데 한계가 있어 늘 아쉬웠는데 《신상현 영단어》를 만난 후 한층 업그레이드 된 표현으로 말할 수 있겠다는 자신감이 생겼어요.
이 책이라면 더 이상 시간 낭비 없이 모두들 목표를 성취할 수 있을 것 같아요.

김수연 (일반인, 40대)

다시 영어 공부를 시작했는데 어떤 방법으로 접근해도 결국은 어휘가 문제였어요. 그래서 영단어를 외우려고 노력했으나 비슷한 단어들이 얼마나 많은지 외우고 잊어버리기를 반복하면서 좌절하고 있던 차에 선생님의 강의를 듣게 되었어요.

그동안 뒤죽박죽 외워왔던 단어들에 일정한 패턴이 있음을 알게 되었고, 그렇게 일목요연하게 정리가 되니 긴 터널을 빠져나와 새로운 세상을 맞이한 것 같은 느낌입니다.
미국이나 영국에서 왜 라틴어를 교과목으로 배우는지 알겠더군요. 우리말도 한자를 알면 유추가 가능하고 이해나 암기가 쉬워지는 것처럼 영어 역시 그 뿌리인 라틴어와 그리스어에서 나온 어근과 변형 원리와 원칙을 알면 어근 하나로 순식간에 열 몇 개의 단어가 고구마 줄기처럼 줄줄이 엮여서 나오니 이해는 물론이고 암기도 저절로 되었어요. 아무리 긴 단어라도, 오히려 긴 단어일수록 패턴이 분명해 쪼개고 쪼개면서 쉽게 암기할 수 있었습니다. 이때는 저도 모르게 자꾸 쪼개면서 어원을 찾는 버릇이 생겼네요. 강의를 듣기 전과 들은 후의 변화에 스스로가 놀라게 됩니다. 짧은 시간이었지만 어디서도 들을 수 없었던 명쾌한 분석 덕분에 애매하고 궁금했던 부분들이 정말 많이 해소되었습니다. 선생님의 책이 정말 기대됩니다!

김현진 (일반인, 20대)

영단어를 무조건 외우기만 하는 것에 회의를 느끼셨으며, 단어를 잘 이해하고 습득할 수 있도록 하기 위해 이 책을 쓰셨다는 신상현 선생님의 말씀이 인상 깊었어요. 영어는 라틴어, 그리스어, 프랑스어 등 유럽 언어들이 서로 섞이는 과정에서 발전했고, 그러다보니 그 흔적이 영단어에 남아 있다고 하시면서, 근원이 되는 어휘가 접두사나 접미사와 합쳐진 과정을 설명해주셨어요. 그동안 무작정 외웠던 단어들도 선생님의 방식대로 탐구하니 왜 지금 이런 모양으로 변하게 되었는지 이해가 되었어요. 접두사나 어근과 같은 문법 용어를 지양하셨기 때문에 저처럼 문법을 기피하는 사람들도 마음 편하게 들을 수 있었습니다.
직접 강의를 유투브에 올리신다고 하니 책과 유투브 강의를 함께 활용하면 더 이해하기 쉬울 것 같아요. 베타테스트에는 학생보다는 일반인이 많이 참여했는데요, 각종 시험 대비는 물론 중고등학생들도 쉽게 이해할 수 있도록 하는 데 주안점을 두었기 때문에 점점 많은 단어를 외워야 하는 중고등학생들도 이 책으로 공부하면 빠른 시간에 큰 효과를 거둘 수 있을 것 같아요.

전유미 (직장인, 30대)

학교에서 영어 단어를 이렇게 배웠다면 지금의 제 영어 실력이 이 정도(!)는 아닐 것입니다.
단순히 한 단어의 어원을 짚어주는 것이 아니라, 같은 '뿌리'를 가진 단어들을 묶어서 함께 설명해주기 때문에 단어가 발달해온 '흐름'을 파악할 수 있었어요.
특히 한 묶음에 속한 단어들이 품사에 따라 어떤 방식으로 변화하는지를 설명해주셔서, 각각의 단어를 개별적으로 외울 필요 없이 한 번에 서너 개의 단어를 '자연스럽게' 익힐 수 있었습니다. 가지가 뻗어나가는 방식으로 단어를 확장시켜 나가며 설명을 해주셔서, 긴 단어도 전혀 어렵지 않게 느껴졌습니다.
변화 방식을 일종의 틀로 익혀두면 유사한 단어가 나왔을 때 그 의미를 충분히 유추할 수 있다고 생각하니 새로운 단어를 만나는 것에 대한 부담감이 줄어들었어요. 특히 신상현 선생님의 강의는 기대 이상으로 알차고 좋았습니다. 수업을 들을 때는 마냥 신기해서 설명을 따라가기 바빴는데, 복습을 하며 내용을 하나하나 곱씹어보니 정말 대단하다는 생각이 듭니다.
무엇보다 선생님께서 변화 방식이 유사한 단어들을 묶어 단어가 변화하는 과정을 쉽게 익힐 수 있도록 고민해서 구성하신 것이 느껴졌습니다.

선영미 (일반인, 40대)

처음엔 정말 의심했었습니다. '광고가 뭐 다 그렇지! 하지만 당장 급하니까 지푸라기라도 잡는 심정으로 한번 참여해보자!'라는 생각이었습니다.

하지만 "2일 2천 단어 스파르타 베타테스터"에 참여한 저는 그 전과 후가 너무나도 확연히 달라졌습니다. 전에는 단어만 보면 무조건 암기부터 하고 보는 버릇이 있었다면 지금은 단어를 찬찬히 분석하려고 합니다. 앞의 접두사도 떼어보고, 뒤의 접미사도 떼어보고, 어근이 뭔지 생각해 보고… 이렇게 케이크 자르듯이 잘라내니 단어의 첫 출발지인 핵심 단어를 찾을 수 있었습니다. 단어를 분석해서 암기하는 것이 재밌어졌습니다. 동사부터 형용사, 분사, 명사, 반의어까지 한꺼번에 암기가 가능해졌습니다. 단어 송으로 한꺼번에 암기가 가능해졌으니 1석 5조인 셈입니다.

맞아요! 마인드맵은 단어 송이 암기법 같네요. 이제 단어 암기가 지루하거나 겁나지 않아요. 강의 때 배운 단어들이 내 것이 될 날을 기대합니다. 열정적으로 수업을 진행해 주신 신상현 선생님께 다시 한 번 감사드립니다.

김태준 (일반인, 20대)

강의를 수강하기 전까지 저에게 영어는 어디까지나 다른 사람과의 능력을 비교하는 경쟁의 도구에 불과했습니다. 우리나라에서 영어는 좋은 학교에 진학하기 위해, 혹은 좋은 직장을 구하기 위해서 활용되는 경향이 강하기 때문이죠. 저 역시 초등학교 때 처음 영어를 접한 이래로 영어에 재미를 느끼기보다는 시험 점수에 스트레스 받던 날들이 많았습니다. 당연히 영어에 재미를 느낄 리가 만무했고, 특히 영어 어휘에는 정말 취약해서 영어 공부를 할 때면 항상 스트레스를 받는 부분이었습니다. 이런 저에게 신선하게 다가온 것이 바로 《신상현 영단어》입니다. 어원으로 풀어서 영어 단어를 공부하는 방법이라 처음에는 생소했습니다. 또한 기존에 단어를 단순하게 외우던 방식과 달라 약간 거부감도 들었지만, 어원을 통해 모르는 단어가 나왔을 때 유추할 수 있는 능력을 길러줬어요.

또한 강의를 통해서 언어를 배우는 즐거움을 알았습니다. 무엇보다도 강의를 열정적으로 이끌어 주신 선생님이 계셔서 매 시간 재미있는 수업이었습니다. 이제 자신 있게 영어 단어의 벽을 뛰어넘어 보려합니다.

신상현 영단어

초판 1쇄 인쇄 2017년 12월 14일
초판 1쇄 발행 2017년 12월 20일

지은이 신상현
펴낸이 김선식

경영총괄 김은영 **전략기획팀** 김상윤
기획 및 책임편집 박현미 **책임마케터** 최혜령, 이승민
콘텐츠개발5팀장 박현미 **콘텐츠개발5팀** 이여홍, 이호빈, 봉선미, 김누
마케팅본부 이주화, 정명찬, 이보민, 최혜령, 김은지, 배시영, 유미정, 기명리
저작권팀 최하나
경영관리팀 허대우, 권송이, 윤이경, 임해랑, 김재경
디자인 김누
외부 스태프 이은영, 유화정, 방유선, 윤지은

펴낸곳 다산북스 **출판등록** 2005년 12월 23일 제313-2005-00277호
주소 경기도 파주시 회동길 357 3층
전화 02-702-1724(기획편집) 02-6217-1726(마케팅) 02-704-1724(경영관리)
팩스 02-703-2219 **이메일** dasanbooks@dasanbooks.com
홈페이지 www.dasanbooks.com | teen.dasanbooks.com **블로그** blog.naver.com/dasan_books
종이 (주)한솔피앤에스 **출력·인쇄** (주)민언프린텍 **후가공** 평창P&G **제본** 정문바인텍

ⓒ 신상현

ISBN 979-11-306-1521-9(13740)

• 책값은 뒤표지에 있습니다.
• 파본은 구입하신 서점에서 교환해드립니다.
• 이 책은 저작권법에 의하여 보호를 받는 저작물이므로 무단 전재와 복제를 금합니다.
• 이 도서의 국립중앙도서관 출판시도서목록(CIP)은 서지정보유통지원시스템 홈페이지(http://seoji.nl.go.kr)와 국가자료공동목록시스템(http://www.nl.go.kr/kolisnet)에서 이용하실 수 있습니다. (CIP제어번호 : CIP201703257)